대한법률연구회가 만드는 생활법률 기본지식

일반인을 위한

하도급거래
생활법률의 기본지식

변호사 **김진홍** 지음

가림M&B

대한법률연구회가 만드는 생활법률 기본지식

일반인을 위한

하도급거래 생활법률의 기본지식

변호사 김진홍 지음

가림M&B

　경제적으로 우월한 지위를 가진 기업이 그 지위를 이용하여 경제적 약자를 상대로 수단과 방법을 가리지 않고 돈만 벌면 된다는 발상을 흔히들 천민자본주의적이라고 한다. 이러한 세계에서는 우승열패, 약육강식이라는 밀림의 법칙만이 존재하게 된다.

　거래분야에서 이와 같은 천민자본주의적 현상이 두드러지게 나타나는 분야의 하나가 하도급거래분야라고 할 수 있다. 하도급업자는 그 수가 많은 반면 일감을 공급하는 대기업인 원사업자는 한정되어 있다. 대기업이 이러한 상황을 악용하여 하도급대금을 부당하게 낮은 가격으로 한다거나 멋대로 감액하고 대금지급을 지체하여도 약자인 중소하도급업체는 거래단절이 무서워 자신의 권익을 주장하지 못한다.

　필자는 1980년대 초반 고려대학교 경영대학원 석사과정에서 경영법률을 전공하고 석사학위 논문을 쓰게 되었다. 이 무렵은 공정거래법이 시행된지 얼마 안되는 때였고 하도급법은 제정되기 전이었다. 동아일보나 한국일보 등에는 하도급거래분야의 비리 내지 불공정거래행위 실태가 시리즈기사로 실려 나오고 있었다. 하도급거래분야의 문제점을 심각하게 느끼지 않을 수 없었고 이 문제가 제대로 되어야 우리나라의 자본주의도 청교도적 자본주의에 다가갈 수 있다고 생각되었다. 이러한 생각은 필자로 하여금 "우리나라 하도급거래상의 문제점과 개선책에 관한 연구"라는 제목의 석사학위 논문을 쓰도록 하였다. 그 후 세월이 흘러 하도급거래에 관한 종합안내서의 성격을 띤 책을 써야겠다고 마음먹고 공정거래위원회나 사단법인 한국공정경쟁협회 등에서 나오는 자료들을 틈틈이 모으고 있었다. 그러던 차에 지난 4월 중순 가림출판사의 장연수 국장께서 필자의 박사과정 지도교수를 맡아주셨던 단국대 안동섭 교수의 소개라고 하면서 찾아와 중소하도급업자들을 위한 이 책의 저술을 부탁하였다. 변호사로서의 공적 사적 활동외에 대학강의까지 해야 하는 분주한 형편만을 생각하면 부탁을 수락하기 어려웠지만 본래 하고 싶었던 일이고 안교수님의 간접적 편달에다가 일이란 시작이 반이라는 생각이 들어 저술약속을 해버린 것이 이 책을 나오게 한 계기가 되었다.

출판사의 부탁대로 되도록 쉽게 써서 많은 보통사람들이 참고할 수 있도록 마음을 기울였으나 다루는 대상이 법률문제이고 하도급관련 참고서가 거의 없는 형편인 관계로 어려움이 많았다.

아직도 1980년대 이전 불공정거래행위가 뿌리 뽑히지 않고 있음은 모두가 알고 있는 일이다. 이에 필자는 과거를 되돌아 보고 현재의 상황을 새겨본다는 뜻으로 1980년대의 통계와 분석을 상당부분 이 곳에 옮겨 실었다. 이는 최근의 하도급거래 실태를 보면 쉽게 이해가 갈 것이다.

하도급법의 해설과 더불어 가급적 공정거래위원회의 심결례를 많이 실어 이해를 돕도록 하였고, 손쉽게 참고할 수 있도록 하도급관계법령과 지침, 12종의 표준하도급계약서를 망라하여 함께 실었다.

아무쪼록 이 책이 하도급거래 공정화에 조그마한 도움이라도 되어 준다면 필자에게 그 이상의 보람은 없을 것이다. 이 책은 처음으로 시도된 만큼 부족한 부분이 많다는 것을 인정하고 앞으로 여러분들의 지도편달을 받는 가운데 겸허히 보완해 나가려고 한다. 이 책의 출간에 적극적으로 협조하여 주신 가림출판사 강선희 사장님과 장연수 국장님의 노고에 대하여 마음 깊이 감사드린다.

2000. 10.

김 진 홍

제 3 장 하도급법적용의 범위

1. 법적용대상이 되는 사업자 ● 79

2. 법적용대상이 되는 제조 · 수리 및 건설위탁의 범위 ● 86

제 4 장 원사업자의 의무

1. 거래당사자의 의무 ● 99

2. 계약서 등 서면의 교부 및 서류 보존의무 ● 101

3. 선급금의 지급의무 ● 108

제 5 장   원사업자의 금지사항

제 6 장 하도급사건의 처리절차

제1장
총 론

1. 하도급이란 무엇인가

하도급은 대기업과 중소기업간의 거래이다

도급이란, 매매나 임대차·소비대차 등과 같은 계약의 일종으로서 일반적으로 당사자의 일방(수급인)이 어떤 일을 완성할 것을 약정하고, 주문자(또는 발주자)인 상대방(도급인)이 그 일의 결과에 대하여 보수를 지급할 것을 약정함으로써 성립하는 계약(민법 제664조)을 말한다.

제조업분야에서의 도급은 모기업과 수급기업간의 계약에 의한 생산분업관계를 의미하고, 건설업분야에서는 건설공사발주자와 건설업자(수급인)간에 체결하는 도급계약을 의미한다.

도급은 다른 사람의 노무를 이용하는 계약의 하나이지만 "일의 완성"을 목적으로 하므로 "노무를 제공하는 것" 자체를 목적으로 하는 고용계약(민법 제655조)과 구분되고, "사무의 위탁"만을 목적으로 하고 그 완성을 목적으로 하지 않는 위임(민법 제680조)과도 구분된다.

수급인은 어떤 일의 완성이라는 채무를 이행함에 있어서 반드시 자기 스스로 일을 완성하기로 한다는 특별한 약속을 한 일이 없는 한 자기가 맡은 일의 전부나 일부를 다시 제3자에게 맡길 수 있게 되는데 이를 하도급이라고 한다.

그러므로 하도급은 도급에 의하여 수급인이 맡은 일의 전부나 그 일부의 완성을 제3자인 하수급인에게 다시 도급을 주는 제2단계 도급계약이라고 할 수 있다. 하도급은 반드시 도급인과 수급인이 전제되고 도급인이나 수급인이 없는 하도급이란 성립될 수 없는 개념이다.

하도급은 수급인과 하수급인과의 도급계약이므로 도급인과 수급인과의 도급계약과는 별개의 계약이다. 하도급계약에 의해서는 수급인과 하수급인과의 도급이라는 권리의무관계가 생길 뿐이고, 하수급인이 도급인에 대하여 직접 권리를 가지거나 의무를 지지 않는다. 그러나 수급인은 일의 완성에 관하여 하수급인이 한 행위에 관해서도 책임을 져야 한다.

완성될 일의 내용은 계약에 따라 정하여질 것이지만, 일의 완성을 위하여 필요한 자재를 반드시 도급인이 제공하여야 하는 것은 아니고 수급인의 제공이라도 상관없다. 물건의 제작은 일정한 자재에 노무 등을 제공하여 어떤 결과를 만들어 내는 것이므로 "일의 완성"에 해당된다.

하도급거래공정화에관한법률(이하 "하도급법"으로 약칭한다)에서의 하도급 개념은 중소기업에 대한 대기업의 우월적 지위남용행위규제의 일환으로 생성된 것이기 때문에 도급에 뒤따르는 하도급개념만으로는 이 법의 목적을 충분히 달성할 수 없는 일이다.

따라서 하도급법상의 하도급은 경제적 강자인 대기업과 약자인 중소기업 간의 거래관계임을 전제로 하여 대기업인 원사업자와 중소기업인 수급사업자간의 도급계약으로 보지 않을 수 없다.

불공정한 하도급거래는 규제되어야 한다

하도급법은 원사업자의 부당한 행위를 억제하고 수급사업자의 열악한 지위를 보완하여, 하도급거래가 상호 보완적인 협력관계를 유지하도록 하기 위한 법률이다. 자본주의 자유경제체제하에서의 하도급거래규제가 갖는 의의는 자본주의 발전단계에 따라 어떠한 법원리가 존재하였는가를 먼저 검토함으로써 분명하여질 것으로 생각된다.

자본주의는 상업자본주의, 산업자본주의 및 독점자본주의라는 3단계를 거쳐 발전하였다. 상업자본주의(수공업 내지는 가내공업경제로부터 1750년경의 산업혁명까지) 및 산업자본주의(1750~1870년) 시대에는 경제적으로 자유방임주의 사조와 함께 인격절대주의를 배경으로 한 개인주의적 자유주의 법원리가 지배하였다. 소유권절대의 원칙, 과실책임의 원칙과 함께 계약자유의 원칙(사적 자치의 원칙)은 근대 시민법의 기본원리로서 개인의 사회적, 경제적 활동의 자유를 보장함으로써 근대사회 확립에 기여하였다.

그러나 산업혁명 이후, 자유자본주의경제는 근대 시민법을 매개로 하여 고도의 발전을 이룩하면서 독점자본주의로 전화하였다. 즉 자유주의경제에 있어서의 자유경쟁이 그 반대물인 독점으로 옮겨간 것이다.

독점체는 자기가 원하는 대로 가격을 결정하게 되므로 가격의 자율적인 움직임에 따라 경제주체가 생산과 분배를 결정하는 자동적 조절작용은 없어지고 만다. 결국, 독점의 심화는 자본주의경제의 원동력인 자유경쟁을 말살하고 자본주의의 존립기반을 무너뜨리게 된다.

이처럼 독점자본주의에서 나타난 독점기업에 대하여는 국가의 간섭, 규제를 내용으로 하는 새로운 법원리에 의하여 그 폐해에 대응하여 나아가야 할 것이고, 종래의 자유경쟁에 대응하는 시민법원리로서는 전적으로 타당한 규제를 할 수 없는 것이다.

공정거래법, 하도급법 등 각종 경제규제법은 이러한 상황적 요청에 따라 나타난 것이다. 따라서 하도급법은 시민법의 원리에 따른 형식적인 자유나 평등이 초래하는 실질적인 부자유와 불평등을 제거함으로써 대기업인 원사업자가 중소기업인 수급사업자를 지배하는 경제적 종속관계를 시정코자 하는 경제의 민주화를 위한 제도이다.

2. 하도급법을 만들어 시행하기까지

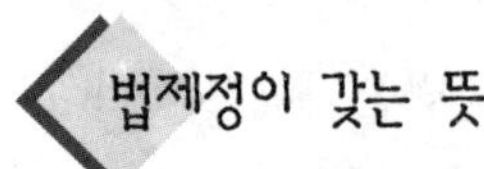

법제정이 갖는 뜻

해방 이후 1960년대 개발 초기까지의 우리 경제는 그 규모가 작고, 기업은 형성단계를 벗어나지 못하고 있었다. 따라서 대기업과 중소기업간에는 분쟁의 소지도, 규제의 필요성도 비교적 적었다.

독과점, 기업부문간 불균형 등으로 인한 분쟁과 규제가 문제로 등장한 것은 1962년 이후의 일이다. 정부가 경제개발을 위하여 대기업중심의 성장우선정책을 주도, 실시한 것이 이 때부터이기 때문이다.

성장우선정책은 조속한 경제성장을 위하여 부가가치가 높고 파급효과가 큰 성장주도산업을 집중적으로 보호육성함으로써 이를 발판으로 하여 경제 전체의 성장을 꾀한다는 불균형성장이론을 기조로 하고 있다. 성장우선정책의 결과, 우리 경제는 괄목할 만한 성장을 이룩하였으나 그 부작용 또한 적지 않았다.

하도급과 관계되는 부작용으로는 독과점적 시장구조화와 대기업과 중소기업의 격차심화를 들 수 있다. 경제적으로 우월한 지위에 있는 대기업에 대하여 중소기업은 대등한 교섭력을 가지지 못한 결과 자신의 정당한 이익을 주장할 수 없는 경우가 허다하여진 것이다. 특히 하도급거래를 통한 대기업의 존적 경영을 하는 중소기업의 경우에는 대기업에 의한 계약내용의 임의적인 변경, 값후려치기 등 부당하게 낮은 대금결정, 약속어음 등을 통한 대금지급의 지연, 수령거부 등의 불이익을 받고도 거래단절 등의 두려움 때문에 그 부당성을 주장하지 못하는 것이다.

이러한 사정이 계속된다면 중소기업은 건전한 발전을 지속할 수 없을 뿐만 아니라, 당장의 존립이 시급하기 때문에 장기적 성장에 대비한 기술개발과 설비·인력투자 등에 관심을 가질 수 없게 된다. 이는 중소기업의 경영상태를 더욱 악화시켜 대기업과의 관계를 더욱 불리하게 하는 원인이 되고 있다.

이러한 악순환은 단기적으로는 대기업의 이익으로 작용하겠지만 장기적으로는 중소기업을 도산시키고, 결국은 대기업 자신의 발전을 저해할 뿐만 아니라 국민경제 전체의 균형발전을 저해하게 된다.

따라서 국가에서는 대기업인 원사업자의 부당한 행위를 억제하고 중소기업인 수급사업자의 열약한 지위를 보완하여 공정한 하도급거래질서를 확립하기 위한 법률적인 조치를 취하지 않을 수 없는 것이다.

법제정의 경과

독과점적 시장구조화와 그 폐해에 대한 규제는 1963년 시멘트, 밀가루 및 설탕을 생산하는 소수 대기업이 과점시장을 형성하고 가격과 시장을 마음대로 조작한 이른 바 3분폭리사건을 계기로 하여 논의되기 시작하였다.

이 때부터 1976년 『물가안정및공정거래에관한법률』이 제정, 시행되기까지 4차례에 걸친 입법시도가 있었으나, 그 때마다 국회, 정부의 소극적인 자세와 대기업을 중심으로 한 업계의 반발에 부딪쳐 번번히 실패하고 말았다.

『물가안정및공정거래관한법률』은 독과점의 폐해, 경쟁제한행위, 불공정거래행위 등을 규제하는 "공정거래"에 관한 규정을 내용으로 한다는 점에서 공정거래제도 도입 역사상 큰 의의를 갖는다. 그러나 이 법률은 공정거래에 관한 내용이 미흡할 뿐만 아니라 그 취지 또한 물가안정을 위한 수단적 성격이 강하여 본격적인 공정거래법으로 볼 수는 없었다.

이 법률이 그 실효성의 한계를 드러냄에 따라 보다 적극적으로 공정거래질서를 확보할 수 있는 법률제도적 장치를 마련하지 않을 수 없게 된다. 왜곡된 시장구조를 시정하고 자유경쟁원리에 바탕을 둔 새로운 경제질서를 확립하여야 한다는 상황적 요청은 더 이상 본격적인 『공정거래법』의 등장을 지연시킬 수 없게 한 것이다.

1980년에 들어 제5공화국의 헌법은 자유경쟁원리의 회복이라는 자각에 따라 "독과점의 폐단은 적절히 규제·조정한다"는 조항을 규정하고(제120조 제2항), 그 해 12월 『독점규제및공정거래에관한법률』(하도급은 거래적 측면이 강하므로 이하 "공정거래법"이라 약칭한다)을 제정하여 1981년 4월부터 시행하게 되었다.

그 후 공정거래법은 1986. 12. 31. 1차 개정이 있었고, 1990. 1. 13. 전면개정 후에도, 1999. 2 . 5.까지 8차의 개정이 있었다. 공정거래법시행 초기의 공정거래법에 의한 하도급거래 규제는 이 법률에 기한 경제기획원고시 제59호 『하도급거래상의 불공정거래행위지정고시』(이하 "고시"라고 약칭한다)에 의하여 구체화되었다.

공정거래법의 시행을 계기로 하여 하도급거래상의 불공정거래 실태가 세상에 알려지면서 하도급거래에 따르는 문제는 국민들에게 이에 대한 새로운 인식과 더불어 문제의 중대성을 일깨워 주게 되었다.

그러나 공정거래법에 의한 하도급거래규제는 하도급분야 나름의 특수성 때문에 만족스러울 만한 법적 규제를 기대할 수 없었다. 이러한 연유로 하도급법은 『하도급거래공정화에관한법률』이라는 이름으로 1984년 12월 31일 제정되어 1985년 4월 1일부터 그 시행을 보게 되었다.

그 후 9차에 걸쳐 개정(1차 개정 1990. 1. 31. / 2차 개정 1991. 12. 14. / 3차 개정 1992. 12. 8. / 4, 5차 개정 1995. 1. 5. / 6차 개정 1996. 12. 30. / 7차 개정 1997. 8. 28. / 8차 개정 1998. 1. 13. / 9차 개정 1999. 2. 5)되었는 바 9차의 개정을 거치는 동안 수급사업자 보호를 강화하기 위한 법적용대상사업자의 범위가 대폭 확대되고 절차상의 미비점도 보완되었다.

특히 제9차 개정에서는, 원사업자가 수급사업자에게 하도급대금을 지급함에 있어서 원사업자가 발주자로부터 당해 제조 등의 위탁과 관련하여 결제받은 현금비율 이상으로 수급사업자에게 하도급대금을 지급하도록 의무화하고, 하도급대금을 어음으로 지급하는 경우에도 발주자로부터 교부받은 어음의 지급기간(발행일로부터 만기일까지)을 초과하는 어음지급을 못 하도록 하여 수급사업자의 자금난을 완화하도록 하였다.

또한 연쇄부도의 위험으로부터 수급사업자를 보호하기 위하여 원사업자의 부도·파산 등의 사유가 있는 경우 발주자가 수급사업자에게 하도급대금을 직접 지급토록 하였으며, 하도급거래위탁시 사전에 계약서 등 서면을 교부토록 명시함으로써 수급사업자의 연쇄도산을 방지하며 또한 서면교부 시점의 기준을 명시함으로써 이와 관련된 분쟁을 예방할 수 있게 되었다.

3. 하도급법과 관련 법률과의 관계

하도급법은 공정한 하도급거래 질서를 확립하여 원사업자와 수급사업자가 대등한 지위에서 상호보완적으로 균형있게 발전할 수 있도록 함으로써 국민경제의 건전한 발전에 이바지함을 목적으로 한다(제1조).

하도급법은 지금까지 원사업자 위주의 하도급거래에 있어서 원사업자의 부당한 행위를 억제하고 수급사업자의 열위적 지위를 보완하여, 하도급거래가 상호 보완적인 협력관계가 이루어지도록 유도함으로써 분업화와 전문화를 통한 생산성의 향상에 기여하기 위한 법률이다.

이하 하도급법과 다른 법률과의 관계, 하도급법의 적용범위에 관하여 살펴보기로 한다.

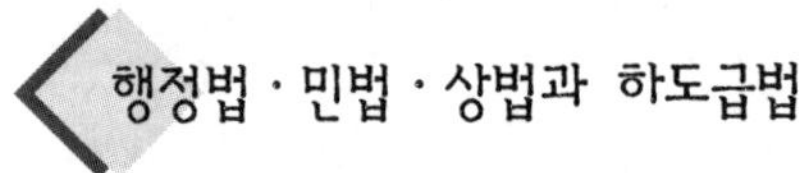

행정법·민법·상법과 하도급법

1) 행정법과 하도급법

행정법과 하도급법은 모두 주로 국가의 권력적 작용인 점에서 동일하지만 행정법이 행정권의 조직 및 작용에 관한 법이고 국가활동 전체에 미치는데 반하여, 하도급법은 공정한 하도급거래질서의 확립을 통한 국민경제의 건전한 발전을 목적으로 하고, 하도급거래에 대한 국가의 간섭을 내용으로 하는 것이므로 양자는 그 범위가 다르다고 하겠다.

2) 민법과 하도급법

하도급법은 국가가 하도급거래에 간섭하는 입장을 취하나, 민법은 개인이 자기의 법률관계를 그의 자유로운 의사에 기하여 형성할 수 있다는 계약의 자유(개인의사 자치의 원칙)를 기본원칙으로 하고, 개인주의에 입각하고 있으므로 양자는 하도급에 대한 입장에 있어 서로 다르다고 할 수 있다.

민법 제664조에서 제674조까지의 도급에 관한 규정은 상호 대등한 지위의 도급인과 수급인을 전제로 하여 양자간의 권리의무관계를 규정하고 있을 뿐, 거래당사자의 실질적인 불평등을 고려하고 있는 것은 아니다.

한편, 민법 제2조 제2항의 권리남용의 금지, 제103조의 공서양속 · 사회질서규정, 제104조의 불공정한 법률행위에 관한 규정은 사회법 · 공공법을 표시하는 것으로, 원리적으로는 민법과 하도급법은 일치하는 점이 있다.

그러나 이들 민법규정은 일반조항이므로, 지배 — 종속관계, 계속적 거래관계를 속성으로 하는 하도급거래에 이를 적용하는 것은 하도급법이 정한 목적을 달성할 수 없다고 하겠다.

따라서 하도급법은 새로운 법률제도의 발전이며 독립한 제도로 보아야 할 것이다.

3) 상법과 하도급법

상법과 하도급법은 모두 기업에 관한 법으로서 둘다 경제생활을 그 대상으로 하는 점에서 공통성을 가진다.

그러나 원리적으로 상법은 시민법으로서 계약의 자유를 인정하고 영리성을 그 바탕으로 하는 데 반하여 하도급법은 다른 경제법과 마찬가지로 사회성 · 공공성을 그 바탕으로 한다.

또한 상법은 기업의 조직 및 거래를 대상으로 하나, 하도급법은 국가가 국민경제적 입장에서 하도급거래에 간섭하는 것을 그 내용으로 하기 때문에 양자의 목적과 방법에는 차이가 있다.

경제법으로서의 하도급법

경제법의 개념에 관하여는 학자에 따라 여러 가지 견해가 있다. 경제법은 경제에 관한 모든 법이라고 보는 견해, '경제성'이 시대의 기조이고 이러한 경제성을 갖는 법이 경제법이라는 견해, 현대의 국민경제는 조직된 경제인데 경제법은 이 "조직경제에 고유한 법"이라는 견해, 기업경영에 관한 특별법을 경제법이라고 보는 견해, 영리활동에 대한 국가의 규제를 규정하는 법을 경제법이라고 보는 견해·경제법은 국가가 영리활동을 제한하고 규제하기 위한 법체계이며, 곧 국가의 경제정책을 수행하기 위한 경제간섭의 법이라는 견해 등이 있다.

생각컨대, 경제에 대한 국가의 후견적 기능과 법률을 통한 기능의 수행이라는 실제적 요청에 비추어 볼 때 맨 끝의 개념규정에 찬동하고 싶다.

경제법을 국가에 의한 경제간섭의 법이라고 볼 경우, 국가에 의한 하도급거래의 간섭을 내용으로 하는 하도급법은 경제법으로서의 지위와 성격을 갖는 다는 점에 의문의 여지가 없다고 하겠다.

공정거래법과 하도급법

1) 하도급분야의 특수성

종래, 공정거래법은 하도급거래상의 불공정거래행위를 불공정거래행위의 형태, 즉 "자기의 거래상의 지위를 부당하게 이용하여 상대방과 거래하는 행위"(제23조 제1항 제4호)의 금지규정으로 규제하였다. 그 후 하도급법을 별도로 제정, 시행하게 된 것은 하도급분야의 다음과 같은 특수성에 기인한다.

첫째, 관계기관이 하도급거래실태를 파악하려면 하도급대금, 지급기일, 검사방법 등을 확인할 수 있는 서면이 있어야 할 것이고, 원사업자로 하여금 이들 서면의 작성, 교부, 보존의 의무를 지게 하는 법적 근거를 필요로 한다.

둘째, 원사업자의 지배하에 있는 수급사업자는 기업경영을 포기하지 않는 한 원사업자의 불공정거래행위를 신고할 수 없는 입장이다. 따라서 관계기관에 의한 적극적이고도 계속적인 조사가 이루어질 수 있는 법적 밑받침이 요구된다.

셋째, 공정거래법의 엄격한 운용은 때때로 수급사업자에게 불이익이 되는 경우도 있고, 업계의 실정을 무시하고 규제만을 위주로 하게 되면 그만큼 효율성이 떨어지므로 원·수급사업자간에 분쟁을 자율적으로 해결할 수 있는 풍토를 조성할 필요가 있다.

이를 위하여 사업자단체 내에 법정기구로서 분쟁조정을 위한 협의회를 설치, 운용할 것이 요청된다.

일본의 경우, 하도급거래상의 불공정거래행위는 『사적독점의금지및공정거래확보에관한법률』(1947년 제정, 1977년 10차 개정)에 의하여 규제하던 중 위에서 본 3가지 이유로 1950년 『하청대금지불지연등방지법』을 제정·시행한 바 있다. 우리나라와는 약 30년의 시간적 격차만 있을 뿐이다.

이상의 3가지 이유 외에 우리나라가 공정거래법으로부터 하도급법을 분리, 독립시킨 것은 하도급분야에 유난히 불공정거래풍토가 심화되었다는 점과 이것을 척결하는 것이 시급하였다는 점일 것이다.

관계 기관에 의하여 국내대표급 대기업의 불공정한 하도급거래실태가 조사·공표되고, 언론기관에 의하여 하도급의 비리가 사회문제로 부각되자(경제기획원, 공정거래백서, 1984, p. 221~224, "실태조사", 조선일보, 1983. 11. 29. "공사비 후려깎기", 동아일보, 1984. 1. 16. "일방통행의 납품비리",

중앙일보, 1984. 1. 13. "선급금 미지급 실태" 등) 정부에서는 사회정의의 실현이라는 차원에서 하도급법제정을 서둘지 않을 수 없었기 때문이다.

2) 공정거래법의 보완법이다

앞에서 설명한 바와 같이 공정거래법에 의한 하도급거래규제의 문제점을 보완하기 위하여 별도의 법을 제정한 것이 이른 바 하도급법이다.

이제는 공정거래법의 체계상 공정거래행위의 금지는 어떤 위치에 있는가를 살펴봄으로써 공정거래법과 하도급법의 실체적 관계를 밝힐 차례이다.

공정거래법은 제2장에서 시장지배적 지위의 남용을 금지하고, 제3장에서 기업결합을 제한하는 규정을 두는 한편, 제4장에서는 사업자간의 카르텔 협정 등의 부당한 공동행위를 제한하는 규정을 두면서, 제5장에서는 불공정거래행위를 금지하는 규정을 두고 있다. 이 가운데, 제3장 기업결합제한과 제4장 공동행위제한은 사업자의 독과점적 지위의 형성 내지 시장지배력의 형성을 저지하기 위한 것이고, 제2장은 이미 형성된 사업자의 시장지배력의 남용행위를 저지하기 위한 것이며 모두가 자유경쟁에 의한 공정거래를 저해하는 것을 방지하려는 데 입법목적이 있다. 제5장의 불공정거래행위의 금지도 자유로운 경쟁을 통한 공정거래를 확보하기 위한 것이며, 경제력이 강한 사업자가 그 지위를 이용하여 상대방에게 불리한 조건을 붙여서 거래하는 등의 경우에 대한 규제를 목적으로 하는 점에서 제2장의 시장지배적 지위의 남용금지와 같은 범주에 속하는 것으로 볼 수 있다.

공정거래법 제23조 제1항에서 열거되고 있는 불공정거래행위의 지정기준 내지 그 유형을 보면 그 어느 것이든 경제력이 대등하지 않은 거래당사자간에서 생길 수 있는 것들이다.

한편, 하도급법이 규정하는 원사업자(제2조 제2항)와 수급사업자(동 조 제3항)는 일응 경제력의 우열에 따른 구분으로서 이들간의 불공정거래행위를 금지하는 것은 공정거래법 제2장의 시장지배적 지위의 남용금지나 제5장의 불공정거래행위금지와 같은 맥락에 있는 것이다.

따라서 하도급법은 그 생성과정으로 보나 실체적 내용으로 보나 공정거래법의 보완법적 지위에 있다고 하지 않을 수 없다.

3) 하도급법에서의 공정거래법 적용

하도급법상의 하도급거래에 관한 사항은 공정거래법 제23조 제1항 제4호의 규정을 적용하지 아니한다(제28조).

따라서 중소기업자가 아니거나 상시 종업원 100인 이하의 중소기업자가 아닌 개인이 하도급을 받은 경우에는 하도급법이 적용되지 않고, 공정거래법상의 우월적 지위남용행위(제23조 제4호)의 법리가 적용되어야 할 것이다.

그리고 하도급법에 의한 공정거래위원회의 심의 의결에 관한 사항이나 공정거래위원회의 처분에 대한 이의신청, 소의 제기 및 불복의 소의 전속관할에 관한 사항은 공정거래법상의 제42조 ~ 제45조 및 제52조, 제53조 ~ 제55조의 2를 적용하고(제27조 제1항), 하도급관계업무종사의 위원, 공무원, 조정위원 등의 비밀보지의무에 관하여는 공정거래법 제62조를 적용한다(제27조 제2항).

중소기업의사업영역보호및기업간협력증진에관한법률 · 건설산업기본법 · 전기공사업법 · 정보통신공사업법과 하도급법

1) 중소기업의사업영역보호및기업간협력증진에관한법률상의 하도급 관련 규정

중소기업의사업영역보호및기업간협력증진에관한법률(1995. 1. 5. 법률 제4898호. 이 법의 제정으로 종래의 중소기업계열화촉진법, 중소기업사업조정법은 폐지되었다. 이하 "기업협력법"으로 약칭한다)상의 하도급거래규제와 관련된 조항은 약정서의 교부(제19조 제1항), 부당한 납품대금결정금지(제23조 제1항 제3호), 물품 등의 구매강제금지(동 조 제1항 제4호), 내국신용장개설(동 조 제1항 제8호), 물품수령증의 교부(제19조 제2항), 검사의 합리화(제21조 제1항), 납품대금의 지급기일(제20조 제1, 2항), 납품대금의 지급지연금지(제23조 제1항 제2호), 지연이자의 지급(제20조 제3항), 부당감액금지(제23조 제1항 제1호), 보복조치의 금지(제23조 제1항 제1호), 서류의 비치(제26조), 자료제출요구 및 조사(제27조) 등 비교적 많은 규정을 담고 있다.

이들 규정은 공정거래법이나 하도급법과 관계에서 법적용상의 중복이라는 문제가 있다. 이를 위하여 중소기업청장은 위탁업체가 제13조 · 제19조 내지 제21조 또는 제23조 제1항의 규정에 위반한 사실이 있고, 그 위반 사실이 하도급법 제3, 4조 내지 제13조 및 동 법 제15조 내지 제20조 또는 공정거래법 제23조 제1항의 규정에 의한 금지행위에 해당한다고 인정할 때에는 하도급법 제25조 또는 공정거래법 제24조의 규정에 따라 필요한 조치를 해줄 것을 공정거래위원회에 요구할 수 있다(제24조).

하도급법에서는 기업협력법의 규정이 하도급법과 저촉되는 경우에는 하도급법이 적용됨을 분명히 하고 있다(제34조).

\<표 1\> 『기업협력법』과 『하도급법』간의 비교

구 분		기업협력법	하도급법
대 상 분 야		제조 · 가공 · 수리 (건설 제외)	제조(소프트웨어사업 · 엔지니어링 활동 · 설계 포함) · 가공 · 수리 및 시공(건설)
거 래 당사자 요 건		〈위탁사업자〉 〈수탁사업자〉 대기업 → 중소기업 중기업 → 중소기업 ◇중소기업간 거래인 경우는 위탁사업자는 중기업 이상 ◇대규모기업진단 소속 중소기업은 대기업으로 간주	〈원사업자〉 〈수급사업자〉 대기업 → 중소기업 중기업 → 중소기업 ◇중소기업간 거래인 경우는 원사업자가 수급사업자에 비해 매출액(자산총액) 또는 상시 종업원수가 2배 이상 ◇대규모기업진단 소속 중소기업은 대기업으로 간주
의 무 사 항	계약서 등 교 부	위탁기업체가 수탁기업체에 물품 등의 제조위탁을 할 때에는 지체없이 약정서를 당해 수탁기업체에 교부	수급사업자의 권리보호를 위해 계약서(발주서 등 포함)를 교부하고, 서류를 보존(표준하도급계약서 사용 권장)
	물 품 대금의 결 정	동종 또는 유사한 물품 등에 대하여 통상 지급대금보다 현저히 낮은 가격으로 정하는 행위 금지	부당한 방법으로 통상 지급대금보다 현저히 낮은 수준으로 결정하거나 강요하는 행위 금지
	물 품 등 의 강 매	품질의 유지 또는 개선을 위하여 필요한 경우, 기타 정당한 사유없이 위탁기업체가 지정하는 물품 등을 강제로 구매하게 하는 행위 금지	목적물의 품질유지 · 개선 등의 정당한 사유가 있는 경우를 제외하고 특정물품 · 장비 등의 구입 · 사용을 강제하는 행위 금지
	선급금		발주자로부터 선급금을 받은 경우 15일 이내 지급

구 분		기업협력법	하도급법
의무사항	내국신용장	위탁기업체가 수출용으로 수탁기업체에 발주한 물품 등에 대하여 정당한 사유없이 내국신용장의 개설을 기피하는 행위 금지	수출물품의 제조위탁일 또는 원신용장을 받은 날로부터 15일 이내 개설
	목적물 수령	물품 등의 개발을 의뢰한 후 그 개발물품 등에 대한 발주를 정당한 사유없이 기피하는 행위 금지	하도급을 임의로 취소·변경하거나 목적물의 수령(인수)을 거부·지연하는 행위 금지 제조물인 경우는 검사 전이라도 수령증명서를 즉시 교부하고 건설인 경우는 검사종료 즉시 인수
	검 사	위탁기업체는 객관적 타당성이 있는 검사기준을 정하여 공정하고 신속한 검사를 하고, 검사결과 불합격한 물품 등에 대하여는 그 사유를 즉시 문서로 통보	쌍방이 협의하여 공정·타당한 검사기준을 정하고, 검사결과는 목적물 수령일로부터 10일 이내 통지(이 기간 내 통지하지 않으면 합격으로 간주)
	반품 또는 수령 거부	수탁기업체의 귀책사유가 없음에도 물품 등의 수령을 거부하는 행위 금지	목적물 수령 후 발주자의 발주취소, 불명확한 검사기준에 의하거나 원사업자가 공급한 원재료로 인한 불합격 판정과 납기지연 등을 이유로 반품하는 행위 등을 금지
	감 액	정당한 사유없이 발주물량을 현저히 감소 또는 발주를 중단하거나 대금을 감액하는 행위 금지	위탁 당시 감액 조건 등을 명시하지 않고 사후에 협조요청·발주취소·경제상황의 변동 등 불합리한 이유를 들거나 단가인하 합의사항을 일방적으로 소급 적용하는 행위, 조기결제, 현금지급 등을 이유로 하도급대금을 감액하는 행위 금지

구 분		기업협력법	하도급법
의무사항	대금결제청구	물품가격의 부당한 인상을 요구하거나 위탁받은 물품의 납품에 관한 약정을 위반하는 행위 금지	물품판매(장비대여) 후 정당한 이유없이 하도급대금을 지급기일 이전에 결제를 청구하거나 현저하게 불리한 조건으로 결제를 요구하는 행위 금지
	하도급대금의지급	수·위탁거래의 납품대금 지급기일은 물품 등을 수령한 날로부터 60일 이내에 지급. 이를 초과시 공정위고시에 따른 지연이자 및 어음할인료 적용	하도급대금은 목적물수령일(준공금을 받은 날)로부터 60일 이내 지급, 기성금을 받은 때에는 15일 이내 지급, 법정기일을 초과하는 경우에는 그에 따른 어음할인료(연 12.5%) 및 지연이자(연 25%)를 지급
	직접지급		발주자는 파산·부도 등의 이유로 원사업자가 하도급대금을 지급할 수 없는 명백한 사유가 있는 경우 이를 수급자에게 직접 지급
	관세등환급		원사업자가 관세 등을 환급받은 경우 15일 이내 수급사업자에게 지급
	하도급대금의조정		원사업자는 발주자의 설계변경·경제상황의 변동 등으로 하도급금액에 증감이 있는 경우 30일 이내에 수급사업자에게 이를 조정
	대물변제	납품대금의 지급에 갈음하여 위탁기업체가 제조하는 제품의 수령을 요구하는 행위 금지	수급사업자의 의사에 반하여 하도급대금을 물품으로 제공 금지
	경영간섭		수급사업자의 경영에 대한 부당한 간섭 금지

2) 건설산업기본법상의 하도급 관련 규정

건설산업기본법(1996. 12. 30. 법률 제5230호)상의 하도급거래규제와 관련된 조항은, 계약체결내용의 서면화(제22조 제2항), 건설공사 전부의 하도급제한 등(제29조 제1항), 공사일부의 하도급 등(제30조 제1항), 선급금 등 하도급대금의 지급 (제34조), 하도급대금의 직접지급(제35조), 설계변경에 따른 하도급대금의 조정(제6조), 신속한 검사 및 인수(제37조), 자재구입처의 지정등 금지(제38조) 등의 규정이 있다.

위와 같은 건설산업기본법상의 규정은 하도급법과의 관계에서는 하도급법이 우선 적용된다(하도급법 제34조).

3) 전기공사업법 등의 하도급 관련 규정

전기공사업법 (1976. 12. 31. 법률 제2967호)에는 일괄하도급의 금지(제24조), 정보통신공사업법(1997. 8. 28. 법률 제5386호)에는 자재구입처의 지정 등 불리한 행위의 금지(제26조 제3항), 일괄하도급의 제한(제31조 제1항), 재하도급의 제한(제31조 제3항) 등의 규정이 있고 하도급법과의 관계에서는 하도급법이 우선 적용된다(하도급법 제34조).

생각컨대, 기업협력법에 의한 하도급거래규제는 중소기업의 지원, 육성을 담당한 기관이 동시에 원사업자의 불공정거래행위를 감시 · 규제하여야 한다는 점에서 업무상의 한계가 있다.

또한 건설산업기본법 등에서 하도급에 관한 규정을 두는 것은 수급사업자 보호를 주목적으로 한 것이 아니고, 수급사업자의 기술적 무능 · 무자력 · 불성실은 원사업자나 일반공중에 뜻하지 않은 큰 손해를 주게 될 것이며, 특히 무능하거나 신용 없는 군소건설업의 난립과 무책임한 수급사업자의 관여로써 발생할 수 있는 위험을 배제하려는 것이 주목적이다.

그러므로 위 법들의 목적은 하도급법의 목적과 완전하게 일치할 수는 없으며, 하도급거래규제에 관한 한 하도급법은 위 법들에 대하여 특별법적 위치에 있다고 할 수 있고, 이로써 법적용상의 혼란도 해소되었다고 본다.

제 2 장
하도급거래의 상황적 문제점

I. 외국의 경우와 우리나라의 경우

◀ 유럽이나 일본의 경우

하도급거래관계에서의 일반적인 불공정행위의 문제는 어느 나라, 어느 경제에서나 발생되는 문제이다.

그러나 독일 등 유럽의 경우는 일찍부터 도제제도가 발달되어 기술인력의 재생산과 기술의 전수가 기업자체적으로 이루어져 전문기업간의 철저한 경쟁을 통하여 하도급거래가 이루어지므로 원사업자와 하도급사업자간의 마찰과 갈등은 우리나라처럼 심각하지 않다.

일본의 경우는 모기업단위별로 수급기업군이 형성되어 수급기업간에는 인적, 자본적 계열화가 강력하게 맺어져 일본경제의 밑바탕을 형성하여 왔으나 최근에는 위와 같은 하도급거래환경에 변화가 오고 있다.

즉 기업간의 경쟁이 극심하게 됨에 이르러 종래와 같은 거래관계를 고수하고서는 경쟁력확보가 어렵게 되었고 다른 계열의 개발력, 가격경쟁력이 우수한 부품업체 및 중소기업·하도급업체를 통한 적극적인 부품조달이 점차 활발하여지고 있다.

이는 계열기업간의 거래관계가 계열을 초월한 경쟁적인 개방형으로 변화하고 있음을 의미한다.

독일 등 유럽이나 일본의 경우, 중소기업은 약자로서가 아니라 대기업에 비하여 결코 뒤지지 않는 기술력·경쟁력의 소유자로 인식되고, 대기업과의 상호 분업·협력체계를 보여주고 있다.

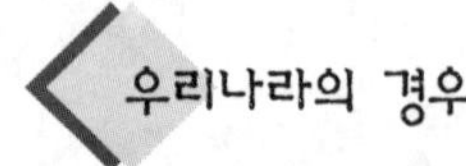

우리나라의 경우

우리나라의 대·중소기업간 협력관계는 자동차, 전자 등과 같은 대규모 조립산업의 발전이 본격화된 1980년대 중반 이후 대기업을 중심으로 도급조직의 확대와 함께 하도급관계에 있는 대·중소기업을 중심으로 형성·유지되어 왔으나, 결코 대등한 위치에서의 동반자적 협력관계가 정립되어 있다고는 말할 수 없는 실정이다.

도급구조의 확대과정을 보면, 위탁 대기업은 수탁기업을 소요 중간재의 저가조달 수단으로만 활용하는데 급급하였던 반면, 수탁 중소기업은 위탁기업을 단지 안정적 거래처의 확보·유지수단으로만 이용하려는데 그침으로써 대·중소기업간 협력관계는 수직적 생산하청을 통한 도급물량의 확대 수준에서 벗어나지 못하였다.

이러한 유기적이지 못한 협력관계에서는 상호이익 창출을 위한 자본참여, 공동기술개발, 공동시장개척 등과 같은 질적 협력관계의 심화로는 발전할 수가 없었다.

위탁대기업은 협력 중소기업의 기술 및 품질수준에 만족치 못하고 있으며, 협력업체인 중소기업은 위탁 대기업의 과도한 납품단가 인하요구, 불규칙한 발주, 과도한 어음결제를 포함하는 불합리한 결제관행 등에 시달리는 등 협력관계라기보다는 갈등관계로 고착되어 왔다. 이러한 현상은 우리나라의 경제발전과정상의 구조적인 문제에 기인하는 것이다.

지난 1960~1970년대 정부의 경제정책은 중화학공업을 중심으로 하는 대기업에 치중되었고 이로 인하여 단기적인 경제의 급성장은 이룩하였으나, 그 빛에 가려진 중소기업은 대기업에 종속되어 자신의 권익을 주장하고 지킬 만한 힘을 갖지 못하였다.

이에 더하여, 하도급업자끼리의 과당경쟁, 기술수준의 낙후, 자금난 등 중소기업 자체의 구조적 취약성은 하도급거래상의 불공정거래행위를 더욱 심화시켰다.

2. 1980년대의 하도급 시장

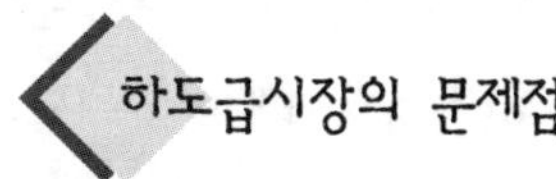

하도급시장의 문제점

1) 독과점적 시장구조

1983년도 중소기업협동조합중앙회에서 마련한 「하도급거래의 현황과 개선방향」이라는 자료를 보면 〈표 2〉에서 보는 바와 같이 1980년도 우리나라 상품시장에서 상위 3개사의 시장점유율은 50% 이상 점유한 것이 전체 상품수의 96.8%에 달하고, 시장점유율 30% 미만인 완전경쟁시장은 3.2%에 불과하였다.

이 사실은 3.2%의 시장점유율을 경계로 대기업과 중소기업의 각축이 전개되고 그 범위 내에서 약 32,000개의 중소기업체가 상호경쟁을 벌이고 있음을 알 수 있다.

〈표 2〉 상위 3개사의 시장점유율

(단위 : %)

유 형	연 도	품목수	출하액	추 세
A형	1979	73.6	53.9	증가
(70% 이상)	1980	75.3	57.7	
B형	1979	15.4	20.2	감소
(50 ~ 70% 미만)	1980	14.5	18.4	
C형	1979	8.4	17.8	감소
(30 ~ 50% 미만)	1980	7.0	13.2	
D형	1979	2.6	8.1	증가
(30% 미만)	1980	3.2	10.7	

이와 같은 독과점현상에 관하여 1984. 4. 27. 당시 경제기획원 공정거래실이 주최한 공정거래세미나에 제출된 자료에 의하면, 광공업부문에서 국내 30대 재벌의 출하액 누적점유율은 1977년 32%에서 해마다 1~2%씩 증가하여 1981년에는 39.7%에 이르고 있으며, 상위 5대 재벌의 출하액 누적점유율은 1977년 14.8%에서 1981년에는 21.5%로 급격하게 증가하여 대재벌에 의한 경제력집중의 심화를 보였다.

1984. 4. 28. 한국일보의 보도기사에 의하면, 제조업분야 하도급거래의 주된 영역이라 할 수 있는 개별상품의 시장집중도는 1981년 현재 주요 공산품 2,257개 중 87.8%인 1,981개가 독과점업체에 의하여 생산되고 있고 12.2%인 276개 품목만이 경쟁상태에서 공급되고 있어 이 범위 내에서 중소기업들의 피나는 경쟁이 벌어지고 있었다.

1984. 4. 11. 동아일보의 보도기사를 통하여 대기업에 의한 중소기업의 영역침투실태를 보면, 당시 시행되고 있던 중소기업사업조정법 제6조의 2, 동법 시행령 제10조는 대기업의 중소기업사업분야 침투방지를 위하여 중소기업자의 사업으로 영위하는 것이 국민경제의 건전한 발전과 산업구조의 개선을 촉진함을 목표로 하여 중소기업의 고유업종으로 103개 업종을 지정하여 중소기업의 영역을 보호하고 있음에도 불구하고 103개 업종 중 71개 업종을 대기업이 잠식하였다.

이에 관한 하나의 사례로서(이는 1983. 1. 10.자 동아일보 5면에 보도된 내용이다), 1983. 11. 25. 중소기업협동조합중앙회 회의실에서 H그룹 계열사가 일본의 모 회사와 기술제휴하여, 중소기업의 고유업종인 디젤엔진용 밸브를 대량생산하려고 하는 문제를 둘러싸고 업자들간에 다음과 같은 대화가 오고 갔다.

K산업 김 모 사장 : 수출을 내세워 대규모 공장을 세운 뒤 내수시장에 뛰어들어 기존업체를 도산시킨 대기업의 횡포가 한두 번인가.

S밸브의 박 모 사장 : 현재 중소업체들이 생산하는 제품의 질이 국제수준

에 못지 않다. 수출을 빙자한 대기업의 밸브생산은 그렇지 않아도 공급과잉
인 내수시장을 겨냥한 속임수에 불과하다. 수십 년씩 애써 축적한 기술이 쓸
모 없게 되고 많은 중소기업이 도산하게 될 것은 뻔한 일이다.

　M공업 장 모 사장 : 당신네 회사인 H강관은 최근 하청업체에서 생산한 제
품을 받아다가 자사 브랜드를 붙여 덤핑판매하여 국내시장을 교란시키고 있
지 않은가.

　재벌기업 H사측 : 대형밸브나 선박에 쓰이는 밸브는 일제나 서독제가 아
니면 수출이 불가능하다. 우리는 대형밸브만 생산하고 소형밸브는 당신네
중소기업의 것을 쓰겠다. 절대로 내수시장에는 침투하지 않겠다. 수출과 수
출대체에만 기여할 것이다.

　결국, 과거의 예에 비추어 중소기업자들은 H사측의 밸브생산을 막지 못한
다는 것이 그들의 일반적인 생각이었다.

　실제로 모기업이 장래성 있는 계열기업의 하청물량을 줄이거나 중단하여
도산시킨 다음 이를 인수하거나, 하청물량을 많이 주어 시설확장을 유도한
후 일시에 하청물량을 격감시켜 도산위기에 빠뜨린 후 이를 인수하는 방식
으로 하도급영역을 침투하는 사례가 많았다.

2) 과당경쟁

　하도급거래가 불평등하게 이루어지는 것은 하도급업체 상호간의 경쟁이
중요 원인이라고 할 수 있다. 과당경쟁의 주된 원인은 앞에서 본 바와 같이
하도급수요의 독과점적 시장구조라고 할 수 있으나 하도급업체의 난립과 높
은 하도급 의존도에도 그 원인이 있다.

　당시 경제기획원의 「1982년 광공업 조사 잠정집계 결과」에 의하면, 〈표 3〉
에서 보는 바와 같이 1981년도 중소제조업체 32,384개 업체 중 하도급(수급)
업체는 11,234개 업체로서 34.7%를 점하고 있으며, 이들 업체의 하도급 의존

도를 보면 〈표 4〉에서 보는 바와 같이 5% 미만이 3.5%, 80% 이상이 67.0%로서 높은 하도급 의존도를 보여 주고 있다.

〈표 3〉 연도별 하도급업체 비율

구 분	1978	1979	1980	1981	1982
중소제조업체(A)	25,631	28,637	30,688	32,384	36,679
수급기업수 (B)	4,666	7,731	9,224	11,234	--
B/A × 100	18.2	25.7	30.1	34.7	--

〈표 4〉 하도급 의존도

(구성비 : %)

연도	하도급 기업수	5% 미만	5 ~ 20% 미만	20% ~ 60% 미만	60% ~ 80% 미만	80% 이상
1978	4,666	3.8	4.3	12.4	10.6	68.9
1979	7,371	6.3	3.7	14.4	9.2	64.4
1980	9,224	2.0	4.1	16.0	7.2	70.7
1981	11,234	3.5	3.8	17.5	8.2	67.0

〈표 5〉 건설업 현황

(1984. 3. 28. 현재)

구 분	업 체 수						면 허 수					
업종별	일반	특			수	계	일반	특			수	계
지역별	토건	철강	준설	포장	조경		토건	철강	준설	포장	조경	
합 계	494	5			7	506	494	52	4	158	11	719
서 울	249	3			6	258	249	48	2	110	9	418
지 방	245	2			1	248	245	4	2	48	2	301

건설업분야를 보면 〈표 5〉에서 보는 바와 같이 1984. 2. 20. 현재 건설업체는 506개 업체로서 그 중 97.6%인 494개 업체가 토건업이었다.

이에 대하여 전문공사업체는 4,837개 업체로서 그 중 56.1%인 2,715개 업체가 서울에 편재하여 전문공사업체간에 과당경쟁이 불가피하였다〈표 6〉.

〈표 6〉 전문공사업 면허 분포현황

(1984. 3. 28. 현재)

구분＼지역별	합 계	서 울	지 방
면허수	8,474	4,689	3,785
업체수	4,837	2,715	2,122
목 공	257	158	99
토 공	1.207	675	532
미장방수	515	317	198
석 공	163	79	84
도 장	888	529	359
조 적	82	42	40
비 계	98	58	40
창 호	545	254	291
지붕 및 판금	36	16	20
철근콘크리트	1,135	612	523
철 물	807	465	342
설 비	1,362	846	516
상하수도	777	374	403
보링 및 그라우링	186	109	77
철도궤도	2	2	--
포장유지보수	202	77	125
수 중	49	17	32
조경식제	86	33	53
조경시설물	77	26	51

〈표 7〉은 1983년도 중 경영상 애로사항으로서 수주활동이 전체의 36.2%로서 가장 으뜸을 차지하고, 그 다음이 자금운용으로 32.1%임을 보여 주고 있다.

공사수주활동상 애로요인〈표 8〉은 업자간의 과다출혈경쟁이 전체의 37.5%로서 으뜸을 차지하고 이는 31.9%가 공사예정가격의 비현실성이 애로요인이라고 한 것과 함께 저가투찰의 원인〈표 9〉으로 연결됨을 알 수 있다.

즉 저가투찰의 원인은 다수의 경쟁자가 제일 큰 원인(45.0%)이며 다른 불공정행위까지도 이를 감수할 수밖에 없는 원인이 되고 있음을 짐작할 수 있다.

〈표 7〉 1983년도 중 경영상 애로사항

(기준 : 1983. 12. 31.)

구분 계	수주활동	공사시공	자재구매	장비운용	자금운용	인력관리
1,781 (100%)	646 (36.2)	58 (3.2)	103 (5.7)	31 (1.7)	572 (32.1)	371 (21.1)

〈표 8〉 공사수주활동상 애로요인

(기준 : 1983. 12. 31.)

구　　　분	업체수	구성비(%)
공사예정 가격이 비현실적이다.	523	31.9
업자간에 과다출혈경쟁이 심하다.	615	37.5
채무부담행위 등 불가피한 외상공사의 수주가 많다.	175	10.7
연고자위주 등의 하도급이 많다.	327	19.9
계	1,640	100

<표 9> 저가투찰의 원인

(기준 : 1983. 12. 31.)

구　　　　　　　　　　분	업체수	구성비(%)
입찰시 견적 착오	16	2.6
경기침체로 인한 공사량 부족	103	16.7
다수의 경쟁자	277	45.0
회사의 운영자금 확보를 위해	19	3.1
다음 공사의 연고권을 갖기 위해	21	32.6
계	616	100

　　이상에서 하도급업체간의 과당경쟁이 대기업으로 하여금 불공정행위를 저지를 수 있는 중요한 원인이 되고 있음을 살펴 보았다.

　　이 밖에도 대형건설업체가 건설산업기본법상(제29조, 제30조, 구 건설업법 제51조, 제5조 제1항) 하도급을 줄 수 없는 무면허업자에게 하도급을 주거나 무면허업자에게 하도급을 주면서 이들을 자사의 이사로 임명하여 위장직영하거나 〈표 8〉에서 보는 바와 같이 연고자 위주로 하도급을 주게 됨으로 인하여 그 만큼 경쟁을 부채질하는 원인으로 작용하고 있다.

　　특히 위장직영은 〈표 10〉에서 보는 바와 같이 그 정도가 매우 심하여 공정거래제도개선 이후에도 종전과 마찬가지라는 의견이 29.0%이고, 아직도 있지만 조금 줄어든 것 같다는 의견이 44.8%, 오히려 더 많아졌다는 의견도 4.0%나 되고 있다.

<표 10> 위장직영의 실태

(기준 : 1983. 12. 31.)

	구　　　　　분	업체수	구성비(%)
	종전과 마찬가지다.	226	29.0
공정거래	아직도 있지만 조금 줄어든 것 같다.	350	44.8
제도개선	오히려 더 많아졌다.	32	4.0
이후	잘 모르겠다.	174	22.0
	계	1,640	100

하도급사업자의 문제점

1) 기술개발의 부진과 기술인력의 부족

1980년대 이전에는 도급조직이 조립자(組立者)인 대기업과 비교적 단순노동 집약적인 생산과정을 담당하는 중소기업군으로 구성된다고 이해되었으나 그 후에는 기술개발과 기술혁신의 원천으로서의 중소기업의 역할이 강조되어 왔다.

따라서 산업구조의 고도화에 따른 도급조직은 종래의 대기업인 모기업과 단순노동 집약적인 수급기업과 고기술(또는 첨단기술, High Technology)을 가진 전문수급기업의 세 가지 기업집단으로 구성된다고 하겠다.

그런데 우리나라의 중소기업은 거의가 단순노동 집약적으로서 기술수준이 낮고 기술개발은 부진하며 기술인력마저 부족하기 때문에 대기업에 대하여 하도급거래상의 비교 우위를 누리지 못하였다.

〈표 11〉 중소기업 분야별 생산기술수준

(기준 : 1979년도 · 단위 %)

기술분야 \ 기술수준	A	B	C	비　　　고
공장 설계	25.3	47.8	26.9	○ 148개 업체에 대한 설문 조사에
정밀가공도	16.2	61.3	22.5	의한 총계
고속가공도	22.0	44.0	34.0	대기업 : 80
제품 설계	29.1	53.2	17.7	중소기업 : 68
제품 수명	32.8	62.6	4.6	○ A : 선진국에 가까운 수준
제품 강도	38.3	52.6	8.5	B : 중진국에 가까운 수준
제품고속도	26.9	6.3	10.1	C : 낙후된 수준
평균(100)	27.2	54.8	18.0	

　우선 중소기업의 기술수준을 보면 정밀가공도에서 83.8%, 고속가공도에서 78.0%, 전체적으로 72.8%가 중진국 수준 이하의 낮은 기술수준에 머물러 있다〈표 11〉.

　이와 같이 낮은 기술수준이 하도급 계열화의 부진, 대외 경쟁력의 약화 등의 근본요인이 되고 있다.

　또한 1980년도 국내 하도급 263개 업체를 대상으로 한 기술개발 투자현황〈표 12〉을 보면 51.9%만이 기술개발 투자를 한 것으로 나타나 있는데 이는 일본의 1979년도 하청기업의 기술개발 투자비율 78.2%에 훨씬 못 미치는 것으로 하도급기업의 기술혁신이 부진함을 알 수 있다.

〈표 12〉 기술개발 투자현황

(기준 : 1980년)

구 분	수급기업수	실적 유	실적 무
업체수	263	136	127
(%)	(100)	(51.9)	(48.1)

　또한 〈표 13〉에 의하면, 필요자금의 용도는 운전자금이 높은 비중을 차지하고 있는데, 중소기업들은 우선 생존이 기업경영의 주 관심사항이며, 기술개발이 생존을 위하여 가장 중요한 수단이라고는 생각하고 있지 않음을 보여주고 있다.

<표13> 자금 조달의 수단 및 용도

(조사기간 1982. 9. 10.~ 9. 30.)

	표본의 크기	응답기업수	비중(%)
정부지원정책의 효과			
전혀 없다	502	172	34.3
금융지원만 받고 있다	502	164	32.7
자금조달 수단			
은행대출(어음할인 포함)	505	443	87.7
친구·친지·친척	505	247	48.9
사채시장	505	83	16.4
은행이용상의 문제			
담보부족	428	218	50.9
까다로운 절차	428	119	27.8
자금수요의 용도			
운전자금	442	341	77.1
노후시설교체 및 최신기계도입	442	130	29.4
생산력증가를 위한 설비투자	442	118	26.7
실험실습 시설투자	442	49	11.1

이는 중소기업들이 기술개발을 위한 전문체제를 가지고 있으면서도 전문요원은 확보하지 못하고 있으며 기술개발비의 지출에 있어서도 그것이 매출액의 0.5% 미만인 경우가 61.6%로 압도적 비중을 차지하고 있음을 보아서도 알 수 있다〈표 14〉.

기술인력현황〈표 15〉을 보면 1982년 현재 중소 제조업에 종사하고 있는 총종업원수 중 기술인력은 전체의 81.3%, 기타 사무직에 종사하는 종업원수는 18.7%로 되어 있으나 고급기술인력인 기술계 종업원수는 전체의 2.2%에 불과하며 유자격 기능공까지 합하여도 7%에 그치고 있다.

따라서 기술인력의 대부분이 무자격 기능공(74.3%)으로서, 기술인력의 91.5%를 차지하고 있는데 이들 거의가 단순노동 분야에 종사하는 종업원임을 입증해 주고 있다.

이와 같이 기술인력이 확보되지 않고 있는 것은 중소기업 자체에 우수한 기술자를 유인할 만한 요소가 없기 때문이다.

위와 같은 사정은 건설업분야라고 해서 다를 바 없는데 〈표 16〉을 보면 일반적으로 유능한 기술자나 기능공을 확보할 수 없는 것이 애로사항으로서 특히 유능한 기능공 부족(46.1%)이 두드러지게 나타나고 있다.

또한 자금사정 때문에 유능한 기능공을 확보할 수 없다는 점(20.1%)을 주목하지 않을 수 없다.

본래 우리나라의 중소기업은 창업의 역사가 짧아서 기술의 전승이나 축적도 없는 터에 위와 같은 사정하에서 급변하는 새로운 기술을 중소기업 스스로 입수·소화(Adaptation)한다는 것은 쉽지 않은 일이다.

이러한 사정을 감안하여 중소기업진흥공단이나 일부 은행, 상공회의소, 한국과학기술원 등에서 중소기업에 대한 기술 및 경영지도를 하고 있으나 지도요원이 부족하고, 지도의 전문성이 결여되어 중소기업은 실제로 큰 혜택을 받지 못하고 있다.

<표 14> 기술개발의 추진현황

(조사기간 : 1982. 9. 10.~ 9. 30.)

	표본의 크 기	응 답 기업수	비 중 (%)
기술개발체제 현황			
독자적 전문체제를 가지고 있는 기업	492	328	66.7
독자적 전문체제와 전문요원을 확보하고 있는 기업	492	136	27.6
연구개발비의 매출액에 대한 비율	414		
0.5% 미만		255	61.6
0.5 ~ 2%		113	27.3
2 ~ 3%		15	3.6
3% 이상		31	7.5
모기업과의 기술협력에서 효과가 있을 것으로 기대하는 기업수			
신제품개발	295	255	86.4
품질개선	292	263	90.1
원가절감	287	212	77.0
신공정 도입	279	225	76.0
공정개선	283		79.5
모기업과의 협력 외의 기술개발체제 현황			
자사독단적으로	504	323	64.0
수급기업들이 희망하는 모기업과의 기술협력 방법	286(평균)		
기술자 파견		66	23.1
기술인 교육		56	19.6
설비대여		55	19.2
해외연수 주선		54	18.9
품질검사		68	23.8
모기업에서의 생산 계획 불안정이나 무계획이 수급기업에서의 기술개발을 무의미하게 한 경우	314	160	51.0
수급기업에서 수입대체용 제품을 개발했을 때 모기업은	267		
적극적으로 수입대체에 노력		46	17.2
가격과 품질이 현저하게 유리해야 가능		121	45.3

<표 15> 중소제조업의 기술인력현황

(1982년 말)

기술·기능 \ 종업원구성		종업원수	구성비(%)	
			총종업원	기술인력
총 종 업 원 수		865,887	100.0	
기 술 인 력		703,957	81.3	100.0
기 술 계 종 업 원	계	18,714	2.2	2.7
	기술자	9,819	1.2	1.4
	기술공	8,895	1.0	1.3
기 능 계 종 업 원	계	685,243	79.1	97.3
	유자격기능공	41,232	4.8	5.8
	무자격기능공	644,011	74.3	91.5
사무 및 기타		161,930	18.7	

<표 16> 기술인력 확보상 애로

(기준 : 1983. 12. 31.)

구 분	업체수	구성비(%)
유능한 기술자 부족	138	17.3
유능한 기능공 부족	368	46.1
유자격 기능공 부족	132	16.5
자금사정으로 인한 유능한 기능공 확보불능	160	20.1
계	798	100

　이러한 사정을 감안하여 중소기업진흥공단이나 일부 은행, 상공회의소, 한국과학기술원 등에서 중소기업에 대한 기술 및 경영지도를 하고 있으나 지도요원이 부족하고, 지도의 전문성이 결여되어 중소기업은 실제로 큰 혜택을 받지 못하고 있다.

2) 전문화의 불충분

하도급기업의 전문화는 중소기업으로서 존립·발전하기 위한 경영효율화의 방안이다. 전문화라는 말은 매우 널리 사용되고 있으나 여기에서 보는 전문화는 기업이 다른 기업과 경쟁하면서 발전하는 기업간의 전문화이다.

하도급기업의 전문화는 대기업에 대한 종속적 지위로부터의 탈피를 가능케 하고 기업간 경쟁의 우위를 확보하여 준다.

〈표 17〉은 연고관계보다 전문기술이 수의계약의 동기로서 45.7%라는 높은 비중을 차지하고 있음을 단적으로 설명하여 주고 있다. 그러나 각종 연고관계도 상당히 작용하고 있다는 것은 그만큼 전문성이 부족하기 때문인 것으로도 볼 수 있다.

〈표 17〉 수의계약의 동기

(기준 : 1983. 12. 31.)

구 분	업체수	구성비(%)
전문기술	340	45.7
공사연고관계	216	29.0
친지의 소개	36	4.8
공사연고관계와 친지의 소개가 반반	99	13.3
원도급회사 중역과의 연고관계	53	7.2
계	744	100

국내 부품 및 소재공업의 대부분 업체는 다품종소량생산체제를 취하고 있으며 일부 소수 부품업체에서 전문화형태를 찾아볼 수 있다. 계열화된 부품에 있어서도 공작기계를 중심으로 하는 일반기계부품과 자동차부품 부문에서는 전문화지정을 많이 받고 있으나 주물, 열처리 등 소재가공 부문에서는 대부분 자체 설비에 의존하고 있는 실정이다.

일반적으로 부품제조업체의 발달은 시장의 크기와 조립기업과의 긴밀한 기술협조 및 거래관계에 의존하고 있으나 근본적으로는 부품의 표준화를 위한 전문화체제와 계열생산을 위한 효과적인 제도적 장치에 달려 있다고 할 수 있다. 따라서 전문화 지정비율의 제고는 부품 및 소재공업육성의 기초적인 관건이 된다.

우리나라 중소기업의 전문화 실태를 보면 부품공업부문의 비중은 61.4%를 보이고 있으며 소재공업부문의 비율은 30.9%를 나타내고 있어서 소재 가공부문의 전문화 지정이 역시 낮은 수준임을 입증하고 있다〈표 18〉.

특히 금속판괴부문은 11개 응답업체 중 전문화 지정을 받은 업체는 하나도 없었으며, 금속선재 및 구조물부문에서도 1개 회사만이 전문화지정을 받고 있는 바와 같이 부품 및 소재공업의 전문화 생산체제가 확립되지 못하고 있는 이유는 ① 국내에 우수한 부품생산전문업체가 거의 존재하지 않아서 완제품 제조업체의 사전 외주계획이 어려운 실정이고, ② 부품표준화가 적절히 추진되지 못하고 시장수요를 효과적으로 부품제조업에 유도할 수 있는 제도적인 장치가 마련되지 못한 데서 기인하고 있다.

특히 전문화는 그 발전단계에 따라 소년기, 중년기, 노년기 등으로 분류되고 있는데 우리나라의 부품, 소재공업 업체들은 전문화의 기본요건인 기술개발이나 제품개발에 소홀함으로써 대부분 소년기에 머물고 있다가 그대로 주저앉은 안일한 기업경영을 하고 있어서 외국의 중소부품기업의 전문화 추세나 Life Cycle 단기화 현상 등과 큰 대조를 보이고 있다.

〈표 18〉 부품 및 소재공업의 전문화 실태

(1983. 5. 단위 : %)

	실사업체수	전문화지정업체	비중(%)
부품공업부문	70	43	61.4
일반기계	8	3	37.5
전기기계	11	4	36.4
전자기기	12	7	58.3
조선기자재	17	13	76.4
자동차부품	16	13	81.2
정밀기기	6	3	50.0
소재공업부문	42	13	30.9
기계요소	13	9	69.2
금속판괴	11	--	0
금속선재구조물	10	1	10.0
주단구조물	8	3	37.5
계	112	56	50.0

3) 자금난

● 하도급대금의 지급지연

우리나라의 하도급업체가 영세성을 면치 못하고 경쟁력이 약한 직접적인 원인은 자금난에 있다.

하도급업자는 인건비나 원자재비를 현금으로 지불하면서도 원사업자로부터는 하도급대금지급이 부당하게 지연되는 데서 자금압박이 심각하다.

우선 하도급대금 지급실태를 살펴 보기로 한다.

중소기업협동조합중앙회의 자료에 의하면, 제조업분야에서의 하도급대금 지급실태는 〈표 19〉에서 보는 바와 같이 대부분 어음으로 대금을 지급하고 있으며 지급기간에 있어서는 〈표 20〉에서 보는 바와 같이 1983년도에는 법정기일인 60일을 초과한 경우가 85.5%이고, 지연이자는 94.9%가 이를 지급하지 않았다〈표 21〉.

〈표 19〉 어음 지급 실태

(단위 : %)

구 분	현 금	어 음
1981	28.6	71.4
1982	18.1	81.9
1983	20.5	76.5

〈표 20〉 어음 결제기간별 실태

(단위 : %)

구 분	60일 이내	60일 초과		
		계	61 ~ 90	91 이상
1981	46.7	53.2	29.4	23.8
1982	54.1	45.8	23.1	22.7
1983	14.5	85.5	58.5	27.0

〈표 21〉 어음 지급 실태

(1980. 1.~10.)

구 분	지 급	미지급
구성비(%)	5.1	94.9

건설하도급의 경우, 1983년 말 당시의 대한건설협회전문회원전국협의회(현 대한전문건설협회)에서 나온 자료에 의하면 〈표 22〉에서 보는 바와 같이

원사업자가 발주자로부터 선급금을 받고도 하도급업자에게는 선급금이 대부분 지급되지 않고 있고, 하도급대금지급은 〈표 23〉에서 보는 바와 같이 제조업의 경우와 마찬가지로 어음지급이 많고, 하도급대금지급신청 후 원사업자가 내부결재를 하는 데 걸리는 기간별로 보면 〈표 24〉에서 보는 바와 같이 60% 정도가 1개월 정도이고, 2개월 이상도 13.7%를 점하고 있어 내부결재가 끝나기까지도 오랜 기일 지체되고 있고, 어음지급시의 결제기간도 〈표 25〉에서 보는 바와 같이 60일 이상이 89.8%를 점하고 있다.

〈표 22〉 선급금 지급 실태

(기준 : 1983. 12. 31.)

구　　　분	업체수	구성비(%)
● 원도급자가 발주자로부터 선급금을 받았는지의 여부도 모른다.	290	31.2
● 원도급자가 발주자로부터 선급금을 받은 사실을 알았지만 선급금 지급요청을 할 수 없었다.	307	33.0
● 원도급자가 발주자로부터 선급금을 받은 사실을 알고 선급금 지급요청을 하였으나 거절당하였다.	64	6.9
● 원도급자가 발주자로부터 선급금을 받은 사실을 알고 선급금 지급요청을 하여 선급금의 일부를 받았다.	108	11.6
● 원도급자가 발주자로부터 선급금을 받은 사실을 알고 선급금 지급요청을 하여 선급금의 내용과 비율에 따른 전액을 받았다.	88	9.5
● 선급금 지급요청을 하지 아니하였으나 일부 받았다.	46	5.0
● 선급금 지급요청을 하지 아니하였으나 내용과 비율에 따라 전액을 받았다.	26	2.8
계	929	100

<표 23> 하도급대금지급 방법

(기준 : 1983. 12. 31.)

구　분	업 체 수	구 성 비(%)
현 금	62	7.4
어 음	221	26.5
현금과 어음 반반	156	18.7
일부 현금, 대부분 어음	352	42.2
일부 어음, 대부분 현금	43	5.2
계	834	100

<표 24> 내부 결재 기간

(기준 : 1983. 12. 31.)

구　분	업 체 수	구 성 비
15일 이내	214	26.3
1개월 정도	484	60.0
2개월 정도	80	9.8
3 ~ 4개월 정도	35	3.9
계	834	100

<표 25> 하도급대금 어음 결제기간

(기준 : 1983. 12. 31.)

구　분	업 체 수	구 성 비(%)
30일	28	3.5
45일	54	6.7
60일	237	29.6
90일	369	46.0
90일 이상	114	14.2
계	802	100

● 담보부족으로 인한 금융기관 이용상의 제약

하도급업자에 대한 대금지급지연은 자재비, 인건비의 지출압박의 직접적인 원인이 되고 있다. 자금사정의 악화는 곧 시공상의 애로요인으로 작용한다.

하도급업자가 운영자금을 조달함에 있어서 금융기관을 제대로 이용하지 못하는 원인은 〈표 26〉에서 보는 바와 같이 담보확보에 애로가 많고 무담보대출(신용대출)이 안 되고 있기 때문이다.

〈표 26〉 금융기관에서의 대출시 애로사항

(기준 : 1983. 12. 31.)

구 분	업 체 수	구 성 비(%)
● 대출 신청시 구비서류가 너무 다양하고 절차가 복잡하다.	318	24.4
● 담보물을 요구함으로써 담보확보에 애로가 많다.	475	36.4
● 무담보대출(신용대출)이 전혀 안 되고 있다.	424	32.5
● 대출신청에서부터 대출될 때까지 처리 기간이 너무 오래 걸린다.	88	6.7
계	1,305	100

3. 최근의 하도급거래실태

중소기업중앙회의 1995년도 중소기업실태조사 결과

중소기업중앙회의 1995년도 중소기업실태조사보고서를 통하여 중소기업의 하도급거래실태를 살펴 보기로 한다.

중소기업 중 하도급거래를 하고 있는 기업은 57.4%이고 하도급거래를 하는 중소기업의 74.9%가 매출액의 95% 이상을 거래 모기업에 의존하고 있다.

하도급거래를 하고 있는 중소기업의 거래 모기업수는 1개 모기업 18.3%, 2~5개 모기업 34.1%, 6~10개 모기업 20.6%, 11~20개 모기업 16.1%이며 평균 거래 모기업의 수는 9.5개사이다.

하도급중소기업들의 주거래 모기업의 규모는, 위탁기업이 10대 기업집단 내 대기업인 경우가 27.1%, 11~30대 기업집단 내 대기업인 경우가 9.8%, 비계열 대기업 또는 중견기업인 경우가 29.4%, 중소기업인 경우가 33.7%로 나타났다.

납품단가의 결정방식을 보면, 모기업이 일방적으로 결정하는 경우가 5.8%, 견적에 기초하여 모기업이 결정하는 경우는 27.0%, 합의에 의하여 결정하지만 모기업의 의사가 강하게 반영되는 경우가 41.2% 등 납품단가 결정에서 모기업의 의사가 더 많이 반영되는 경우는 74.0%에 달한다.

중소기업이 납품대금을 결제받는 방법으로는 어음으로 결제하는 경우 58.9%, 현금 및 수표 30.7%, 외상 8.1%, 기타 2.1%순이다.

지난 1년 동안 받은 어음의 평균액면금액은 500~1,000만원이 32.0%로 가장 많고, 그 다음으로 1,000만원~3,000만원 24.0%, 500만원 미만 18.1%의 순으로 나타나는 등 3,000만원 미만이 전체의 74.1%를 점유한 것으로 나타났다.

또한 하도급업체의 79.5%가 어음 할인료를 받지 못하고 있음을 보여주고 있다.

하도급거래시 중소기업이 겪는 주요 애로사항(복수응답)은 ① 부당하게 낮은 납품단가에 의한 수주요구 75.4%, ② 불규칙한 수주발주 44.7%, ③ 납기단축촉박 35.0%, ④ 과도한 품질수준의 요구 30.8%, ⑤ 거래선 변경가능성 23.1% 등의 순이다.

위와 같은 조사결과는 모기업인 대기업이 하도급업체에 대하여 거래단가를 쥐어 짜고 있으며, 그 지급도 장기어음을 이용함으로써 하도급업체의 자금난을 가중시키고 있음을 보여 주고 있다.

이는 일본이 원사업자와 수급업자가 상호보완적 협력관계를 유지하는 가운데 기술개발, 원가절감의 성과를 공정하게 배분하는 것과 다르며, 결제형태도 납품대금의 59.5%를 현금결제하고 40.5%는 평균 24일 후에 결제하는 일본과 많이 다르다는 점을 알 수 있게 하고 있다.

중소기업청의 1998년도 조사 결과

1998년도에 중소기업청에서 나온 「중소기업의 수·위탁거래관행 실태조사결과」에 의하면, 중소기업 378개사를 대상으로 하여 조사하여 본 결과,

① 납품대금 결제조건은 현금이 27.9%(1997년 35.4%), 어음이 72.1%(1997년 64.6%)로서 여전히 현금지급률이 낮고〈표 27〉

② 현금지급시의 지급기간은 법정기간(60일)이내 77.7%, 60일 이후 22.3%로서 전보다 많이 개선되고 있지만 지연이자(연 25%)지급은 20.8%에 그치고 있고〈표 28〉

③ 어음지급시 지급기일은 60일 이내 72.2%, 60일 이후가 27.8%이고 어음할인료(연 12,5%)를 받은 업체는 28.8%, 못받은 업체는 71.2%로 나타나

고 있다〈표 29〉.

〈표 27〉 납품대금 결제 조건

	현금	어음
1998년	27.9%	72.1%
1997년	35.4%	64.6%

〈표 28 〉 대금 지급 기간

(기준 : 1998년)

	법정기간(60일) 이내	60일 초과
현 금	77.7%	22.3%
어 음	72.2%	27.8%

〈표 29〉 지연이자 · 할인료 지급 여부

지연이자(연 25%)		어음 할인료	
지급	지급하지 않음	지급	지급하지 않음
20.8%	79.2%	28.8%	71.2%

공정거래위원회의 1999년도 하도급거래 실태조사 결과

공정거래위원회는 1999. 8. 12. 불공정하도급거래행위를 사전에 차단함으로써 공정한 하도급 거래질서를 조기에 정착시키기 위하여 6. 8.부터 실시한 1999년도 하도급거래 전면 직권실태조사 추진현황과 원사업자 조사 결과 등에 대하여 발표한 바 있다.

조사대상으로 건설관련 400개 업체와 제조관련 600개 업체 등 원사업자 1,000개 업체가 선정되었다.

〈표 30〉을 통하여 조사결과를 살펴 보면, 조사대상 원사업자 중 1개 항목이라도 위반행위가 있는 업체수는 전체의 89.3%로 제조업체는 87.9%, 건설업체는 91.6%에 달하였으며, 5개 이상 위반 행위 업체수의 비율은 전체의 20.2%로 제조업체는 15.2%, 건설업체는 28.3%에 달하는 것으로 나타났다.

동 위반행위를 〈표 31〉을 통하여 유형별로 살펴 보면 어음할인료·지연이자미지급, 선급금 미지급, 부당감액 등 하도급대금 관련 위반행위 비율이 전체의 35.3%(제조 34.7%, 건설 36.1%)로 가장 높게 나타났으며, 하도급계약서 등 서면교부 및 보존의무 위반이 전체의 32.8%(제조 42.0%, 건설 20.8%)로 매우 높게 나타났다.

또한 서면조사 결과 나타난 하도급대금 지급방식을 살펴 보면, 원사업자는 발주자로부터 납품대금 중 83%(제조 53.3%, 건설 93.3%)를 현금으로 결제받고도 수급사업자에게는 34.8%만을 현금으로 결제하였다.

하도급대금으로 지급한 어음의 평균결제기간을 살펴 보면, 만기일이 60일을 초과하는 어음을 지급한 사실이 있는 업체수는 제조업체의 경우 56.1%, 건설업체의 경우 72.5%로서 전체의 60.7%에 달하는 것으로 나타났다.

또한 법정지급기일을 초과하여 하도급대금을 지급한 사실이 있는 업체수도 전체의 26.5%에 달하는 것으로 나타났다.

공정거래위원회는 원사업자에 대한 1차 서면조사 마무리 후 8. 3.~8. 24. 까지의 기간 중 원사업자의 서면조사 내용을 확인하기 위하여, 건설 800개 업체, 제조 1,200개 업체 등 2,000개 수급사업자에 대한 서면대질조사를 실시하였다.

수급사업자에 대한 서면대질조사에서는 원사업자 조사 항목에 대한 확인과 함께 어음할인료 등을 일단 지급하였다가 다시 회수하거나 단가를 인하하는 행위, 실제로 지급하지 않은 어음할인료 등을 지급한 것처럼 입금표 등 관련 서류를 징구하는 행위 등과 같이 원사업자에 대한 조사만으로는 확인이 곤란한 탈법행위 등에 대한 항목도 포함하였다.

공정거래위원회의 서면실태조사 방식을 통한 하도급 직권 실태조사는 처음 시도된 것이지만 이 조사과정에 나타난 가시적 효과 등을 감안할 때 앞으로 서면조사방식을 확대하여 실시해 나갈 경우 하도급거래 관행의 개선에 크게 기여할 것이다.

또한 1973년부터 수급사업자를 포함한 서면직권실태조사를 실시해 오고 있는 일본의 경우 수급사업자 회수율은 약 40%에 불과한 점을 살펴볼 때 서면직권실태조사가 제대로 정착되기 위해서는 수급사업자들의 성실한 조사협조와 적극적인 참여가 필요하므로 이를 위해 교육·홍보 활동을 강화해 나가야 할 것이다.

또한 실태조사 결과 어음할인료·지연이자 미지급, 선급금 미지급, 물가변동 미조정, 대금감액 등 하도급대금 관련 위반비율이 가장 높으며, 어음결제 비중이 높고 어음만기일도 장기인 것으로 나타남에 따라 중소하도급업체의 자금난 완화를 위해서는 이 부분에 대한 공정거래위원회의 집중적인 감시활동과 제도 개선을 위한 노력이 요구된다. 이와 함께 현금결제비율 유지, 어음만기일 제한, 하도급대금 직접 지금의 의무화 등 지난 1999. 4. 1. 하도급법 개정으로 새로 도입한 하도급대금 결제방식의 조기정착을 위한 노력도 요구된다.

그리고 하도급거래시 서면의 교부 및 보존의무 등은 분쟁을 미연에 방지하고 분쟁발생시 신속한 해결을 위해 가장 기본적인 것임에도 위반비율이 매우 높으므로, 앞으로 동 의무위반에 대해서는 엄격하게 조치하는 한편 신고사건인 경우 신고내용에 없더라도 위반 여부에 대하여 직권조사를 확대하여야 할 것이다.

또한 표준하도급계약서의 사용비율이 높지 않은 바 계약단계부터 수급사업자의 권익보호를 위하여 표준하도급계약서를 적극 사용토록 권장하며, 이와 관련하여 모든 하도급거래시 공정거래위원회가 권장한 표준하도급계약서를 사용하고 있는 업체에 대해서는 시정조치시 경감해 주는 인센티브제도

실시가 요구된다.

<표 30> 하도급 위반업체 현황

구분	하도급거래를 하고 있는 원사업자 수(A)	위반 업체 수(B)	비율 (B/A)	위반항목별 업체수										
				1	2	3	4	5	6	7	8	9	10	계
제조	513	451	87.9%	94	109	100	70	51	15	10	1		1	451
건설	322	295	91.6%	60	45	49	50	45	27	12	5	2		295
계	835	746	89.3%	154	154	149	120	96	42	22	6	2	1	746

※ 법위반 총항목 : 제조 18개 항목, 건설 19개 항목

<표 31> 하도급법 위반행위 유형별 현황

구 분	제 조		건 설	
	건	비율(%)	건	비율(%)
서면미교부 및 미보조, 검사결과 미통지	557	42.0	213	20.8
부당한 대금결정	48	3.6	45	4.4
대금지급 관련 (선급금미지급 또는 지연지급, 어음할인료· 지연이자미지급, 관세미환급, 부당감액 등)	460	347	370	36.1
신용장 미개설	14	1.1	--	--
수령거부 및 발주취소	228	17.2	233	22.7
물품구입 강제	12	0.9	1	0.1
부당한 결제청구	6	0.5	--	--
대금지급 미보증	--	--	144	14.0
부당한 대물변제	--	--	20	1.9
위반행위 계	1,325	100.0	1,026	100.0

공정거래위원회의 2000년도 하도급거래 실태조사 결과

공정거래위원회는 2000. 8. 2. 1999년도에 이어 5. 22.~7. 18.까지 실시한 원사업자에 대한 대규모 하도급거래 서면직권실태조사의 결과를 발표하였다.

이 결과에 따르면, 4,000개 업체(제조 2,400개, 건설 1,600개)를 대상으로 한 이번 조사에서 불공정하도급거래 관행이 점차 개선되고 있으며, 하도급대금 지급액 중 현금결제 비중은 높아지고(9.4P) 어음결제 비중은 줄어들어(△6.9P) 하도급업체의 자금사정이 전년보다 개선되고 있는 것으로 나타났다. 또한, 표준하도급계약서를 사용하는 업체의 비율도 점차 증가(8.7P)하고 있는 것으로 나타났다.

원사업자에 대한 구체적인 조사결과는 다음과 같다.

〈표 32〉 조사표 회수 및 위반업체 수

조사표 회수율 : 97.2%(4,000개 업체 중 3,888개 업체 제출)

(개, %)

구분	조사대상 (A)	조사표 제출 (B)	조사표 미제출(C)			회수율 (B/A)	미회수율 (C/A)
			계	미제출	소재불명		
전체	4,000	3,888	112	27	85	97.2	2.8
제조	2,400	2,334	66	27	39	97.3	2.7
건설	1,600	1,554	46	0	46	97.1	2.9

<표 33> 하도급거래 원사업자수 현황

➜ 조사표를 제출한 원사업자 3,888개 업체 중 3,145개 업체가 정상영업을 하고 있으며 이 중 하도급거래 실적이 있는 원사업자수는 2,761개 업체이다(80.8%).

(개)

구분	조사표 제출업체 총계	정상 영업			회사정리절차 등 진행
		계	하도급거래	비하도급거래	
계	3,888	3,415	2,761	654	473
제조	2,334	1,999	1,616	383	335
건설	1,554	1,416	1,145	271	138

<표 34> 법위반 혐의업체 현황

➜ 법위반 혐의가 있는 업체수(2,261개 업체) 비중 : 81.9%(제조 80.5%, 건설 83.8%)

※ 1999년도 조사 결과 : 89.3%(제조 87.9%, 건설 91.6%)

➜ 5개 이상 항목에 대한 법위반 혐의가 있는 업체수(469개 업체) 비중 : 17.0%(제조 15.5%, 건설 19.0%)

(개, %)

구분	하도급거래 원사업자 수(A)	위반업체 수(B)	B/A	위반항목 수별 업체수									
				1	2	3	4	5	6	7	8	9	10이상
계	2,761	2,261	81.9	630	521	376	265	216	117	66	35	17	18
제조	1,616	1,301	80.5	382	297	224	147	135	69	31	12	4	0
건설	1,145	960	83.8	248	224	152	118	81	48	35	23	13	18

주) 법위반 총항목 : 제조 17개 항목, 건설 21개 항목

<h2 align="center"><표 35> 법위반 혐의가 있는 행위의 유형별 현황</h2>

어음할인료 : 지연이자 미지급, 선급금 미지급, 부당감액 등 하도급대금 관련법 위반행위 비율이 전체의 58.5%(제조 52.5%, 건설 65.6%)로서 가장 높으며, 하도급계약서 교부의무 및 하도급관련 서류보존의무 위반비율이 21.8%(제조 26.7%, 건설 15.9%)로 높게 나타남.

제조	위반혐의 계	서면 미교부 및 미보존	부당한 하도급대금 결정	대금지급 관련 (어음할인료 지연이자 미지급, 관세 미환급, 현금비율 유지의무 등)	내국 신용장 미개설	수령거부 및 발주취소	물품 구입 강제	부당한 결제청구	부당한 대물변제
	3,674	980	197	1,928	187	349	24	8	1
	(100%)	26.7%	5.4%	52.5%	5.1%	9.5%	0.6%	0.2%	0.0%

건설	위반혐의 계	서면 미교부 및 미보존	부당한 하도급대금 결정	대금지급 관련 (선급금, 지연이자 어음할인료 미지급, 부당감액, 현금비율 유지의무 등)	내국 신용장 미개설	수령거부 및 발주취소	물품 구입 강제	부당한 결제청구	부당한 대물변제
	3,054	487	103	2,005	55	3	3	387	11
	(100%)	15.9%	3.4%	65.6%	1.8%	0.1%	0.1%	12.7%	0.4%

<표 36> 현금결제비율 유지 및 어음만기일 제한 의무 위반현황

➔ 현금결제비율 유지 위반업체(381개) 비율 : 13.8%(제조 9.6%, 건설 19.7%)

➔ 어음만기일 제한 의무 위반업체(190개) 비율 : 6.9%(제조 8.2%, 건설 5.0%)

※ 1999. 4. 1. 법 개정으로 새로 도입한 결제방식으로 2000년도 조사표에 처음으로 포함한 항목임

(개, %)

구분	하도급거래 원사업자	현금결제비율 위반업체	유지의무 위반비율	어음만기일 위반업체	제한 위반비율
전체	2,761	381	13.8	190	6.9
제조	1,616	155	9.6	133	8.2
건설	1,145	226	19.7	57	5.0

이상의 실태조사결과를 통하여, 1980년대 이후에도 큰 변화없이 하도급거래상의 불공정거래행위가 뿌리 깊게 남아 있음을 알 수 있고, 위와 같은 불공정거래행위는 뿌리 뽑아야 할 과제로 남아 있다.

제 3 장

하도급법적용의 범위

I. 법적용대상이 되는 사업자

하도급거래는 일반적으로 대기업인 도급업자와 중소기업인 하도급업자간의 도급거래를 말한다. 하도급법은 하도급거래를 설명함에 있어서 '원사업자가 수급사업자에게 제조위탁(가공위탁 포함, 이하 같음), 수리위탁 또는 건설위탁을 하거나 원사업자가 다른 사업자로부터 위탁받은 것을 수급사업자에게 다시 위탁하고, 이를 위탁받은 수급사업자가 목적물을 제조 또는 수리하거나 시공하여 이를 원사업자에게 납품하고 하도급대금을 수령하는 거래 행위이다(법 제2조 제1항)' 라고 규정하고 있다.

하도급법상의 '원사업자 · 수급사업자' 라는 용어는 다른 법령에서도 똑같이 사용되고 있는 것은 아니다.『건설산업기본법』에서는 '수급인 · 하수급인' 이라 하고,『기업협력법』에서는 '위탁기업체 · 수탁기업체' 라 하며,『전기통신공사업법』에서는 '공사도급인 · 하수급인' 이라는 용어로 사용되고 있다.

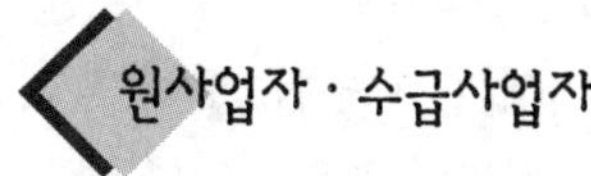

원사업자 · 수급사업자

1) 원사업자

하도급법상 원사업자라 함은 다음 두 가지 중 어느 하나에 해당하는 사업자를 말한다.

● 대기업사업자로서 중소기업자에게 제조 등의 위탁을 한 자

중소기업자란 중소기업기본법 제2조 제1항의 규정에 의한 자를 말하며,

중소기업협동조합법에 의한 중소기업협동조합은 여기에 포함된다.

하도급법은 위와 같은 중소기업자가 아닌 사업자(대기업사업자)로서 중소기업자에게 제조 등의 위탁을 한 자를 원사업자로 본다(법 제2조 제2항 1호).

중소기업기본법상 중소기업이라 함은, 중소기업의 육성을 위한 시책의 대상이 되는 중소기업자는 업종의 특성과 상시 근로자수, 자산규모, 매출액 등을 참작하여 그 규모가 일정한 규모 이하이고, 그 소유 및 경영의 실질적인 독립성이 일정한 기준에 해당하는 기업을 영위하는 자를 말한다(중소기업기본법 제2조 제1항).

● **중소기업자 중 직전 사업연도의 연간 매출액 또는 상시고용종업원수가 제조 등의 위탁을 받은 다른 중소기업자의 연간매출액 또는 상시고용종업원수의 2배를 초과하는 중소기업자로서 그 다른 중소기업자에게 제조 등의 위탁을 한 자는 하도급법상의 원사업자이다.**

그러나 중소기업자 중 연간 매출액이 20억원 미만인 제조업자와 도소매업자는 원사업자가 될 수 없으며, 건설업·소프트웨어개발촉진법에 의한 소프트웨어사업, 엔지니어링기술진흥법에 의한 엔지니어링활동업 및 건축사법에 의한 설계위탁의 경우 연간 매출액이 30억원 미만일 때는 원사업자가 될 수 없다(법 제2조 제2항 제2호, 시행령 제1조의 2 제4항).

관계 법률에 의하여 도급한도액의 적용을 받는 거래의 경우에는 당해 연도의 도급한도액의 합계액을, 연간 매출액이나 도급한도액이 없는 경우에는 자산총액을 위에서 본 '직전 사업연도의 연간 매출액'으로 본다.

⬡ **'연간 매출액'** 이라 함은 하도급계약을 체결하는 사업연도의 직전 사업연도의 손익계산서에 표시된 매출액을 말한다. 신규사업자로서 하도급계약시점의 직전 사업연도에 사업을 개시한 경우에는 직전 사업연도의 매출액을 1년으로 환산한 금액을 말하며, 당해 사업연도에 사업을 개시한 경우에는 사업개시일부터 하도급계약체결일까지의 매출액을 1년으로 환산한 금액을 말

한다(시행령 제1조의 2 제1항).

공정거래위원회는 하도급법 및 동 법 시행령에서 정한 하도급거래상 원사업자와 수급사업자의 구체적인 준수사항을 제시하여 법위반행위를 예방하고, 법집행기준을 명확히 하여 위반사건을 신속·공정하게 처리하도록 함으로써 공정한 하도급거래질서 확립에 이바지하는 것을 목적으로 하여 『하도급거래공정화지침(1987. 9. 9. 제정 후 1999. 6.까지 5차의 개정이 있었다, 이하 "공정화지침"으로 약칭한다)』을 마련하여 시행하고 있다.

이 지침에 의하면, '연간 매출액(이하 "매출액"이라 한다)' 이라 함은 사업자의 하도급계약체결 시점의 직전 사업연도의 매출총액을 말하며 이의 판단은 『주식회사의외부감사에관한법률』에 의거 작성된 감사보고서 또는 관할 세무서장이 확인·발급하는 '재무제표증명원'의 손익계산서상의 매출액을 원칙으로 하나, 불가피한 경우 '부가가치세 과세표준증명원' 상의 매출과세표준의 합계금액으로 할 수 있다.

❍ '자산총액' 이라 함은 하도급계약을 체결하는 사업연도의 직전 사업연도 종료일 현재의 대차대조표에 표시된 자산총액을 말한다. 다만, 당해 사업연도에 사업을 개시한 경우에는 사업개시일 현재의 대차대조표에 표시된 자산총액을 말한다(시행령 제1조의 2 제2항).

공정화지침에 의하면, 자산총액이란 사업자의 하도급계약체결시점의 직전 사업연도의 자산총액을 말하며 이의 판단은 『주식회사의외부감사에관한법률』에 의거 작성된 감사보고서 또는 관할 세무서장이 확인·발급하는 '재무제표증명원'의 대차대조표상의 자산총액으로 한다.

❍ '상시 고용 종업원수' 라 함은 하도급계약을 체결하는 사업연도의 직전 사업연도 종료일 현재 사업자가 상시 고용하고 있는 종업원수를 말한다. 만일, 직전 사업연도에 사업실적이 없거나 당해 사업연도에 사업이 개시된 경우에는 하도급계약체결일 현재 상시 고용하고 있는 종업원수를 말한다(시행

령 제1조의 2 제3항).

공정화지침에 의하면, 상시 고용 종업원수란 사업자가 상시 고용하고 있는 하도급계약체결시점의 직전 사업연도 말의 종업원수를 상시고용종업원수라고 한다. 이의 판단은 사업자가 관할 세무서장에게 신고한 '원천징수이행상황신고서'(1997년도까지는 '소득세징수액집계표')상의 12월 말 월급여 간이세율(AO1)의 총인원을 기준으로 한다.

◆ '도급한도액' 이란 사업자의 하도급계약시점에 적용되는 도급한도액을 말하며 여러 개 공종의 면허를 소지하고 있는 경우에는 이를 합산한다.

◆ 신규사업자로서 하도급계약시점의 직전 연도의 자산총액, 상시고용 종업원수, 매출액을 정할 수 없을 경우가 문제이다. 이 때의 '자산총액' 은 사업 개시일 현재의 대차대조표상에 표시된 자산총액, '상시고용종업원수' 는 하도급계약체결일 현재 상시 고용하고 있는 종업원수, 매출액은 사업개시일부터 하도급계약체결일까지의 매출액을 1년으로 환산한 금액을 각각 적용하면 된다(공정화지침).

◆ 1개 사업자가 2개 이상의 업종(예 : 건설, 제조)을 영위할 경우에는 그 사업자의 매출액, 자산총액, 상시고용종업원수를 업종별로 구분하지 않고 합산하여 산출한다.

● 하도급거래의 승계

법적용 사업자와 관련하여 하도급거래 당사자 중 일방이 합병이나 영업양수 또는 상속 등을 통하여 전 사업자의 권리 의무를 포괄적으로 승계하는 경우 하도급거래에 따른 제반 권리 의무도 승계된 것으로 보며, 권리 의무를 승계한 사업자가 승계시점에서 법적용 사업자의 요건을 충족하지 아니하더라도 이미 성립한 하도급거래에 있어서는 법적용대상 사업자로 본다.

특히 건설업의 경우 건설관계법령의 규정에 의하여 영업정지, 면허나 등록의 취소, 지정의 해지 및 기타의 사유로 자격을 상실한 사업자 또는 그 사업자의 포괄승계인이 공사를 계속 시공할 경우에는 동 처분 이전의 공사부분뿐만 아니라 처분 이후의 공사부분에 대해서도 하도급거래 당사자로 보게 된다.

한편, 공정거래법 규정에 의하여 대규모기업집단에 속하는 계열회사는 중소기업기본법상 대기업에 해당되지 아니하더라도 원사업자로 간주되어 법적용 대상 사업자가 된다.

2) 수급사업자

위에서 본 원사업자로부터 제조 등의 위탁을 받은 중소기업자를 수급사업자라고 한다(제2조 제3항).

법적용대상 사업자 여부에 관한 구체적 판단

법적용대상 사업자 여부를 판단하는 것은 때때로 매우 어려운 경우가 있다. 이러한 경우를 대비하여 공정화지침에서는 판단이 어렵다고 볼 수 있는 경우를 망라하여 구체적인 판단기준을 제시하고 있다.

1) 제조업, 도소매업의 경우

ⅰ) 대기업자와 중소기업자(중소기업기본법 제2조 제1항에 의한 사업자) 간의 하도급거래인 경우에는 당연히 법적용대상이 된다. 다만, 30대 대규모기업집단에 속하는 중소기업자는 대기업자로 본다.

ⅱ) 원사업자와 수급사업자가 중소기업인 경우의 예시

(단위 : 명, 억원)

사 례	원사업자		수급사업자		법 적 용 해당 여부
	종업원수	매출액 등	종업원수	매출액 등	
매출액, 종업원수가 2배	100	250	45	120	○
매출액이 2배	60	80	40	35	○
	19	19	10	8	×
종업원수가 2배	40	150	18	80	○
	30	18	13	14	×

※ 원사업자의 직전 사업연도 매출액(또는 자산총액)이 20억원 미만인 경우는 하도급법 적용대상이 아니다(동법 시행령 제1조의 2 제4항).

2) 건설업, 엔지니어링활동업, 소프트웨어개발업, 건축설계업의 경우

ⅰ) 대기업자와 중소기업자(중소기업기본법 제2조 제1항에 의한 사업자) 간의 하도급거래는 당연히 법적용대상이 된다. 다만, 30대 대규모기업집단에 속하는 중소기업자는 대기업자로 본다.

ⅱ) 원사업자와 수급사업자가 중소기업자인 경우의 예시

(단위 : 명, 억원)

사 례	원사업자		수급사업자		법 적 용 해당 여부
	종업원수	매출액 등	종업원수	매출액 등	
매출액, 종업원수가 2배	200	500	90	230	○
매출액이 2배	120	400	70	35	○
	29	28	20	12	×
종업원수가 2배	90	310	40	160	○
	46	28	21	14	×

※ 원사업자의 직전 사업연도 매출액(또는 자산총액)이 30억원 미만인 경우는 하도급법 적용대상이 아니다(동 법 시행령 제1조의 2 제4항).

2. 법적용대상이 되는 제조·수리 및 건설위탁의 범위

하도급법 적용대상이 되는 하도급거래는 앞에서 설명한 법적용대상이 되는 원사업자가 수급사업자에게 제조·수리·건설위탁 등을 하고 수급사업자가 위탁받은 것(이하 "목적물"이라 함)을 제조·수리 또는 시공하여 원사업자에게 납품 또는 인도하고 그 대가를 수령하는 행위이다.

제조위탁의 범위 (법 제2조 제6항)

하도급법상 제조위탁의 해당 여부는 하도급법 제2조 제1항과 제6항 및 『제조위탁의 대상이 되는 물품의 범위고시(1995. 3. 28. 제정)』에 의거하여 판정되고 있다. 일반적으로 제조위탁의 대상이 비대체물인 경우가 전형적인 법적용대상이 된다.

그러나 사업구조의 다양화·고도화 추세로 제조물에 대한 규격화·표준화가 활발히 진전됨에 따라, 대체물에 대한 제조물위탁거래의 경우는 단순 매매거래로 보는 측면이 강하였던 기존의 시각과는 달리 규격과 품질이 통일된 대체물에 대한 제조위탁에 대하여도 동 법에 의한 보호의 필요성이 점점 늘어나고 있다.

하도급법의 적용을 받는 제조위탁은 물품의 제조·판매·수리 또는 건설행위를 업으로 하는 사업자가 그 업에 따른 물품의 제조를 위탁하는 것으로 '그 업에 따른 물품의 범위'는 공정거래위원회의 "제조위탁의 대상이 되는 물품의 범위고시"로 정해져 있다.

'업으로 하는 경우'란 그 행위를 계속 반복한다는 뜻이며, '그 업에 따른 물품'이란 판매나 제조 또는 수리에 직접 투입되는 물품, 즉 원사업자가 판매 · 제조 또는 수리에 필요로 하는 물품, 원재료를 말한다. 따라서 그와 관계없는 물품, 즉 일반사무용품이나 시설재 등을 제조 · 위탁하는 것은 해당되지 않는다.

또한 '제조를 다른 사람에게 위탁하는 것'이란 원사업자가 규격 · 품질 · 성능 · 형상 · 디자인 등을 지정하여 다른 사업자에게 물품 등의 제조를 의뢰하는 것을 말하므로 시장에서 규격상품을 단순구매하는 것은 이에 해당되지 않는다.

1) 물품의 제조 · 판매 · 수리를 업으로 하는 사업자의 경우

ⅰ) 공정화지침상의 제조 · 수리 및 건설위탁의 범위

* 제조 · 수리 · 판매의 대상이 있는 완제품(OEM방식 제조 포함)을 제조위탁하는 경우

예를 들면, 자기가 소비할 단순한 일반사무용품의 구매나 물품의 생산을 위한 기계 · 설비 등을 단순히 제조위탁하는 경우나 위탁받은 목적물을 제3자에게 제조위탁하지 않고 단순 구매하여 납품한 경우는 해당되지 않고, 위탁받은 사업자가 자체 개발한 신제품을 위탁한 사업자의 승인하에 제조하는 경우는 법적용대상의 제조위탁에 해당된다.

* 물품의 제조 · 수리과정에 투입되는 중간재(원자재, 부품, 반제품)를 규격 또는 품질 등을 지정하여 제조위탁하는 경우

예를 들면, 자동차 · 기계 · 전자제품 제조업자 등이 부품제조를 의뢰하거나 부품의 조립 등 임가공을 위탁하는 경우, 섬유 · 의류 제조업자가 원단의 제조를 위탁하거나 염색 또는 봉제 등 임가공을 위탁하는 경우가 해당된다.

* 물품의 제조에 필요한 금형, 사형, 목형 등을 제조위탁하는 경우

* 물품의 제조과정에서 도장, 가공, 조립, 주단조, 도금 등을 위탁하는 경우

＊ 수리업자가 물품의 수리에 필요한 부품 등의 제조를 위탁하는 경우

예를 들면, 차량수리업자가 차량의 수리에 필요한 핸들, 브레이크커버 등 자동차부품을 제조위탁한 경우, 선박수리업자가 선박의 수리에 필요한 부품·선각제조 및 도장, 용접 등을 위탁한 경우, 발전기수리업자가 발전기의 수리에 필요한 부품 등을 제조위탁한 경우 등이 이에 해당된다.

＊ 물품의 제조나 판매에 부수되는 포장용기, 라벨, 견본품, 사용 안내서 등을 제조위탁하는 경우

＊ 위의 여섯 가지와 관련하여 위탁받은 사업자가 제조설비를 가지고 있지 않더라도 위탁받은 물품의 제조에 대하여 모든 책임을 지고 있는 경우에는 제조위탁을 받은 것으로 본다. 다만, 무역업자가 제조업자의 요청으로 단순히 수출을 대행하는 경우에는 제조위탁으로 보지 아니한다.

ii) 위탁물이 대체물인 경우의 '제조위탁' 여부 판정기준

하도급법상의 제조위탁이 되려면 위탁과 제조간에 긴밀한 연관성이 있어야 한다. 그러나 앞에서 잠시 언급한 바와 같이, KS 규격품의 제조를 위탁하는 관계에서 보는 것처럼 이미 규격과 품질이 정하여진 대체물에 대한 제조를 위탁하는 경우에는 이를 하도급법상의 제조위탁거래로 보아야 할 것인지 아니면 단순매매거래로 보아야 할 것인지 분명하지 않다.

이에 관하여 공정거래위원회는 1997. 9. 22. 대체물에 관한 "제조위탁 해당 여부" 판정기준을 마련하였다. 이 기준에 의하면 다음과 같은 경우에는 "위탁과 제조간의 긴밀한 연관성"이 인정되므로 하도급법상 제조위탁거래 판정이 가능하다.

＊ 시장구조나 시장형태, 또는 생산물의 특성 등을 이유로 원사업자 의존형 거래관계가 형성되어 원사업자가 수급사업자에 대하여 강력한 구매력을 행사하는 경우로서, 시장구조가 소수의 원사업자에 의하여 구매독과점되는 형태를 띨수록, 거래형태 중 주문을 통한 거래의 비중이 높을수록, 불특정다

수의 수요자를 대상으로 한 시장거래의 비중이 낮을수록, 레미콘의 경우처럼 생산물의 특성으로 인하여 거래관계에서 원사업자 의존형이 커질수록 제조위탁거래로 판정된다.

 * 총생산량 대비 납품비율, 생산능력 대비 위탁물량 등이 일정수준에 달하여 원사업자의 위탁행위가 수급사업자의 생산계획수립에 영향을 미치는 경우로서, 수급사업자의 총생산량 중 특정 원사업자에 대한 납품비율이 높을수록, 수급사업자의 생산능력에 대비한 위탁물량의 비율이 높을수록 제조위탁거래로 판정된다.

 * 시장의 불확실성에서 오는 위험을 줄이기 위하여 인위적으로 안정되고 고정적인 거래관계를 형성함으로써 양 당사자간 위탁과 제조가 밀접하게 연관된 경우로서 거래관계가 장기적으로 계속적이며, 전속적이고 배타적인 성격을 띨수록, 거래관계에서 가격조건보다 의무공급기간, 의무공급물량의 약정 등 거래관계 안정, 위험회피 등을 위한 계약조건의 중요성이 커질수록 제조위탁거래로 판정된다.

2) 사업자가 건설을 업으로 하는 경우

 ◐ 건설공사에 소요되는 시설물을 제조위탁하는 경우로서 규격 또는 성능 등을 지정한 도면이나 설계도, 시방서 등에 의하여 주문 제작한 것 – 갑문, 수문, 가드레일, 표지판, 주차기, 엘리베이터 등

 ◐ 건축공사에 설치되는 부속시설물로서 규격 등을 지정한 도면이나 시방서 및 사양서 등에 의하여 제조를 위탁하는 경우 — 신발장, 거실장, 창틀 등

 ◐ 건설자재 · 부품에 대하여 규격 등을 지정한 도면, 시방서 등에 의하여 주문위탁한 경우 등

예를 들면, 거래관행상 성능, 품질, 규격 등을 지정한 주문서가 없더라도 지정된 시간과 장소에 납품하도록 제조를 위탁하는 경우(레미콘, 아스콘 등), 규격·표준화된 자재라 하더라도 특별히 사양서·도면·시방서 등을 첨부하여 제조위탁하는 경우는 법적용대상의 제조위탁에 해당되고, 단순한 건설자재인 시멘트·자갈·모래는 제외되지만 규격·품질 등을 지정하여 골재 등을 제조위탁하거나 석산 등을 제공하여 임가공위탁하는 경우는 법적용대상의 제조위탁에 해당된다.

3) 사업자가 소프트웨어개발, 엔지니어링활동, 건축설계를 업으로 하는 경우

ⅰ) 소프트웨어개발을 업으로 하는 경우

우선 소프트웨어개발촉진법상의 용어의 정의(제2조)를 보면 '소프트웨어'라 함은 프로그램과 이를 작성하기 위하여 사용된 설계서·기술서, 기타 관련 자료를 말한다.

'프로그램'이라 함은 특정한 결과를 얻기 위하여 컴퓨터 등 정보처리능력을 가진 장치 안에서 직접 또는 간접으로 사용되는 일련의 지시·명령으로 표현된 것을 말한다.

'소프트웨어사업'이라 함은 소프트웨어의 개발·유통 및 유지보수 등의 활동과 정보화를 실현하기 위하여 필요한 시스템의 기획·개발 및 유지보수 등 일련의 정보처리활동을 말한다.

소프트웨어 개발을 위한 컨설팅(업무분석, 기능설정 등이 기록된 제안서, 마스터플랜 형태로 나타남), 시스템구축관련설계(하드웨어, 소프트웨어, 네트워크 설계 등), 시스템개발(소프트웨어, 하드웨어 개발, 네트워크설치 등) 및 시스템운영과 이에 따른 자료입력, 도면입력, DB구축, 기타 시스템개발과 관련된 유지보수 등을 다른 사업자에게 위탁하는 경우는 제조위탁에 해당된다.

ii) 엔지니어링활동업의 경우

공장 및 토목공사에 대한 타당성 조사, 설계, 구조계산, 시험, 감리 및 유지관리 등을 다른 사업자에게 위탁하는 경우는 제조위탁에 해당된다. 엔지니어링기술진흥법에 의하면, '엔지니어링활동'이란 과학기술의 지식을 응용하여 사업 및 시설물에 관한 기획 · 타당성 조사 · 설계 · 분석 · 구매 · 조달 · 시험 · 감리 · 시운전 · 평가 · 자문 · 지도 등의 활동과 그 활동에 대한 사업관리를 말한다(제2조 정의).

iii) 건축설계를 업으로 하는 경우

건축물의 대수선을 위한 구조계산, 건축설비나 공작물 설치 공사에 필요한 도면이나 시방서 등의 제조를 위탁하는 경우 등을 들 수 있다.

수리위탁의 범위

차량, 선박, 발전기 등의 수리업자가 그 수리행위의 전부 또는 일부를 다른 수리업자에게 위탁하는 경우이다(법 제2조 제8항).

건설위탁의 범위

건설위탁이란 건설업자가 건물을 건축하면서 배관시설, 전기공사 등을 다른 사업자에게 위탁하는 것을 말한다(법 제2조 제1항).

하도급법상의 건설하도급거래는 건설관계법령(건설산업기본법, 전기공사업법, 전기통신공사사업법, 소방법, 주택건설촉진법), 환경관련법령(수질환경보전법, 대기환경보전법, 소음·진동규제법, 폐기물관리법, 오수·분뇨및축산폐수의처리에관한법률) 및 에너지관련법령(에너지이용합리화법, 도시가스사업법및액화석유가스의안전및사업관리법)에 의하여 면허를 취득하거나, 등록하거나, 지정받은 사업자가 관련 건설공사의 전부 또는 일부를 다른 건설업자에게 시공하도록 위탁한 경우가 이에 해당된다.

건설위탁으로서 법적용대상이 되는 경우를 보면 다음과 같다.

● 건설산업기본법상 건설업자의 건설위탁

건설산업기본법 제9조(건설업의 등록 등)에 의해 일반건설업 또는 전문건설업을 등록한 건설업자가 시공자격이 있는 공종에 대하여 당해 공종의 시공자격을 가진 다른 등록업자에게 시공위탁한 경우,

건설업자가 시공자격이 없는 공종을 부대공사로 도급받아 동 공종에대한 시공자격이 있는 다른 업자에게 시공위탁한 경우 등이다.

예를 들면, 다음과 같다.

* 전기공사면허를 소지하지 아니한 일반건설업자가 전기공사가 주인 공사를 전기공사업 면허를 소지한 사업자에게 전기공사를 시공하도록 의뢰한 경우는 시공을 위탁한 일반건설업자가 전기공사업면허를 소지하지 아니하였으므로 이는 "건설위탁"으로 보지 않는다. 다만, 전기공사가 부대적인 공사인 경우에는 "건설위탁"으로 본다.

* 토공사업에만 등록한 전문건설업자가가 미장공사업에 등록한 전문건설업자에게 미장공사를 시공의뢰한 경우에는 건설위탁으로 보지 않는다.

● 전기공사업자의 건설위탁

전기공사업법 제2조 제3호의 규정에 의한 공사업자가 도급받은 전기공사의 전부 또는 일부를 전기공사업 면허를 소지한 다른 사업자에게 시공위탁한 경우이다.

● 정보통신공사업자의 건설위탁

정보통신공사업법 제2조 제4호의 규정에 의한 공사업자가 도급받은 정보통신공사의 전부 또는 일부를 정보통신공사업 허가를 받은 다른 사업자에게 시공위탁한 경우이다.

● 소방시설공사업자의 건설위탁

소방법 제52조 제1항에 의해 소방시설공사업 면허를 취득한 사업자가 도급받은 소방시설공사의 전부 또는 일부를 소방시설공사업 면허를 소지한 다른 사업자에게 시공위탁한 경우이다.

● 주택건설등록업자의 건설위탁

주택건설촉진법 제6조의 규정에 의한 등록업자가 그 업에 따른 주택건설공사의 전부 또는 일부를 시공자격이 있는 다른 사업자에게 시공위탁한 경우이다.

● 환경관련 시설업자의 건설위탁

수질환경보전법 제39조, 대기환경보전법 제44조, 소음진동규제법 제43조, 폐기물관리법 제33조, 오수·분뇨및축산폐수의처리에관한법률 제38조에 의한 등록업자가 그 업에 따른 해당 환경관련 시설공사의 전부 또는 일부를 시공자격이 있는 다른 사업자에게 시공위탁한 경우이다.

● 에너지관련 건설업자의 건설위탁

에너지이용합리화법 제51조에 의한 등록업자, 도시가스사업법 제12조, 액화석유가스의안전및사업관리법 제15조에 의한 시공자가 그 업에 따른 해당 에너지관련 시설공사를 시공자격이 있는 다른 사업자에게 시공위탁한 경우이다.

● 경미한 공사의 건설위탁

건설산업기본법상의 건설업자 및 전기공사업법상의 공사업자가 건설산업기본법시행령 제8조 및 전기공사업법시행령 제3조의 규정에 의한 경미한 공사를 상기 법령에 의한 등록을 하지 아니하거나 면허를 소지하지 아니한 사업자에게 위탁한 경우이다.

건설산업기본법 또는 전기공사업법령에 의하여 면허를 소지하지 않은 사업자에게 시공위탁한 경우라도 그 건설공사가 건설산업기본법시행령 제8조의 일반 건설업자가 시공할 수 있는 건설공사는 1건공사의 공사예정금액이 5,000만원에 미달되는 경우, 전문건설업자가 시공할 수 있는 1건공사의 공사예정금액이 1,000만원 미만인 건설공사, 전기공사업법시행령 제3조의 규정에 의한 꽂임접속기의 보수ㆍ교환 또는 소형변압기 설치 공사 등 경미한 공사인 경우에는 하도급법 적용대상이 된다.

● 자체 발주공사의 건설위탁

건설업을 영위하는 사업자가 아파트 신축공사 등 건설공사를 자기가 발주하여 다른 건설업자에게 공사의 전부 또는 일부를 위탁한 경우이다.

● 형식적 하도급관계와 사실적 하도급관계

원사업자와 수급사업자가 형식상으로는 하도급계약을 맺었으나 실제 공사는 수급사업자로부터 면허를 대여받은 건설업자가 시공했을 경우 면허를 대여받아 시공한 사업자는 하도급법 적용대상사업자가 아니지만 원사업자가 직영하는 것처럼 형식상 되어 있으나 수급사업자가 당해 공사를 사실상 시공하는 경우에는 하도급거래가 있는 것으로 보게 된다.

이를 예시하면 다음과 같다.

ⅰ) 원사업자(A)가 사실상의 수급업자(B)와 하도급관계를 맺고 있으면서 형식상으로는 A가 직영하는 것으로 되어 있을 경우 다음에 예시하는 바와

같은 사실에 의해서 사실상의 관계가 입증되면 A와 B 사이에 하도급관계가 있다고 본다.

＊ B가 A에 대하여 당해 공사에 관하여 계약보증금을 지급한 사실 또는 담보책임을 부담한 사실

＊ B가 당해 공사와 관련된 인부의 산재보험료를 부담한 사실

＊ 형식상으로는 B가 당해 공사에 전혀 관련이 없는 자로 되어 있으나 당해 공사를 시공함에 있어 공사일지, 장비가동일보, 출력일보, 유류사용대장 등에 B의 책임하에 장비, 인부 등을 조달하여 당해 공사를 시공한 것이 확인되는 경우

＊ 형식상으로는 B가 A의 소장으로 되어 있으나 B가 동 공사기간중 A로부터 봉급을 받지 않은 사실

＊ 총포 · 도검 · 화약류등단속법 등 관계 법령에 따라 B가 직접 허가를 받아 시공한 경우

ii) 원사업자(A)와 수급사업자(B)가 하도급계약을 맺었으나 실제 공사는 B로부터 면허를 대여받은 무면허건설업자(C)가 시공했을 경우 C는 무면허사업자이므로 하도급법 적용대상으로 보지 않는다.

제 4 장
원사업자의 의무

1. 거래당사자의 의무

하도급법은 이 법이 적용되는 거래를 함에 있어 주로 원사업자가 지켜야 할 의무사항을 규정하고 있고 수급사업자가 지켜야 할 의무사항에 관해서는 ① 위탁내용을 신의에 따라 성실하게 이행할 의무, ② 원사업자의 위법행위에 협조하지 않을 의무, ③ 하도급법에 의한 신고를 하였을 경우 증거서류 등을 신속하게 제출할 의무 등을 법 제21조에 3개 항으로 규정하고 있을 뿐이다.

이는 하도급거래상의 불공정행위가 우월적 지위에 있는 원사업자에 의하여 이루어지고 있고 하도급법은 이와 같은 불공정행위로부터 수급사업자를 보호하기 위한 법률이기 때문이다.

민법은 제664조부터 제674조까지 도급과 관련하여 도급인과 수급인의 권리·의무사항에 대하여 상세히 규정하고 있고, 상법도 제46조에 '작업 또는 노무의 도급의 인수'를 기본적인 상행위로 규정하고 있어 도급계약과 관련하여 분쟁 발생시 민사법에 의하여 구제받을 수 있도록 되어 있다.

민·상법상의 규정들은 도급계약이 기본적으로 당사자간에 대등하고 자유로운 의사에 의하여 체결됨을 전제로 하고 있으나, 업계의 현실은 위탁하는 자가 경제적으로 우월적인 지위를 남용할 여지가 크고 위탁받은 자가 일방적으로 피해를 보는 경우도 많아 계약 자체가 대등한 상태에서 자유로운 의사에 의하여 이루어지지 않는 경우가 많다.

또한 계약 이행 과정에서 분쟁이 발생할 경우 소송을 통하여 구제를 받기 위해서는 막대한 소송비용이 소요되고, 소송기간도 길고 복잡하며, 소송과정이 변론주의에 입각하고 있어 수급사업자가 주장하지 않거나 입증하지 못한 부분을 구제받을 수가 없어 구제 내용이 불충분한 경우가 많다.

이에 따라 하도급법은 원사업자가 지켜야 할 의무사항을 규정하고, 이를 위반할 경우 정부가 법위반 여부를 조사하고 법위반 행위에 대하여 시정 조치를 취함으로써 하도급거래의 공정화를 도모하고 분쟁 발생을 사전에 예방하여 수급사업자의 부담을 줄이고 소송 등에 따른 사회적 비용을 최소화하고 있다.

다음에서는 하도급거래에 있어 원사업자가 지켜야 할 의무에 대하여 알아본다.

2. 계약서 등 서면의 교부 및 서류보존의 의무

서면 기재사항

원사업자는 수급사업자에게 제조 등의 위탁을 하는 경우에는 다음 사항을 기재한 서면을 수급사업자에게 교부하여야 한다(법 제3조 제1, 2항, 법시행령 제2조).

➡ 위탁일과 수급사업자가 위탁받은 것(이하 "목적물"로 약칭함)의 내용

➡ 목적물을 원사업자에게 납품 또는 인도(이하 "납품"이라 약칭함)하는 시기 및 장소

➡ 목적물의 검사 방법 및 시기

➡ 하도급대금(선급금, 기성금, 설계변경 등으로 조정된 금액 등)과 그 지급방법 및 지급기일

➡ 원사업자가 수급사업자에게 목적물의 제조·수리 또는 시공에 소요되는 원재료 등을 제공하고자 하는 경우 원자재 등의 품명·수량·제공일·대가 및 대가의 지급 방법과 지급 기일 등

이 서면에는 원사업자와 수급사업자가 기명 날인하여야 하며, 원사업자나 수급사업자는 위에 제시된 5가지에 관한 서면 외에 다음 서류를 거래가 종료된 날부터 3년간 보존하여야 한다(법 제3조 제2항, 시행령 제3조 제1항 제2항).

➡ 법 제8조(부당한 수령거부의 금지 및 수령증의 교부)의 규정에 따른 목적물의 수령증명서

➡ 법 제9조(검사의 기준·방법 및 시기)의 규정에 의한 목적물의 검사 결과, 검사 종료일

◐ 하도급대금의 지급일·지급 금액 및 지급 수단(어음으로 하도급대금을 지급하는 경우에는 어음의 교부일·금액 및 만기일 포함)

◐ 법 제6조(선급금의 지급)의 규정에 의한 선급금 및 지연이자, 법 제13조(하도급대금의 지급 등) 제6항 내지 제8항의 규정에 의한 어음할인료 및 지연이자, 법 제15조(관세 등 환급액의 지급)의 규정에 의한 관세 등 환급액 및 지연이자를 지급한 경우에는 그 지급일과 지급금액

◐ 원사업자가 수급사업자에게 원재료 등을 제공하고 그 대가를 하도급대금에서 공제한 경우에는 원재료의 내용과 공제일, 공제금액 및 공제사유

◐ 법 제16조(설계변경 등에 따른 하도급대금의 조정)의 규정에 의하여 하도급대금을 조정한 경우에는 그 조정 금액 및 조정사유 등에 관한 서류

원사업자의 서류작성 및 보존비용의 감소, 정보화의 촉진 및 전자상거래의 기반구축을 위하여 하도급거래 내용에 대하여 컴퓨터 등 전자매체에 의하여 작성, 송·수신 또는 저장된 문서도 하도급법상 서면 및 서류로 인정하여야 한다.

이와 같이 원사업자에게 서면의 교부의무를 부과한 것은 구두계약의 경우, 계약내용이 분명하지 않으면 하도급사업자가 불이익을 당할 우려가 많으므로 이를 방지하기 위하여 하도급거래 내용을 명확하게 하자는 취지이다. 그러나 구두로 위탁이 행하여지더라도 하도급법위반의 문제는 생기지만 그 위탁자체는 유효하게 존재한다.

더 나아가, 원사업자에게 서류보존의무를 부과한 취지는 원사업자가 하도급거래에 관한 서류를 작성·보존함으로써 하도급거래상황을 정확하게 파악하여 스스로 하도급법을 준수하도록 함과 동시에 하도급거래 내용의 기록을 일정한 기간 동안 유지·보존시킴으로써 관계 기관이 하도급관련자료를 신속·정확하게 조사할 수 있도록 하기 위한 것이다.

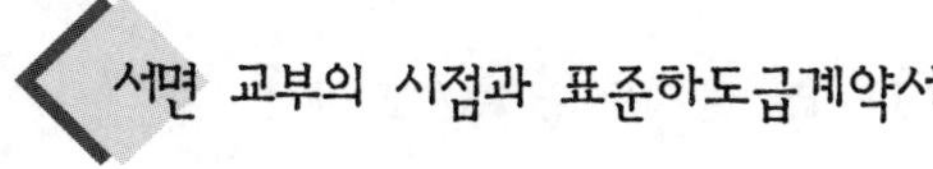

서면 교부의 시점과 표준하도급계약서

1) 서면 교부의 시점

서면 교부는 어느 시점에서 행하여져야 하는가. 제조위탁의 경우에는 수급사업자가 목적물의 납품을 위한 작업에 착수하기 전, 수리위탁의 경우에는 수급사업자가 계약이 체결된 수리행위를 착수하기 전, 건설위탁의 경우에는 수급사업자가 계약공사를 착공하기 전이다.

납품을 위한 작업착수 후나 수리행위 착수 후, 공사착공 후에 서면을 교부하면 서면의 지연 교부에 해당된다.

종전에는 서면 교부 시점에 대하여 구체적인 규정이 없어 법적용상의 어려움이 있었으나 1999. 2. 5. 법개정시 계약서 등 서면을 사전에 교부하도록 명시하였다.

제조하도급거래 등이 계속적 거래로 이루어질 경우 법정 기재사항을 기재한 서면을 교부하고 이에 근거하여 구체적인 제조위탁 등을 주문서, 발주서로 의뢰할 경우 반드시 매 발주시마다 서면을 작성·교부할 필요는 없다고 본다.

다만, 당초 계약된 내용이 설계변경, 추가공사의 위탁 등으로 계약 내용이나 금액이 변경되는 것과 같이 계약의 중요 부분이 변경될 경우에는 반드시 추가(변경)서면을 작성·교부하여야 한다.

[대륙토건(주)의 불공정하도급거래행위에 대한 건]

당초의 계약내용이 설계변경 또는 추가공사의 위탁 등으로 변경된 경우에는 특단의 사정이 없는 한 추가·변경서면을 작성·교부하여야 하며, 추가공사부분에 단순히 기존공사의 물량증가만으로는 볼 수 없고 종전의 설계도면에 없던 새로운 공사의 추가라고 보여지므로 원사업자는 수급사업자에게 늦어도 추가공사착수 전까지 추가공사에 대한 하도급대금 등이 기재된 서면을 교부하여야 한다(대법원 1996. 11. 15. 선고 96누 9409호 사건).

[영도건설(주)의 불공정하도급거래행위에 대한 건]

추가공사 발생으로 인하여 계약내용이 일부 변경되었음에도 불구하고 변경계약서면을 교부하지 아니한 사실이 있는 바, 수급사업자와 하도급거래를 함에 있어서 계약내용이 변경되는 경우에는 이에 대한 변경계약서를 지체없이 교부하여야 한다(공정거래위원회 1997. 3. 14. 심결 9607하일 0960호 사건)

[한국기계화학(주)의 불공정하도급거래행위에 대한 건]

피심인은 당초 감속기의 제조를 구두로 위탁한 바 있는 태승정밀의 부도로 도산됨에 따라 태승정밀의 채권·채무를 인수하고 동 감속기의 제조를 진행하고 있던 본건 수급사업자인 하나정공에게 감속기 제조위탁에 따른 계약서를 교부하지 아니한 상태에서 하나정공으로부터 일부 제품을 납품받고, 그 이후인 1995. 9. 6.과 1995. 10. 4.자로 하나정공에 구매주문서를 교부한 사실은 있으나 양 당사자가 기명날인한 정식 하도급계약서면을 교부한 사실이 없는 바, 피심인은 수급사업자에게 제조위탁함에 있어서는 위탁일, 위탁물, 납품시기 및 장소, 목적물의 검사방법 및 시기, 하도급대금과 그 지급방법 및 지급기일 등의 사항이 기재되고 양 당사자가 기명날인한 서면을 교부하여야 한다(공정거래위원회 1997. 4. 26. 심결 9604하이 0397호 사건)

2) 서면의 형식과 표준하도급계약서

서면 교부는 반드시 특정 양식에 의하여 이루어져야 하는가에 대하여는 특별히 형식에 구애 받을 필요는 없으나 법정 기재사항은 반드시 서면으로 기재되어야 한다.

건설공사, 전기공사, 건설자재제조위탁, 기계류분야, 섬유업종, 소프트웨

어사업, 자동차업종, 전기업종, 전자업종, 조선업종자재거래, 엔지니어링 등 등의 표준하도급계약서가 마련되어 사용되고 있다.

표준하도급계약서는 하도급법과 동 법 시행령 제정의 취지에 따라 공정한 하도급거래가 이루어질 수 있도록 구체적으로 하도급거래에 관련된 사항들을 규정하고 있기 때문에 표준계약서를 이용하면 양자간의 권리·의무 관계가 명백하게 된다.

또 분쟁 발생시 확인 및 책임소재를 수월하게 규명할 수 있기 때문에 보다 신속하고 충실하게 피해를 구제 받을 수 있다는 이점이 있다고 볼 수 있다.

공정거래위원회에서는 하도급거래의 분쟁사건을 처리함에 있어 하도급법이나 시행령에 구체적으로 규정되어 있지 아니한 부분의 해석 등에 표준하도급계약서의 계약 조건을 우선적으로 참작하고 있으므로 되도록이면 이를 사용하는 것이 유리하다.

원사업자가 표준하도급계약서를 사용하게 되면 입찰참가자격제한 및 영업정지 요청 등 하도급법 위반사건 조치시 과거 3년간 법위반 점수 누계에서 1점이 감점처리될 수 있는 이점도 있다.

◀ 서면 교부에 관한 구체적 판단기준

적법한 서면교부 여부에 관한 공정화지침상의 판단기준을 보면 다음과 같다.

❏ 기본계약서 또는 개별계약서에 위탁일, 품명, 수량, 단가, 하도급대금, 납기 등 하도급법에서 규정하고 있는 중요기재사항을 담은 서면을 교부한 경우는 적법한 서면교부로 본다.

● 빈번한 거래에 있어 계약서에 법정기재사항의 일부가 누락되어 있으나 건별 발주시 제공한 물량표 등으로 누락사항의 파악이 가능한 경우는 적법한 서면교부로 본다.

● 법정기재사항의 일부분이 누락되었으나 업종의 특성이나 현실에 비추어 볼 때 거래에 큰 문제가 없다고 판단되는 경우는 적법한 서면교부로 본다.

● 빈번한 거래에 있어 기본계약서를 교부한 후 일정기간 동안의 거래분에 대해 정산하여 정산서를 교부한 경우는 적법한 서면교부로 본다.

● 기본계약서를 교부하고 FAX, VAN 또는 전산 등에 의해 발주한 것으로 발주내용이 객관적으로 명백하다고 판단되는 경우 적법한 서면교부로 본다.

● 기본계약서를 교부하고 수출용물품을 제조위탁하는 경우 수급사업자가 원사업자에게 제출한 물품매도확약서(Offer Sheet)를 개별계약서로 갈음할 수 있다.

● 양 당사자의 기명날인이 없는 서면을 교부한 경우는 서면 미교부로 본다.

● 실제의 하도급거래관계와 상이한 서면을 교부한 경우는 허위서면교부로 본다.

● 1건의 하도급공사에 대하여 2종 이상의 계약서(계약서로 볼 수 있는 서류 포함)가 존재할 때는 실제의 하도급거래관계에 입각한 서면을 적법한 것으로 본다.

다만, 실제의 거래관계를 구체적으로 입증하지 못하는 경우에는 계약의 요 건을 보다 충실하게 갖춘 서면(예를 들면, 발주처에 통보한 서면 등)을 적법 한 서면으로 본다.

▶ 추가공사의 위탁과 관련한 경우

* 경미하고 빈번한 추가작업으로 인해 물량변동이 명백히 예상되는 공종 에 대해 시공완료 후 즉시 정산합의서로 계약서를 대체한 경우는 적법한 서 면교부로 본다.

* 추가공사 범위가 구분되고 금액이 상당함에도 불구하고 이에 대한 구체 적인 추가계약서나 작업지시서 등을 교부하지 아니한 경우는 서면 미교부로 본다.

* 시공과정에서 추가 또는 변경된 공사물량이 입증되었으나 당사자간의 정산에 다툼이 있어 변경계약서 또는 정산서를 교부하지 아니한 경우는 원 사업자가 구체적으로 적시하지 않은 책임이 있는 것으로 보아 서면 미교부 로 본다.

* 구체적인 계약서 형태를 갖추지 않았으나 원사업자의 현장관리자가 추 가공사에 대한 금액산정이 가능한 약식서류 등을 제공한 경우는 불완전한 서면교부로 본다.

[대일화학공업(주)의 불공정하도급거래행위에 대한 건]

피심인은 수급사업자인 보람교역에 대일시프 중간재인 밀착포 및 부직포 를 제조위탁함에 있어서 납품시기 및 장소, 품명, 규격, 수량 등이 기재된 발 주서는 교부하였지만 검사방법 및 시기, 하도급대금과 그 지급방법 및 지급 기일 등이 기재되고 당사자가 기명날인한 서면을 교부한 사실이 없으므로, 이는 하도급법 제3조 제1항 및 제2항에 위반되는 불공정하도급거래행위로 인정된다(공정거래위원회 1999. 10. 30. 심결 9904하이 0446호 사건).

3. 선급금의 지급의무

선급금지급의 기준

1) 선급금 수령일로부터 15일 이내

일반적으로 하도급대금은 납품 또는 공사완료 후에 지급되지만 업종에 따라서는 발주자가 일을 맡기면서 제조 또는 공사의 착수를 쉽게 하기 위하여 원재료구입비나 노무비에 충당하도록 대금 중의 일부를 미리 지급하는데 이를 선급금이라 한다.

수급사업자에게 제조 등의 위탁을 한 원사업자가 발주자로부터 선급금을 받은 때에는 수급사업자가 제조·수리 또는 시공에 착수할 수 있도록 그가 받은 선급금의 내용과 비율에 따라 선급금을 지급받은 날로부터 15일 이내에 선급금을 수급사업자에게 지급하여야 한다(법 제6조 제1항).

원사업자가 발주자로부터 받은 선급금을 수급사업자에게 지급하여야 하며, 발주자가 선급금의 사용 용도, 지급대상별 공종 등 선급금의 사용 내역을 지정하여 지급한 경우에는 그 지정 내역별로 비율을 계산하여 산정한 선급금을 지급하여야 한다.

원사업자가 수급사업자에게 위탁하기 이전에 원사업자가 발주자로부터 선급금을 지급받았을 경우에는 건설 위탁일을 기준으로 15일 이내에 지급하면 된다.

원사업자가 선급금지급에 대한 선급금지급보증서 등의 담보를 요구하였음에도 수급사업자가 동 담보를 15일 이내에 제출하지 않는 경우 동 선급금을 15일 이내에 지급하지 아니하여도 적법하다고 보나, 담보 등이 지연 제공된 경우 선급금 지급기일이 담보 제공일로부터 자동적으로 15일이 연장되는 것이 아니며, 2~3일 이내의 가능한 짧은 기간 내에 지급하여야 하는 것이 법의 취지라 할 수 있다.

선급금을 지급한 후 기성 대금에서 공제하여 정산하는 경우 매회 납품이나 기성이 발생되면 그 금액에다 당초에 적용된 선급금의 비율을 곱하여 산출된 금액을 매회 일률적으로 정산하여 공제하여야 하며 일괄 공제하는 것은 위법 행위에 해당된다.

건설산업기본법은 제34조에 선급금에 대한 조항을 두고 있다. 즉 수급인은 발주자로부터 선급금을 받은 때에는 하수급인이 자재의 구입, 현장노동자의 고용, 기타 하도급공사를 착수할 수 있도록 그가 받은 선급금의 내용과 비율에 따라 하수급인에게 선급금을 지급하여야 한다. 이 경우 수급인은 하수급인이 선급금을 반환하여야 할 경우에 대비하여 하수급인에게 보증을 요구할 수 있다.

원사업자가 발주자로부터 수령한 선급금을 독점하게 되면 영세한 하도급 사업자는 선급금의 혜택을 받지 못하고 그만큼 자금난에 시달리게 되므로 이 같은 현상을 막기 위한 것이 위 규정의 취지이다.

2) 지연이자의 지급

원사업자가 발주자로부터 받은 선급금을 15일을 초과하여 지급하는 경우에는 그 초과기간에 대하여 연 25%에 해당되는 이자를 지급하여야 하며(공정거래위원회고시 제1998-1호, 선급금 등 지연지급시의 지연이자율고시), 선급금을 발주자로부터 현금으로 수령한 경우 수급사업자에게도 원칙적으로 현금으로 지급하여야 한다.

그러나 어음 등으로 지급하는 경우에는 법정지급기일 15일을 초과한 날부터 어음 만기일까지의 기간에 대해 연 12.5%에 해당하는 어음할인료를 부담하여야 한다(공정거래위원회고시 제1998-12호, 어음에 의한 하도급대금지급시의 할인률 고시).

  발주자로부터 선급금을 어음으로 수령한 경우 수급사업자에게 동일 결제 조건의 어음으로 지급하는 것은 허용되나, 어음 결제기간이 발주자로부터 지급받은 어음의 조건보다 불리한 경우 불리한 기간 부분에 대하여는 할인료를 부담하여야 한다.

  한편, 원사업자가 수급사업자에게 선급금을 어음 등으로 지급하고 기성 하도급대금에서 공제하는 경우 매회 기성금에서 공제되는 선급금의 만기일이 목적물 인수일로부터 하도급대금을 지급하여야 하는 법정 지급기일인 60일을 초과하는 경우에는 초과 부분에 대하여 어음할인료를 별도로 부담하여야 한다.

  원사업자가 발주자로부터 공종별·품목별로 용도를 지정하여 선급금을 지급받았는데 하도급 내용은 동 공정이나 품목과는 관련이 없는 경우나, 원사업자가 수급사업자에게 선급금지급에 따른 지급보증서 등을 요구하였으나 이에 대한 보증서 등을 제출하지 아니한 경우 등에는 원사업자가 정당한 사유에 의하여 선급금을 지급하지 않아도 되는 경우이다.

◣ 선급금지급에 관한 구체적 기준

1) 지연지급에 대한 지연이자의 계산

  ◗ 법정지급기일(원사업자가 발주자로부터 선급금을 지급받은 날로부터 15일, 제조 등의 위탁을 하기 전에 선급금을 받은 경우에는 제조위탁한 날로부터 15일)을 초과하여 선급금을 지급한 경우에는 법정지급기일을 초과한 날로부터 지급기일까지의 기간일수를 산정하여 이자를 부과한다. 다만, 원사업자가 발주자로부터 선급금을 지급받은 후 수급사업자에게 선급금지급보증서 제출을 요청한 날로부터 수급사업자가 선급금지급보증서를 제출한 날

까지의 기간일수는 지연이자 계산시 공제할 수 있다.

예시

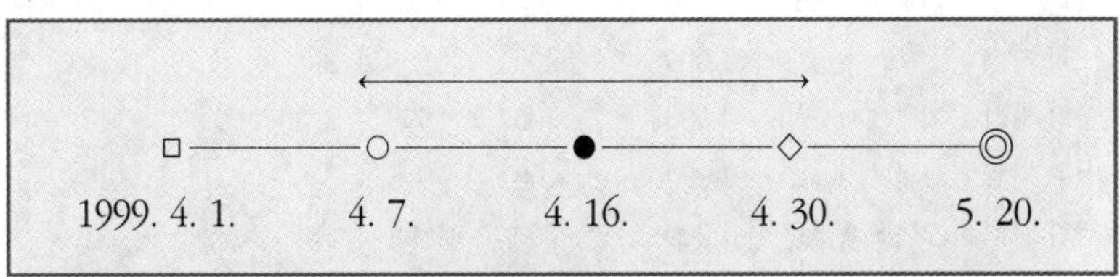

□ 발주자로부터 선급금을 지급받은 날
○ 선급금지급보증서 제출을 요청한 날
● 선급금 법정지급기일
◇ 선급금지급보증서를 제출한 날
◎ 원사업자가 선급금을 지급한 날

― 이자부과 일수계산 예

법정지급기일을 초과하여 지급한 일수(34일)―지급보증서를 요청한 날로부터 제출한 날까지 일수(23일)=11일

◖ 선급금을 지급하지 않은 상태에서 기성금을 지급하는 경우 선급금 일부가 당해 기성금에 포함된 것으로 보아 지급기일을 초과한 날로부터 당해 기성금 지급일까지의 기간에 대한 이자를 부과한다.

예시 선급금을 미지급한 경우

총계약금액 : 5,000만원

선 급 금 : 1,000만원(공사금액의 20%)

선급금 지급기일 : 1998. 4. 1.

(단위 : 만원)

구 분	기성금액		당해 선급금	선급금 기산일	선급금 지연일수	지연 이자
	일자	금액				
1회 기성	1998. 4. 30.	1,000	200	1998. 4. 2.	29	4
2회 기성	1998. 5. 31.	1,000	200	1998. 4. 2.	60	8
3회 기성	1998. 6. 30.	1,000	200	1998. 4. 2.	90	12
4회 기성	1998. 7. 31.	1,000	200	1998. 4. 2.	121	17
5회 기성	1998. 8. 31.	1,000	200	1998. 4. 2.	152	21
계		5,000	1,000			62

※ 선급금 지급기일 = 발주자로부터 선급금을 지급받은 날(또는 하도급계약을 체결한 날)부터 15일째 되는 날

※ 당해 선급금 = 선급금×당해 기성금/총계약금액

※ 선급금 기산일 = 선급금 지급기일을 초과한 날

※ 선급금 지연일수 = 기산일로부터 실제 기성금 지급일까지의 기간

※ 지연이자 = 당해 선급금×25%(공정위가 고시하는 지연이자율)×선급금 지연일수/ 365일

예시 선급금을 일부만 지급하면서 지연지급한 경우

총계약금액 : 1억원

선급금 : 2,000만원(공사금액의 20%)

선급금 지급기일 : 1998. 4. 30.

선급금 지급금액 : 1,000만원(1998. 5. 10. 현금 지급)

　⇒지급지연일수 : 10일

선급금 중 1,000만원(공사금액의 10%)의 지연지급에 따른 지연이자 : 68,493원

　⇒ 1,000만원×25%(공정위가 고시하는 지연이자율)×10(지급기일을 초과한 날로부터 실제 지급일까지의 기간)/365=68,493원

선급금중 1,000만원을 미지급함에 따라 발생한 지연이자 : 68,493원

(단위 : 만원)

구분	기성금액		당해 선급금	선급금 기산일	선급금 지연일수	지연 이자
	일자	금액				
1회 기성	1998. 5. 31.	2,000	200	1998. 5. 1.	31	4.2
2회 기성	1998. 6. 30.	3,000	300	1998. 5. 1.	61	12.5
3회 기성	1998. 7. 31.	1,000	100	1998. 5. 1.	92	6.3
4회 기성	1998. 8. 31.	2,000	200	1998. 5. 1.	123	16.8
5회 기성	1998. 9. 30.	2,000	200	1998. 5. 1.	153	21.0
계		10,000	1,000			60.8

※ 당해 선급금 = 미지급한 선급금×당해 기성금/총 계약금액

※ 선급금 기산일 = 선급금 지급기일을 초과한 날

※ 선급금 지연일수 = 기산일로부터 실제 기성금 지급일까지의 기간

※ 지연이자 = 당해 선급금×25%(공정위가 고시하는 지연이자율)×선급금 지연일수/365일

❍ 선급금 지급에 대한 지연이자 등의 지급기준

선급금의 '법정지급기일'이라 함은 발주자로부터 선급금을 받은 날(또는 원사업자가 제조 등의 위탁을 한 날)로부터 15일째 되는 날(이하 같음)을 말한다.

* 수급사업자가 법정지급기일을 초과하여 현금으로 지급하는 경우 : 법정지급기일을 초과한 날로부터 지급일까지의 기간에 대한 지연이자 부과

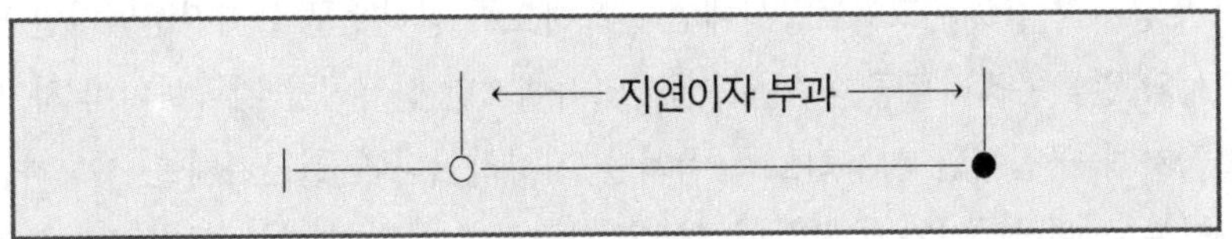

* 수급사업자에게 법정지급기일 내에 어음 등으로 지급하는 경우 : 법정지급기일을 초과한 날로부터 어음만기일까지의 기간에 대한 할인료 부과

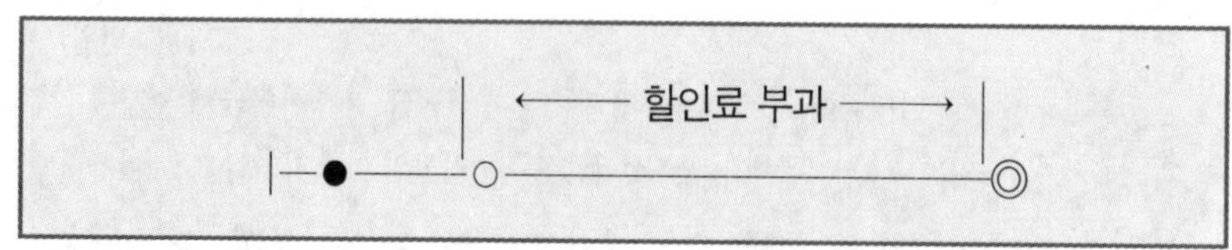

* 수급사업자에게 법정지급기일을 초과하여 어음 등으로 지급하는 경우 : 법정지급기일을 초과한 날로부터 어음교부일까지의 기간에 대한 지연이자 부과 및 어음교부일로부터 만기일까지의 기간에 대한 할인료 부과

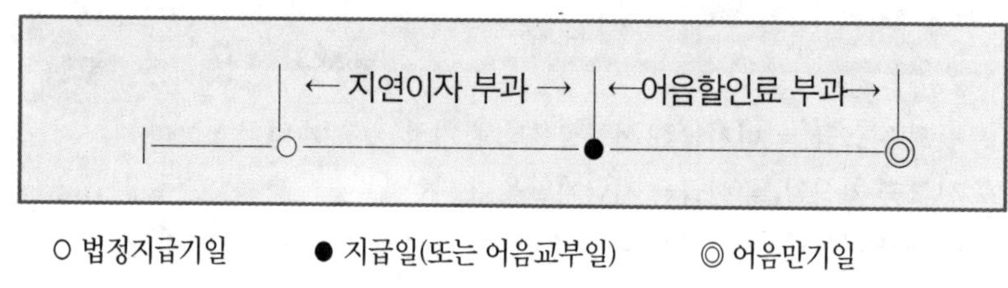

○ 법정지급기일　　　● 지급일(또는 어음교부일)　　　◎ 어음만기일

2) 원사업자가 발주자로부터 받은 선급금의 내용과 비율에 따른 판단 기준

◐ 발주자가 선급금을 지급하면서 특정한 공사나 품목을 지정하여 선급금을 지급하는 경우에는 발주자가 지정하는 용도에 한정하여 원사업자는 수급사업자에게 선급금을 지급하면 된다(다음 예문을 참조한다).

A라는 토목건축공사에 토공사, 철근콘크리트공사, 조경석재공사, 승강기설치공사 등 4개의 전문건설공사가 있다고 가정할 경우, 선급금을 지급하면서 토공사와 철근콘크리트공사에만 사용하도록 공사부문을 지정하였다면 토공사와 철근콘크리트공사부문 수급사업자에게만 선급금을 지급하여야 하고, 철근자재 구입에만 사용하도록 품목을 지정하였다면 철근자재를 사용하는 공사부문 수급사업자에게만 선급금을 지급하여야 하며, 선급금지급대상 공사 또는 품목전체에서 해당 공사가 차지하는 금액비율로 수급사업자에게 선급금을 지급하여야 한다.

◐ 발주자가 선급금을 지급하면서 특정한 품목이나 공사부문을 지정하지 않은 경우 원사업자는 전체 공사대금 중 하도급계약금액의 비율에 따라 수급사업자에게 해당 선급금을 지급하여야 한다.

[덕원종합건설(주)의 불공정하도급거래행위에 대한 건]

피심인은 신한건설(주)에게 지급하여야 할 선급금 중 하도급공사의 기성금에 포함하여 지급된 것으로 본 선급금 ○○○만원에 대하여 선급금지급기일을 초과한 날로부터 실제로 지급한 날까지의 기간에다 연 25.0%의 이자율을 적용하여 계산된 지연이자 ○○○만원을 지급하지 아니하고 있는 바, 발주자로부터 선급금을 지급받고 신한건설(주)에게 일부 선급금을 지급받은 날로부터 15일을 초과하여 지급함에 따라 발생한 지연이자 ○○○만원을 지체없이 지급하여야 한다(공정거래위원회 1997. 7. 2. 심결 9701하일 0094호 사건).

4. 내국신용장의 개설의무

위탁한 날로부터 15일 이내

원사업자는 수출할 물품을 수급사업자에게 제조위탁한 경우에 정당한 사유가 없는 한 위탁한 날로부터 15일 이내에 내국신용장을 수급사업자에게 개설해 주어야 하며, 신용장에 의한 수출에 있어 원사업자가 원신용장을 받기 전에 제조위탁하는 경우에는 원신용장을 받은 날로부터 15일 이내에 내국신용장을 개설해 주어야 한다(법 제7조).

내국신용장(Local L/C)은 통상 원사업자가 제조 또는 임가공에 임하는 수급사업자로부터 요청을 받고, 자기의 주거래은행을 통하여 발급한다. 이와 같은 내국신용장이 발급되는 경우는 ① 원사업자(주로 종합무역상사)가 외국사업자(Buyer)에게 특정 물품을 공급하는 조건으로 수출신용장(Master L/C)을 받은 후 이에 공급할 물품의 일부 또는 전부의 제조를 다른 사업자에게 위탁하였을 때 당해 수출신용장을 근거로 발급하여 주는 경우, ② 원사업자가 장래수출에 공급할 물품의 비축을 위하여 다른 사업자에게 그 물품의 일부 또는 전부의 제조를 위탁하였을 때 자신의 과거 1년간 수출실적을 근거로 발급하여 주는 경우이다.

원사업자가 외국사업자로부터 수출신용장을 받으면 이 수출신용장으로 은행으로부터 즉시 대출을 받아 쓸 수 있으므로 이는 발주자로부터 받는 선급금과 같은 효과가 있다. 하도급법이 원사업자의 내국신용장개설의무를 규정한 것은 위와 같은 이유에서이다.

수출용 물품의 무역거래에 있어 외국사업자와 국내 수출사업자간에 물품공급에 관한 계약이 이루어지면 동 무역거래의 대금을 지급하겠다는 약속에 해당하는 신용장(Letter of Credit : L/C)이 개설되고, 수출사업자는 동 신용장(통상 Master L/C라고 함)을 근거로 수출 이행에 소요되는 자금을 융자받을 수 있도록 국내생산업자(수급사업자)를 수혜자로 하는 내국신용장(Local L/C)을 개설해 주어야 한다.

수급사업자가 원사업자로부터 수취한 물품수령증명서(법 제8조 제2항 참조)는 내국신용장 개설은행에서 즉시 현금화하는 수단이 된다.

◐ 수출물품 제조위탁시 내국신용장을 개설하여 주지 않았더라도 ① 수급사업자가 내국신용장의 개설을 명백하게 원하지 않았을 경우, ② 원사업자가 내국신용장 개설은행에 연체 및 대지급 당한 상태에 있거나 개설한도 부족 등으로 인하여 내국신용장 개설이 불가능한 경우는 정당한 사유가 있는 것으로 본다.

◐ 내국신용장은 제조위탁 후 수급사업자로부터 물품매도확약서(Offer Sheet)를 수취한 후 15일 이내에 개설해 주어야 하는데 수급사업자가 제조위탁을 받은 날로부터 15일을 초과하여 물품매도확약서를 제출하는 경우, 원사업자가 물품매도확약서를 제출받은 후 지체없이 내국신용장을 개설하여 주었다면 위법한 것으로 보지 않는다(공정화지침).

5. 관세 등 환급금의 지급의무

환급받은 날로부터 15일 이내

원사업자가 수출할 물품을 수급사업자에게 제조위탁한 경우에 『수출용원자재에대한관세등환급에관한특례법』에 의하여 관세 등을 환급받은 때에는 그 받은 날로부터 15일 이내에 받은 내용에 따라 이를 수급업자에게 지급하여야 한다(법 제15조 제1항).

제1항의 규정에도 불구하고 관세 등 환급액의 지급은 수급사업자에게 귀책사유가 없는 한 목적물의 수령일로부터 60일을 초과할 수 없으며, 이를 초과하여 지급하는 경우에는 연 25%에 해당하는 이자를 지급하여야 한다(법 제15조 제2, 3항, 공정거래위원회고시 제1998-1호, 선급금 등 지연지급시의 지연이자율 고시).

수출용 물품의 제조에 소요되는 자재를 외국에서 수입한 경우 관세를 부담하지만 이를 완제품으로 제조하여 선적(수출)한 경우에는 이미 부담하였던 관세를 환급받게 되는데, 하도급거래의 경우 수급업자가 물품을 제조 납품(내국신용장을 개설한 경우에는 검사완료 즉시)하고 인수증을 수령한 후 관세액 산출의 근거가 되는 기초 원자재 납세증명원(일명 기납증이라 함)을 관할 세관에서 발급받아 수출업체에게 제출하여 관세를 환급받을 수 있다. 그러나 하도급계약시 이미 관세를 포함한 가격으로 단가를 결정한 사실이 명백하게 입증될 경우 관세 환급 문제는 발생하지 않는다.

수급사업자 귀책사유

수급사업자에게 책임을 돌릴 사유가 있는 경우라 함은 ① 수급사업자가 기초원재료납세증명서 등 관세환급에 필요한 서류를 원사업자에게 인도하지 아니하거나 지연하여 인도한 경우 ② 기초원재료납세증명서 등 관세환급에 필요한 서류상의 기재내용이 실거래와 상이하여 관세환급을 받을 수 없는 경우 등을 예로 들 수 있다. 또한 수급사업자의 귀책사유로 관세 등 환급이 지연되는 경우에도 원사업자가 관세환급에 필요한 적정서류를 수급사업자로부터 인도받은 경우에는 즉시 수급사업자에게 관세 등 환급액을 지급하여야 하며, 원사업자가 수급사업자에게 수출용 완제품을 위탁하여 수급사업자가 직접 관세환급을 받는 경우에는 수급사업자로부터 관세환급에 필요한 관세환급 위임장의 발급요청을 받았을 때에는 즉시 이를 발급하여 주어야 한다.

지연지급에 해당되지 않는 경우

관세 등 환급액의 지연지급에 해당되지 않는 경우를 예시하면 다음과 같다.

* 수급사업자가 기초원재료납세증명서 등 관세환급에 필요한 서류를 원사업자에게 인도하지 아니하거나 지연하여 인도한 경우

* 기초원재료납세증명서 등 관세환급에 필요한 서류상의 기재내용이 실거래와 상이하여 관세환급을 받을 수 없는 경우

* 수급사업자가 직접 관세 등을 환급받는 경우에는 수급사업자로부터 관세 등 환급에 필요한 환급위임장의 발급을 요청받았을 때 원사업자가 이를 지체없이 발급해준 경우

＜내국신용장 개설 및 관세환급 절차＞

절 차		하도급법 규정	적용법조
내국신용장 개설	발주서 (제조위탁)	15일 이내 내국신용장 개설	법 제7조
	매도확약서 제출 (Offer Sheet)		
	내국신용장 개설 (Local L/C)		
	물품 수령	즉시(통상 10일 이내 인수증 교부)	법 제8조
	인수증 교부		
	기초원자재 납세증명서 제출	60일 이내 관세액 지급	법 제15조
	완제품 수출		
	수출자의 관세환급	15일 이내 관세액 지급	법 제15조
	하도급업체에 관세지급		

6. 검사결과 통지의무

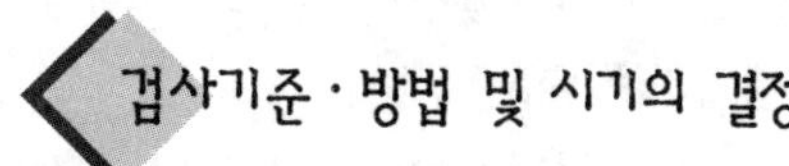

검사기준 · 방법 및 시기의 결정

1) 검사기준 · 방법

수급사업자가 납품 또는 인도한 목적물에 대한 검사 기준과 방법은 원사업자와 수급사업자가 협의하여 정하되 객관적이고 공정타당하여야 한다(법 제9조 제1항).

검사 기준을 당사자간에 합의하여 정하지 않고 원사업자가 일방적으로 정한 기준으로 불합격처리한다든가 또는 통상 적용되는 검사기준보다 매우 엄격한 기준을 적용하여 불합격처리하는 경우 법위반이 된다.

검사 방법에 있어서도 납품 수량이 많아 전수 검사가 사실상 불가하여 표본 검사를 하게 되는 경우 계약시 이러한 검사 방법이나 결과처리 방식을 구체적으로 합의하지 아니하고서 원사업자가 임의로 표본 검사를 실시하고 불량률을 임으로 결정하여 전 품목에 대해 일방적으로 판정을 하는 것은 금지된다.

2) 검사 시기

검사 시기와 관련하여, 원사업자는 정당한 사유가 있는 경우를 제외하고는 목적물을 수령한 날(건설 위탁의 경우에는 시공완료의 통지를 받은 날)로부터 10일 이내에 검사 결과를 수급사업자에게 서면으로 통지하여야 하며 이 기간 내에 통지하지 않는 경우에는 검사에 합격한 것으로 본다(법 제9조 제2항).

검사 시기를 법에서 규정하고 있는 가장 큰 이유는 원사업자로 하여금 단기간 내에 검사를 실시케 하여 당사자간의 채권·채무를 조속히 확정하여 수급사업자를 보호하기 위한 것으로 검사 기한이 너무 짧다거나, 불량 여부가 목적물이 생산공정에 투입된 후나 소비자가 사용한 뒤에야 판별된다는 이유로 대금 지급을 유보하는 것은 위법 행위가 된다.

수출업자가 납품받은 목적물을 수출한 후 외국사업자(Buyer)로부터 품질 불량을 이유로 클레임이 제기된 경우 동 부문에 대한 책임문제는 원칙적으로 당사자간의 계약 내용에 따라야 한다. 설령 클레임의 내용이 정당하고 그 책임이 수급사업자에게 있음이 명확하다고 하더라도 원사업자도 검사를 게을리한 책임이 있으므로 모든 책임을 수급사업자에게 일방적으로 전가해서는 안 된다.

목적물을 수령하고 차후 제조 공정에서 불량이 발생되면 정해진 비율대로 대금을 공제할 수도 있도록 양 당사자가 합의한 경우 제조 공정에서 나타난 불량을 수급업자가 인정하여 적법하게 대금을 공제키로 서면 합의하였다면 위법으로 볼 수 없다.

한편, 목적물의 작동 상태 등을 확인하는데 상당기간이 소요되어 목적물의 납품일을 시운전 등의 완료일로 정한 경우 상관행 등에 비추어 동 기간이 부당하게 장기인 경우 위법으로 볼 수 있으며, 아울러 당사자 사이에 합의가 없음에도 불구하고 검사에 장기간이 소요됨을 이유로 수령을 지체하는 것은 위법 행위에 해당된다.

계속적으로 빈번하게 납품이 이루어지는 경우 월 1회에 마감하여 세금계산서를 발행하는 것은 허용되나, 물품의 검사 결과를 월 1회로 정한 마감일을 목적물 수령일로 보고 그 날로부터 10일 이내에 통보하는 것은 법 위반이 된다.

그 이유는 하도급대금 지급과 관련해서는 일정기간 납품한 물량을 묶어 최종 마감한 날이 목적물 수령일이 되나, 검사는 마감제도 문제와는 관계없이 각각의 물품 납품일로부터 10일 이내에 실시해야 하기 때문에 마감제 등을 이유로 이를 위반하여서는 안 되기 때문이다.

원사업자는 수급사업자가 납품한 부품에 대한 검사결과를 수령일로부터 10일 이내에 통지할 수 없는 정당한 사유가 있는 경우 예컨대, 목적물의 수량이 많은 관계로 양 당사자가 샘플방식에 의한 검사를 하기로 합의한 경우에는 상당한 기간을 초과한 경우라 할지라도 불량부품의 수리 또는 교환을 요구할 수 있다.

이 경우 양 당사자는 불량부품으로 인하여 생산공정에 발생한 손해가 있을 경우의 보상비용청구방법을 미리 협의하여 두어야 한다.

완제품(원사업자의 브랜드)이 시장에 출하되고 난 후 부품의 불량으로 인하여 완제품에 발생한 결함으로 원사업자가 이를 해결하기 위하여 비용을 지출하였다면 불량부품을 수급사업자에게 교환요구하는 것은 법위반이라고 할 수 없다.

원사업자가 수급사업자의 납품한 부품에 대하여 샘플방식에 의하여 검사를 실시한 후 완제품을 제조하는 과정에서 수급사업자로부터 납품받은 부품 중 불량품을 발견하였을 경우, 원사업자는 수급사업자에게 불량부품의 수리 또는 정상부품과 1 : 1 교환을 요구할 수 있는가.

이 경우는 원사업자가 납품받은 부품에 대한 검사결과를 수령한 날로부터 10일 이내에 통지할 수 없는 정당한 사유가 있다고 보아 불량부품의 수리나 교환을 요구할 수 있다고 하겠다.

이 경우 수급사업자가 납품한 불량품으로 인하여 원사업자의 생산공정에서 손해가 발생하였다면 양 당사자간의 협의로 손해배상 청구방법을 정하면 될 것이다. 이러한 경우라도 원사업자에 대한 손해발생에 실질적인 영향을 미치지 아니하는 경미한 문제를 이유로 일방적으로 하도급대금을 감액하거나, 자기의 거래상의 지위를 부당하게 이용하여 수급사업자에게 불이익이 되도록 거래조건을 설정 또는 변경하거나 그 이행과정에서 불이익을 주는 행위는 하도급법이나 공정거래법의 위반에 이를 소지가 있다.

경우를 달리 하여, 원사업자의 브랜드로 완제품이 시장에 출하된 이후 수급사업자가 납품한 부품의 불량으로 인하여 완제품에 결함이 발생되어 이를 해결하기 위한 비용이 지출되었다면 원사업자는 수급사업자에게 불량부품을 정상부품으로 교환해 줄 것을 요구할 수 있다고 하겠다.

그러나 하도급법에서 검사기준 방법 및 검사결과 통지를 규정한 취지는 원사업자가 물품을 수령한 후 장기간이 지난 뒤에 반품하게 됨으로써 수급사업자가 불이익을 입게 되는 것을 방지하려는 것이므로 원사업자가 물품을 수령한 후 지나치게 장기간이 경과한 다음 수급사업자에게 반품이나 교환을 요구하는 것은 법위반의 소지가 있다고 하겠다.

관련 법령상의 검사규정

기업협력법은 검사업무의 합리화를 위하여 위탁기업체로 하여금 검사시설의 개선 및 검사담당자의 자질향상을 위한 노력을 의무화하고, 수탁기업체가 납품한 물품 등에 대하여 공정·신속한 검사가 이루어지도록 하기 위해 객관적이고 타당성 있는 검사기준을 정하도록 하고 있다(동 법 제21조).

건설산업기본법에 의하면, 수급인은 하수급인으로부터 하도급공사의 준공 또는 기성부분의 통지를 받은 수급인은 10일 이내에 이를 확인하기 위한 검사를 하여야 한다(동 법 제37조).

국가를당사자로하는계약에관한법률시행령은 검사완료기간을 14일로 정하고 예외적인 경우에는 7일의 범위 내에서 검사기간을 연장할 수 있다고 규정한다(제55조).

[대일화학공업(주)의 불공정하도급거래행위]

피심인 대일화학공업(주)는 수급사업자회사에게 냉장고용 및 주방용 소취제(냄새제거제)를 제조위탁하고 1991. 5. 30. 목적물의 일부(소취제 13,290

개, 금액 22,176,000원)를 수령한 후, 20여 일이 지난 1991. 6. 19.~ 6. 21. 사이에 자신의 일방적인 검사기준 및 방법에 의하여 당해 목적물을 불합격판정한 후에도 계속하여 자신의 대리점을 통하여 판매하여 오다가 남은 소취제11,467개(금액 18,270,000원)를 반품한 사실이 있는 바 피심인은 부당하게 반품한 소취제11,467개를 지체없이 수령하고 이에 대한 하도급대금 18,270,000원을 지급하여야 한다(공정거래위원회 심결 제93-11호 사건).

7. 하도급대금 지급의무

하도급거래에 있어 원사업자가 제조 등 위탁받은 일을 완성한 수급사업자에게 하도급대금을 지급하는 것은 기본적인 의무이다. 그러나 원사업자가 대금을 제때 지급하지 아니하면 수급사업자가 자금 조달이 어려워 종업원의 임금이나 자재대금의 지급이 곤란해지고 최악의 경우 도산에까지 이르는 등 수급사업자의 경영 안정에 막대한 지장을 초래하게 된다.

이를 방지하기 위하여 하도급법은 대금의 지급 기한과 방법 등에 관하여 상세하게 규정하고 있다(법 제 13조 제1~8항).

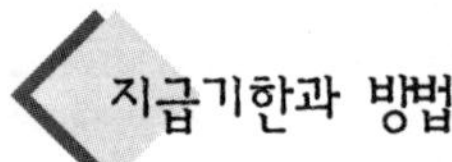

1) 일반적인 경우

원사업자는 목적물 수령일로부터 60일 이내의 가능한 짧은 기한으로 정한 기일까지 하도급대금을 지급하여야 한다. 이 경우 목적물 수령일은 건설의 경우에는 인수일을, 납품이 빈번하여 원사업자와 수급사업자가 월 1회 이상 세금계산서의 발행일을 정한 경우에는 그 정한 날을 기준으로 한다(법 제13조 제1항).

하도급대금의 지급기일을 정하지 아니한 경우에는 목적물의 수령일로부터 60일째 되는 날을 대금의 지급기일로 보며, 설령 목적물 수령일로부터 60일을 초과하여 대금의 지급기일을 정하였다 하더라도 60일째 되는 날을 대금의 지급 기일로 본다.

다만, 원사업자와 수급사업자가 대등한 지위에서 지급기일을 정한 것으로 인정되는 경우나 당해 업종의 특수성과 경제여건에 비추어 그 지급기일이 정당한 것으로 인정되는 경우에는 위 60일 기한이 적용되지 아니 한다(법 제13조 제1항 단서, 제2항).

원사업자와 수급사업자간의 "대등한 지위"라 함은 먼저 회사의 외형규모인 자본금, 종업원수, 매출액 등을 비교하여 상호 대등하다고 객관적으로 판단되는 경우와 업종의 특성에 따른 독점도, 생산능력 및 기술수준, 제품의 경쟁력 등을 종합적으로 고려하여 대등한 위치에서 상호 협의가 있는 경우를 말한다.

"당해 업종의 특수성"이란 당시의 경제여건과 관련하여 고려하여야 할 사항으로서 당해 업종의 고유한 상관행 및 경제현상의 비정상적인 여건으로 인하여 정상적인 대금지급기일을 지킬 수 없을 경우라고 할 수 있다. 그러나 위와 같은 예외 규정은 하도급법의 입법취지에 비추어 신중하게 적용하여야 한다.

원사업자에 대한 수급사업자의 하도급대금채권이 법정지급기일인 60일을 초과하기 전에 법원의 가압류결정이 있었을 경우에는 어떻게 될까?

이 경우에도 원사업자는 법정기일을 지켜야 하도급법에 위반되지 않는다.

채권의 가압류는 제3채무자(원사업자)에 대하여 하도급대금을 채무자(수급사업자)에게 지급하는 것을 금지하는데 그칠 뿐 하도급대금지급채무 그 자체를 면하게 하는 것이 아니기 때문이다. 가압류가 있더라도 하도급대금 지급기일이 도래하면 제3채무자(원사업자)는 지체의 책임을 지게 되므로 지체의 책임을 면하기 위해서는 공탁을 하여야 한다. 뒤에서 보게 될 어음할인료의 경우도 마찬가지이다.

하도급대금으로 지급된 어음이 부도처리된 경우는 어떻게 보아야 할것인가?

이 경우에는 하도급대금을 지급하지 아니한 것으로 본다.

하도급법은 어음에 의한 대금지급의 경우 현금에 의한 대금지급의 경우와 동일한 수준의 만족을 주는 경우에 한하여 적법한 하도급대금의 지급으로 인정하기 때문이다. 만기일에 피사취부도를 발생시킨 후 피사취 신고를 해제했다고 하는 경우라도 그 어음만기일에 현금에 의한 대금지급과 동일한 수준의 만족을 주는 경우라고 할 수 없으므로 당초 어음 지급시점에 대금이 지급되었다고 볼 수 없다.

수급사업자가 어음만기일 전에 어음을 할인하여 사용하였을 경우, 당사자 간에는 하도급대금채무가 여전히 결제되지 않고 존속한다고 보아야 하므로 대금미지급으로 해석하는 것이 타당하다.

수급사업자가 이미 은행에서 할인을 받아 사용하였을 경우, 원사업자에게 어음만기일이 아닌 법정지급기일부터의 지연이자를 부담하도록 하는 것은 수급사업자에게 이중의 이익을 주는 것이 아닌가. 지연이자는 하도급법위반 행위에 대한 제재금의 성격을 지니고 있고 수급사업자가 어음할인시 이미 할인료상당액을 공제당하였고 할인은행으로부터 피사취부도기간중 발생한 연체료를 부담한 사실이 있다면 수급사업자에게 이익을 준 것으로 보기도 어렵다고 하겠다.

다음은, 원사업자가 수급사업자에게 하도급대금의 일부를 아파트로 지급하기로 약정하였고 이 아파트에 대한 소유권이전등기가 하도급법상의 법정지급기일 이후에 이루어진 경우 법상의 지연이자를 부과하여야 하는지 의문을 가질 수 있다. 원사업자가 하도급대금의 일부를 아파트로 지급하기로 한 것은 구 채무인 수급사업자의 금전채권은 소멸하고 아파트라는 특정물채권이 새로 성립한 것으로 본다. 이른 바 목적변경에 의한 갱개가 성립한 것이다. 따라서 원사업자가 아파트 소유권이전등기 완료를 지체하였다고 하더라도 금전채권이 아닌 특정물채권에 대하여 지연이자를 부과할 수는 없다.

2) 발주자로부터 준공금 등을 받은 경우

원사업자가 제조 등의 위탁을 한 경우, 원사업자가 발주자로부터 준공금을 받은 때에는 하도급대금을, 기성금을 받은 때에는 수급사업자가 시공한 분에 상당한 금액을 그 지급받은 날로부터 15일 이내에 지급하여야 한다(제13조 제3항).

원사업자는 수급사업자에게 하도급대금을 지급함에 있어서 자기가 발주자로부터 결제받은 현금비율 이상으로 지급하여야 하며, 발주자로부터 공사 및 물품납품대금으로 교부받은 어음의 지급기간(발행일로부터 만기일까지)을 초과하여 하도급업체에 어음을 교부할 수 없다(제13조 제4, 5항).

3) 현금비율유지 적용기준

원사업자가 발주자로부터 현금결제를 받은 경우 수급사업자에게 원사업자가 받은 현금비율 이상으로 지급하였는지 여부를 가리는 데는 경우에 따라 간단한 일도 아니고 용이하지도 않다.

이와 같은 문제를 해소하기 위하여 공정화지침은 다음과 같은 기준을 제시하고 있다.

◐ 원사업자가 발주자로부터 당해 제조 등의 위탁과 관련하여 지급받은 현금비율이 일정하지 아니한 경우 수급사업자에게 하도급대금을 지급함에 있어서는 하도급대금을 지급하기 직전에 원사업자가 발주자로부터 지급받은 현금비율 이상으로 지급하여야 한다. 원사업자가 발주자로부터 제1회 도급대금을 지급받기 전까지 수급사업자에게 하도급대금을 지급하는 경우에는 예외로 할 수 있다.

다만, 원사업자가 수급사업자에게 금회 하도급대금을 지급한 후 차회 하도급대금을 지급하기 전까지 발주자로부터 2회 이상 도급대금을 지급받은 경우에는 각각의 현금비율을 산술평균한 비율 이상으로 지급하여야 한다.

〈적용기준 예시 1〉

도급대금 수령		하도급대금 수령	
수령일자	결제비율 (현금 : 어음)	지급일자	현금결제비율
2. 1.	50 : 50	1. 8.	예외 가능
		3. 5.	50% 이상
		4. 5.	50% 이상
5. 1.	50 : 50		
5. 15.	60 : 40		
6. 1.	20 : 80	7. 1.	43% 이상
8. 1.	40 : 60	9. 1.	40% 이상

※ 원사업자가 발주자로부터 5. 1, 5. 15, 6. 1. 지급받은 것을 산술평균한 비율 : [(50＋60＋20)／3]

❂ 현금비율은 다음과 같이 산정한다.

＊ 원사업자가 발주자로부터 지급받은 현금비율 : 현금수령액/도급대금수령액

＊ 원사업자가 수급사업자에게 지급하는 현금비율 : 현금지급액/하도급대금지급액

＊ 금액단위는 천원으로 하고 소수점 이하 첫째자리에서 반올림한다.

현금수령액(현금지급액)은 아래의 결제수단에 의한 수령액(지급액)의 합계액을 말한다.

➜ 현금
➜ 수표
➜ 내국신용장에 의한 환어음

➡ 구매자금융에 의한 환어음

➡ 여신전문금융업법 제3조(영업의 허가 등록)에 의하여 허가를 받고 신
  용카드업을 영위하는 자가 발급한 기업구매카드

➡ 양도인(수급사업자)에 대한 상환청구권이 없는 팩토링

◐ 원사업자가 다수의 발주자에게 납품하는 물품을 다수의 수급사업자에
게 제조 등 위탁하는 경우에 특정 수급사업자가 납품한 물품이 공급되는 발
주자가 명확한 경우에는 당해 발주자로부터 원사업자가 받은 현금비율을 적
용하고, 명확하지 않을 경우에는 원사업자가 다수의 발주자로부터 받은 현
금비율을 산술평균하여 적용한다.

◐ 원사업자가 발주자로부터 선급금을 받은 때에도 그 지급받은 현금비율
이상으로 수급사업자에게 지급하여야 한다.

◐ 법 제13조 제4항에 의한 현금비율유지 및 제13조 제5항에 의한 어음만
기일 유지는 1999. 4. 1. 이후 하도급계약이 체결된 하도급거래에 적용한다.
하도급계약의 체결시점을 판단하는 데 있어서 제조위탁의 경우 기본계약이
아니라 발주서 등에 의한 개별계약의 체결시점을 기준으로 하며, 건설위탁
의 경우 원칙적으로 당초 하도급계약 체결시점을 기준으로 한다.

어음만기일유지 적용기준

1) 어음의 지급기간

원사업자가 발주자로부터 제조 등의 위탁과 관련하여 교부받은 어음의 지
급기간(발행일로부터 만기일까지)이 일정하지 아니한 경우 수급사업자에게
하도급대금을 지급함에 있어서는 하도급대금을 지급하기 직전에 원사업자가

발주자로부터 교부받은 어음의 지급기간을 초과하는 어음으로 하도급대금을 지급하여서는 아니 된다(법 제13조 제5항).

원사업자가 발주자로부터 제1회 도급대금을 지급받기 전까지 수급사업자에게 하도급대금을 지급하는 경우에는 예외로 할 수 있다.

다만, 원사업자가 수급사업자에게 금회 하도급대금을 지급한 후 차회 하도급대금을 지급하기 전까지 발주자로부터 2회 이상 도급대금을 지급받은 경우에는 각각의 어음지급기간을 산술평균하여 적용한다.

2) 발주자가 불명확하거나 제3자발행어음인 경우

원사업자가 다수의 발주자에게 납품하는 물품을 다수의 수급사업자에게 제조 등 위탁하는 경우에 특정 수급사업자가 납품한 물품이 공급되는 발주자가 명확한 경우에는 당해 발주자로부터 원사업자가 받은 어음지급기간을 적용하고, 명확하지 않을 경우에는 원사업자가 다수의 발주자로부터 교부받은 어음지급기간을 산술평균하여 적용한다.

발주자가 타인발행의 어음으로 도급대금을 지급한 경우에 어음의 지급기간은 원사업자가 어음을 교부받은 날로부터 만기일까지로 본다.

원사업자가 발주자로부터 선급금을 지급받은 때에 어음이 포함되어 있는 경우 교부받은 어음의 지급기간을 초과하는 어음으로 수급사업자에게 교부하여서는 아니 된다.

어음지급과 할인료 부담

1) 할인가능 어음

하도급대금을 어음으로 지급하는 경우, 지급 어음은 법률에 근거하여 설립된 금융기관에서 할인이 가능한 것이어야 한다. "할인가능한 어음"이라 함은 다음의 금융기관에 의하여 어음할인 대상업체로 선정된 사업자가 발행·배서한 어음 또는 신용보증기금 및 기술신용보증기금이 보증한 어음을 말한다(공정화지침).

i) 은행법 및 관련 특별법에 의하여 설립된 은행
ii) 종합금융회사에관한법률에 의하여 설립된 종합금융회사
iii) 보험업법에 의하여 설립된 생명보험회사
iv) 상호신용금고법에 의하여 설립된 상호신용금고
v) 여신전문금융업법에 의하여 설립된 여신전문금융회사
vi) 새마을금고법에 의하여 설립된 새마을금고
vii) 상법에 의하여 설립된 팩토링업무 취급기관

2) 어음할인료

● **원사업자가 발주자로부터 도급대금을 받지 아니한 경우**
원사업자가 목적물 수령일로부터 법정지급기일인 60일 이내에 어음으로 하도급대금을 지급하고 어음만기일이 법정지급기일 이내인 경우에는 어음할인료를 지급할 필요가 없다.

원사업자가 법정지급기일 이내에 어음으로 하도급대금을 지급하였으나 어음만기일이 법정지급기일을 초과하는 경우 법정지급일로부터 어음만기일까지의 기간에 대해서는 공정거래위원회가 고시한 할인율을 적용하여 수급사

업자에게 어음할인료를 지급하여야 한다.

원사업자가 법정지급기일을 초과하여 어음으로 하도급대금을 지급하였으며 어음만기일이 하도급대금 지급일 이후인 경우 법정지급기일로부터 하도급대금 지급일까지의 기간에 대해서는 공정거래위원회가 고시한 이자율을 적용한 지연이자를 지급하고, 하도급대금 지급일로부터 어음만기일까지의 기간에 대해서는 공정거래위원회가 고시한 어음할인율을 적용한 어음할인료를 지급하여야 한다.

어음의 만기일이 목적물 수령일로부터 60일을 초과하는 경우에는 어음교부시 초과 기간에 대한 어음할인료를 지급하여야 한다. 이때 적용되는 할인율은 공정거래위원회의 「어음에 의한 하도급대금지급시의 할인율 고시」에 따라 1993. 4. 1. 이후 연 12.5%로 되어 있었으나 1998. 12. 29. 개정하여 1999. 1. 1.부터 시행된 위 고시 부칙에 의하면, 1998. 5. 11. 이전까지 교부된 어음의 할인료에 대하여는 연 12.5%를 적용하고, 1998. 5. 12.부터 1998. 12. 31.까지 교부된 어음의 할인료에 대하여는, 어음의 만기일이 90일 이내인 경우에는 연 17%, 만기일이 90일을 초과하는 경우에는 연 19%, 1999. 1. 1.부터 2000. 5. 11.까지 교부된 어음은 연 12.5%, 2000. 5. 12. 이후에 교부된 어음은 연 9.0%를 적용한다.

어음할인율 변경이 있을 경우에는 어음교부일 당시 공정거래위원회가 고시한 어음할인율을 적용한다.

어음으로 하도급대금을 지급하였으나 어음이 부도처리된 경우에는 하도급대금을 지급하지 아니한 것으로 본다.

하도급대금에 대한 어음할인료 지급은 하도급법에 강제규정으로 되어 있으므로 원사업자가 임의로 그 지급 여부를 결정할 사항이 아니며 어음할인료 지급사유가 발생한 경우에는 어음할인료를 지급하여야 한다.

3) 지연이자

원사업자가 목적물 수령일로부터 60일을 초과하여 하도급대금을 지급하는 경우에는 그 초과기간에 대하여 공정거래위원회가 정하여 고시하는 이자율에 의한 이자(이를 지연이자라 함)를 지급하여야 한다.

지연이자는 하도급대금의 지연지급뿐만 아니라 선급금의 지연지급, 하도급대금의 부당감액 및 관세환급액의 지연지급의 경우에도 지급하여야 한다.

하도급대금의 지연지급, 선급금의 지연지급, 하도급대금의 부당감액 및 관세환급액의 지연지급에 대한 지연이자 지급은 하도급법에 강제규정으로 되어 있으므로 원사업자가 임의로 그 지급 여부를 결정할 사항이 아니며 지연이자 지급사유가 발생한 경우에는 지급하여야 한다.

지연지급에 대해 공정거래위원회가 정하여 고시한 지연이자율은 다음과 같다.

지연 이자율
— 하도급대금 지급일이 1997. 3. 31. 이전인 경우 : 연 25%
— 하도급대금 지급일이 1997. 4. 1.부터 1998. 1. 12.까지인 경우 : 연 18%
— 하도급대금 지급일이 1998. 1. 13. 이후인 경우 : 연 25%

원사업자가 지급기일이 경과한 후에도 대금을 지급하지 아니하면 지급 지연 자체가 하도급법 위반이 되며, 목적물 수령 후 60일을 초과한 날로부터 지급일까지의 기간에 대하여는 연 25%에 해당하는 지연 이자를 지급할 의무가 있다(공정거래위원회고시 제1998-1호 선급금 등 지연지급시의 지연이자율고시).

하도급대금으로 지급할 어음이 부도 처리된 경우에는 대금을 지급하지 아니한 것으로 간주되며, 하도급대금 지급 의무는 발주처로부터 대금을 받지 못하였다는 것을 이유로 면책되지 아니한다.

원사업자가 수급사업자에게 건설공사(토공사)를 발주하였다가 발주자로부터 공사비를 받지 못하였다는 이유로 공사를 중단하고 중도타절(지연이자를 포함하지 않음)한 하도급대금의 정산금에 대하여 지연이자 산정기준일을 공사중단시점으로 볼 것인가 아니면 정산금청구일로 볼 것인가가 문제이다.

공사중단에 따른 목적물인수일은 공사중단의 사유, 당사자간의 계약 내용, 발주자로부터의 대금수령 여부, 공사현장소장 등 관계인의 확인, 수급사업자의 대금청구 여부 및 기타 사실관계 등을 충분히 조사 검토하여 판단하여야 한다.

다만, 당사자간의 중도타절(정산)시 지연이자를 포함하지 않았고 공사중단의 귀책사유가 원사업자에게 있다면 다른 사정이 없는 한 원사업자가 공사중단일에 사실상 목적물을 인수하였다고 보아야 할 것이고 이 날부터 60일을 초과하여 지급하는 경우에는 그 초과기간에 대한 지연이자를 지급함이 타당하다. 이 경우에는 다음과 같은 점을 감안하여야 한다.

◐ 원사업자가 발주자로부터 공사대금을 받지 못하였다는 사유로 공사를 중단시킨 시점에서 원사업자와 수급사업자간의 하도급계약이 종료되었다고 보아야 하며, 이 때부터 동 목적물은 사실상 원사업자의 지배하에 있고, 또한 공사중단의 귀책사유가 원사업자 자신에게 있는 이상 동 목적물의 인수를 거부하거나 검사를 하지 않을 이유가 없다.

◐ 하도급계약 관계가 종료된 이상 수급사업자로부터 별도의 기성청구를 받지 않아도 기성청구를 받은 것과 다름없다 할 것이므로 원사업자는 검사 실시 후 10일 이내에 그 결과를 서면으로 통지할 의무가 있다.

◐ 하도급법 제8조 및 제9조의 취지가 원사업자의 임의발주취소 규제 및 단기간 내 채권·채무확정을 통하여 수급사업자를 보호하기 위한 것이다.

◐ 만약 공사중단일을 목적물 인수일로 보지 않을 경우 원사업자가 중도타절이나 전산금지급 등을 고의로 지연시킴으로써 수급사업자에게 막대한 어려움을 줄 것이므로 하도급법의 취지에 어긋난다.

이 경우 당사자간 하도급대금이 확정되지 않은 상태에서 목적물인수일로 볼 수 있는지 여부를 살펴 보면, 수급사업자로부터 공사준공이나 기성청구를 통지받았을 때에도 원사업자는 검사 등을 통한 정산절차를 거친다는 점에서 큰 차이가 없으므로 수급사업자와 협의 또는 자체정산(실사)을 통하여 우선 대금지급기일(목적물인수일로부터 60일)까지는 하도급대금이 지급되어야 한다. 다만, 하도급대금지급 이후 수급사업자와의 최종정산(타절)결과 금액의 차이나 손해부분 등의 문제가 발생한다면 환수 또는 추가지급 등으로 조정하거나 사법적 절차를 통하여 해결하여야 할 것이다.

판례로는, 건축공사에 있어 공사를 완공하지 못한 상태에서 도급인의 채무불이행을 이유로 계약을 해제한 경우 도급인은 인도받은 건물에 대한 보수를 지급하여야 할 의무가 있다고 하였으며(대법원 1989. 12. 26. 선고 88다카32487 판결), 수급인이 공사를 완공하지 못한 채 공사도급계약이 해제되어 기성고에 따른 공사비를 산정하여야 할 경우, 특단의 사정이 없는 한 그 공사비는 기성부분과 미시공부분에 실제로 소요되거나 소요될 경비를 기초로 산출한 기성고비율을 약정공사비에 산정하여야 한다고 하였다(대법원 1991. 4. 23. 선고 90다카26232 판결).

법정 지급기일의 기산일

하도급법상의 목적물 수령일은 원칙적으로 수급사업자로부터 목적물을 납품받은 날이 된다.

그러나 납품 거래가 빈번하여 부득이 업무 절차 등에 따라 상호 합의하여

월 1회 이상 세금계산서를 발행하도록 마감 제도를 인정하고 있는 경우에는 일괄 마감하는 날(세금계산서 발행일)을 목적물 수령일로 볼 수 있다.

일부 사업자의 경우 목적물 수령 후 10일 이내에 검사를 완료해야 한다는 하도급법상의 검사 시기를 잘못 혼동하여 검사 종료일을 목적물 수령일로 보는 사례가 있는데, 목적물 수령일은 검사 결과와 관계없이 목적물을 납품받은 날이 실제 목적물 수령일이 된다.

다만, 건설위탁의 경우 검사가 종료된 때에 인수할 수 있다.

실제 대금 청구의 지급과 관련하여 수급사업자가 목적물 납품 후 청구서를 제출하지 않은 경우에도 목적물 수령 후 60일 이내에 하도급대금을 지급하지 않으면 법위반이라 볼 수 있으며, 수급사업자가 당초 납품일 전에 목적물의 일부를 조기 납품한 경우에도 수령일을 기산일로 하여 법정 기간 내에 그 해당분의 하도급대금을 지급하여야 한다.

다만, 수급사업자의 사정에 의하여 불가피하게 납품하는 경우에는 당사자간의 합의에 의하여 대금지급 기산일을 결정할 수 있다.

그러나 원사업자가 상시 일정 재고 수준을 유지하기 위하여 수급사업자에게 일정량을 납품시키고 매월 사용한 물량에 대하여 다음 달에 대금을 지급하는 것은 수급사업자측에 재고부담위험을 부담하도록 함과 동시에 상시적인 지급 지연이 되기 때문에 양 당사자간의 합의와 관계없이 하도급법상 인정되지 않는다.

수급사업자가 목적물을 반입한 시점을 기준으로 60일 이내에 대금을 지불하여야 한다.

원사업자가 수급사업자로부터 하도급계약 이행보증서를 제출받고도 수급사업자가 계약을 불이행할 우려가 있음을 이유로 매회 납품 대금 지급시 일정 부문을 유보하는 것은 하도급법에 위반된다고 볼 수 있으며 유보금에 대해서는 원칙적으로 법 제13조 제4항 및 제5항의 규정에 따른 어음할인료 및 지연이자가 적용된다.

발주자의 하도급대금 직불제

하도급대금 지급과 관련하여 하도급법은 발주자와 계약관계에 있는 원사업자의 의사와 관계없이 발주자가 직접 수급사업자에게 대금을 지급토록 규정하고 있다(법 제14조). 발주자가 수급사업자에게 하도급대금을 직접 지급할 수 있는 경우는 다음과 같다.

● 발주자와 원사업자간에 하도급대금을 직접 수급사업자에게 지급한다고 합의한 경우

● 수급사업자가 원사업자를 상대로 하여 대금지급이행을 명하는 확정판결을 받은 경우

● 국가, 지방자치단체 또는 정부투자기관이 발주하는 건설공사 중 원사업자가 하도급대금의 지급을 1회 이상 지체하거나 공사 예정 가격의 100분의 85 미만의 금액으로 도급계약을 체결한 경우로서 발주자가 수급사업자의 보호를 위해 필요하다고 인정하는 경우

● 원사업자의 파산·부도 또는 영업 정지나 면허 취소 등의 이유로 원사업자가 하도급대금을 지급할 수 없는 명백한 사유가 있다고 발주자가 인정하는 경우

● 하도급계약의 이행 보증을 요하는 건설공사의 하도급계약 중 원사업자가 수급사업자에게 하도급대금의 지급을 보증한 경우로서 발주자가 수급사업자의 보호를 위하여 필요하다고 인정하는 경우

원사업자가 발주자로부터 받을 공사 대금이 원사업자의 채권자들에게 양도되어 있는 경우에도 계약 당시 발주자와 원사업자간에 직불할 수 있다는

내용을 합의하였다면 설사 원사업자가 대금채권을 양도하였다 하더라도 발주자가 하도급자에게 직불할 수 있는 권리에는 변동이 없기 때문에 공사의 원만한 진행 등을 위하여 수급사업자에게 하도급대금을 직불할 수 있다.

발주자의 수급사업자에 대한 대금의 직불이 있는 경우 발주자의 원사업자에 대한 대금지급 채무와 원사업자의 수급사업자에 대한 하도급대금 지급 채무는 그 지급한 한도에서 소멸한 것으로 본다.

하도급대금의 지급 여부에 관한 구체적 판단기준

공정화지침에 따라 하도급대금의 지급 여부에 관한 구체적 판단기준을 보면 다음과 같다.

● 하도급대금을 목적물수령일로부터 60일 이내에 어음으로 지급하면서 목적물수령일로부터 60일을 초과한 날 이후 만기일까지의 할인료를 목적물수령일로부터 60일 이내에 지급하는 경우에는 적법한 것으로 본다.

● 하도급대금을 어음으로 지급하였으나 동 어음이 부도처리된 경우에는 하도급대금을 지급하지 아니한 것으로 본다.

● 어음할인료에 변경이 있을 경우에는 어음교부일 당시 공정거래위원회에 고시에서 정하는 할인율을 적용한다.

● 하도급대금 지급시 기산점이 되는 목적물의 수령일은 제조·수리위탁의 경우에는 원사업자가 수급사업자로부터 목적물의 납품을 받은 날, 건설위탁의 경우에는 원사업자가 수급사업자로부터 준공 또는 기성부분의 통지

를 받고 검사를 완료한 날(법 제8조 제2항 단서의 규정에 의한 목적물의 인수일)을 말한다. 다만, 납품이 빈번하여 상호 합의하에 월 1회 이상 세금계산서를 발행하도록 정하고 있는 경우에는 일괄마감하는 날(세금계산서 발행일)을 말한다.

[성종종합건설(주)의 불공정 하도급거래행위에 대한 건]

대양건업으로부터 목적물을 인수한 후, 도급대금 중 ○○○만원을 목적물 인수일로부터 60일이 초과하였음에도 이를 지급하지 아니하고, 이 금액에 대한 지연이자도 지급하지 않은 사실이 있고, 일부 하도급대금에 대해서는 법정지급기일이 초과된 어음으로 지급하면서 그 초과일로부터 만기일까지의 기간에 대한 어음할인료도 지급하지 아니한 사실이 있는 바, 피심인은 수급사업자인 (주)대양건업에게 지급하지 아니한 하도급대금 ○○○만원 및 이 금액에 대하여 목적물을 인수한 후 60일을 초과한 날로부터 실제 지급하는 날까지의 기간에 대한 지연이자, 그리고 법정지급기일을 초과하여 어음으로 지급한 하도급대금에 대한 어음할인료 ○○○만원을 지급하여야 한다(공정거래위원회 1997. 8. 16. 심결 9706부사0958호 사건).

[(주)동일 및 (주)동일종합건설의 불공정 하도급거래행위에 대한 건]

피심인 (주)동일은 수급사업자인 (합)화성전력에게 전기공사 하도급대금 일부를 법정지급기일을 초과하여 지급하면서 그 초과한 날부터 실제로 지급하는 날까지의 지연이자 427,000원을 지급하지 않고 있고, 피심인 (주)동일종합건설은 수급사업자인 (합)화성전력에게 전기공사 하도급대금 일부를 법정기일을 초과하여 지급하면서 그 초과한 날부터 실제로 지급하는 날까지의 지연이자 719,000원을 지급하지 않고 있으며, 추가공사에 따른 하도급대금 13,395,000원 및 이 금액에 대하여 법정지급기일을 초과한 날(1999. 1. 20.)부터 실제로 지급하는 날까지의 지연이자를 지급하지 않고 있으므로, 이는 하도급법 제13조 제1항 및 제2항에 각 위반되는 불공정 하도급거래행위라고 인정된다.

 피심인 (주)동일, (주)동일종합건설은 하도급대금 일부를 만기일이 법정지급기일을 초과하는 어음으로 지급하면서 어음교부일(또는 법정지급기일)의 다음 날부터 어음만기일까지의 기간에 대하여 해당 할인율을 적용하여 계산된 어음할인료 40,496,000원, 41,207,000원을 각 지급하지 아니하고 있으므로, 이는 하도급법 제13조 제4항에 위반되는 불공정하도급거래행위라고 각 인정된다(공정거래위원회 1999. 10. 22. 심결 9908부사1162호 사건).

8. 건설공사대금 지급보증의무

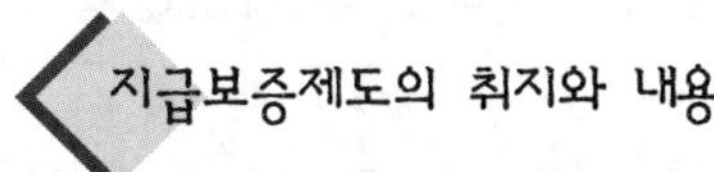

지급보증제도의 취지와 내용

1) 제도의 취지

하도급대금 지급보증의무는 건설위탁을 한 원사업자의 하도급법상의 의무이다. 건설업의 경우 원사업자는 관행적으로 공사의 적정한 이행을 담보하기 위하여 수급사업자로부터 계약이행보증서를 징구하여 왔는데 원사업자도 수급사업자에게 하도급대금 지급보증서를 교부함으로써 대금지급을 확실히 보증하는 것이 형평의 이념에 부합된다는 측면과 원사업자의 부도·파산이 수급사업자의 연쇄적인 도산으로 이어지지 않도록 하기 위한 제어장치의 마련이 필요하다는 취지에서 도입된 제도이다.

한편, 제조업·수리업의 경우에는 그 거래관행이 건설분야와는 다르고 아직 원사업자와 수급사업자간 보증관행이나 관련 제도가 성숙되어 있지 않기 때문에 1996. 12. 30. 법 개정시에 건설분야에 한정하여 지급보증제도를 신설하게 된 것이다.

하도급법에 의하면, 건설위탁에 있어서 원사업자는 수급사업자에게 정당한 사유가 없는 한 수급사업자가 계약공사를 착공하기 전까지 해당 공사대금의 지급을 보증하여야 하고 수급사업자는 원사업자에게 계약금액의 100분의 10에 해당하는 금액의 계약이행을 보증하여야 한다.

다만, 원사업자의 재무구조·공사 규모 등을 감안하여 보증을 요하지 아니하거나 보증이 적합하지 아니하다고 인정되는 경우에는 보증을 하지 않아도 된다(법 제13조의 2 제1항, 시행령 제3조의 2).

2) 지급보증의 방법

원사업자와 수급사업자간의 하도급대금 지급보증은 현금(체신관서나 은행법에 의한 금융기관이 발행한 자기앞수표 포함)이나 건설공제조합 등이 발행한 보증서의 교부에 의한다.

즉 다음 기관이 발행한 보증서의 교부에 의한다(법 제13조 제2항, 시행령 제3조의 2 제2항).

● 건설공제조합법에 의한 건설공제조합과 전문건설공제조합법에 의한 전문건설공제조합 및 업종별 공제조합
● 보험업법에 의한 보험사업자
● 신용보증기금법에 의한 신용보증기금
● 은행법에 의한 금융기관
● 전기공사공제조합법에 의한 전기공사공제조합
● 전기통신공사업법에 의한 전기통신공제조합

원사업자가 지급보증서의 교부에 의하여 그 의무를 이행하는 경우에는 공사기간중에 건설위탁하는 모든 공사에 대한 지급보증이나 1회계 연도에 위탁하는 모든 공사에 대한 공사대금의 지급보증을 하나의 지급보증서의 교부로 이행할 수도 있다(법 제13조의 2 제3항).

3) 지급보증의무 금액

원사업자는 하도급거래의 공사기간과 기성부분에 대한 대가의 지급주기에 따라 각각 다음의 공사대금을 지급보증하여야 한다.

● 공사기간이 4월 이하인 경우에는 계약금액에서 선급금을 제외한 금액

◐ 공사기간이 4월을 초과하는 경우로서 기성부분에 대한 대가의 지급주기가 2월 이내인 경우에는 다음의 산식에 의하여 산출한 금액

$$\text{보증금액} = \frac{\text{하도급계약금액} - \text{계약상 선급금}}{\text{공사기간(월수)}} \times 4$$

◐ 공사기간이 4월을 초과하는 경우로서 기성부분에 대한 대가의 지급주기가 2월을 초과하는 경우에는 다음의 산식에 의하여 산출한 금액을 지급보증하여야 한다.

$$\text{보증금액} = \frac{\text{하도급계약금액} - \text{계약상 선급금}}{\text{공사기간(월수)}} \times \frac{\text{기성부분에 대한}}{\text{대가의 지급주기}} \times 2 \text{(월수)}$$

하도급대금이나 공사기간이 조정되어 그에 따른 지급보증 변경이 필요한 경우에는 그 조정시점에서 변경된 내용에 따라 수급사업자에게 추가로 대금지급을 보증하여야 한다. 다만, 추가 공사의 공사대금이 3,000만원 이하의 경미한 공사인 경우에는 예외로 할 수 있다.

4) 지급보증과 계약이행보증과의 관계

하도급법 제13조의 2(건설하도급 계약이행 및 대금지급보증) 제1항에서는 원사업자의 하도급대금 지급보증의무와 수급사업자의 계약이행의무를 동시에 규정하고 있고, 제33조(과실상계)에서는 원사업자의 이 법 위반행위에 관하여 수급사업자에게 책임이 있는 경우에는 이 법에 의한 시정조치 등을 함에 있어서 이를 참작할 수 있도록 하고 있다.

따라서 이들 의무는 동시이행관계에 있는 것으로서 원사업자가 수급사업자에 대하여 정당한 계약이행보증을 요구하였음에도 불구하고 수급사업자가

동 보증을 하지 아니하는 경우에는 원사업자도 하도급대금 지급보증의무를 이행하지 않아도 하도급법 위반은 아니라고 본다.

다만, 원사업자의 하도급대금 지급보증의무는 강제규정이므로 원사업자는 수급사업자와 상호보증을 아니하기로 합의할 수 없으며, 합의 여부와 관계없이 원사업자는 하도급대금 지급보증의무를 이행하여야 한다.

공동도급공사의 지급보증의무

공동도급공사와 관련하여 발생한 건설위탁의 경우 지급보증의무의 이행과 관련하여 논란이 있을 수 있으므로 이에 대하여 알아 보기로 한다.

공동도급공사의 이행방식은 크게 분담이행방식과 공동이행방식으로 구분되는 바 공동도급공사에서의 하도급대금 지급보증의무도 그 이행방식에 따라 나누어 보기로 한다.

1) 분담이행방식

분담이행방식의 경우에는 하도급계약이 개별 원사업자별로 이루어지고 공사이행도 분담되어 있으므로 개별 원사업자별로 하도급대금 지급보증의무 이행 여부를 판단하게 된다.

2) 공동이행방식

공동이행방식의 경우에는 하도급법이 지급보증 의무의 이행주체를 개별 원사업자로 하고 있고, 공동수급사업체를 구성하여 체결한 경우에도 공동수급사업체가 별도의 법적 실체를 가지고 있다고 보기 어려우므로 하도급계약상의 개별 원사업자별로 동 의무의 면제 여부를 판단하여야 한다.

따라서 공동수급사업 대표업체의 신용평가등급이 면제등급인 경우에도 비대표업체가 비면제등급인 경우에는 이들 비대표업체의 하도급대금 지급보증의무는 면제되지 않으며, 이 경우 구체적인 하도급대금 지급보증금액은 건설위탁한 지분비율 등에 따라 결정되어야 한다.

공동수급사업체 구성원이 공동으로 수급사업자에게 건설위탁한 경우로서 1건 공사금액은 3,000만원을 초과하는 경우에는 공동수급체 구성원별 지분금액이 3,000만원 이하이더라도 하도급대금 지급보증의무가 면제되지 아니한다.

지급 보증의무의 면제사유

1) 공사도급액 3,000만원 이하의 소규모 공사

원사업자가 수급사업자에게 건설위탁을 하는 경우로서 1건 공사의 공사금액이 3,000만원 이하인 소규모 공사인 경우에는 원사업자의 하도급대금지급보증의무가 면제된다.

또한, 당초 계약시점에서는 1건 공사금액이 3,000만원 이하였으나, 변경계약으로 공사금액이 증액조정된 경우로서 변경계약시점의 잔여 공사금액이 3,000만원을 초과하게 된 경우에는 변경계약시점에 동 의무가 발생하는 것으로 보아야 하며, 이 경우의 보증은 잔여 공사기간 및 공사금액 등을 감안하여 의무금액을 보증하여야 한다.

2) 원사업자의 재무구조가 우량한 경우

원사업자가 다음 각 기관이 실시하는 재산상태 등에 대한 평가에서 공정거래위원회가 정하여 고시하는 기준 이상의 등급을 받은 경우에는 원사업자의 하도급대금지급보증의무가 면제되며, 현재 공정거래위원회가 고시한 면제기준등급은 A등급이다.

　* 법 제13조의 2 제2항 제1호의 규정에 의한 건설공제조합 · 전문건설공제조합 및 업종별 공제조합

　* 이 법 시행령 제3조 제2항의 규정에 의한 전기공사공제조합 및 전기통신공제조합

　* 기타 공정거래위원회가 지정 · 고시하는 신용평가업무를 수행하는 기관(현재까지는 공정거래위원회가 지정 · 고시한 신용평가기관이 없는 상태임)

원사업자가 가입한 공제조합들이 원사업자의 재산상태 등에 관하여 각기 서로 다른 평가를 내린 경우에는 당해 위탁 하도급공사와 직접 관련이 있는 공제조합이 평가한 결과에 따라 원사업자의 대금지급보증대상 여부를 판단한다.

원사업자의 신용평가등급이 하도급거래의 계약기간중에 보증면제대상등급에서 비면제등급으로 조정되거나 그 반대로 조정되는 경우가 있을 수 있는데, 이 경우에도 당초 면제되었거나 이미 발생한 지급보증의무가 신용평가등급 조정시점에서 새로 발생하거나 소멸하는 것은 아니다.

원칙적으로 하도급대금지급보증의무는 계약체결시점에서 이행하여야 하는 의무이고, 신용평가등급이 변경되었다고 하여 이미 체결된 하도급계약까지 소급하여 추가로 지급보증의무가 발생하거나 면제될 경우에는 법률관계의 안정을 기할 수 없기 때문이다.

다만, 원사업자의 신용평가등급이 면제등급에서 비면제등급으로 조정된 이후에 설계변경이나 추가공사 등에 의하여 변경계약을 체결하는 경우로서

이러한 변경계약의 내용이 최초 하도급계약과 독립성을 가지는 추가계약으로 볼 수 있는 경우에는 이러한 추가계약부분에 대하여는 지급보증의무가 발생한다고 보아야 할 것이다.

3) 하도급대금 직접지급 합의가 있는 경우

하도급법시행령 제4조 제1항 제2호의 규정에 의하여 발주자가 하도급대금을 직접 지급하여야 하는 경우에는 지급보증의무가 면제된다(이 법 시행령 제3조의 2 제1항).

즉 발주자가 하도급대금을 직접 수급사업자에게 지급한다는 뜻과 그 지급방법 및 절차에 관하여 발주자·원사업자 및 수급사업자 등 3자가 합의하여 발주자가 하도급대금을 직접 지급하여야 하는 경우에는 원사업자의 하도급대금지급보증의무가 면제된다.

◀ 위법성판단의 기준

원사업자의 하도급대금지급 보증과 관련한 공정화지침상의 위법성판단 기준을 예시하면 다음과 같다.

● 원사업자는 수급사업자에게 정당한 사유가 없는 한 수급사업자가 계약공사를 착공하기 전까지 해당 공사대금의 지급을 보증하여야 한다.

● 원사업자는 하도급대금이나 공사기간이 조정되어 그에 따른 지급보증 변경이 필요한 경우 그 조정 시점에서 변경된 내용에 따라 수급사업자에게 추가로 대금지급을 보증하여야 한다. 다만, 추가공사의 공사금액이 3,000만

원 이하의 경미한 공사인 경우에는 예외로 한다.

◐ 하도급대금의 지급을 이미 보증한 사업자와 합병을 하거나 상속, 영업양수 등을 통하여 그 지위를 승계한 원사업자는 수급사업자에게 동 하도급대금에 대하여 별도의 지급보증을 하지 않아도 된다. 다만, 대금지급보증의무대상 사업자가 대금지급보증면제대상 사업자의 원사업자 지위를 승계한 경우에는 수급사업자에게 승계 당시 잔여 공사에 대하여 하도급대금의 지급을 보증하여야 한다.

◐ 원사업자가 가입한 공제조합들이 원사업자의 재산상태 등에 관하여 서로 다른 평가를 한 경우에는 그 위탁 하도급공사와 직접 관련이 있는 공제조합이 평가한 결과에 따라 원사업자의 대금지급보증대상 여부를 판단한다.

[(주)롯데기공의 불공정 하도급거래행위에 대한 건]

피심인은 성현산업 등 2개 사업자에게 1997. 4. 1. ~ 9. 30. 기간중 하도급공사를 건설위탁함에 있어서 하도급대금 지급보증대상공사 중 일부 공사(2건, 7억원 상당)에 대하여 지급보증을 이행하지 아니한 사실이 있는 바, 피심인은 수급사업자에게 하도급대금 지급보증의무를 불이행하는 행위를 하여서는 아니 된다(공정거래위원회 1998. 5. 25. 심결 9804하일0535호 사건).

9. 설계 변경 등에 따른 하도급대금의 조정 및 지급의무

◀ 하도급대금 조정사유 및 비율

원사업자는 발주자로부터 설계 변경 또는 경제 상황의 변동 등의 이유로 추가 금액을 지급받은 경우 그가 받은 내용과 비율에 따라 하도급대금을 증액하여야 한다(법 제16조).

발주자로부터 받은 추가 금액의 내용과 비율이 명확한 경우에는 그 내용과 비율에 따라 지급하여야 하며, 내용이 불명확한 경우에는 발주자가 지급한 평균 비율을 적용하여 지급하여야 한다.

계약 금액의 조정은 계약 당사자간의 이해가 상반되는 사항이며, 계약 내용의 중요한 변경에 해당되므로 계약시에 조정 사유, 조정 기준 등 구체적인 조정 절차와 방법을 미리 명확하게 규정해 둘 필요가 있다. 계약조건상 계약 금액의 조정 방법에 "물가변동 등에 따른 계약금액의 조정은 없다"라고 약정하였다 하더라도 발주자로부터 설계 변경 또는 경제 상황의 변동 등의 이유로 추가 금액을 지급받은 경우 계약금액을 의무적으로 수급사업자에게 조정해 주어야 한다.

[(주)한양공영의 불공정하도급거래행위에 대한 건]

피심인은 1998. 7. 1. ~ 1998. 12. 31. 기간 동안 동남의장공업사 등 59개 수급사업자에게 타워크레인 및 승강기용 부품 등을 제조위탁함에 있어 동남의장공업사 등 4개 수급사업자에게 목적물수령일로부터 60일(법정지급기일)을 초과하였음에도 불구하고 하도급대금 94,998,000원과 이에 대한 지연이자를 지급하지 아니한 사실이 있는 바, 피심인은 수급사업자인 동남의장공업 등 4개 수급사업자에게 하도급대금 94,998,000원과 동 공사비의 지연

지급에 따른 지연이자를 지체없이 지급하여야 한다(공정거래위원회 2000. 3. 4. 심결 2000하이0023호 사건).

[(주)서한의 불공정 하도급거래행위에 대한 건]

피심인은 (주)광선건설에게 대한주택공사로부터 발주한 '대곡 TK아파트 1공구공사' 중 형틀공사를 건설위탁하면서 발주자로부터 1997. 1. 20. 경제상황의 변동에 따른 추가금액조정을 받고 1997. 3. 13. 동 금액을 수령하였음에도 (주)광산건설에게 추가금액의 내용과 비율에 따라 하도급대금을 조정하여 주지 아니한 사실이 있는 바, 피심인은 발주자로부터 조정받은 경제상황의 변동에 따른 추가금액에 대하여 그가 받은 추가금액의 내용과 비율에 따라 하도급대금을 조정하여 주지 않는 행위를 하여서는 아니 된다(공정거래위원회 1997. 9. 30. 심결 9706구사0927호 사건).

조정 및 지급기일

발주자가 원사업자에게 경제상황 변동과 관련하여 일정 기준 시점 이후의 납품분에 대하여 대금을 조정해 준 경우 하도급대금의 조정 대상은 조정 기준 시점 이후의 하도급거래분만 해당되며, 발주자로부터 조정받은 기준 시점 이후에 체결된 하도급계약분에 대해서는 적용하지 아니하여도 무방하다.

다만, 조정 기준 시점 이전에 이미 선시공 등 사실상 하도급거래가 있었다는 객관적인 사실이 입증되는 경우에는 계약금액을 조정하여 주어야 한다.

원사업자가 발주자로부터 물가 상승분 등을 지급받았을 경우 조정받은 날로부터 30일 이내에 하도급자에게 지급하여야 하며, 동 기간을 초과하여 지급한 경우에는 초과 기간에 대하여 연 25%에 해당하는 지연이자를 추가로 지급하여야 한다.

 **지급 방법**

원사업자가 10%의 지수 조정률을 발주자로부터 물가 변동에 따른 계약금액을 조정받았을 경우 다음의 예시 조건으로 하도급계약을 하고 공사를 진행한 수급사업자에게는 다음과 같이 조정해 주어야 한다.

예시

> ◆ 계약 일자 : 1999. 6. 30.
> ◆ 공사 기간 : 1999. 7. 15.~ 2000. 6. 30.
> ◆ 계약 금액 : 100,000,000원
> ◆ 1999. 12. 31.까지의 기성금 : 60,000,000원
> ◆ 선급금 지급일자 및 금액 : 1999. 7. 20. 30,000,000(계약 금액의 30%)
> ◆ 물가 변동 기준일 : 2000. 1. 1.

물가 조정금액은 물가변동 적용 대가인 40,000,000원에 조정률 10%를 곱한 4,000,000원이 되는데, 이 중 선급금으로 지급받은 30%를 공제하면 실제 조정하여야 할 금액은 2,800,000원이 되고, 조정된 계약금액은 102,800,000원이 된다.

만일 발주자로부터 조정받은 날로부터 30일을 초과하여 하도급대금을 조정해 주었다면 30일 초과기간에 대해 연 25%에 해당하는 지연이자를 지급해 주어야 한다.

$$지연이자 = 2,800,000 \times \frac{지연일수}{365} \times 25\%$$

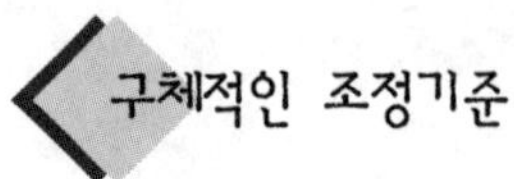

구체적인 조정기준

하도급대금 조정에 관한 공정화지침상의 구체적인 기준은 다음과 같다.

ⅰ) 원사업자가 발주자로부터 설계 변경 등에 따른 하도급대금의 조정을 받은 경우 추가금액의 내용과 비율이 명확한 경우에는 그 내용과 비율에 따라 수급사업자에게 지급하여야 하고, 내용이 불명확한 경우에는 발주자가 지급한 평균비율을 적용 지급하여야 한다.

ⅱ) 원사업자가 발주자로부터 물가변동 등 경제상황의 변동에 따른 하도급대금의 조정을 받은 경우 하도급계약이 발주자로부터 조정받기 이전에 체결되었다 하더라도 발주자로부터 조정받은 기준시점 이후 잔여 공사에 대하여 수급사업자에게 대금을 조정해 준 경우에는 적법한 것으로 본다.

ⅲ) 발주자로부터 조정받은 기준시점 이후에 체결된 하도급계약분에 대하여는 수급사업자에게 대금을 조정해 주지 않아도 적법하다. 다만, 조정기준시점 이전에 이미 선시공 등 사실상 하도급거래가 있었다는 객관적인 사실이 입증되는 경우에는 위 ⅰ)항에 따라 적용한다.

ⅳ) 원사업자가 발주자로부터 물가변동과 관련 추가금액을 지급받고도 원사업자와 수급사업자간 약정이나 국가를당사자로하는계약에관한법률시행령 제64조(계약을 체결한 날로부터 60일을 경과하지 않거나, 물가변동조정률이 5% 미만인 경우에는 계약금액을 조정할 수 없음)를 이유로 조정해 주지 않은 경우에는 법 위반행위로 본다.

ⅴ) 원사업자가 발주자로부터 물가변동에 따른 추가금액을 증액받아 하도급대금을 조정함에 있어서 원도급계약시점부터 하도급계약시점까지의 물가상승률을 입증할 수 있다면 이를 공제하여 조정할 수 있다.

vi) 물가변동과 관련하여 발주자로부터 조정받은 추가금액을 수급사업자에게 조정해 주는 데 있어서 물가변동조정 기준시점 이전에 지급한 선급금은 물가변동조정 대상금액에서 제외할 수 있다.

vii) 원사업자가 발주자로부터 물가변동 등의 이유로 추가금액을 지급받은 때, 일부 공종에 있어 하도급금액이 원도급금액을 상회한 경우에도 하도급금액을 기준으로 증액하여 주어야 한다.

제 5 장
원사업자의 금지사항

1. 부당한 하도급대금의 결정금지

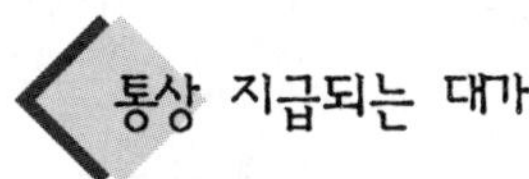 **통상** 지급되는 대가

원사업자는 수급사업자에게 제조 등의 위탁을 하는 경우에 부당한 방법을 이용하여 목적물과 같은 종류 또는 유사한 것에 대하여 통상 지급되는 대가보다 현저하게 낮은 수준으로 하도급대금을 결정하거나 하도급받도록 강요하여서는 아니 된다(법 제4조 제1항).

편의상 하도급거래단계를 계약단계, 사업활동단계 및 대금의 지급 또는 수령단계의 세 단계로 분류할 경우, 계약 단계에서 발생할 수 있는 전형적인 불공정거래 행위가 부당한 하도급대금의 결정이다.

하도급법상에 부당한 하도급대금의 결정은 두 가지 요건을 필요로 한다. 첫째는 원사업자가 "부당한 방법"을 이용하는 경우, 둘째는 목적물과 같은 종류 또는 유사한 것에 대하여 "통상 지급되는 대가"보다 현저하게 낮은 수준으로 하도급대금을 결정하거나 강요하는 경우이다.

여기서 "부당한 방법"이란 조리적 측면에서 정당치 못한 방법으로 자신의 우월한 경제적 지위를 이용하여 자신이 임의로 정한 가격 수준을 강제하거나, 수급사업자가 착오를 일으키도록 유도하거나, 객관적으로 타당성이 없는 방법을 이용하는 경우가 이에 해당된다.

"통상 지급되는 대가"라 함은 그 목적물과 같은 종류 또는 유사한 것에 대하여 같은 거래지역에 있어서 일반적으로 지급되는 가격을 말하며, 계속적인 거래에 있어서는 종래 적용하던 가격을 통상 지급되는 대가로 볼 수 있다. 그러나 실제에 있어서는 같은 거래지역의 파악이 어렵고, 같은 종류 또는 유사물품의 범위를 특정하는 일이 쉽지 않으며, 대가결정을 위하여 필요한 원재료 등의 가격동향과 대가동향과의 관계가 불명확하여 시가파악이 어려운 경우도 있다.

원사업자가 하도급대금을 결정하는 방법에는 견적을 대조하거나 가격을 지정하거나 입찰 등의 방법이 있는데, 원사업자가 우월한 지위를 이용하였다고 볼 만한 사유가 있는 경우에는 대금결정을 부당하게 하였다고 할 수 있다.

◀ 부당한 하도급대금 결정의 유형

하도급법상의 부당한 하도급대금 결정에 해당되는 유형으로는 다음과 같은 것들이 있다.

첫째, 정당한 이유없이 일률적인 비율로 단가를 인하하여 대금을 결정하는 행위이다. "정당한 이유"라 함은 원재료가격 및 노임하락 등 객관적으로 타당한 단가인하사유가 있는 경우를 말하며, 경영사정의 악화, 실행예산의 부족 등 원사업자의 내부적 사정은 정당한 이유에 해당되지 않는다.

둘째, 협조 요청 등 명목 여하를 불문하고 일방적으로 일정금액을 할당한 후 그 금액을 감하여 하도급대금을 결정하는 행위이다.

사원체육대회비용의 일부를 하도급사업자에게 부담시키기 위하여 찬조금 등의 명목으로 하도급사업자에게 일정한 금액을 할당하고 할당한 만큼 하도급대금을 낮게 결정하는 경우가 그 예이다.

셋째, 대금지급조건, 거래수량, 작업의 난이도 등의 차이가 없음에도 정당한 이유없이 특정 수급사업자를 차별취급하여 하도급대금을 결정하는 행위이다.

넷째, 수급사업자에게 발주량 등 거래조건에 대하여 착오를 일으키게 하거나 다른 사업자의 견적 또는 거짓 견적을 내보이는 등의 방법으로 수급사업자를 기만하고 이를 이용하여 하도급대금을 결정하는 행위이다.

다량 발주를 전제로 하여 수급사업자에게 견적서를 제출토록 하고 실제 발주에 있어서는 그 견적가격을 기준으로 소량 발주하는 경우 예를 들면, 많은 양을 발주할 것처럼 하여 통상 수준보다 낮은 하도급대금을 결정하였으나 실제로 발주한 양은 소량인 경우이다.

또한 품질, 신용 등의 면에서 A회사와 거래할 방침이면서도 곧바로 A회사와 계약을 체결하지 않고 먼저 견적가만 받은 다음에 이를 경쟁업체인 B회사에 제시하여 이보다 낮은 가격에 견적을 받은 다음, 이를 역시 경쟁업체인 C회사에 제시하여 보다 더 낮은 가격의 견적을 받고 이를 A회사에 제시하여 이 가격에 하자고 하는 식으로 대금을 결정하는 방법, 이른 바 값후려치기 등이 이에 해당될 수 있다.

다섯째, 원사업자가 일방적으로 부당하게 낮은 단가에 의하여 하도급대금을 결정하는 행위이다.

납기(공기) 등이 촉박하다는 이유 등으로 하도급대금을 정하지 않은 채 제조 등의 위탁을 하고 상당량의 작업을 진행시킨 후 수급사업자와 협의를 거치지 않고 통상 지급되는 대가보다 낮게 하도급대금을 결정하는 경우이다.

그 밖의 경우를 보면, 제조 등의 위탁을 한 물품이 할인판매, 경품류, 견본용 등 정상적으로 판매할 물품이 아니라는 이유로 통상 지급되는 가격보다 낮게 대금을 정하는 경우, 원사업자가 원도급대금에 비하여 현저히 낮은 실행예산을 작성하여 이 실행예산범위 내로 시공하여야 함을 이유로 하도급대금을 낮게 결정하는 경우, 수의계약방식에 의하여 하도급계약을 체결하는 경우, 정당한 이유없이 원사업자의 도급내역서상 직접공사비 수준을 현저히 낮은 금액으로 하도급대금을 결정하는 경우, 경쟁입찰 또는 부대입찰의 경우 당초 낙찰된 금액보다 낮은 금액으로 하도급계약금액을 부당하게 결정하는 경우 등을 들 수 있다.

이상 열거된 유형은 하나의 예시에 불과하므로 여기에 열거되지 않은 행위라 하더라도 원사업자가 부당한 방법을 이용하여 통상 지급되는 가격보다 현저히 낮게 하도급대금을 결정하는 것은 부당한 하도급대금의 결정 행위에 해당된다(법 제4조 제2항).

건설공사와 부당한 하도급대금 결정

건설공사로서 원도급 금액의 88% 미만으로 하도급금액이 결정된 경우 부당한 하도급대금의 결정에 해당될 우려가 있으나 원도급 금액의 일정수준 이하라 하여 무조건 부당한 하도급대금의 결정에 해당되는 것은 아니다.

양자간에 고정적 거래관계가 유지되는 가운데 상호 협의하에 저가 수주가 가능하고, 설계기법 또는 기술개발에 의해 원가절감 등도 가능하기 때문에 하도급계약 금액이 원도급금액의 일정수준 미만이라고 하여 하도급법상 당연히 위법이 되는 것은 아니다.

다음 번 공사를 미끼로 이번 공사를 직접공사비에도 못 미치는 낮은 가격으로 수주받게 한 뒤 다음 번 공사도 주지 않는 경우 위법 행위에 해당된다.

그러나 원사업자의 부당한 방법은 수급사업자와의 묵계하에 이루어지는 경우가 대부분이기 때문에 부당한 방법의 실제 이용 여부를 현실적으로 파악하는 데는 많은 어려움이 따른다. 수급사업자 입장에서 원사업자의 약속을 서면으로 확인해 두는 것이 추후 부당한 대금의 결정을 입증하는 데 도움이 될 것이다.

지속적인 하도급거래에 있어 원사업자의 표준품셈에 의해 가격이 결정된 경우 수급사업자와의 합의없이 결정된 표준품셈이 하도급대금을 지급하는 주요 기준이 된다면 부당하게 하도급대금을 결정하였을 개연성이 있다.

그러나 부당한 대금 결정 여부를 판단하기 위하여는 기술적 측면에서의 표준품셈의 적정성과 그 적용범위 등에 대한 종합적인 검토를 통하여 당해 표준품셈이 통상 지급되는 가격보다 현저히 밑도는 수준으로 하도급대금을 지급하기 위한 수단으로 작성·이용되었음이 입증되어야 한다.

2. 부당한 수령거부의 금지

◀ 부당한 수령거부행위의 유형

하도급거래를 함에 있어 당초에 예측하지 못한 상황이 생기거나 불가피하게 계약을 이행하지 못할 경우가 있을 수 있으나 하도급물품을 수령하면 그때부터 대금지급의무가 발생할 뿐만 아니라, 보관비용도 지출되므로 원사업자는 대금지급을 늦추고 보관비용의 지출을 줄이기 위하여 수급사업자가 납품하고자 할 때 이를 바로 수령하지 않거나 아예 수령을 거부하기도 한다. 그러므로 하도급법은 원사업자의 부당한 수령거부행위를 금지하고 있다.

즉 원사업자는 수급사업자에게 책임을 돌릴 이유가 있는 경우를 제외하고는 제조위탁 등을 임의로 취소 또는 변경하거나 목적물의 납품에 대한 수령 및 인수 거부 또는 지연하여서는 아니 된다(법 제8조).

"수령"이라 함은 수급사업자가 납품한 목적물을 받아 사실상 원사업자의 지배아래에 두는 것을 말한다. 다만, 이전이 곤란한 목적물의 경우에는 검사를 개시한 때를 수령한 때로 본다.

부당한 수령거부의 금지는 계약이 체결되어 수급사업자가 시공할 즈음 원사업자가 예산절감, 자사직영, 수급사업자의 능력부족 등을 이유로 발주를 취소하는 행위 및 원사업자가 발주자의 발주취소에 따라 이를 수급사업자에게 전가시키는 행위 등을 규제하고자 하는 것이다.

원사업자의 부당한 수령거부행위를 예시하면 다음과 같다.

▶ 위탁 내용과 검사 기준이 명확하지 않아 수급사업자가 납품·시공한 목적물의 내용이 위탁 내용과 상이하다는 판단이 곤란함에도 불구하고 수령을 거부하는 행위

⊙ 검사 기준을 통상의 기준보다 높게 적용하여 수령을 거부하는 행위

⊙ 원사업자가 원자재 등을 공급하기로 되어 있으나 이를 늦게 공급하여 납기 내 납품이 불가능함에도 불구하고 납기 지연을 이유로 수령을 거부하는 행위

⊙ 원사업자가 일부 물품을 수령하고 발주자, 외국수입업자나 고객의 클레임 또는 판매부진 등을 이유로 새로 발주한 물품을 수령하지 아니하는 경우

원사업자의 부당한 수령거부행위를 보다 구체적으로 살펴 보면 다음과 같다.

➜ 위탁내용이 명확하지 않아 수급사업자가 납품·시공한 목적물의 내용이 위탁내용과 다른지 여부를 판단하는 것이 곤란함에도 불구하고 수령을 거부하는 행위

➜ 검사기준을 정하지 아니하고 통상의 기준보다 높은 기준을 적용하거나, 검사기준을 정하였다고 하더라도 내용이 불분명하거나 당초 계약에서 정한 검사기준보다 높은 기준을 적용하여 수령을 거부하는 행위

➜ 위탁시 납기를 정하지 아니하거나 납기를 변경할 경우 이를 명확히 하지 아니하고 납기지연을 이유로 수령을 거부하는 행위

➜ 원사업자가 공급하기로 되어 있는 원자재 또는 건축자재 등을 늦게 공급함으로써 납기·공기 내의 납품 또는 시공이 불가능함에도 납기지연을 이유로 수령을 거부하는 행위

➜ 원사업자가 발주자·외국수입업자·고객의 클레임, 판매부진 등을 이유로 이미 위탁한 물품의 수령을 거부하는 행위

➜ 원사업자가 수급사업자로부터 납품의 수령요구가 있었음에도 보관장소 부족 등을 이유로 수령을 거부하는 행위

➜ 원사업자가 수급사업자의 부도 등에 따라 안정적인 공급이 어렵다고 판단해서 이미 발주한 물품의 수령을 임의로 거부하는 행위

➜ 원사업자가 다품목을 제조위탁하고 일부 품목의 불량을 이유로 다른 품

목에 대하여도 수령을 거부하는 행위

　➔ 발주자의 발주취소 또는 발주중단 등을 이유로 수령을 거부하는 행위

　한편, 기업협력법은 위탁기업체가 수급기업체로부터 물품 등을 수령한 때에는 물품 등의 검사 여부에 관계없이 즉시 물품수령증을 교부하도록 하였으며(동 법 제19조 제2항), 건설산업기본법은 수급인이 하수급인으로부터 하도급공사의 준공 또는 기성부분의 통지를 받은 때에는 10일 이내에 이를 확인하기 위한 검사를 하여야 하고, 검사결과 설계대로 준공된 때에는 지체없이 이를 인수하도록 하고 있다(법 제37조 제1, 2항).

계약의 해제·해지사유

　원사업자는 다음과 같은 사유가 있을 때 계약을 해제 또는 해지할 수 있는데 이 경우 수령거부의 문제는 생기지 않는다. 이에 해당되는 행위를 구체적으로 보면 다음과 같다.

　첫째, 수급사업자의 어음 및 수표가 부도나거나, 제3자에 의해 강제집행을 당하거나, 회사 정리의 신청 등 경영상의 중대한 사유가 발생하여 계약내용을 이행할 수 없다고 인정되는 경우

　둘째, 수급사업자가 원사업자의 승인없이 영업의 양도를 결의하거나 다른 회사로 합병될 경우

　셋째, 수급사업자가 계약 내용을 위반하여 계약의 목적이 달성할 수 없는 것으로 인정될 경우

넷째, 수급사업자가 특별한 사유없이 발주품의 제작을 거부하거나 상당 기간 동안 착수를 지연하여 기간 내 납품이 곤란하다고 인정되는 경우

원사업자는 첫째, 둘째의 경우 계약을 최고없이 해제할 수 있으나 셋째, 넷째의 경우에는 당사자간에 정한 일정 기간 동안 최고 후 계약을 해제할 수 있다.

거래를 일시 정지하고자 할 때에는 상대방에게 부당한 피해가 없도록 통보해주어야 하며 상대방의 승낙을 얻은 경우에는 일정 기간 동안 계약 해제나 해지없이 거래를 정지할 수 있다.

[동아엔지니어링(주)의 불공정 하도급거래행위에 대한 건]

피심인은 수급사업자인 (주)건일엔지니어링에게 책임을 돌릴 만한 객관적인 사유가 없음에도 불구하고 일방적으로 계약을 해지하였고, 또한 (주)건일엔지니어링이 동 계약과 관련하여 제작한 설계도서 및 그 부속서류를 현재까지 수령하지 아니하고 있는 바, 피심인은 계약을 해지하는 행위를 하여서는 아니 되고, (주)건일엔지니어링이 작성한 실시설계조서와 그 부속서류 등을 지체없이 수령하여야 한다(공정거래위원회 1997. 7. 2. 심결 9708하이1155호 사건).

[대우통신(주)의 불공정 하도급거래행위에 대한 건]

피심인은 수급사업자인 화승전자에게 책임을 돌릴 만한 객관적인 사유가 없음에도 불구하고 화승전자가 일부납기를 지연하였다는 이유만으로 휴대폰 1,200세트에 대하여 현재까지 그 수령을 거부하고 있는 바, 피심인은 화승전자가 제조한 휴대폰 및 그 부속장치를 지체없이 수령하여야 한다(공정거래위원회 심결 1997. 4. 12. 9610하이1455호 사건).

3. 부당반품의 금지

부당반품행위

원사업자는 수급사업자로부터 목적물을 수령 또는 인수한 때에는 수급사업자에게 책임을 돌릴 사유가 없음에도 이를 수급사업자에게 반품하여서는 아니 된다(법 제10조).

'부당한 수령거부'가 목적물수령 전의 행위를 규제하는 것임에 대하여 '부당한 반품'은 목적물수령 이후의 행위를 규제하는 것이다.

수급사업자로부터 목적물을 수령한 후 검사결과 불량품을 반품하는 것은 수급사업자에게 책임을 돌려야 할 사유로 반품하는 것이므로 부당한 반품이 아니지만, 검사기준이 불명확하든가 갑자기 엄격한 검사기준을 적용하여 다량으로 불합격시킨 후 이를 인수하여 가도록 하는 것은 부당한 반품이 된다고 할 수 있다.

하도급법상 금지되어 있는 원사업자의 부당반품행위를 보면 다음과 같다(법 제10조 제2항).

◗ 거래 상대방으로부터의 발주 취소 또는 경제상황의 변동 등을 이유로 목적물을 반품하는 행위

◗ 검사의 기준 및 방법을 불명확하게 정함으로써 목적물을 부당하게 불합격으로 판정하여 반품하는 행위

◗ 원사업자가 공급한 원자재의 품질 불량으로 인하여 목적물이 불합격되었음에도 불구하고 이를 반품하는 행위

◗ 원사업자의 원자재 공급 지연으로 인한 납기 지연임에도 불구하고 이를 이유로 목적물을 반품하는 행위

표준검사에 합격하였으나 제조 공정중 검사하지 않은 것 가운데 불량품이 발견된 경우 특정한 약정이 없는 한 표본검사에 합격하였다는 이유로 나머지 부분에 대해서도 수급사업자의 책임이 면제되는 것으로 볼 수는 없다. 따라서 원사업자는 불량품의 반품·교환을 요구할 수 있다고 보나 불량 입증책임은 원사업자에게 있다고 할 것이다.

◀ 부당반품행위의 예시

공정화지침상 원사업자의 부당한 반품행위의 예를 보면 다음과 같다.

⊙ 원사업자가 이미 수령한 물품을 발주자·외국의 수입업자·고객의 클레임, 판매부진 등을 이유로 반품하는 행위

⊙ 원사업자가 수급사업자 이외의 제3자에게 검사를 위탁한 경우로서 수급사업자가 제3자의 검사를 필하여 납품하였음에도 불구하고 이를 반품하는 행위

⊙ 수급사업자의 납기·공기지연이 있었으나 이를 용인한 객관적 사실이 있었음에도 불구하고 이를 수령한 후 납기·공기지연을 이유로 반품하는 행위

⊙ 거래상대방으로부터의 발주취소 또는 경제상황의 변동 등을 이유로 목적물을 반품하는 행위

⊙ 검사기준 및 방법을 불명확하게 정함으로써 목적물을 불합격판정하여 이를 반품하는 행위

⊙ 원사업자가 공급한 원자재의 품질불량으로 인하여 목적물이 불합격품으로 판정되었음에도 불구하고 이를 반품하는 행위

⊙ 원사업자의 원자재 공급지연에 의한 납기지연임에도 불구하고 이를 이유로 목적물을 반품하는 행위

4. 하도급대금의 부당감액 금지

하도급법상의 부당감액행위 유형

　원사업자는 수급사업자에게 책임을 돌릴 사유가 없음에도 불구하고 계약시 정한 하도급대금을 부당하게 감액하여서는 아니 된다(법 제11조 제1항).

　"수급사업자에게 책임을 돌릴 사유로 감액하는 경우"는 예컨대, 납품시 불량품에 해당하는 금액을 감액하거나 수급사업자가 불량시공한 부분을 보수하기 위하여 소요되는 금액을 감액하는 경우 등이다.

　이 경우에도 수급사업자가 책임져야 할 범위 내에서 합리적으로 산정한 금액을 초과하여 감액한다면 초과한 만큼 부당감액이 된다.

　원사업자가 부당감액한 금액을 목적물 수령일로부터 60일을 초과하여 지급하는 경우에는 그 초과기간에 대하여 공정거래위원회의 「선급금 등 지연지급시의 지연이자율 고시」에 정한 연 25%의 이자를 지급하여야 한다(법 제11조 제3항).

　하도급법에서 규정하고 있는 부당감액행위는 다음과 같다(법 제11조 제2항).

　● 위탁할 때 하도급대금을 감액할 조건 등을 명시하지 아니하고 위탁 후 협조 요청 또는 거래 상대방으로부터의 발주 취소, 경제 상황의 변동 등 불합리한 이유를 들어 하도급대금을 감액하는 행위

　● 수급사업자와 단가 인하에 관하여 합의를 하였으나 그 합의성립 전에 위탁한 부분에 대하여도 일방적으로 이를 소급 적용하는 방법으로 하도급대금을 감액하는 행위

　● 하도급대금을 현금 또는 지급기일 전에 지급함을 이유로 과다하게 하도

급대금을 감액하는 행위

▶ 원사업자에게 실질적으로 영향을 미치지 아니할 정도의 경미한 수급사업자의 잘못에 따른 손해 발생을 이유로 일방적으로 하도급대금을 감액하는 행위

▶ 목적물의 제조·수리, 또는 시공에 필요한 물품 등을 자기로부터 사게 하거나 자기의 장비 등을 사용하게 한 경우에 적정한 구매 대금 또는 사용대가 이상의 금액을 하도급대금에서 공제하는 행위

부당감액행위의 구체적 유형

공정화지침에서 규정하고 있는 원사업자의 부당한 감액 행위를 예시하면 다음과 같다.

▶ 하도급대금의 총액은 그대로 두고 납품 수량을 증가시키는 행위

▶ 하도급 계약 후 추가 위탁이 있었음에도 불구하고 동 추가 하도급대금이 경미함을 이유로 이를 감액하여 원계약금액만을 지급하는 행위

▶ 원사업자가 자재 및 장비 등을 공급하기로 한 경우, 이를 지연 지급하거나 사실상 무리한 납기를 정해 놓고 납기 내에 납품하지 못함을 이유로 감액하는 행위

▶ 계속적 발주를 이유로 감액하는 행위

▶ 총액으로 계약한 후 제조 또는 공사의 구체적 내역을 이유로 감액하는 행위

▶ 당초 계약 내용과 달리 간접 노무비, 일반 관리비 이윤 등을 감액하는 행위

▶ 목적물을 낮은 가격으로 수주했다는 등의 이유로 하도급대금을 감액하

는 행위

⬭ 수출용 물품의 하도급거래에 있어서 원사업자가 환차손, 외환수수료 등을 수급사업자에게 당초 계약건과 달리 전가시킨 경우

하도급대금의 감액이란 발주시에 정하여진 하도급대금에서 일정액을 감하여 지불하는 것으로 최초 계약시 단가는 그대로 둔 채 제조위탁하는 물품의 규격이 다양하고 원가도 수시로 변동한다는 이유로 규격이나 원가변동을 고려하여 감액할 경우에도 위법 행위가 된다고 볼 수 있다.

원사업자가 자사 상품에 대한 홍보 및 매출을 확대하기 위하여 일정 기간 동안 염가할인판매를 실시하고 염가할인판매의 일정분을 수급사업자에게 협조 또는 강요를 통하여 단가를 일방적으로 하향 조정하여 납품대금에서 공제하는 경우도 부당감액이 된다고 볼 수 있다.

다만, 다음과 같은 경우는 부당감액에 해당되지 않는다 .

⬭ 하도급계약상의 공사내역과 실제 시공한 공사내역에 차이가 있어 실제 시공내역에 따라 정산하는 행위
⬭ 원사업자가 지급한 자재대, 가불금, 장비임차료 등을 감액하는 행위
⬭ 원사업자와 수급사업자가 최종정산에 합의하여 감액하는 행위
⬭ 원사업자가 수급사업자에게 수출용 물품의 하도급거래에 있어서 결제통화를 외화표시로 할 것을 합의하고 환차손을 감액하는 경우

[(주)태창의 불공정 하도급거래행위에 대한 건]

피심인은 봉제과정에서 발생한 오염 · 훼손 및 봉탈 등의 하자가 발생한 제품을 검사과정에서 발견하지 못하고 합격판정한 후 소매단계에서 불량품임이 발견된 경우 ○○○에게 그 제품의 소비자권장가격의 3배 액을 변상토록 하고 그 변상액의 ××× 만원을 하도급대금에서 감액하였을 뿐만 아니라 그

금액에 대하여 법정지급기일의 다음 날부터 실제로 지급하는 날까지의 기간에 이자율을 적용하여 계산된 지연이자를 지급하지 않고 있는 바, 당초 하도급대금을 부당하게 감액함으로써 미지급한 하도급대금 ×××만원과 이 금액에 대하여 목적물 수령일로부터 60일을 초과한 날로부터 실제로 지급하는 날까지의 기간에 대한 지연이자를 지체없이 지급하여야 한다(공정거래위원회 1997. 9. 22. 심결 9705광사0732호 사건).

5. 물품 등의 구매강제, 부당한 대물변제 등의 금지

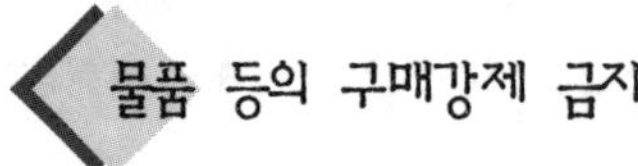

물품 등의 구매강제 금지

원래 사업자가 자기에게 필요한 물품을 구매함에 있어서 어떤 물품을 누구로부터 살 것인가는 그 사업자의 자유의사에 맡겨져야 하는 일이다. 그런데 하도급거래에서는 원사업자가 우월한 지위를 이용하여 자기회사제품 또는 특정회사의 제품을 구매하도록 강요하거나 자기회사가 보유한 건설장비나 기계설비의 사용을 강제하는 경우가 있는 바 이러한 경우는 하도급법 위반이 된다.

즉 원사업자는 수급사업자에게 제조 등의 위탁을 하는 경우에 그 목적물의 품질의 유지·개선이나 기타 정당한 사유가 있는 경우를 제외하고는 그가 지정하는 물품·장비 등을 수급사업자에게 매입 또는 사용하도록 강요하여서는 아니 된다(법 제5조).

"그가 지정하는 물품"이라 함은 원사업자의 제품이나 원사업자의 계열회사제품에 한정되지 않으며, 원사업자와 관련이 없는 회사의 제품이더라도 원사업자가 그 제품을 지정하여 구매를 강제하면 구매강제에 해당된다.

"수급사업자에게 매입 또는 사용을 강요한다"는 것은 수급사업자의 의사에 반하여 구매 또는 사용하도록 하는 것을 말한다. 예컨대, 단순한 추천이나 권유의 정도를 넘어 요구를 들어 주지 않으면 거래를 중단하거나 거래물량을 줄이겠다고 함으로써 수급사업자의 자유로운 의사결정을 실질적으로 속박하는 경우이다.

이와 같은 규정은 건설산업기본법에서도 볼 수 있는 바 수급인은 하수급인에게 하도급공사의 시공과 관련하여 자재구입처의 지정 등 하수급인에게 불리하다고 인정되는 행위를 강요하여서는 아니 된다고 하였다(건설산업기본법 제38조).

그러나 발주자 또는 고객이 목적물제조 또는 시공의뢰시 특정물품 및 장비 등을 사용하도록 요구하는 경우에는 부당한 물품의 구매강제행위에 해당되지 아니한다.

◀ 물품구매대금 등의 부당결제청구의 금지

원사업자는 수급사업자에게 목적물의 제조 · 수리 또는 시공에 필요한 물품 등을 자기로부터 사게 하거나 자기의 장비 등을 사용하게 한 경우에 정당한 이유없이 그 목적물에 대한 하도급대금의 지급기일에 앞서 구매대금이나 사용대가의 전부 또는 일부를 지급하게 하거나 자기가 구입 · 사용 또는 제3자에게 공급하는 조건보다 현저하게 불리한 조건으로 지급하게 하여서는 아니 된다(법 제12조).

이것은 수급사업자가 원사업자로부터 물품을 구매한 것이 원사업자에게 납품할 목적물에 사용된 것이므로, 그 목적물에 대한 하도급대금의 지급기일보다 앞서 물품대금을 지급하게 하는 것은 형평의 원칙에 어긋날 뿐만 아니라 조기결제로 인하여 수급사업자에게 자금압박을 가하는 것을 막기 위한 규정이다.

"정당한 이유"라고 하는 것은 수급사업자가 그 물품을 전매하거나 훼손함으로써 사용불능이 되게 하는 등 좁은 의미로 해석하여야 할 것이다.

부당한 대물변제의 금지

원사업자는 수급사업자의 의사에 반하여 하도급대금을 물품으로 지급하여서는 아니 된다(법 제17조). 하도급법상의 대물변제는 민법 제466조의 규정과 같이 사업자가 수급사업자의 승낙을 얻어 하도급대금에 갈음하여 다른 급부를 할 때에는 대금지급과 동일한 효력이 인정되며 하도급법 위반이 아니다.

그러나 수급사업자의 의사에 반하여 하도급대금을 물품으로 지급하는 경우에는 부당한 대물변제에 해당되며, 그 대물을 회수하고 현금 또는 어음으로 대체지급하여야 한다.

원사업자가 수급사업자에게 공사대금 대신 아파트 입주권이나 상가분양권으로 지급하는 경우 위법이 되나 원사업자나 수급사업자 사이에 의견이 다를 경우 수급사업자의 의사에 반하지 아니하였다는 입증책임은 원사업자에게 있다.

어떤 경우에 수급사업자의 의사에 반하는지는 여러 정황을 참작하여 종합적으로 파악할 사항으로 일률적으로 말할 수는 없으나 당초 계약에서는 현금 지급키로 한 것을 대물변제하였거나 대물변제한 것의 실제 가치가 하도급대금에 미치지 못하는 경우에는 수급사업자의 의사에 반하는 부당한 대물변제로 위법 가능성이 높다.

부당한 경영 간섭의 금지

원사업자는 하도급 거래량을 조절하는 방법 등을 이용하여 수급사업자의 경영에 간섭하여서는 아니 된다(법 제18조).

부당한 경영 간섭으로 볼 수 있는 것은 원사업자가 수급사업자로부터 구매하는 것을 이유로 특정인을 채용토록 인사에 간섭한다든가 특정한 상품이나 용역을 구입하도록 간섭하는 행위 등이다.

그러나 모든 경영 간섭이 문제되는 것은 아니며, 수급사업자가 노임, 장비 사용료 등을 제때 지급치 않아 작업 수행에 지장을 초래하는 경우 원사업자가 알선해 준다든가 위탁물의 품질 유지 및 납기 내 납품 여부를 조사하기 위해 공정을 확인하는 경우는 이에 해당되지 아니한다.

보복조치의 금지

수급사업자는 원사업자가 불공정거래행위를 하여도 원사업자의 거래중단 등의 보복조치가 두려워 공정거래위원회 등에 신고하는 것을 꺼리는 경우가 많다.

그런 까닭에 하도급법은 원사업자가 자기의 하도급법 위반사실을 관계 기관에 신고한 수급사업자에 대하여 그 신고를 이유로 수주 기회를 제한하거나 거래 정지, 거래물량 감축, 대금지급지연, 대금감액 등 불이익을 주는 행위를 하지 못하도록 규정하고 있다(법 제19조).

즉 보복조치는 수급사업자가 원사업자의 법위반 행위의 신고 등을 하였다는 이유로 협력업체의 평점을 낮게 처리하여 거래를 제한 또는 정지한다든가, 다른 원사업자에게 그 사실을 통보하여 수급사업자와의 거래에 실질적으로 영향을 미치는 행위를 말한다.

이 경우 원사업자가 수급사업자를 협력 업체에서 제외시킨 행위가 정당하다는 것의 입증책임은 원사업자에게 있으며, 동 행위의 정당성을 입증하지 못하는 경우에는 시정조치의 대상이 된다.

[흥화공업(주)의 보복조치에 대한 건]

피심인은 수급사업자인 산림건설(주)에게 하도급대금·및 어음할인료 미지급 등으로 인하여 공정거래위원회로부터 시정명령(1993. 11. 11.)을 받은 것을 계기로, 1994년도 협력업체등록을 위한 평가시 다른 수급사업자에 대하여는 사내 준공보고서와는 별도로 종합평가하였음에도 불구하고 산림건설(주)에 대하여는 종합평가자체를 하지 않고 탈락시킨 사실이 있는 바, 피심인은 이와 같이 하도급법위반을 공정거래위원회에 신고한 것을 이유로 당해 수급사업자에게 수주기회를 제한하거나 거래를 정지하는 등 불이익을 주는 행위를 하여서는 아니 된다(공정거래위원회 1994. 5. 4. 심결 9404조일248호 사건).

탈법행위의 금지

하도급법은 하도급거래와 관련하여 원사업자가 우회적인 방법에 의하여 이 법의 적용을 면탈하려는 행위를 하지 못하도록 규정하고 있다(법 제20조).

탈법행위는 하도급거래와 관련하여 하도급법상 규정되어 있는 원사업자의 의무사항이나 금지사항을 우회적인 방법에 의하여 면탈하려는 행위로서 공정거래위원회에서 위법행위의 시정조치로 하도급대금, 어음할인료 등의 지급을 명한 경우 이를 이행하였으나 차기 기성이나 단가 등에서 이를 공제하는 행위 등이 이에 해당된다.

[흥화공업(주)의 탈법행위에 대한 건]

피심인은 실제로는 지연이자(하도급공사대금 21억 7,900만원을 법정지급기일을 초과하여 지급함으로써 발생한 지연이자 1억 110만원)를 수급사업자

인 대영건업(주)에 지급하지 않았으면서도, 수급사업자로 하여금 마치 지연이자를 지급받은 것처럼 형식적인 증빙서류를 제출토록 하고 피심인도 입금표를 제출한 사실이 있는 바, 이는 공정거래위원회가 법위반행위에 대한 조치수준을 선택함에 혼선을 야기시켜 시정조치의 대상이 됨에도 불구하고 경고를 받는 데 그치는 등 지연이자지급의무를 면탈코자 하였으므로 탈법행위금지규정을 위반한 행위임이 인정된다(공정거래위원회 1998. 11. 4. 심결 9808전사1296호 사건).

제 6 장
하도급사건의 처리절차

1. 공정거래위원회의 지위 및 구성

공정거래위원회의 법적 지위

공정거래위원회는 공정거래법에 의한 사무집행기관이다. 또한 하도급법위반 사실의 신고가 있거나 법위반 사실이 있을 때 조사를 하고, 시정조치·과징금 부과 등 하도급법의 목적달성을 위한 집행기관으로서 국무총리소속하에 있다(공정거래법 제9장, 제35~48조).

공정거래위원회는 공정거래법 등을 독립적으로 시행하는 전담기관으로서 소관사무에 관하여 심의·의결권을 가지는 동시에 대외적으로 위원회의 이름으로 처분을 하는 법정의 필요적 상설기관이며, 정부조직법 제2조(중앙행정기관의 설치와 조직)의 규정에 의한 중앙행정기관으로서의 지위를 가진다(공정거래법 제35조 제2항).

공정거래위원의 임기는 3년이고 1차에 한하여 연임할 수 있으며(공정거래법 제39조), 위원이 금고 이상의 형의 선고를 받거나, 장기간의 심신쇠약으로 직무를 수행할 수 없게 된 경우를 제외하고는 그 의사에 반하여 면직되지 않는 등(공정거래법 제40조) 위원의 임기와 신분이 보장되고, 위원의 정치적 활동이 금지되며(독점규제법 제41조), 위원회의 의결은 재적 과반수의 찬성이라는 엄격한 요건에 의하여 행하여질 뿐만 아니라 필요한 조치를 위원회가 행할 수 있다는 점 등 독립적인 합의제 행정위원회로서의 성격을 띠고 있다.

공정거래위원회의 구성

공정거래위원회는 위원장 1인 및 부위원장 1인을 포함한 9인의 위원으로 구성되며 그 중 4인은 비상임으로 한다(공정거래법 제37조 제1항).

위원장과 부위원장은 정무직으로 하고, 기타 상임위원은 1급 상당 별정직 국가공무원으로 보한다(공정거래법 제37조 제3항, 공정거래위원회직제 제2조 제2항).

위원장은 위원회를 대표하고, 국무회의에 출석하여 발언할 수 있으며(공정거래법 제38조 제1, 2항), 위원회의 회무를 통괄하며, 소속공무원을 지휘·감독한다.

위원회의 위원은 일정한 자격이 있는 자로서, 위원장과 부위원장은 국무총리의 제청으로 대통령이 임명하고, 기타 위원은 위원장의 제청으로 대통령이 임명한다.

하부조직으로 위원회 사무처에 총무과·정책국·독점국·경쟁국·소비자보호국·하도급국 및 조사국이 있다.

하도급국에는 하도급기획과, 하도급1과 및 하도급2과가 있다.

하도급기획과
① 하도급거래공정화에 관한 시책의 종합수립
② 하도급거래공정화에 관한 법령·고시·지침의 제정 및 운영
③ 하도급관련 조사계획의 수립 및 추진
④ 하도급거래공정화에 관한 교육·홍보계획의 수립 및 추진
⑤ 하도급신고센터의 운영
기타 하도급국 내의 다른 과의 주관에 속하지 아니하는 사항을 담당한다.

하도급1과
① 건설하도급관련 시책의 수립 및 추진

② 건설하도급거래조사를 위한 정보의 수집 및 종합관리

③ 건설하도급거래조사를 위한 기법개발

④ 건설업 · 전기공사업 · 전기통신공사업 · 소방시설공사업 및 기타 건설 관련 업종에 대한 하도급법 위반사건의 조사 · 시정조치 · 과징금부과 및 이 행확인

하도급2과

① 제조 · 수리 하도급 관련 시책의 수립 및 추진

② 제조 · 수리 하도급거래조사를 위한 정보의 수집 및 종합관리

③ 제조 · 수리 하도급거래조사를 위한 기법개발

④ 제조업 및 수리업 관련 업종에 대한 하도급법 위반사건의 조사 · 시정조 치 · 과징금 부과 및 이행확인

⑤ 하도급대금지급보증제도의 운영, 하도급분쟁조정협의회에의 분쟁조정 의뢰, 하도급신고센터의 운영

2. 처리절차

하도급법 위반 행위에 대한 공정거래위원회의 처리는 신고 또는 직권인지에 이어 사실조사·확인 등 사건 심사를 거친 후 공정거래위원회의 심의·의결 및 결과 통지가 있고 이에 불복하는 경우 이의 신청 및 소 제기의 과정으로 처리된다.

신고 또는 직권인지

하도급법 제22조 제1항은 누구든지 하도급법에 위반되는 사실이 있다고 인정할 때에는 그 사실을 공정거래위원회에 신고할 수 있도록 규정하고 있다. 신고를 하는 사람에는 이해관계가 있는 제3자도 있고 이해관계가 없는 제3자도 있다.

어느 경우든 신고를 함에 있어서는 신고자의 성명·주소, 피신고자의 성명 또는 명칭(법인인 경우에는 그 대표자의 성명을 포함한다)은 물론 위반행위의 내용과 이를 입증할 수 있는 자료를 명백하게 밝혀야 한다(법 시행령 제5조 제1항).

하도급대금 미지급행위, 어음할인료 미지급행위의 경우 지급되어야 할 금액의 근거와 이미 수령한 하도급대금의 구체적 내역(세금계산서, 어음으로 수령한 경우 그 금액, 수령일, 만기일 등)을 밝혀야 하고, 선급금 미지급행위의 경우 발주자가 지급한 선급금지급대장, 공사명, 선급금지급비율, 해당 하도급공사계약서 등을 입증자료로 제출하여야 한다.

구체적인 법위반사항을 밝히지 않고 전반적인 거래내용에 대하여 직권조사를 요구한 경우는 심사절차를 개시하지 않는다.

공정거래위원회는 신고가 접수되면 신고 내용이 법적용 대상이 되는지의 여부를 검토하여 법위반 사실이 있다고 인정할 때에는 필요한 조사를 행하고 법적용 대상이 되지 않는 것이 명백한 경우에는 사건조사에 착수하지 아니하고 각하하게 된다.

법적용 대상이 되고 법위반 혐의가 있는 하도급 거래 분쟁 사건의 경우, 원사업자가 일정규모 미만인 사업자인 경우에는 신속하고 자율적인 조정을 유도하기 위하여 하도급분쟁조정협의회의 조정을 거치도록 하고 있다.

법위반 신고 사실에 대하여 공정거래위원회의 사실 확인·조사 과정에서 원사업자와 수급사업자간에 분쟁 사항에 대하여 합의하고 신고사실을 취하하는 경우가 많이 있으나 이 경우에도 공정거래위원회의 조사·심결 절차는 중지되지 않는다.

하도급법은 공정한 하도급거래 질서의 확립을 주목적으로 하는 공법이므로 법위반 사실에 대하여 신고인 등 이해당사자의 합의와 관계없이 법이 정하는 바에 따라 시정 조치 등을 할 수 있기 때문이다. 그러나 당사자간 합의가 심의·의결 과정에 참작되고 영향을 미칠 수 있음은 물론이다.

한편, 하도급거래의 특성상 수급사업자가 신고하기에 애로사항이 있는 경우가 많고, 하도급거래의 실태 등을 정책적인 목적에서 파악할 필요가 있기 때문에 공정거래위원회는 직권으로 정기적인 실태조사를 실시하여 법위반 행위를 적발하고 있다.

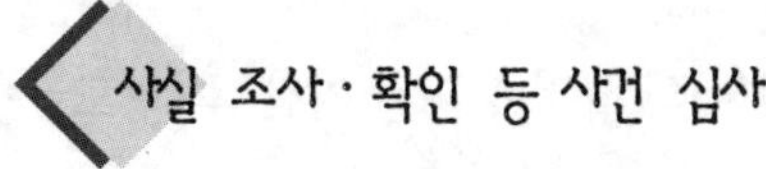

사실 조사·확인 등 사건 심사

1) 조사 및 사전심사

공정거래위원회는 신고내용 또는 직권 인지의 내용이 법위반 행위의 혐의가 있는 부분에 대하여 사실 조사, 확인 등 본격 심사에 착수하게 된다. 즉

하도급법 제22조 제2항에 근거하여 필요하다고 인정되는 경우 원사업자, 수급사업자 및 관련 사업자단체로 하여금 원가 및 경영 상황에 관한 보고, 기타 필요한 자료나 물건의 제출을 명할 수 있다.

또한 소속 공무원으로 하여금 사업자 또는 사업자단체의 사무소나 사업장에서 업무 및 경영 상황, 장부·서류, 기타의 자료나 물건을 조사하여, 지정된 장소에서 당사자·이해 관계인 또는 참고인의 진술을 듣는 등 필요한 모든 조치를 하게 된다(공정거래위원회의운영및사건절차등에관한규칙 제10조).

공정거래위원회는 하도급법 위반사실을 인지하거나 신고를 받은 때에는 이를 심사할 공무원(이하 "심사관"이라 약칭한다)으로 하여금 사실에 대한 조사와 사전심사를 하도록 하고 있다.

심사관은 당사자나 이해관계인 또는 참고인에게 출석을 요구할 수 있고, 출석한 사람들로부터 의견을 듣고 진술조서를 작성하며 필요한 자료나 물건의 제출을 명할 수 있다.

법위반 행위에 대한 심사 결과 다음의 경우 심사관은 심사를 개시하지 아니한다는 결정을 할 수 있고 이 경우 결정일로부터 15일 이내에 신고인 등에게 그 결정내용을 통지한다.

심사관은 필요한 경우 이해관계인 등에게도 통지할 수 있다(공정거래위원회의운영및사건절차등에관한규칙 제11조).

❑ 하도급법 제2조 제1항 내지 제3항의 규정에 의한 "하도급거래", "원사업자", "수급사업자" 요건을 충족하지 아니하는 경우

❑ 하도급법 제23조(조사대상거래의 제한)의 규정에 의한 기간, 즉 하도급거래 종료일부터 3년이 경과된 경우

❑ 무기명, 가명 또는 내용이 분명하지 아니한 신고로서 심사관이 보완요청을 할 수 없는 경우

❑ 기간을 정한 보완요청을 받고도 이에 응하지 아니한 경우 또는 보완내용이 분명하지 아니하거나 허위로 기재된 경우

● 사망, 해산 또는 이에 준하는 사유가 발생한 사업자를 신고한 경우
● 기타 하도급법의 적용대상이 아니라고 명백히 인정되는 경우

2) 심사조정

종전에는 심사관이 위반 사건에 대한 조사를 마친 후 시정권고 이하의 조치를 취할 것인지, 공정거래위원회 심결을 받을 것인지를 위원회로부터 위임받아 독자적으로 판단하여 조치하였으나 현재는 공정거래위원회 밑에 부위원장 및 상임위원 3인으로 구성된 "심사조정회의"를 설치하여 모든 법위반 사건에 대한 조치 유형을 심의 조정하고 있다. 따라서 심사관은 특별한 사정이 없는 한 심사조정회의의 결정에 따라 조치하여야 한다(공정거래위원회의운영및사건절차등에관한규칙 제20~26조).

심사조정회의는 심사관의 조치의견을 대상으로 사실인정의 타당성 여부, 법이론 구성의 적합성 여부, 법령적용의 정확성 여부, 조치의견의 적정성 여부, 조치내용 또는 수준의 심사관간·사건간 형평성 유지 여부 등의 사항을 검토한다.

다만, 하도급법 제30조(벌칙) 제2항 제2호, 즉 제25조(시정조치) 제1항·제2항 또는 제4항의 규정에 의한 명령에 따르지 아니한 자에 해당되는 사건, 사안이 단순·명료하고 선례가 있는 전형적인 사건, 위원장이 조정회의를 거칠 필요가 없다고 인정하는 사건 등은 조정사항에서 제외된다.

조정결과 시정명령이 필요하거나 과징금납부명령이 필요하다고 판단되는 사건, 고발, 입찰참가자격제한요청 또는 영업정지요청이 필요하다고 판단되는 사건, 기타 각 회의의 심의 및 결정·의결이 필요하다고 판단되는 사건이라고 인정되면 전원회의나 소회의에 상정하는 결정을 하게 된다.

3) 전원회의 및 소회의

전원회의는 하도급법 제2조(정의) 제6항의 규정에 의한 업에 따른 물품범위의 지정·고시, 하도급법 제11조(부당감액의 금지) 제3항 및 제13조(하도급대금의 지급 등) 제6항의 규정에 의한 할인율 고시, 하도급법시행령 제3조의 2(건설하도급 계약이행 및 대금지급보증) 제1항 제2호의 규정에 의한 건설하도급대금지급보증의 면제범위와 관련한 고시의 제정 또는 개정 등에 관한 심의 및 결정·의결을 담당한다.

소회의는 하도급법 제25조(시정조치), 제25조의 3(과징금), 제30조의 2(과태료), 제26조(관계 행정기관의 장의 협조) 제2항의 규정에 의한 입찰참가자격제한 및 영업정지요청 등에 관한 사항과 제30조(벌칙)의 규정을 위반한 자에 대한 고발 등에 대한 심의 및 결정·의결을 담당한다.

각 회의의 심의결과

첫째, 법 위반행위로 인정되지 아니하거나 위반행위에 대한 증거가 없는 경우에는 무혐의 처리한다.

둘째, 법위반 사실이 경미하거나 조사 도중 자발적으로 법위반 내용을 시정하였거나 시정의사를 밝힌 경우 등에 대해서는 경고 및 시정권고 처리한다.

셋째, 기타 법위반 사실에 대하여는 공정거래위원회의 심의·의결을 거쳐 시정 조치 등을 하게 된다.

공정거래위원회는 법위반을 한 원사업자에게 사망, 해산, 도산, 폐업 또는 이에 준하는 사유가 발생함으로써 시정 조치 등의 이행을 확보하기가 사실상 불가능하다고 인정할 때에는 당해 사건에 대하여 종결 처리할 수 있다. 이 경우 종결 처리란 단순히 진행을 중지한다는 의미로서 상황의 변화가 있을 경우 동일한 사건에 대한 심결을 재개할 수 있다.

심의·의결 및 결과 통지

심의·의결 절차는 당해 법위반 사실에 대한 위원회 심사관의 심사 결과 보고와 피심인 또는 피심인이 대리인으로 선임한 변호사 또는 피심인인 법인의 임원, 기타 각 회의의 허가를 얻은 자 등이 참석하여 진술한 의견을 토대로 최종 의결을 하게 된다.

위원회는 신청 또는 직권으로 심의결과에 대한 이해관계인, 참고인, 자문위원, 관계행정기관, 공공기관·단체, 전문적인 지식이나 경험이 있는 개인이나 단체 또는 의안의 상정자를 제외한 위원회 사무처 직원 등을 심의에 참여시켜 의안에 대한 설명 또는 의견을 들을 수 있다.

이는 위원회가 필요시 의견 청취를 하는 등 심의 과정을 공개하여 법위반 사건의 처리의 공정성과 투명성을 제고하기 위한 것이다.

위원회의 의결(처분) 종류는 경고, 시정권고, 시정명령, 형사고발, 정부 발주의 입찰참가 제한 요청 등이 있다. 이러한 의결 내용은 의결이 있는 날로부터 15일 이내에 피심인과 신고자에게 서면통지하게 된다.

이의신청 및 불복의 소 제기

피심인이 위원회의 처분에 대하여 불복하는 경우에는 그 처분의 통지를 받은 날로부터 30일 이내에 그 사유를 갖추어 위원회에 이의 신청을 할 수 있다(법 제27조 제1항, 공정거래법 제53조 제1항).

또한 위원회의 처분에 대하여 불복의 소를 제기하고자 할 때에는 처분 또는 이의 신청에 대한 재결서의 송달을 받은 날부터 30일 이내에 제기하여야 하며 서울고등법원이 전속관할한다(공정거래법 제54조 제1항, 제55조).

재신고 및 이의 신청 사건의 경우, 종전에는 처음에 담당했던 심사관이 이를 다시 심사하여 독자적으로 판단하여 적절한 조치를 취하거나 위원회에 상정하였으나 현재는 재신고 사건을 반드시 "심사조정위원회"에 상정하여 조정받도록 하고 이의 신청 사건은 심사관을 심판관리관으로 교체한 후 재심사하여 "심사조정위원회"를 거쳐 위원회의 심결 절차를 밟도록 하고 있다.

3. 하도급분쟁조정협의회

하도급분쟁조정협의회의 설치

1) 협의회를 설치할 사업자단체

하도급법 제24조는 하도급법위반 신고사건 중 원사업자가 일정규모 미만의 사업자인 경우 이를 보다 신속하고도 자율적으로 해결할 수 있도록 하기 위하여 일정한 사업자단체로 하여금 하도급분쟁조정협의회(이하 "협의회"로 약칭한다)를 설치하도록 규정하고 있다.

협의회는 공정거래위원회 또는 양 당사자가 요청하는 원사업자와 수급사업자간의 하도급거래에 관한 분쟁에 대하여 사실을 확인하거나 이를 조정하는 일을 한다. 협의회를 설치해야 하는 사업자단체와 각 사업자단체에 설치한 협의회가 분장하는 하도급거래분야는 다음과 같다.

1. 중소기업협동조합중앙회	제조위탁 및 수리위탁(소프트웨어개발업 · 엔지니어링활동업 · 건축설계업 및 건설업에서의 제조위탁 제외)
2. 건설협회 및 전문건설협회 (공동 설치)	법 제2조 제9항 제1호 및 제5호의 건설업자의 건설위탁과 제조위탁
3. 한국전기공사협회	전기공사의 위탁
4. 전기통신공사협회	전기통신공사의 위탁
5. 한국소방안전협회	소방시설공사의 위탁
6. 한국엔지니어링진흥협회	엔지니어링활동의 위탁
7. 한국소프트웨어산업협회	소프트웨어사업의 위탁
8. 대한건축사협회	건축설계위탁
9. 한국공정경쟁협회	제조위탁 · 수리위탁 및 건설위탁

사업자단체는 공정거래위원회의 승인을 얻어 협의회를 공동으로도 설치할 수 있다. 다만, 건설산업기본법에 의한 건설협회와 전문건설협회가 공동으로 협의회를 설치할 경우에는 공정거래위원회의 승인을 받지 않아도 된다.

건설산업기본법에 의한 각 업종별 공사업협회는 건설협회와 전문건설협회가 공동으로 설치한 건설하도급분쟁조정협의회의 운영에 필요한 경비의 일부를 부담할 수 있다(법 시행령 제7조 제2, 3항).

2) 협의회의 구성

협의회는 위원장 1인을 포함하여 9인 이내의 위원으로 구성하되 공익을 대표하는 위원, 원사업자를 대표하는 위원 및 수급사업자를 대표하는 위원이 각각 동수가 되도록 한다.

위원장은 공익을 대표하는 위원 중에서 협의회가 선출하고, 협의회를 대표한다. 위원의 임기는 2년이고 연임할 수 있다(법 시행령 제8조).

공익을 대표하는 위원은 하도급거래에 관한 학식과 경험이 풍부한 사람 중에서 위촉하되 그 위원이 소속되는 협의회가 분장하는 하도급거래의 업종에 속하는 사업을 영위하는 자나 당해 업종에 속하는 사업체의 임직원은 공익을 대표하는 위원이 될 수 없다(법 시행령 제10조).

위원의 위촉은 각 사업자단체의 장이 위촉하되 공정거래위원회에 미리 보고하여야 한다. 사업자단체가 공동으로 협의회를 설치할 경우에는 해당 사업자단체장이 공동으로 위촉하면 된다(법 시행령 제9조).

협의회 조정요청 범위

1) 분쟁의 조정

당사자로부터 분쟁조정을 요청받은 협의회는 조정을 위하여 필요하면 분쟁사실의 확인에 필요한 범위 내에서 조사를 하거나 당사자에게 관련 자료의 제출이나 출석을 요구할 수 있으며, 분쟁당사자는 회의에 출석하여 의견을 진술하거나 관련자료를 제출할 수 있다(법 시행령 제12조 제5항).

조정이 성립되면 조정에 참가한 위원과 분쟁당사자가 기명날인한 조정서를 작성한 후 그 사본을 첨부하여 그 결과를 공정거래위원회에 보고하고, 조정요청을 받은 날로부터 60일 이내에도 조정이 성립이 안 될 경우에는 역시 조정경위와 함께 관계 서류를 첨부하여 공정거래위원회에 보고하여야 한다(법 시행령 제12조 제3, 4항).

협의회가 분쟁조정요청을 받으면 즉시 이를 공정거래위원회에 보고하여야 하고 이 보고를 받은 공정거래위원회는 법 제22조(위반행위의 신고 등) 제2항의 규정으로 조사중인 사건이 아닌 한 조정절차가 종료될 때까지 분쟁당사자인 원사업자에 대하여 법 제25조(시정조치) 제1항의 규정에 의한 시정조치를 권고하거나 명할 수 없다(법 시행령 제12조 제2항).

2) 조정요청의 범위

공정화지침을 통하여 협의회에 조정을 의뢰할 수 있는 분쟁사건의 범위를 보면 다음과 같다.

● 제조위탁의 경우

① 제조업부문 사건인 경우 하도급계약체결시점의 직전 사업연도 매출액이 500억원 미만인 경우의 분쟁

② 엔지니어링활동업, 소프트웨어개발업, 건축설계업에 대한 분쟁
③ 건설업자의 제조위탁에 따른 사건 중 건설업자의 하도급계약체결시점의 직전 사업연도 매출액이 500억원 미만인 경우의 분쟁

● 건설위탁의 경우
① 건설산업기본법에 의한 공사에 대한 분쟁인 경우
➡ 원사업자가 일반건설업자인 경우
● 하도급계약 체결시점의 토건 시공능력평가액(또는 토건도급한도액) 순위 150위 미만인 사업자의 경우
● 토목 · 건축면허만을 소지한 사업자의 경우
➡ 원사업자가 전문건설업자인 경우
② 전기공사업법, 정보통신공사업법, 소방법에 의한 공사에 대한 분쟁
③ 법 제2조(정의) 제9항 제5호에 의한 건설업자가 다른 건설업자에게 위탁한 사업 중 원사업자의 하도급계약시점의 직전 사업연도 매출액이 500억원 미만인 경우의 분쟁
④ 건설업자가 하도급법시행령 제1조의 2(중소기업의 범위 등) 제6항의 경미한 공사를 다른 사업자에게 위탁한 경우의 분쟁

앞에서 본 경우에 해당되더라도 다음의 경우에는 공정거래위원회가 직접 처리할 수 있다.

⟳ 원사업자가 대기업 또는 대규모기업집단 소속 계열회사인 경우
⟳ 원사업자의 중대한 법위반 사항이 있는 사건
⟳ 당사자간 조정이 성립될 가능성이 없다고 판단되는 사건
⟳ 피조사인 법위반 횟수가 과거(신고접수일 기준) 1년간 3회 이상인 경우
⟳ 기타 공정거래위원회가 직접 처리할 필요성이 있다고 판단되는 사건

4. 법위반사업자에 대한 조치

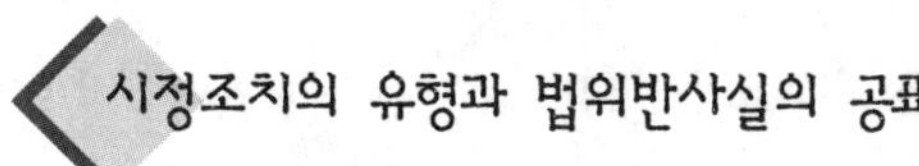

시정조치의 유형과 법위반사실의 공표

1) 시정조치 유형별 점수관리

시정조치에는 경고, 시정권고, 시정명령을 비롯하여 과징금 부과, 고발, 영업정지 또는 입찰제한 요청 등이 있다.

공정거래위원회는 하도급법 위반사업자에 대하여 시정조치 유형별로 다음과 같이 점수를 부과하여 관리하고 있다.

시정조치 유형별 부과점수

유 형	조 정	경 고	시정권고	시정명령	과징금	기 타
점 수	0.5	1.0	1.5	2.0	2.0	2.5

※ 같은 내용에 대하여 다수의 수급사업자가 다른 시기에 신고하여 처리한 경우는 1개의 사건으로 보며, 1개 사건에 대하여 2가지 유형 이상의 시정조치가 병과된 경우에는 최상의 조치유형의 점수만 반영한다.

2) 법위반사실의 공표

시정명령을 받은 원사업자는 이 사실을 공표하여야 할 경우가 있는데(법 제25조 제4항) 그 요건을 보면 다음과 같다.

◐ 시정명령 대상으로서 다음 하나에 해당되는 경우 최종사건 처리당시 법위반 사실의 내용 및 정도, 법위반동기 등을 종합 감안하여 결정한다.

① 과거 1년간 당해 업체가 받은 시정조치 유형별 부과점수 누계가 4점 이상이되는 경우

② 과거 3년간 당해 업체가 받은 시정조치 유형별 부과점수 누계가 6점 이상이되는 경우

③ 과거 3년간 당해 업체가 받은 시정조치 유형별 부과점수 누계가 4점 이상이 되는 업체로서 공정거래법상 대규모기업집단 계열회사

◐ 위의 요건에 해당되지 않더라도 최종사건처리 당시 다음에 열거된 법위반사실이 있는 경우로서 법위반 정도가 중대하고 법위반 동기가 고의적이라고 판단될 때 ― 보복조치행위, 탈법행위, 최초서면 미교부행위, 부당한 하도급대금의 결정행위, 부당감액행위, 건설하도급대금지급 미보증행위, 물품 등의 구매강제행위, 부당한 경영간섭행위

공표방법은 공정거래위원회가 제정한 "법위반사실의 공표에 관한 운영지침"을 준용한다.

고발요건 및 절차

하도급법 위반죄는 공정거래위원회의 고발이 없으면 공소를 제기할 수 없다(법 제32조).

◐ 시정명령을 이행하지 않거나, 탈법행위 또는 보복조치를 한 업체로서 법위반 정도가 중대하거나 법위반 동기가 고의적이라고 판단되는 경우에 고발조치한다.

◐ 시정명령을 받은 사업자가 이의 신청을 하지 않은 경우 이의 신청 기간이 경과한 날로부터 30일 이내의 기간을 정하여 1차 독촉하고, 1차 독촉기한이 경과한 후에도 이행하지 않은 경우 30일 이내의 기간을 정하여 2차 독촉을 하고 이행하지 않을 때 고발조치한다.

◐ 시정명령을 받은 사업자가 이의 신청을 한 경우에는 이에 대한 재결서의 정본을 송달받은 날로부터 30일 이내에 이행하도록 통보한 후 이행하지 않을 때 고발조치한다.

[(주)다도의 시정조치 불이행에 대한 건]

피심인은 수급사업자인 (주)혁진산업에게 "타우너 자동차 부품 용접 임가공"을 제조 위탁함에 있어

(1) 사전에 하도급관련서면을 교부하지 아니함으로써 하도급법 제3조 제1항 및 제2항을 위반한 사실이 있고,

(2) 하도급대금 45,000,000원을 목적물수령일로부터 60일을 초과하여서도 지급하지 않음으로써 하도급법 제13조 제1항을 위반한 사실이 있으며,

(3) 위와 같이 하도급대금지급을 지연하고도 이에 대하여 법정지급기일을 초과한 날로부터 실제로 지급하는 날까지의 기간에 대한 지연이자 2,668,000원을 지급하지 아니함으로써 하도급법 제13조 제7항을 위반한 사실이 있으며,

(4) 만기일이 법정지급기일을 초과하는 어음으로 하도급대금을 지급하면서 그 초과한 날부터 어음만기일까지의 기간에 대한 어음할인료 2,910,000원을 지급하지 아니함으로써 하도급법 제13조 제6항을 위반한 사실이 있다.

피심인은 시정명령을 송달받은 후 이를 이행하지 아니하였으며 그 후 두 차례에 걸쳐 이행을 독촉하였음에도 불구하고 이를 이행하지 않고 있다.

이에 하도급법 제31조에 의거 같은 법 제30조 제2항 본문에 의한 책임이 있는 피심인에게 하도급법 제32조의 규정을 적용하여 고발한다(공정거래위원회 2000. 1. 28. 심결 9909광사1342호 사건).

입찰참가자격제한 및 영업정지 요청

공정거래위원회는 하도급법 제26조 제2항(관계 행정기관의 장의 협조)의 규정에 따라 하도급법 상습위반자에 대하여 시정조치와는 별도로 공정화 지침에 입찰참가자격제한과 영업정지의 요청을 위한 내부기준을 마련하여 상습위반자에 대한 제재를 강화하고 있다.

입찰참가자격 제한 및 영업정지요청은 위원회의 최종 심의·의결을 거쳐 건설교통부장관, 조달청장 등 관계 행정기관의 장에게 과거 법위반 내용을 첨부하여 통보한다.

1) 요 건

◑ 원사업자가 하도급법 위반으로 공정거래위원회로부터 조치받은 시정조치유형별 부과점수의 누계가 과거 3년간 15점(시정명령 3회 이상 포함) 이상인 경우에는 입찰참가자격제한요청 조치를 할 수 있다.

다만, 위 요건에 해당되지 않더라도 보복조치, 탈법행위 등 고의적으로 법위반행위를 하는 경우로서, 과거 1년간 법위반 횟수가 3회 이상인 경우에도 위와 동일한 조치를 할 수 있다.

◑ 입찰참가자격제한 요청은 그 위반행위가 국가 또는 지방자치단체에서 발주한 공사와 관련하여 발생한 경우에 할 수 있다.

◑ 과거 3년간 그 업체가 받은 시정조치유형별 부과점수의 누계가 20점(시정명령 5회 이상 포함) 이상인 경우에는 영업정지요청 조치를 할 수 있다.

2) 제외 대상

상기요건에 해당되더라도 다음 경우에는 제외할 수 있다.

◆ 과거 1년간 법위반사실이 없는 경우
◆ 당해 업체가 처한 경제여건 등을 고려하여 적절하지 않다고 판단되는 경우

법위반행위의 사전예방을 위한 인센티브제도

하도급법 위반사건에 대한 조치를 함에 있어서 다음과 같이 당해 위반사업자의 시정조치유형별 부과점수 누계에서 감점 처리할 수 있다. 이는 원사업자로 하여금 자발적으로 하도급법을 준수하도록 동기를 부여하기 위하여 마련된 제도이다.

● 감점 대상
◆ 하도급거래공정화와 관련 중앙관서의 장 이상으로부터 우수업체 표창을 수상한 경우
◆ 하도급관련업무 담당임원이 공정거래위원회가 인정하는 교육을 이수한 경우

● 감점 방법
하도급법 위반사건에 대한 조치시 과거(신고서 접수일 또는 직권조사계획 발표일 기준, 이하 같다) 3년간 상기의 표창을 수상했거나 교육을 이수한 사실이 있는 경우 각각 2점을 감점 처리한다.

● 공정거래위원회가 인정하는 교육
한국공정거래협회, 한국생산성본부, 대한건설협회, 중소기업협동조합중앙회가 실시하는 3시간 이상의 하도급관련 특별교육

　원사업자가 모든 하도급거래에 있어서 법 제3조의 2(표준하도급계약서의 작성 및 사용)의 규정에 따라 공정거래위원회가 권장한 표준하도급계약서를 사용하고 있는 경우에는 하도급법 위반사건 조치시 과거 3년간 범위반점수 누계에서 1점을 감점 처리할 수 있다.

제 7 장

하도급 표준계약서

건설공사 표준하도급 계약서

(1999. 3. 31.)

1. 발주자 :   원도급 공사명 :

2. 하도급 공사명 :

3. 공사장소 :

4. 공사기간 : 착공   년   월   일

            준공   년   월   일

5. 계약금액 : 일금   원정(₩   )

        공급가액 : 일금   원정(₩   )

        (노 무 비 : 일금   원정)

※ 건설업법시행령 제84조 규정에 의한 노무비

   부가가치세 : 일금   원정(₩   )

※ 변경 전 계약금액 : 일금   원정(₩   )

6. 대금의 지급

   가. 선급금

      (1) 계약체결 후 ( )일 이내에 일금   원정(₩   )

      (2) 발주자로부터 지급받은 날로부터 15일 이내 그 내용과 비율에 따름

   나. 기성부분금

      (1) 월( )회

      (2) 목적물 수령일로부터( )일 이내

      (3) 지급방법 : 현금   %, 어음   %

   다. 설계변경, 경제상황변동 등에 다른 대금조정 및 지급

      (1) 발주자로부터 조정받은 날로부터 30일 이내 그 내용과 비율에 따라 조정

      (2) 발주자로부터 지급받은 날로부터 15일 이내 지급

7. 지급자재의 품목 및 수량 : 별도 첨부

8. **계약보증금 :**   원정 (₩   )

9. **하자보수보증금률 :**   %

10. **하자담보책임기간 :**

11. **지체상금률 :**   %

　당사자는 위 내용과 별첨 공사하도급 계약조건, 설계도( )장, 시방서( )책에 의하여 이 공사하도급계약을 체결하고 계약서 2통을 자성하여 각각 1통씩 가진다.

200 년   월   일

원사업자

　　　　주　　소 :
　　　　상　　호 :
　　　　성　　명 :　　　　　　　　　(인)

수급사업자

　　　　주　　소 :
　　　　상　　호 :
　　　　성　　명 :　　　　　　　　　(인)

건설공사 하도급계약조건

　제1조　【기본원칙】 ① 원사업자(이하 '갑' 이라 한다)와 수급사업자(이하 '을' 이라 한다)는 대등한 입장에서 서로 협력하여 신의에 따라 성실히 계약을 이행한다.

　② 갑과 을은 이 공사의 시공 및 이 계약의 시행에 있어서 건설산업기본법, 하도급거래공정화에관한법률 및 관계 법령의 제규정을 준수한다.

　③ 이 계약의 내용과 배치되는 다른 계약에 대해서는 이 계약에 의한 내용을 우선하여 적용한다. 다만, 제30조(특수조건)에 의거 이 계약에서 정하지 아니한 사항에 대하여 갑과 을이 대등한 지위에서 합의하여 특약으로 정한 내용은 그러하지 아니한다.

　제2조　【원사업자의 협조】 ① 갑은 하도급계약을 체결한 날로부터 30일 이내에

발주자에게 통지한다. 다만, 갑이 기한내에 통지를 하지 아니한 경우에는 을이 발주자에게 이를 통지할 수 있다.

② 갑은 을에게 이 공사이행에 필요한 협조와 지원을 한다.

제3조 【공사시공 등】 ① 을은 이 계약조건과 설계도서(공사시방서, 설계도서 및 현장설명서를 포함한다. 다만, 총액단가 계약의 경우는 산출내역서를 포함하며, 양식은 재정경제부 회계예규의 양식을 준용한다. 이하 같다)에 의하여 공사를 시공한다.

② 을은 공사예정공정표를 작성하여 계약체결 후 지체없이 갑의 승인을 받아야 하며, 계약체결 후 지체없이 갑에게 산출내역서를 제출하여야 한다.

제4조 【관련공사와의 조정】 ① 갑은 도급공사를 원활히 수행하기 위하여 이 공사와 관련이 있는 공사(이하 '관련 공사'라 한다)와의 조정이 필요한 경우에 을과 협의하여 이 공사의 공사기간, 공사내용, 계약금액 등을 변경할 수 있다.

② 을은 관련공사의 시공자와 긴밀히 연락협조하여 도급공사의 원활한 완성에 협력한다.

제5조 【의견의 청취】 갑은 시공상 공정의 세부작업방법 등을 정함에 있어 미리 을의 의견을 청취한다.

제6조 【권리 · 의무의 양도】 ① 갑 · 을은 이 계약으로부터 발생하는 권리 또는 의무를 제3자에게 양도하거나 승계하게 할 수 없다. 다만, 상대방의 서면에 의한 승낙을 받았을 때는 그러하지 아니하다.

② 을은 공사목적물 또는 공사현장에 반입하여 검사를 마친 공사자재를 제3자에게 매각, 양도 또는 대여하거나 담보목적으로 제공할 수 없다.

제7조 【계약이행 및 공사대금지급보증】 ① 갑과 을은 다음 각 호의 1의 방법으로 계약이행 및 공사대금의 지급을 상호 보증한다. 다만, 건설산업기본법령 또는 하도급거래공정화에관한법률에 의거 하도급대금지급보증이 면제된 경우에는 상호간에 보증을 하지아니할 수 있다.

1. 을은 갑에게 계약금액의 10%에 해당하는 금액의 계약이행보증

2. 갑은 을에게 다음 각목의 1에 해당하는 금액의 공사대금지급보증

가. 공사기간이 4월 이하인 경우에는 계약금액에서 계약상 선급금을 제외한 금액

나. 공사기간이 4월을 초과하는 경우로서 기성금지급주기가 2월 이내이면 「(하도급계약금액-계약상 선급금)공사기간인 월수」에 4를 곱한 금액

다. 공사기간이 4월을 초과하는 경우로서 기성금 지급 주기가 2월을 초과하면 「(하

도급계약금액-계약상 선급금)공사기간인 월수」에 기성지급주기인 월수의 배수를 곱한 금액

② 제1항의 규정에 의한 갑과 을의 보증은 현금의 납부 또는 다음 각 호의 1에 의한 보증서의 교부에 의한다.

　1. 건설공제조합, 전문건설공제조합 또는 보증보험회사, 신용보증기금 등 이와 동등한 보증기관이 발행하는 보증서

　2. 국채 또는 지방채

　3. 금융기관의 지급보증서 또는 예금증서

③ 갑이 을에 대하여 제2항 제1호의 방법으로 공사대금지급보증서를 교부하는 경우 갑이 도급받은 공사의 공사기간중 하도급하는 모든 공사에 대한 공사대금일괄지급보증서 또는 갑이 1회계연도에 하도급하는 모든 공사에 대한 공사대금 일괄지급보증서로 갈음할 수 있다.

④ 갑이 제20조의 규정에 의한 공사대금의 지급을 지체하여 을로부터 지급독촉을 받고도 이를 지급치 않은 경우 을은 제2항 제1호의 보증기관에 공사대금중 미지급액에 상당하는 보증금의 지급을 청구할 수 있다. 다만, 갑이 현금납부 또는 제2항 제2호 및 제3호의 증서를 교부한 경우에는 동 금액에서 공사대금중 미지급액에 상당하는 금액은 을에게 귀속한다.

⑤ 을이 계약상 의무를 이행하지 아니하여 갑이 제25조 제1항에 의거 계약의 전부 또는 일부를 해제 또는 해지한 경우 갑은 제2항 제1호의 보증금에 대해 계약의 해제 또는 해지 등에 따른 손실에 상당하는 금액의 지급을 청구할 수 있다. 다만, 을이 현금납부 또는 제2항 제2호 및 제3호의 증서를 교부한 경우에는 손실액에 상당하는 금액은 갑에게 귀속된다.

⑥ 갑의 공사대금 미지급액 및 을의 계약불이행 등에 의한 손실액이 제1항의 규정에 의한 보증금을 초과하는 경우에는 갑과 을은 그 초과액에 대하여 상대방에게 청구할 수 있다.

⑦ 갑과 을이 납부한 보증금은 계약이 이행된 후 계약상대방에게 지체없이 반환한다. 이 경우 갑이 을에게 공사대금을 어음으로 지급한 경우는 어음만기일을 공사대금지급보증에 있어서의 계약이행 완료일로 본다.

제8조 【감독원】 ① 갑은 자기를 대리하는 감독원을 임명하였을 때에는 이를 서면으로 을에게 통지한다.

② 감독원은 다음과 같은 직무를 수행한다.

1. 시공일반에 대하여 감독하고 입회하는 일

2. 계약이행에 있어서 을 또는 을의 현장대리인에 대한 지시, 승낙 또는 협의하는 일

3. 공사재료와 시공에 대한 검사 또는 시험에 입회하는 일

4. 공사의 기성부분공사, 준공검사 또는 공사목적물의 인도에 입회하는 일

③ 을이 갑 또는 감독원에 대하여 검사입회 등을 요구한 때에는 갑 또는 감독원은 지체없이 이에 응한다.

④ 을은 감독원의 감독 또는 관리에 있어서 그 처리가 현저히 부당하다고 인정될 때에는 갑에 대하여 그 사유를 명시한 서면으로서 필요한 지시를 요구할 수 있다.

제9조 【현장대리인】 ① 을은 현장대리인을 두며 이를 미리 갑에게 통지한다.

② 현장대리인은 법률에 의하여 2개 현장에 배치할 수 있는 경우를 제외하고는 공사현장에 상주해야 하며 을을 대리하여 일체의 사항을 처리한다.

③ 현장대리인이 건설산업기본법시행령 제36조 별표5의 규정에 의한 건설기술자의 현장배치 기준에 적합한 기술자가 아닌 경우에는 을은 공사관리 기타 기술상의 관리를 위하여 적격한 건설기술자를 별도로 배치하고 갑에게 통지한다.

제10조 【종업원 및 고용원】 ① 을이 공사를 시공함에 있어서 종업원이나 고용원을 사용할 때에는 당해 공사의 시공 또는 관리에 관한 상당한 기술과 경험이 있는 자를 채용한다.

② 을은 그의 대리인, 안전관리책임자, 종업원 또는 고용원의 행위에 대하여 사용자로서의 모든 책임을 지며, 갑이 을의 대리인, 종업원 또는 고용원에 대하여 공사의 시공 또는 관리에 있어 현저히 부적당하다고 인정하여 이의 교체를 요구한 때에는 정당한 사유가 없는 한 지체없이 이에 응한다.

③ 을은 제2항에 의하여 교체된 대리인, 종업원 또는 고용원을 갑의 동의없이 당해 공사를 위하여 다시 채용할 수 없다.

제11조 【공사재료의 검사】 ① 공사에 사용할 재료는 신품이어야 하며, 품질, 품명 등은 반드시 설계도서와 일치하여야 한다. 다만, 설계도서에 품질·품명 등이 명확히 규정되지 아니한 것은 표준품 또는 표준품에 상당하는 재료로서 계약의 목적으로 달성하는 데 가장 적합한 것이어야 한다.

② 공사에 사용할 재료는 사용전에 공사 감독원의 검사를 받아야 하며, 불합격된 재료는 즉시 대체하여 다시 검사를 받아야 한다. 이 경우에 을은 이를 이유로 계약기간의 연장을 청구할 수 없다.

③ 검사결과 불합격품으로 결정된 재료는 공사에 사용할 수 없다. 다만, 감독원의 검

사에 이의가 있을 대에는 을은 갑에 대하여 재검사를 요청할 수 있으며, 재검사의 필요가 있을 때에는 갑은 지체없이 재검사하도록 조치한다.

④ 갑은 을로부터 공사에 사용할 재료의 검사를 요청받거나 제3항의 규정에 의한 재검사의 요청을 받은 때에는 정당한 이유없이 검사를 지체할 수 없다.

⑤ 을이 불합격된 재료를 즉시 이송하지 않거나 대품으로 대체하지 않을 경우에는 갑은 일방적으로 불합격된 재료를 제거하거나 대품으로 대체시킬 수 있으며, 그 비용은 을의 부담으로 한다.

⑥ 을은 재료의 검사를 받을 때에는 감독원의 지시에 따라야 하며, 검사에 소요되는 비용은 별도로 정한 바가 없으면 자재를 조달하는 자가 부담한다. 다만, 검사에 소요되는 비용을 발주자로부터 지급받았을 경우에는 갑이 이를 부담한다.

⑦ 공사에 사용하는 재료중 조합 또는 시험을 요하는 것은 감독원의 참여하에 그 조합 또는 시험을 한다.

⑧ 을은 공사현장내에 반입한 공사재료를 감독원의 승낙없이 밖으로 반출하지 못한다.

⑨ 수중 또는 지하에 설치하는 공작물과 기타 준공후 외부로부터 검사할 수 없는 공작물의 검사는 감독원의 참여없이 시공할 수없다.

제12조 【지급재료 및 대여품】① 계약에 의하여 갑이 지급하는 재료의 인도시기는 공사예정공정표에 의하고, 그 인도장소는 시방서에 따로 정한 바가 없으면 공사현장으로 한다.

② 제1항에 의하여 지급된 재료의 소유권은 갑에게 속하며 감독원의 서면 승낙없이 공사현장에 반입된 재료를 이동할 수 없다.

③ 을은 갑 또는 감독원이 지급재료가 비치된 장소에 출입하여 이를 검사하고자 할 때에는 이에 협조한다.

④ 갑은 목적물의 품질유지, 개선이나 기타 정당한 사유가 있는 경우 또는 을의 요청이 있는 때에 건설위탁과 관련된 기계·기구(이하 '대여품' 이라 한다) 등을 대여할 수 있다. 이 경우 갑은 대여품을 지정된 일시와 장소에서 인도하며 인도후의 반송비는 을의 부담으로 한다.

⑤ 제1항의 지급재료와 제4항의 대여품을 지급한 후에 멸실 또는 훼손이 있을 때에는 을은 이에 대하여 책임을 진다. 다만, 선량한 관리자의 주의의무를 다한 경우에는 그러하지 아니한다.

⑥ 갑이 지급한 재료와 기계, 기구 등은 계약의 목적을 수행하는데에만 사용한다.

⑦ 재료지급의 지연으로 공사가 지연될 우려가 있을 때에는 을은 갑의 서면승낙을

얻어 자기가 보유한 재료를 대체 사용할 수 있다. 다만, 대체사용에 따른 경비는 갑이 부담한다.

⑧ 갑은 제7항의 규정에 의하여 대체사용한 재료를 그 사용당시의 가격에 의하여 그 대가를 공사 기성금에 포함하여 을에게 지급하여야 한다. 다만, 현품반환을 조건으로 하여 재료의 대체사용을 승인한 경우에는 그러하지 아니하다.

⑨ 감독원은 지급재료 및 대여품을 을의 입회하여 검사하여 인도한다.

⑩ 을은 공사내용의 변경으로 인하여 필요없게 된 지급재료 또는 대여품을 지체없이 갑에 반환한다.

제13조 【부적합한 공사】 ① 갑은 을이 시공한 공사중 설계도서에 적합하지 아니한 부분이 있을 때에는 이에 대한 시정을 요청할 수 있으며, 을은 지체없이 이에 응한다. 이 경우에 을은 계약금액의 증액 또는 공기의 연장을 요청할 수 없다.

② 제1항의 경우에 그 부적합한 시공이 갑의 요청 또는 시공에 의하거나 기타 을의 책임으로 돌릴 수 없는 사유로 인한 때에는 을은 그 책임을 지지 아니한다.

제14조 【공사의 변경·중지】 ① 갑은 필요하다고 인정하거나 발주자의 요청이 있는 때에는 을에게 서면으로써 공사내용의 변경, 추가 또는 공사의 전부나 일부에 대한 시공의 일시중지를 요청할 수 있다. 이로 인하여 공사기간의 연장 또는 단축이나 계약금액의 증감이 필요하다고 인정될 때에는 을과 협의하여 결정한다.

② 제1항의 규정에 의한 계약금액의 증감은 발주자로부터 조정받은 범위 내에서 다음 각 호의 기준에 의한다.

1. 증감된 공사의 단가는 제3조 제2항이 규정에 의한 산출내역서상의 단가(이하 '계약단가'라 한다)로 한다.

2. 계약단가가 없는 신규비목의 단가는 설계변경 당시를 기준으로 선정한 단가에 낙찰률을 곱한 금액으로 한다.

③ 계약금액의 증감분에 대한 일반관리비 및 이윤은 계약체결 당시의 율에 의한다.

④ 갑의 지시에 의하여 을이 추가로 시공한 공사물량에 대하여 갑은 발주자로부터 증액 받지 못하였다 하더라도 을에게 증액 지급한다.

⑤ 을은 제14조 또는 제15조에 규정된 계약금액의 조정사유 이외에 계약체결 후 계약조건의 미숙지, 덤핑 수주 등을 이유로 계약금액의 변경을 요구하거나 시공을 거부할 수 없다.

제15조 【물가변동으로 인한 계약금액의 변경】 ① 갑은 계약체결 이후 품목의 가격 또는 요금변동 등의 이유로 발주자로부터 계약금액을 조정받아 지급받은 경

우 동일한 사유로 목적물의 완성에 추가비용이 소요되든가 감액되는 때에는 그 내용과 비율에 따라 을에게 계약금액을 조정하여 지급한다. 이 경우 하도급계약금액의 조정은 갑이 발주자로부터 조정을 받은 날로부터 30일 이내에 하기로 한다.

② 갑은 발주자로부터 계약금액을 조정받지 않은 경우에도 산출내역서에 포함되어 있는 품목의 가격 또는 요금의 급격한 변동이 있는 경우 계약금액을 조정하여 지급할 수 있는 약정을 상호협의하여 별도로 정할 수 있다.

③ 제1, 2항의 규정에 의한 계약금액의 조정은 물가변동후 반입한 재료와 제공된 역무의 대가에 적용하되 시공전에 제출된 공사예정 공정표에서 물가변동이 있는 날 이전에 이미 계약이행이 완료되었어야 할 부분을 제외한 잔여 부분의 대가에 대하여만 적용한다. 다만, 갑의 책임있는 사유 또는 천재지변 등 불가항력으로 인하여 지연된 경우에는 그러하지 아니하다.

제16조 【응급조치】 ① 을은 화재방지 등을 위하여 필요하다고 인정될 때에는 미리 응급조치를 취하고 즉시 이를 갑에게 통지한다.

② 갑 또는 감독원은 화재방지, 기타 공사의 시공상 긴급하고 부득이하다고 인정할 때에는 을에게 응급조치를 요구할 수 있다. 이 경우에 을은 즉시 이에 응한다. 다만, 을이 요구에 응하지 아니할 때에는 갑은 제3자로 하여금 필요한 조치를 하게 할 수 있다.

③ 제1항 및 제2항의 응급조치에 소요된 경비에 대하여는 갑과 을이 협의하여 제14조의 규정을 준용한다. 다만, 응급조치 원인에 대한 책임이 을에게 있는 경우 을의 부담으로 한다.

제17조 【검사 및 인도】 ① 갑은 을로부터 기성부분검사 또는 준공검사의 요청이 있는 때에는 하도급거래공정화에관한법률 제9조 제1항의 규정에서 정한 검사기준 및 방법에 따라 즉시 검사를 하여야 하며, 정당한 사유가 없는 한 10일 이내에 검사결과를 을에게 서면으로 통지하여야 한다. 갑이 10일 이내에 통지를 하지 아니하는 경우에는 검사에 합격한 것으로 본다.

② 제1항의 검사합격 통지시 갑에게 목적물이 인도된 것으로 보며, 갑은 즉시 이를 인수하여야 한다.

③ 을은 제1항의 검사에 합격하지 못한 때에는 지체없이 이를 보수 또는 개조하여 다시 검사를 받아야 한다.

④ 을은 갑의 검사에 이의가 있을 때에는 갑에 대하여 재검사를 요구할 수 있으며, 재검사의 요구가 있을 때에는 갑은 지체없이 재검사를 한다.

⑤ 을은 공사를 완성하였을 때에는 모든 공사시설, 잉여자재, 폐물 및 가설물 등을

공사현장으로부터 즉시 철거, 반출하고 공사현장을 정돈한다.

제18조 【손해의 부담】 ① 공사의 목적물이 갑에게 인도되기 전에 갑·을 쌍방의 책임없는 사유로 공사의 목적물이나 제3자에게 손해가 생긴 경우 이는 을이 부담한다. 다만, 갑의 귀책사유가 있는 경우나 갑의 인수지연중 갑·을 쌍방의 책임없는 사유로 목적물 또는 제3자에게 손실이 생긴 경우 이는 갑이 부담한다.

② 공사목적물 검사기간중 갑·을 쌍방의 책임없는 사유로 공사의 목적물이나 제3자에게 손해가 생긴 경우 다른 약정이 없는 한 갑과 을이 협의하여 결정한다.

③ 갑에게 공사의 목적물이 인도된 후 갑·을 쌍방의 책임없는 사유로 공사의 목적물이나 제3자에게 손해가 발생한 경우 이는 갑이 부담한다. 그리고 천재지변 기타 불가항력에 의하여 검사를 마친 기성부분에 손해가 발생한 때에는 을은 그 사실을 지체없이 갑에게 통지한다.

④ 을은 고의·과실로 인하여 하도급받은 공사를 조잡하게 하여 타인에게 손해를 가한 때에는 그 손해를 배상한다.

⑤ 갑이 제4항의 규정에 의한 손해를 건설산업기본법 제44조(건설업자의 손해배상책임) 제3항의 규정에 따라 배상한 때에는 을에게 구상권을 행사할 수 있다.

제19조 【부분사용】 ① 갑은 공사목적물의 인도전이라 하더라도 을의 동의를 얻어 공사목적물의 전부 또는 일부를 사용할 수 있다.

② 제1항의 경우 갑은 그 사용부분을 선량한 관리자의 주의로서 사용한다.

③ 갑은 제1항에 의한 사용으로 을에게 손해가 있거나 을의 비용을 증가하게 한 때에는 그 손해를 배상하거나 증가된 비용을 부담한다. 이 경우 배상액 또는 부담액은 갑과 을이 협의하여 정한다.

제20조 【대금지급】 ① 갑은 목적물인수일로부터 60일 이내의 기한으로 정한 지급기일까지 을에게 대금을 지급하여야 한다.

② 갑이 발주자로부터 준공금을 받은 때에는 하도급대금을 , 기성금을 받은 때에는 을이 시공한 분에 상당한 금액을 그 지급받은 날로부터 15일(대금지급기일이 그 전에 도래한 경우에는 지급기일)이내에 을에게 지급하여야 한다.

③ 갑이 대금을 어음으로 지급하는 경우에는 그 어음은 법률에 근거하여 설립된 금융기관에서 할인가능한 것이어야 하며, 어음을 교부한 날로부터 어음의 만기일까지의 기간에 대한 할인료를 어음을 교부한 날에 을에게 지급하여야 한다. 다만, 목적물 인수일로부터 60일(발주자로부터 준공금 또는 기성금을 받은 때에는 제2항에서 정한 기일을 말함. 이하 같다) 이내에 어음을 교부하는 경우에는 목적물의 인수일로부터 60일을

초과한 날 이후 만기일까지의 기간에 대한 할인료를 목적물의 인수일로부터 60일 이내에 을에게 지급하여야 한다.

제21조 【하도급대금의 직접지급청구】 ① 건설산업기본법 등 관계 법령에 의거 발주자가 하도급대금을 직접 지급할 수 있는 사유에 해당되는 경우, 을은 발주자에게 하도급대금의 직접지급을 청구할 수 있다.

② 을은 제1항의 규정에 의하여 하도급대금의 직접 지급을 청구하거나 발주자가 관계 법령에 의하여 하도급대금을 을에게 직접 지급하고자 할 때에는 갑은 특별한 사유가 없는 한 그 지급의 방법 및 절차에 관하여 협조한다.

제22조 【선급금】 ① 갑은 계약서에 정한 바에 따라 선급금을 을에게 지급한다.

② 갑이 발주자로부터 선급금을 받은 때에는 을이 시공에 착수할 수 있도록 그가 받은 선급금의 내용과 비율에 따라 선급금을 지급받은 날로부터 15일 이내의 범위 안에서 계약서에 정한 바에 따라 선급금을 을에게 지급한다.

③ 을이 선급금을 지급받고자 할 때에는 제23조 제1항 각 호의 1에 해당하는 증서를 갑에게 제출한다.

④ 선급금은 계약 목적외에 사용할 수 없으며, 노임지급 및 자재확보에 우선 사용하도록 한다.

⑤ 선급금은 기성부분의 대가를 지급할 때마다 다음 산식에 의하여 산출한 금액을 정산한다.

$$\text{선급금 정산액} = \text{선급금액} \times \frac{\text{기성부분의 대가 상당액}}{\text{계약금액}}$$

제23조 【하자담보】 ① 을은 계약서에서 정한 하자보수 보증금률을 계약금액에 곱하여 산출한 금액(이하 '하자보수보증금' 이라 한다)을 준공검사 후 그 공사의 대가를 지급받을 때까지 현금 또는 다음의 증서로서 갑에게 납부한다. 다만, 공사의 성질상 보증금의 납부가 필요하지 아니한 경우에는 그러하지 아니하다.

 1. 건설공제조합, 전문건설공제조합, 설비공사공제조합, 전기공사공제조합 및 정보통신공제조합이 발행하는 보증서
 2. 보증보험증권
 3. 신용보증기금의 보증서
 4. 국채 또는 지방채

5. 금융기관의 지급보증서

6. 금융기관의 예금증서

② 을은 준공검사를 마친 날로부터 계약서에서 정하는 하자보수의무기간 중 을의 귀책사유로 하자가 발생한 것에 대하여는 이를 보수하여야 한다.

③ 을이 제2항의 하자보수의무기간중 갑으로부터 하자보수의 요구를 받고 이에 응하지 아니하면 제1항의 하자보수보증금은 갑에게 귀속한다.

④ 제1항의 하자보수보증금은 하자보수의무기간이 종료한 후 을의 청구가 있는 날로부터 10일 이내에 반환하여야 한다.

제24조 【이행지체】 ① 을이 계약서에서 정한 준공기한내 공사를 완성하지 못하였을 때에는 계약금액에 계약서에 정한 지체상금률과 지체일수를 곱한 금액(이하 '지체상금' 이라 한다)을 갑에게 현금으로 납부한다.

② 제1항의 경우 기성부분에 대하여 검사를 거쳐 이를 인수한 때에는 그 부분에 상당하는 금액을 계약금액에서 공제한 금액을 기준으로 지체상금을 계산하다. 이 경우 기성부분의 인수는 성질상 분할할 수 있는 공사의 완성부분으로서 인수하는 것에 한한다.

③ 다음 각 호의 1에 해당되는 사유로 공사가 지체되었다고 인정될 때에는 그 해당 일수에 상당한 일수를 지체일수에 산입하지 아니한다.

1. 태풍, 홍수, 기타 악천후, 전쟁 또는 사변, 지진, 화재, 폭동, 항만봉쇄, 방역 및 보안상 출입제한 등으로 인한 경우

2. 갑이 지급키로 한 지급재료의 공급이 지연되어 공사진행이 불가능하였을 경우

3. 갑의 귀책사유로 인하여 착공이 지연되거나 시공이 중단된 경우

4. 기타 을의 책임에 속하지 아니하는 사유로 인하여 지체된 경우

④ 갑은 제1항의 지체상금을 을에게 지급하여야 할 공사비 또는 기타 예치금에서 공제할 수 있다.

제25조 【갑·을의 계약해제, 해지】 ① 갑 또는 을은 다음 각 호의 1에 해당하는 경우 서면으로 계약의 이행일(일 또는 월)로 정하여 최고한 후 동 기간 내에 경과하였을 때에도 계약이 이행되지 아니하는 때에는 당해 계약의 전부 또는 일부를 해제·해지할 수 있다.

1. 갑 또는 을이 계약조건에 위반하여 그 위반으로 계약의 목적을 달성할 수 없다고 인정될 때

2. 부도·파산 등 을의 귀책사유로 공기내에 공사를 완성할 수 없는 것이 명백히 인

정될 때

3. 갑이 정당한 이유없이 계약내용을 이행하지 아니하고 그 위반으로 공사를 완성하는 것이 불가능한 때

4. 을이 정당한 이유없이 약정한 착공기간을 경과하고도 공사에 착공하지 아니한 때

5. 갑이 공사내용을 변경함으로써 계약금액이 40/100이상 감소한 때

6. 제14조 제1항에 의한 공사의 정지기간이 전체 공사 기간의 50/100 이상인 때

② 제1항 각 호의 사유로 계약을 해제 또는 해지한 경우 을은 기성부분 검사를 필한 부분에 대한 하자보수보증금을 제23조 제1항에 의거 갑에게 납부한다.

③ 을은 제2항의 하자보수보증금을 현금으로 납부한 경우 공사준공검사 후 하자보수보증서로 대체할 수 있다.

④ 갑이 제1항 각 호의 사유로 계약을 해제 또는 해지한 경우 을은 다음 각 호의 사항을 이행한다.

1. 해약통지서를 받은 부분에 대한 공사를 지체없이 중지하고 모든 공사 관련시설 및 장비 등을 공사현장으로부터 철거한다.

2. 제12조에 의한 대여품이 있을 때에는 지체없이 갑에게 반환한다. 이 경우 당해 대여품이 을의 고의 또는 과실로 인하여 멸실 또는 파손되었을 때에는 원상회복 또는 그 손해를 배상한다.

3. 제12조에 의한 지급자재중 공사의 기성부분으로서 인수된 부분에 사용한 것을 제외한 잔여재료는 갑에게 반환한다. 이 경우 당해 재료가 을의 고의 또는 과실로 인하여 멸실 또는 파손되었거나 공사의 기성부분으로서 인수되지 아니한 부분에 사용된 때에는 원상으로 회복하거나 그 손해를 배상한다.

⑤ 을은 제1항에 의한 계약의 해제 또는 해지로 손해가 발생한 때에는 갑에게 손해배상을 청구할 수 있다.

제26조 【서류제출】 을은 하도급공사의 임금, 산업재해보상보험금의 지급, 요양 등에 관한 서류에 대하여 갑의 요구가 있을 때에는 이에 협조한다.

제27조 【보험가입 등】 ① 관계 법령에 의하여 가입이 의무화된 보험 등(산재보험, 고용보험 등 이하 같다)은 갑이 가입함을 원칙으로 하고, 을은 시공에 있어서 재해방지를 위하여 만전을 기한다.

② 을은 관계 법령이 정하는 바에 의하여 보험 등에 가입할 수 있으며, 이 때 갑은 을의 하도급내역을 기초로 산출된 보험가입에 필요한 금액을 별도 계상 지급한다.

③ 갑은 제1항에 의해 보험 등에 가입한 경우에는 당해 사업장의 근로자가 보험금

등을 지급받아야 할 사유가 발생한 때에는 관계 법령에 의한 보험금 등의 혜택을 받을 수 있도록 하여야 한다.

④ 갑은 재해발생에 대비하여 을에게 아래 각 호의 보험을 택일 또는 중복 가입토록 요구할 수 있고, 이 경우 동보험료 상당액을 지급한다.

1. 사용자 배상책임보험
2. 영업배상 책임보험
3. 공사보험

⑤ 갑이 산업재해보험에 일괄 가입하였을 경우 을이 책임이 있는 경우를 제외하고는 갑이 재해발생으로 인한 모든 책임을 져야 한다.

제28조 【안전관리비】 ① 갑은 건설공사 표준안전관리비 계상 및 사용기준에 따라 안전관리비를 책정하여야 한다.

② 갑은 계상된 안전관리비의 범위 안에서 을의 위험도 등을 고려하여 적정하게 지급하거나, 갑의 관리하에 공동으로 사용해야 한다.

③ 을은 계약체결 후 지체없이 안전관리비 사용기준, 공사특성에 적합한 안전관리계획 및 안전관리비 사용계획을 작성, 갑에게 제출하고 이에 따라 안전관리비를 사용하여야 한다.

제29조 【공업소유권】 ① 을은 목적물 시공과 관련하여 갑으로부터 사용허락을 받은 특허권, 실용신안권, 의장권 등(이하 '공업소유권' 이라 한다)을 목적물 시공 이외에는 사용하지 못하며, 갑의 승낙없이 제3자에게 공업소유권을 사용하게 할 수 없다.

② 갑 또는 을은 목적물에 대해 공업소유권 침해 등 분쟁이 발생한 경우 상대방에게 지체없이 통지하여야 하며, 갑 또는 을 중 책임이 있는 자가 분쟁을 해결하여야 한다.

③ 갑과 을이 공동연구하여 개발한 공업소유권의 취득은 상호 협의하여 정한다.

제30조 【특수조건】 이 계약에서 정하지 아니한 사항에 대하여는 갑과 을이 대등한 지위에서 합의하여 특약으로 정할 수 있다.

제31조 【분쟁의 해결】 ① 이 계약에서 발생하는 문제에 관한 분쟁은 갑과 을이 쌍방 합의에 의하여 해결한다.

② 제1항의 합의가 성립하지 못할 때는 건설산업기본법 제69조의 규정에 의한 건설분쟁조정위원회나 하도급거래공정화에관한법률 제24조의 규정에 의한 하도급분쟁조정협의회 등에 조정을 신청하거나 다른 법령에 의하여 설치된 중재기관에 중재를 신청할 수 있다.

전기공사 표준하도급 계약서

(2000. 1. 12.)

1. 발주자 :   원도급 공사명 :

2. 하도급 공사명 :

3. 공사장소 :

4. 공사기간 : 착공   년 월 일

                   준공   년 월 일

5. 계약금액 : 일금   원정(₩   )

           공급가액 : 일금   원정(₩   )

           (노 무 비 : 일금   원정)(₩   )

※ 전기공사업법시행령 제16조의 규정에 의한 노무비

   부가가치세 : 일금   원정(₩   )

※ 변경 전 계약금액 : 일금   원정(₩   )

6. 대금의 지급

   가. 선급금

       (1) 계약체결 후 (   )일 이내에 일금   원정(₩   )

   ※ 발주자로부터 지급받은 날 또는 계약을 체결한 날부터 15일 이내에 그 내용
과 비율에 따름

   나. 기성금

       (1) 월 (   )회

       (2) 목적물 수령일부터 (   )일 이내

       (3) 지급방법 : 현금   %, 어음   %

   다. 설계변경, 경제상황변동 등에 따른 대금조정 및 지급

       (1) 발주자로부터 조정받은 날부터 (30)일 이내에 그 내용과 비율에 따라 조정

       (2) 발주자로부터 지급받은 날부터 (15)일 이내에 지급

7. **지급자재의 품목 및 수량** : 별도 첨부

8. **계약보증금** : 일금　　　　　　　원정(₩　　　　　)

9. **공사대금 지급보증금** : 일금　　　　　　　원정(₩　　　　　)

10. **하자담보책임**

　　가. 하자보수보증금률 : 계약금액의 (　　)%

　　나. 하자보수보증금 : 일금　　　　　　　원정(₩　　　　　)

　　다. 하자담보책임기간 :

11. **지체상금률** : 계약금액의 (　　)%

　당사자는 위 내용과 별첨 전기공사 하도급 계약조건, 설계도(　)장, 시방서(　)책에 의하여 이 전기공사 하도급 계약을 체결하고 계약서 2통을 작성하여 각각 1통씩 보관한다.

년　월　일

원사업자

　　주　소 :

　　상　호 :

　　성　명 :　　　　　　　(인)

수급사업자

　　주　소 :

　　상　호 :

　　성　명 :　　　　　　　(인)

전기공사 하도급 계약조건

제1조 【기본원칙】 ① 원사업자(「전기공사업법」에 의한 "수급인"을 말한다. 이하 "갑"이라 한다)와 수급사업자(「전기공사업법」에 의한 "하수급인"을 말한다. 이하

"을"이라 한다)는 대등한 입장에서 서로 협력하여 신의에 따라 성실히 계약을 이행한다.

② 갑과 을은 이 공사의 시공 및 계약의 이행에 있어서 「전기공사업법」, 「하도급거래공정화에관한법률」(이하 "하도급법"이라 한다) 및 관계 법령의 제규정을 준수한다.

③ 이 계약의 내용과 배치되는 다른 계약에 대해서는 이 계약에 의한 내용을 우선하여 적용한다. 다만, 제30조(특수조건)에 의거 이 계약에서 정하지 아니한 사항에 대하여 갑과 을이 대등한 지위에서 합의하여 특약으로 정한 내용은 그러하지 아니한다.

제2조 【원사업자의 협조】① 갑은 하도급계약을 체결한 날부터 30일 이내에 발주자에게 통지한다. 다만, 갑이 기한내에 통지를 하지 아니한 경우에는 을이 발주자에게 이를 통지할 수 있다.

② 갑은 을에게 이 공사 이행에 필요한 협조와 지원을 한다.

제3조 【공사시공 등】① 을은 이 계약조건과 설계도서(공사시방서, 설계도면 및 현장설명서를 포함한다. 다만, 총액단가계약의 경우에는 산출내역서를 포함하며, 양식은 재정경제부 회계예규의 양식을 준용한다. 이하 같다)에 의하여 공사를 시공한다.

② 을은 계약체결 후 지체없이 공사예정공정표를 작성하여 갑의 승인을 받아야 하며, 갑에게 산출내역서를 제출한다.

제4조 【관련 공사와의 조정】① 갑은 도급공사를 원활히 수행하기 위하여 이 도급공사와 관련이 있는 공사(이하 "관련 공사"라 한다)와의 조정이 필요한 경우에는 을과 협의하여 이 공사의 공사기간, 공사내용, 계약금액 등을 변경할 수 있다.

② 을은 관련공사의 시공자와 긴밀히 연락 협조하여 도급공사의 원활한 완성에 협력한다.

제5조 【의견의 청취】갑은 시공상 공정의 세부작업 방법 등을 정함에 있어 미리 을의 의견을 청취한다.

제6조 【권리·의무의 양도 등】① 갑과 을은 이 계약으로부터 발생하는 권리 또는 의무를 제3자에게 양도하거나 승계하게 할 수 없다. 다만, 상대방의 서면에 의한 동의(보증인이 있는 경우에는 보증인의 동의 포함)가 있는 경우에는 그러하지 아니하다.

② 을은 공사목적물 또는 공사현장에 반입하여 검사를 마친 공사자재를 제3자에게 양도, 담보설정, 기타의 처분행위를 하지 못한다.

제7조 【계약이행 및 대금지급보증】① 갑과 을은 다음 각 호의 1의 방법으로 공사대금의 지급 및 계약이행을 상호 보증한다. 다만, 「하도급법시행령」 제3조의2의

규정에 의거 하도급대금지급보증이 면제된 경우에는 그러하지 아니하다.

1. 갑은 을에게 다음 각목의 1에 해당하는 금액의 공사대금지급보증

가. 공사기간이 4개월 이하인 경우에는 계약금액에서 선급금을 제외한 금액

나. 공사기간이 4개월을 초과하는 경우로서 기성 부분에 대한 대가의 지급주기가 2개월이내인 경우에는 다음의 산식에 의하여 산출한 금액

> ● 보증금액 = {(하도급 계약금액 – 계약상 선급금) ÷ 공사기간(월수)} × 4

다. 공사기간이 4개월을 초과하는 경우로서 기성 부분에 대한 대가의 지급주기가 2개월을 초과하는 경우에는 다음의 산식에 의하여 산출한 금액

> ● 보증금액 = {(하도급 계약금액 – 계약상 선급금) ÷ 공사기간(개월수)} × 기성
> 부분에 대한 대가의 지급주기(개월수) × 2

2. 을은 갑에게 계약금액의 100분의 10에 해당하는 금액의 계약이행보증

② 제1항의 규정에 의한 갑과 을 상호간의 보증은 현금(체신관서 또는 은행법에 의한 금융기관이 발행한 자기앞수표를 포함)의 납부 또는 다음 각 호의 1의 기관이 발행하는 보증서, 채권(국채 또는 지방채)이나 금융기관의 예금증서의 교부에 의한다.

1. 전기공사공제조합
2. 보험업법에 의한 보험사업자
3. 신용보증기금법에 의한 신용보증기금
4. 은행법에 의한 금융기관

③ 갑이 을에 대하여 제2항의 규정에 의거 지급보증서를 교부함에 있어서 그 공사기간중에 하도급하는 모든 공사 또는 1회계연도에 하도급하는 모든 공사에 대한 공사대금의 지급보증을 하나의 지급보증서로 교부할 수 있다.

④ 갑이 제20조의 규정에 의한 공사대금의 지급을 지체하여 을로부터 서면으로 지급독촉을 받고도 이를 지급치 않은 경우, 을은 제2항 각 호의 보증기관에 공사대금중 미지급액에 상당하는 보증금의 지급을 청구할 수 있다. 다만, 갑이 제2항의 규정에 의하여 현금의 납부 또는 보증서 등을 교부한 경우에는 동 금액에서 공사대금중 미지급 금액에 상당하는 금액은 을에게 귀속한다.

⑤ 을이 계약상 의무를 이행하지 아니하여 갑이 제25조 제1항의 규정에 의거 계약의 전부 또는 일부를 해제 또는 해지한 경우에는 갑은 제2항의 보증금에 대해 계약의

해제 또는 해지에 따른 손실에 상당하는 금액의 지급을 청구할 수 있다. 다만, 을이 제2항의 규정에 의하여 현금의 납부 또는 보증서 등을 교부한 경우에는 손실액에 상당하는 금액은 갑에게 귀속된다.

⑥ 갑의 공사대금 미지급액 및 을의 계약불이행 등에 의한 손실이 제1항 규정에 의한 보증금을 초과하는 경우에는 갑과 을은 그 초과액에 대하여 상대방에게 청구할 수 있다.

⑦ 갑과 을이 납부한 보증금은 계약이 이행된 후 계약상대방에게 지체없이 반환한다. 다만, 갑이 을에게 공사대금을 어음으로 지급한 경우에는 어음만기일을 공사대금 지급보증에 있어서의 계약이행완료일로 본다.

제8조 【감독자】 ① 갑은 자기를 대리하는 감독자를 임명하였을 때에는 이를 서면으로 을에게 통지한다.

② 감독자는 다음과 같은 직무를 수행한다.

1. 시공일반에 대하여 감독하고 입회하는 일

2. 계약이행에 있어서 을 또는 을의 시공관리책임자에 대한 지시, 승낙 또는 협의하는 일

3. 공사재료와 시공에 대한 검사 또는 시험에 입회하는 일

4. 공사의 기성부분검사, 준공검사 또는 공사목적물의 인도에 입회하는 일

③ 을이 갑 또는 감독자에 대하여 검사 입회 등을 요구한 때에는 갑 또는 감독자는 지체없이 이에 응한다.

④ 을은 감독자의 행위가 현저히 부당하다고 인정할 때에는 갑에 대하여 그 사유를 명시한 서면으로서 이의 시정을 요구 할 수 있다.

제9조 【시공관리책임자】 ① 을은 시공관리책임자를 두며 이를 미리 갑에게 통지한다.

② 시공관리책임자는 공사현장에 배치하여야 하며 을을 대리하여 시공과 관련된 일체의 사항을 처리한다.

③ 을은 시공관리책임자가 「전기공사업법시행령」 제12조의 규정에 의한 전기공사기술자의 시공관리기준에 적합한 전기공사기술자가 아닌 경우에는 공사관리 기타 기술상의 관리를 위하여 적격한 전기공사기술자를 별도로 배치하고 갑에게 통지한다.

제10조 【종업원 및 고용원】 ① 을이 공사를 시공함에 있어서 종업원이나 고용원을 사용할 때에는 당해 공사의 시공 또는 관리에 관한 상당한 기술과 경험이 있는 자를 채용한다.

② 을은 그의 시공관리책임자, 안전관리책임자, 종업원 또는 고용원의 행위에 대하여 사용자로서의 모든 책임을 지며, 갑이 을의 시공관리책임자, 종업원 또는 고용원에 대하여 공사의 시공 또는 관리에 있어 현저히 부적당하다고 인정하여 이의 교체를 요구한 때에는 정당한 사유가 없는 한 지체없이 이에 응한다.

③ 을은 제2항에 의하여 교체된 시공관리책임자, 종업원 또는 고용원을 갑의 동의없이 당해 공사를 위하여 다시 채용할 수 없다.

제11조 【공사재료의 검사】 ① 공사에 사용할 재료는 신품이어야 하며, 품질, 품명 등은 반드시 설계도서와 일치하여야 한다. 다만, 설계도서에 품질, 품명 등이 명확히 규정되지 아니한 것은 표준품 또는 표준품에 상당하는 재료로서 계약의 목적을 달성하는데 가장 적합한 것이어야 한다.

② 공사에 사용할 재료는 사용전에 공사감독자의 검사를 받아야 하며, 불합격 된 재료는 즉시 대체하여 다시 검사를 받아야 한다. 이 경우에 을은 이를 이유로 계약기간의 연장을 청구할 수 없다.

③ 검사결과 불합격품으로 결정된 재료는 공사에 사용할 수 없다. 다만, 감독자의 검사에 이의가 있을 때에는 을은 갑에 대하여 재검사를 요청할 수 있으며, 재검사의 필요가 있을 때에는 갑은 지체없이 재심사하도록 조치한다.

④ 갑은 을로부터 공사에 사용할 재료의 검사를 요청받거나 제3항의 규정에 의한 재검사의 요청을 받은 때에는 정당한 사유없이 검사를 지체할 수 없다.

⑤ 을이 불합격된 재료를 즉시 이송하지 않거나 대품으로 대체하지 않을 경우에는 갑은 일방적으로 불합격된 재료를 제거하거나 대품으로 대체시킬 수 있으며, 그 비용은 을의 부담으로 한다.

⑥ 을이 재료의 검사를 받을 때에는 감독자의 지시에 따라야 하며, 검사에 소요되는 비용은 별도로 정한 바가 없으면 자재를 조달하는 자가 부담한다. 다만, 검사에 소요되는 비용을 발주자로부터 지급받았을 경우에는 갑이 이를 부담한다.

⑦ 공사에 사용하는 재료중 조합 또는 시험을 요하는 것은 감독자의 참여하에 그 조합 또는 시험을 한다.

⑧ 을은 공사현장내에 반입한 공사재료를 정당한 사유가 없는 한 감독자의 승낙없이 공사현장 밖으로 반출하지 못한다.

⑨ 수중 또는 지하에 설치하는 공작물과 기타 준공후 외부로부터 검사할 수 없는 공작물의 검사는 감독자의 참여없이 시공할 수 없다.

제12조 【지급재료 및 대여품】 ① 갑이 지급하는 재료의 인도시기는 공사예정

공정표에 의하고, 그 인도장소는 시방서에 따로 정한 바가 없으면 공사현장으로 한다.

② 제1항에 의하여 지급된 재료의 소유권은 갑에게 귀속되며 정당한 사유가 없는 한 감독자의 서면 승낙없이 공사현장에 반입된 재료를 이동할 수 없다.

③ 을은 갑 또는 감독자가 지급재료가 비치된 장소에 출입하여 이를 검사하고자 할 때에는 이에 협조한다.

④ 갑은 목적물의 품질유지, 개선이나 기타 정당한 사유가 있는 경우 또는 을의 요청이 있는 때에 공사 위탁과 관련된 기계·기구(이하 "대여품"이라 한다) 등을 대여할 수 있다. 이 경우 갑은 대여품을 지정된 일시와 장소에서 인도하며 인도후의 반송비는 을의 부담으로 한다.

⑤ 제1항의 지급재료와 제4항의 대여품을 지급한 후에 멸실 또는 훼손이 있을 때에는 을은 이에 대하여 책임을 진다. 다만, 선량한 관리자의 주의의무를 다한 경우에는 그러하지 아니하다.

⑥ 갑이 지급한 재료와 기계·기구 등은 계약의 목적을 달성하는 데에만 사용한다.

⑦ 재료지급의 지연으로 공사가 지연될 우려가 있을 때에는 을은 갑의 서면승낙을 얻어 자기가 보유한 재료를 대체 사용할 수 있다. 다만, 대체사용에 따른 경비는 갑이 부담한다.

⑧ 갑은 제7항의 규정에 의하여 대체사용한 재료를 그 사용 당시의 가격에 의하여 산정한 대가를 공사기성금에 포함하여 을에게 지급하여야 한다. 다만, 현품 반환을 조건으로 하여 재료의 대체사용을 승인한 경우에는 그러하지 아니하다.

⑨ 감독자는 지급재료 및 대여품을 을의 입회하에 검사하여 인도한다.

⑩ 을은 공사내용의 변경으로 인하여 필요없게 된 지급재료 또는 대여품을 지체없이 갑에게 반환한다.

제13조 【부적합한 공사】① 갑은 을이 시공한 공사중 설계도서에 적합하지 아니한 부분이 있을 때에는 이에 대한 시정을 요청할 수 있으며, 을은 지체없이 이에 응한다.

②제1항의 경우에 있어서 을은 계약금액의 증액 또는 공기의 연장을 요청할 수 없다. 다만, 그 부적합한 시공이 갑의 요청에 의하거나 기타 을의 책임으로 돌릴 수 없는 사유인 경우에는 그러하지 아니하다.

제14조 【공사의 변경·중지】① 갑은 필요하다고 인정하거나 발주자의 요청에 의하여 공사내용을 변경, 추가하거나 공사의 전부나 일부에 대한 시공을 일시 중지할 경우에는 변경계약서 등 서면을 사전에 을에게 교부하여야 한다.

② 제1항의 규정에 의한 계약금액의 증감은 발주자로부터 조정받은 범위 내에서 다음 각 호의 기준에 의한다.

1. 증감된 공사의 단가는 제3조 제2항의 규정에 의한 산출내역서상의 단가(이하 "계약단가"라 한다)로 한다.

2. 계약단가가 없는 신규 품목의 단가는 설계변경 당시를 기준으로 산정한 단가에 낙찰률을 곱한 금액으로 한다.

③ 계약금액의 증감분에 대한 일반관리비 및 이윤은 체약체결 당시의 비율에 의한다.

④ 갑의 지시에 의하여 을이 추가로 시공한 공사물량에 대하여는 갑이 발주자로부터 증액받지 못하였다 하더라도 을에게 증액하여 지급한다.

⑤ 을은 제14조 또는 제15조에 규정된 계약금액의 조정사유를 제외하고는 계약체결 후 계약조건의 미숙지, 덤핑 수주 등을 이유로 계약금액의 변경을 요구하거나 시공을 거부할 수 없다.

제15조 【물가변동 등으로 인한 계약금액의 조정】 ① 갑은 계약체결 이후 발주자로부터 설계변경 또는 경제상황의 변동 등의 이유로 계약금액을 조정하여 지급받은 경우에는 동일한 사유로 목적물의 완성에 추가비용이 소요되거나 감액되는 때에는 그 내용과 비율에 따라 을에게 계약금액을 조정하여 지급한다.

② 제1항의 규정에 의한 하도급계약금액의 조정은 갑이 발주자로부터 조정을 받은 날부터 30일 이내에 하여야 하며, 갑이 추가금액을 지급받은 날부터 15일을 초과하여 지급하는 경우에는 지연이자를, 추가금액을 어음으로 지급하는 경우에는 추가금액을 지급받은 날부터 15일을 초과한 날 이후 만기일까지의 기간에 대한 할인료(공정거래위원회가 정하여 고시하는 할인료를 말한다. 이하 같다)를 15일 이내에 각각 지급한다.

③ 갑은 발주자로부터 계약금액을 조정받지 않은 경우에도 산출내역서에 포함되어 있는 품목의 가격 또는 요금의 급격한 변동이 있는 경우 계약금액을 조정하여 지급할 수 있는 약정을 상호 협의하여 별도로 정할 수 있다.

④ 제1항 내지 제3항의 규정에 의한 계약금액의 조정은 물가변동 기준일 이후에 반입한 재료와 제공된 역무의 대가에 적용하되, 시공전에 제출된 공사예정공정표상 물가변동기준일 이전에 이미 계약이행이 완료되었어야 할 공사부분에 대하여는 적용하지 아니한다. 다만, 갑의 귀책사유 또는 천재지변 등 불가항력으로 인하여 지연된 경우에는 그러하지 아니하다.

제16조 【응급조치】 ① 을은 화재방지 등을 위하여 필요하다고 인정될 때에는 미

리 응급조치를 취하고 즉시 이를 갑에게 통지한다.

② 갑 또는 감독자는 화재방지, 기타 공사의 시공상 긴급하고 부득이하다고 인정할 때에는 을에게 응급조치를 요구할 수 있다. 이 경우에 을은 즉시 이에 응한다. 다만, 을이 요구에 응하지 아니할 때에는 갑은 제3자로 하여금 응급조치를 하게 할 수 있다.

③ 제1항 및 제2항의 응급조치에 소요된 경비에 대하여는 갑과 을이 협의하여 제14조의 규정을 준용한다. 다만, 응급조치 원인에 대한 책임이 을에게 있는 경우 을의 부담으로 한다.

제17조 【검사의 기준·방법 및 시기】 ① 갑은 을로부터 기성부분 검사 또는 준공검사의 요청이 있는 때에는 양자가 협의하여 정한 검사의 기준 및 방법에 따라 즉시 검사를 하며, 갑은 정당한 사유가 없는 한 공사의 시공 또는 기성부분의 통지를 받은 날부터 10일 이내에 검사결과를 을에게 서면으로 통지한다. 다만, 이 기간 내에 이를 통지하지 아니하는 경우에는 검사에 합격한 것으로 본다.

② 제1항의 검사합격 통지시 갑에게 목적물이 인도된 것으로 보며, 갑은 즉시 이를 인수하여야 한다.

③ 을은 제1항의 검사에 합격하지 못한 때에는 지체없이 이를 보수 또는 개조하여 다시 검사를 받아야 한다.

④ 을은 갑의 검사에 이의가 있을 때에는 갑에 대하여 재검사를 요구할 수 있으며, 재검사의 요구가 있을 때에는 갑은 지체없이 재검사를 한다.

⑤ 을은 공사를 완성하였을 때에는 지체없이 모든 공사시설, 잉여자재, 폐물질 및 가설물 등을 공사현장으로부터 철거, 반출하고 공사현장을 정돈한다.

제18조 【위험의 부담】 ① 공사의 목적물이 멸실, 훼손되거나 제3자에게 손해가 생긴 경우에는 다른 약정이 없으면 을의 책임으로 한다. 다만, 갑의 귀책사유 또는 인수지연으로 인한 경우에는 갑의 책임으로 한다.

② 공사목적물 검사기간중 갑·을 쌍방의 책임없는 사유로 공사의 목적물이나 제3자에게 손해가 생긴 경우 다른 약정이 없는 한 갑과 을이 협의하여 결정한다.

③ 갑에게 공사의 목적물이 인도된 후, 갑·을 쌍방의 책임없는 사유로 공사의 목적물 또는 제3자에게 손해가 발생한 경우에는 갑이 부담한다. 그리고 천재지변 기타 불가항력에 의하여 검사를 마친 기성부분에 손해가 발생한 때에는 을은 그 사실을 지체없이 갑에게 통지한다.

④ 을이 고의 또는 과실로 인하여 하도급받은 공사를 조잡하게 하여 타인에게 손해를 가한 때에는 그 손해를 배상한다.

　제19조 【부분사용】① 갑은 공사목적물의 인도전이라 하더라도 을의 동의를 얻어 공사목적물의 전부 또는 일부를 사용할 수 있다.

　② 제1항의 경우, 갑은 그 사용부분을 선량한 관리자의 주의로서 사용한다.

　③ 갑은 제1항에 의한 사용으로 을에게 손해가 있거나, 을의 비용을 증가하게 한 때에는 그 손해를 배상하거나 증가된 비용을 부담한다. 이 경우 배상액 또는 부담액은 갑과 을이 협의하여 정한다.

　제20조 【하도급대금의 지급】① 갑은 목적물 인수일부터 60일 이내의 가능한 짧은 기한으로 정한 지급기일까지 하도급대금을 을에게 지급한다. 다만, 갑이 발주자로부터 준공금을 받은 때에논 하도급대금을, 기성금을 받은 때에는 을이 시공한 분에 상당한 금액을 그 지급받은 날부터 15일(하도급대금의 지급기일이 그전에 도래한 경우에는 그 지급기일)이내에 을에게 지급한다.

　② 갑이 을에게 하도급대금을 지급함에 있어서는 갑이 발주자로부터 당해 전기공사와 관련하여 지급받은 현금비율 이상으로 지급하며, 하도급대금을 어음으로 지급하는 경우에는 발주자로부터 교부받은 어음의 만기일을 초과하지 않는 어음을 교부한다.

　③ 갑이 하도급대금을 어음으로 지급하는 경우에 그 어음은 법률에 근거하여 설립된 금융기관에서 할인이 가능한 것이어야 하며, 어음을 교부한 날부터 어음의 만기일까지의 기간에 대한 할인료를 어음을 교부하는 날에 을에게 지급한다. 다만, 목적물 인수일부터 60일(발주자로부터 준공금 또는 기성금을 받은 때에는 제1항에서 정한 기일을 말한다. 이하 같다)이내에 어음을 교부하는 경우에는 목적물 인수일부터 60일을 초과한 날 이후 만기일까지의 기간에 대한 할인료를 목적물 인수일부터 60일 이내에 을에게 지급한다.

　④ 갑이 하도급대금을 목적물 인수일부터 60일을 초과하여 지급하는 경우에는 그 초과기간에 대하여 공정거래위원회가 정하여 고시하는 이자율에 의한 이자를 지급한다.

　제21조 【하도급대금의 직접지급】① 「하도급법」 제14조의 규정에 의거 갑이 다음 각 호와 같이 하도급대금을 지급할 수 없는 명백한 사유가 있는 경우에는 을은 발주자에게 하도급대금의 직접지급을 요청할 수 있다.

　1. 갑의 파산·부도가 있거나 사업에 관한 허가·인가·면허·등록 등이 취소되어 갑이 하도급대금을 지급할 수 없게 된 경우

　2. 발주자가 하도급대금을 직접 을에게 지급한다는 뜻과 그 지급방법 및 절차에 관하여 발주자·갑 및 을이 합의한 경우

3. 갑이 제7조 제1항의 규정에 의한 하도급대금 지급보증의무를 이행하지 아니하고, 제20조 제1항의 규정에 의하여 지급하여야 할 하도급대금의 2회분 이상을 지급하지 아니한 경우

② 을이 제1항의 규정에 의하여 발주자에게 하도급대금의 직접지급을 청구하거나 발주자가 하도급대금을 을에게 직접 지급하고자 할 때에는 갑은 특별한 사유가 없는 한 그 지급의 방법 및 절차에 관하여 협조한다.

제22조 【선급금의 지급】① 갑이 발주자로부터 선급금을 받은 때에는 을이 시공에 착수할 수 있도록 그가 받은 선급금의 내용과 비율에 따라 선급금을 지급받은 날(전기공사의 하도급계약을 체결하기 전에 선급금을 받은 경우에는 하도급계약을 체결한 날)부터 15일 이내에 계약서에 정한 바에 따라 선급금을 을에게 지급한다.

② 갑이 발주자로부터 받은 선급금을 제1항의 규정에 의한 기한을 초과하여 지급하는 경우에는 그 초과기간에 대하여 공정거래위원회가 정하여 고시하는 이자율에 의한 이자를 지급한다.

③ 제20조 제3항의 규정은 갑이 제1항의 규정에 의한 선급금을 어음으로 지급하는 경우의 어음할인료의 지급 및 할인율에 관하여 이를 준용한다. 이 경우 "목적물의 인수일부터 60일"은 "갑이 발주자로부터 선급금을 받은 날부터 15일"로 본다.

④ 을이 선급금을 지급받고자 할 때에는 제7조 제2항 각 호의 기관이 발행하는 선급금지급보증서를 갑에게 제출한다.

⑤ 선급금은 계약목적외에 사용할 수 없으며, 노임지급 및 자재확보에 우선 사용하도록 한다.

⑥ 선급금은 기성부분의 대가를 지급할 때마다 다음 산식에 의하여 산출한 금액을 정산한다.

$$\bullet\ \text{선급금 정산액} = \text{선급금액} \times (\text{당해 기성금} \div \text{총 계약금액})$$

제23조 【하자담보】① 을은 계약서에서 정한 하자보수보증금률을 계약금액에 곱하여 산출한 금액(이하 "하자보수보증금"이라 한다)을 준공검사 후 그 공사대금을 지급받음과 동시에 제7조 제2항에서 정한 방법으로 갑에게 납부 또는 교부한다. 다만, 공사의 성질상 하자보수보증금의 납부가 필요하지 아니한 경우에는 그러하지 아니하다.

② 을은 준공검사를 마친 날부터 계약서에 규정된 하자담보책임기간중 을의 귀책사

유로 하자가 발생한 것에 대하여는 이를 보수하여야 한다.

③ 을이 제2항의 하자담보책임기간중 갑으로부터 하자보수의 요구를 받고 이에 응하지 아니하면 제1항의 하자보수보증금은 갑에게 귀속한다.

④ 제1항의 하자보수보증금은 하자담보책임기간이 종료한 후 을의 청구가 있는 날부터 10일 이내에 반환하여야 한다.

제24조 【이행지체】 ① 을이 계약서에서 정한 준공기한내에 공사를 완성하지 못하였을 때에는 계약금액에 계약서에 규정된 지체상금률과 지체일수를 곱한 금액(이하 "지체상금"이라 한다)을 갑에게 상환한다.

② 제1항의 경우 기성부분에 대하여 검사를 거쳐 이를 인수한 때에는 그 부분에 상당하는 금액을 계약금액에서 공제한 금액을 기준으로 지체상금을 계산한다. 이 경우 기성부분의 인수는 성질상 분할할 수 있는 공사의 완성부분으로서 인수하는 것에 한한다.

③ 을의 책임으로 돌릴 수 없는 다음 각 호의 1에 해당되는 사유로 공사가 지체되었다고 인정될 때에는 그 해당일수에 상당한 일수를 지체일수에 산입하지 아니한다.

1. 태풍, 홍수, 기타 악천후, 전쟁 또는 사변, 지진, 화재, 폭동, 항만봉쇄, 방역 및 보안상 출입제한 등으로 인한 경우

2. 갑이 지급키로 한 지급재료의 공급이 지연되어 공사진행이 불가능하였을 경우

3. 기타 갑의 귀책사유로 인하여 착공이 지연되거나 시공이 중단된 경우

④ 갑은 제1항의 지체상금을 을에게 지급하여야 할 공사비 또는 기타 예치금에서 공제할 수 있다.

제25조 【계약의 해제, 해지】 ① 갑 또는 을은 다음 각 호의 1에 해당하는 경우 서면으로 상당기간을 정하여 최고한 후, 동 기간 내에 계약이 이행되지 아니하는 때에는 당해 계약의 전부 또는 일부를 해제·해지할 수 있다.

1. 갑 또는 을이 계약조건을 위반하여 그 위반으로 계약의 목적을 달성할 수 없다고 인정될 때

2. 부도·파산 등 을의 귀책사유로 공기내에 공사를 완성할 수 없다고 인정될 때

3. 갑이 정당한 이유없이 계약내용을 이행하지 아니하고 그 위반으로 공사를 완성하는 것이 불가능한 때

4. 을이 정당한 이유없이 약정한 착공기간을 경과하고도 공사에 착공하지 아니한 때

5. 갑이 공사내용을 변경함으로써 계약금액이 100분의 40이상 감소한 때

6. 제14조 제1항에 의한 공사의 중지기간이 전체공사 기간의 100분의 50이상인 때

② 제1항에 의한 계약의 해제 · 해지의 경우에는 을은 다음 사항을 이행한다.

1. 기성부분 검사를 필한 부분에 대한 하자보수보증금을 제23조 제1항의 규정에 의거 갑에게 납부한다.

2. 해약통지서를 받은 부분에 대한 공사를 지체없이 중지하고 모든 공사관련 시설 및 장비 등을 공사현장으로부터 철거한다.

3. 제12조에 의한 대여품이 있을 때에는 지체없이 갑에게 반환한다. 이 경우 당해 대여품이 을의 고의 또는 과실로 인하여 멸실 또는 파손되었을 때에는 원상회복 또는 그 손해를 배상한다.

4. 제12조에 의한 지급자재중 공사의 기성부분으로서 인수된 부분에 사용한 것을 제외한 잔여 재료는 갑에게 반환한다. 이 경우 당해 재료가 을의 고의 또는 과실로 인하여 멸실 또는 파손되었거나 공사의 기성부분으로서 인수되지 아니한 부분에 사용된 때에는 원상으로 회복하거나 그 손해를 배상한다.

③ 을은 제2항의 하자보수보증금을 현금으로 납부한 경우에는 공사 준공검사 후 하자보수보증서로 대체할 수 있다.

④ 을은 제1항에 의한 계약의 해제 또는 해지로 발생한 손해에 대하여 갑에게 손해배상을 청구할 수 있다.

제26조 【서류제출】 을은 하도급공사의 임금, 산업재해보상보험금의 지급, 요양 등에 관한 서류에 대하여 갑의 요구가 있을 때에는 이에 협조한다.

제27조 【보험가입 등】 ① 관계 법령에 의하여 가입이 의무화된 보험(이하 산업재해보상보험, 고용보험 등을 포함한다.) 등은 갑이 가입함을 원칙으로 하고, 을은 시공에 있어서 재해방지를 위하여 만전을 기한다.

② 을은 관계 법령이 정하는 바에 의하여 보험 등에 가입할 수 있으며, 이때 갑은 을의 하도급내역을 기초로 산출된 보험가입에 필요한 금액을 별도 계상하여 지급한다.

갑은 제1항에 의해 보험 등에 가입한 경우에는 당해 사업장의 근로자가 보험금 등을 지급 받아야 할 사유가 발생한 때에는 관계 법령에 의한 보험금 등의 혜택을 받을 수 있도록 하여야 한다.

④ 갑은 재해발생에 대비하여 을에게 다음 각 호의 보험을 택일 또는 중복하여 가입토록 요구할 수 있고, 이 경우 동 보험료 상당액을 지급한다.

1. 사용자배상 책임보험

2. 영업배상 책임보험

3. 공사보험

⑤ 갑이 산업재해보험에 일괄 가입하였을 경우, 을이 책임이 있는 경우를 제외하고는 갑이 재해발생으로 인한 모든 책임을 져야 한다.

제28조 【안전관리비】 ① 갑은 건설공사 표준안전관리비 계상 및 사용기준에 따라 안전관리비를 책정하여야 한다.

② 갑은 계상된 안전관리비의 범위 안에서 을의 위험도 등을 고려하여 적정하게 지급하거나, 갑의 관리하에 공동으로 사용해야 한다.

③ 을은 계약체결 후 지체없이 안전관리비 사용기준, 공사특성에 적합한 안전관리계획 및 안전관리비 사용계획을 작성하여 갑에게 제출하고, 이에 따라 안전관리비를 사용하여야 한다.

제29조 【공업소유권】 ① 을은 목적물 시공과 관련하여 갑으로부터 사용을 허락받은 특허권·실용신안권·의장권 등(이하 "공업소유권"이라 한다)을 목적물 시공외에는 사용하지 못하며, 갑의 승낙없이 제3자에게 공업소유권을 사용하게 할 수 없다.

② 갑 또는 을은 목적물에 대해 공업소유권 침해 등 분쟁이 발생한 경우에는 상대방에게 지체없이 통지하여야 하며, 갑 또는 을 중 책임이 있는 자가 분쟁을 해결하여야 한다.

③ 갑과 을이 공동연구하여 개발한 공업소유권의 취득은 상호 협의하여 정한다.

제30조 【특수조건】 이 계약에서 정하지 아니한 사항에 대하여는 갑과 을이 대등한 지위에서 합의하여 특약으로 정할 수 있다.

제31조 【분쟁의 조정】 ① 이 계약에서 발생하는 문제에 관한 분쟁은 갑과 을이 쌍방의 합의에 의하여 해결한다.

② 제1항의 합의가 성립하지 못할 때에는 「하도급법」 제24조의 규정에 의하여 설치된 "하도급분쟁조정협의회"에 조정을 신청하거나 다른 법령에 의하여 설치된 중재기관에 중재를 신청할 수 있다.

건설자재제조위탁 표준하도급 계약서

(1999. 1. 18.)

1. 계약방법 : 【   】계약(총액 또는 단가 중 택일)

2. 계약내용

　물 품 명 :

　계약금액 : 금　　　　원정　₩

　공급가액 : 금　　　　원정　₩

　부가가치세 : 금　　　　원정　₩

　지체상금률 : 계약금액의 1,000분의 1

　납품기한 : 20　.　.　.부터 20　.　.　.까지

　납품장소 :

　인도조건 :

　분할납품 : ① 가(　　)　② 부(　　)

　3. 대금의 지급 : 목적물 수령(납품이 빈번하여 당사자가 월 1회 이상 세금계산서 발행일을 정한 경우 그 정한 날) 후 (　　)일 이내

　　　　　　　　　　- 현금 (　　) %, 어음 (　　) %

4. 선급금

　계약체결 후 (　　)일 이내 지급, 금　　　원정(₩　　　)

5. 지급자재의 품목 및 수량 : 별도 첨부

6. 기타(특약) 사항

　갑과 을은 이 계약서 및 별첨의 "물품내역서"와 "건설자재 제조위탁계약 일반조건"등에 의하여 위 물품에 대한 제조위탁 계약을 체결하고 그 증거로서 이 계약서 및 관련문서를 2통 작성하여 기명날인 후 각각 1통씩 보관한다.

첨부서류 : 1. 물품내역서

　　　　　2. 건설자재제조위탁계약일반조건

년   월   일

갑(원사업자)

  상호 또는 명칭 :

  소　재　지 :

  대　표　자 :　　　　　　　(인)

  주민(법인)등록번호 :

을(수급사업자)

  상호 또는 명칭 :

  소　재　지 :

  대　표　자 :　　　　　　　(인)

  주민(법인)등록번호 :

물품내역서

품　명	규　격	단　위	수　량	단　가	금　액	납품기한

※ 상기 단가 및 금액은 부가가치세가 포함되지 않은 것임

건설자재 제조위탁계약 일반조건

제1조 【총칙】 ① 원사업자(이하 "갑"이라 한다)와 수급사업자(이하 "을"이라 한다)는 대등한 입장에서 서로 협력하여 신의에 따라 성실히 이 계약을 이행한다.

② 갑과 을은 이 계약의 이행에 있어 "하도급거래공정화에관한법률" 및 관계 법령의 제규정을 준수한다.

③ 이 계약의 내용과 배치되는 다른 계약에 대하여는 특별한 경우가 아닌 이상 이 계약에 의한 내용을 우선하여 적용한다.

제2조 【계약문서】 ① 계약문서는 계약서, 납품요구서(발주서 포함), 규격서, 설계도면, 시방서, 계약일반조건, 특수조건 등으로 구성한다.

② 제1항의 규정에 의한 계약문서에 의하여 계약당사자간에 행한 통지문서 등은 계약문서로서의 효력을 가진다.

제3조 【납품】 ① 을은 계약서(납품요구서 및 발주서 포함)에서 정한 납품기한 및 납품장소에 해당물품을 납품하여야 한다.

② 제1항의 규정에 의해 납품된 물품을 제7조에 따라 검사, 수령하기까지 생긴 물품의 망실, 파손 등에 대한 부담은 갑과 을이 상호 협의하여 정한다.

③ 갑이 분할납품을 요구하거나 계약상 분할납품이 허용된 경우를 제외하고는 원칙적으로 분할납품을 할 수 없다.

제4조 【단가계약】 ① 단가계약의 경우에는 이 계약서를 근거로 하여 납품수량, 납품기한, 납품장소, 인도조건, 분할납품 여부, 기타 필요한 사항 등을 포함한 "납품요구서(또는 발주서)"를 교부할 수 있다.

② 단가계약의 경우 납품기한은 납품요구 후 30일을 원칙으로 하되 상호 협의하여 조정할 수 있다.

③ 단가계약에 의한 계약수량(계약금액)은 추정량(추정금액)이므로 상호 협의하여 변경, 조정할 수 있다. 다만, 계약수량 등의 변경, 조정은 문서로서 하여야 한다.

④ 이 계약서에 의해 이미 교부한 납품요구서(또는 발주서)에 대하여는 제3항에 불구하고 당사자간의 합의로 취소하지 않는 한 이행하여야 한다.

제5조 【규격】 ① 모든 물품은 계약시 갑이 지정한 규격 또는 도면, 설계도 및 시방서 등에서 제시한 규격에 맞아야 하며 관련 법규의 요구사항(허가사항 포함)과 일치하고, 제조위탁의 목적에 맞는 신품이어야 한다.

② 계약상 규격이 명시되어 있지 아니한 경우에는 이 계약의 목적달성에 적합하도록 상관습과 기술적 타당성 및 제조위탁 규격 등에 부합되는 물품이어야 한다.

제6조 【보증】 ① 을은 납품 후 ( )년간 납품한 물품의 규격과 품질이 계약내용과 동일함을 보증하여야 하며 계약내용과 상이한 물품의 납품으로 인하여 갑의 시공물에 하자가 발생한 경우 이에 대한 책임을 부담한다.

② 갑은 납품 후 제1항에서 정한 기한 내에서 납품한 물품의 규격과 품질이 계약내용과 상이함을 발견할 때에는 그 사실을 을에게 통지하고 당해 물품의 대체납품 또는 당해 물품 대금의 반환을 청구할 수 있다.

③ 을은 제2항의 통지 및 대체납품의 청구를 받으면 ( )일 이내에 당해 물품을 계약조건에 따라 대체납품하여야 하며, 이 경우 대체납품에 따른 제반 경비는 을의 부담으로 한다.

④ 을이 제3항의 대체납품을 거부하거나 정한 기일 내에 물품의 대체납품을 하지 못한 때에는 을은 지체없이 당해 물품 대금을 갑에게 반환하여야 한다.

제7조 【수량조절】 ① 갑은 도급(또는 하도급)받은 공사의 물량변동 등에 따라 계약된 물품의 수량변경이 필요한 경우 계약된 물품의 수량을 을과 합의하여 증감 조절할 수 있다.

② 제1항에 의해 물품의 수량증감이 발생할 경우 갑은 그에 따른 계약금액을 조정하여야 한다.

제8조 【검사】 ① 갑은 을로부터 검사의 요청이 있는 때에는 "하도급거래공정화에관한법률"제9조 제1항의 규정에서 정한 검사기준 및 방법에 따라 즉시 검사를 하여야 하며 정당한 사유가 없는 한 10일 이내에 검사결과를 을에게 서면으로 통지하여야 한다. 갑이 이 기간 내 통지를 하지 아니하는 경우에는 검사에 합격한 것으로 본다.

② 제1항의 검사는 계약 당시 갑이 제공한 시방서 및 관련 법규에서 지정한 방법으로 하며 관련 법령 등에 따라 필요하다고 인정되어 갑의 요구가 있을 때에는 을은 공인 검사기관의 시험성적서를 첨부하여야 한다.

③ 산업표준화법 제11조 및 제12조의 규정에 의한 KS표시품 또는 품질경영촉진법 제8조의 규정에 의하여 등급이 사정된 물품에 대하여는 제1항의 규정에 불구하고 검사를 면제할 수 있다.

④ 을은 제1항에 의한 검사결과에 이의가 있을 때에는 재검사를 요청할 수 있고, 이 경우 갑은 지체없이 재검사를 하여야 하며 검사를 완료한 후에는 그 결과를 즉시 서면으로 을에게 통지하여야 한다.

제9조 【지급재료】① 계약에 의하여 갑이 공급하는 지급재료는 특별한 사유가 없는 한 갑과 을이 협의하여 정한 일시와 장소에서 이를 인도한다.

② 제1항의 재료의 지급지연으로 물품제조 지연의 우려가 있는 경우 을은 갑의 승인 하에 자신의 보유재료를 대체 사용할 수 있으며 대체사용에 따르는 재료비, 경비는 갑이 부담한다.

③ 제1항의 지급재료의 소유권은 갑에게 속하며 지급 후 멸실, 훼손이 있을 때는 을이 책임을 진다. 다만, 선량한 관리자의 주의의무를 다한 경우에는 그러하지 아니한다.

④ 을은 지급재료를 계약의 목적을 수행하는 데에만 사용할 수 있으며 잉여분은 갑의 지시에 따라 즉시 반환해야 한다.

제10조 【단가의 결정】① 단가는 수량, 시방, 납기, 대금지급방법, 품질, 재료가격, 노무비, 시가의 동향 등을 고려하여 갑과 을이 협의하여 정한다.

② 제1항의 단가는 별도의 약정이 없는 한 갑이 지정하는 인도 장소까지의 포장비, 운임, 하역비, 보험료 등 일체의 비용을 포함한 것으로 한다.

③ 단가결정의 기초가 된 제1항의 조건이 계약기간중에 변경된 때에는 갑 또는 을은 단가조정 신청을 할 수 있으며, 이 경우 신청일로부터 30일 이내에 상호 협의하여 다시 정한다.

④ 특별한 사유로 인하여 단가결정이 지연될 경우 갑과 을이 협의하여 정한 임시단가를 적용하며 임시단가와 확정단가의 차액은 확정단가 결정시 정산한다.

제11조 【권리의무의 양도 및 재위탁 금지】을은 갑의 승낙없이는 계약상 권리의무를 제3자에게 양도할 수 없고, 위탁받은 물품의 제조를 제3자에게 재위탁할 수 없다.

제12조 【대금지급】① 갑은 을에게 목적물의 수령일로부터 60일 이내의 짧은 기간으로 정한 기한 내에 납품대금을 지급하여야 한다.

② 대금지급일이 정하여져 있지 않은 경우에는 목적물의 수령일로부터 60일째 되는 날을 대금지급기일로 본다.

③ 갑이 대금을 어음으로 지급하는 경우에 그 어음은 법률에 근거하여 설립된 금융기관에서 할인이 가능한 것이어야 하며, 어음을 교부한 날로부터 어음의 만기일까지의 기간에 대한 할인료를 어음을 교부하는 날에 을에게 지급하여야 한다. 다만, 목적물의 수령일로부터 60일 이내에 어음을 교부하는 경우에는 목적물의 수령일로부터 60일을 초과한 날 이후 만기일까지의 기간에 대한 할인료를 목적물의 수령일로부터 60일 이내에 을에게 지급하여야 한다.

제13조 【부당한 대금감액 금지】 ① 갑은 을에게 책임을 돌릴 사유가 없음에도 불구하고 부당하게 대금을 감액(이하 "부당감액"이라 한다)하여서는 아니 된다. 다만, 을에게 책임을 돌릴 사유가 있어 대금을 감액하는 경우 감액범위, 감액방법 등에 대해서는 갑과 을이 별도로 정하도록 한다.

② 다음 각 호의 1에 해당하는 갑의 행위는 제1항의 규정에 의한 부당감액에 해당한다.

1. 제조위탁시 대금을 감액할 조건 등을 명시하지 아니하고 제조위탁 후 협조요청 또는 거래상대방으로부터의 발주취소, 경제상황의 변동 등의 사유를 들어 대금을 감액하는 행위

2. 을과 단가인하에 대한 합의가 성립한 경우 성립 전에 위탁한 부분에 대하여도 일방적으로 이를 소급, 적용하는 방법으로 대금을 감액하는 행위

3. 대금을 현금으로 또는 지급기일 전에 지급함을 이유로 일방적으로 대금을 감액하는 행위

4. 갑에 대한 손해발생에 실질적인 영향을 미치지 아니하는 경미한 을의 과오를 이유로 일방적으로 대금을 감액하는 행위

5. 목적물의 제조에 필요한 설비 등을 자기로부터 사게 하거나 자기의 장비를 사용하게 한 경우에 적정한 구매대금 또는 사용대가 이상의 금액을 대금에서 공제하는 행위

제14조 【부당반품의 금지】 ① 갑은 을로부터 목적물을 수령한 때에는 을에게 책임을 돌릴 사유가 없음에도 불구하고 이를 을에게 반품(이하 "부당반품"이라 한다)하여서는 아니 된다.

② 다음 각 호의 1에 해당하는 갑의 행위는 제1항의 규정에 의한 부당반품으로 본다.

1. 거래상대방으로부터의 발주취소 또는 경제상황의 변동을 이유로 목적물을 반품하는 행위

2. 검사의 기준 및 방법을 명확하게 정하지 아니하고 부당하게 목적물을 불합격으로 판정하여 이를 반품하는 행위

3. 갑이 공급한 지급재 또는 대여품의 품질 불량으로 인하여 목적물이 불합격품으로 판정되었음에도 불구하고 이를 반품하는 행위

4. 갑이 공급한 지급재의 공급지연에 따라 납기가 지연되었음에도 불구하고 이를 이유로 목적물을 반품하는 행위

제15조 【선급금】① 갑은 "하도급거래공정화에관한법률" 제6조에서 정한 바에 따라 을에게 선급금을 지급하여야 한다.

② 갑과 을이 합의하여 계약서에 정한 경우에는 을에게 선급금을 지급하여야 한다.

③ 을은 선급금을 지급받고자 할 때는 다음 각 호의 1의 보증서 등을 선급금을 지급받기 전에 갑에게 제출하여야 한다. 다만, 갑이 보증서 제출을 면제하여 주는 경우에는 그러하지 아니하다.

1. 보증보험증권

2. 신용보증기금의 보증서

3. 금융기관의 지급보증서

4. 국채 또는 지방채

5. 정기예금증서

④ 선급금은 계약목적 외에는 사용할 수 없고, 노임지급 및 자재확보에 우선 사용하도록 하여야 하며, 해당물품이 분할납품이 되어 대금정산할시 선급금 정산은 다음 산식에 의한다.

$$선급금\ 정산액 = 선급금액 \times \frac{분할납품에\ 따른\ 대금}{계약금액}$$

제16조 【지체상금】① 을은 계약서에서 정한 납품기한 내에 물품을 납품하지 아니한 때에는 매 지체일수마다 계약금액의 1,000분의 1을 계약금액에 곱하여 산출한 금액을 현금으로 갑에게 납부하여야 한다.

② 갑은 제1항의 경우 기납부분에 대한 검사를 거쳐 당해 부분을 인수한 때에는 그 부분에 상당하는 금액을 계약금액에서 공제한다.

③ 갑은 다음 각 호의 1에 해당되어 납품이 지체되었다고 인정할 때에는 그 해당일수를 제1항의 지체일수에 산입하지 아니한다.

1. 천재지변 등 불가항력적인 사유에 의한 경우

2. 갑의 책임으로 제조의 착수가 지연되었거나 중단되었을 경우

3. 기타 을의 책임에 속하지 않은 사유로 인하여 지체된 경우

제17조 【계약이행상의 감독】갑은 물품의 특수성 등으로 인해 제조과정이나 계약이행 상황을 감독할 필요가 있을 경우에는 을과 사전에 협의하여야 한다.

제18조 【사고 책임】갑과 을은 이 계약과 관련하여 자신의 귀책사유로 인하여

발생되는 모든 사고에 대하여 각각 그 책임을 분담한다.

제19조 【계약의 해제·해지】 ① 갑 또는 을은 상대방에게 다음 각 호의 사유가 발생한 때에는 서면으로 계약의 일부 또는 전부를 해제하거나 해지할 수 있다.

　1. 갑 또는 을이 금융기관으로부터 거래정지 처분을 받고 계약을 수행할 능력이 없다고 인정되는 경우

　2. 갑 또는 을이 관련 기관 등으로부터 영업취소, 정지 등의 처분을 받은 경우

　3. 갑 또는 을이 어음 및 수표의 부도, 제3자에 의한 강제집행(가압류 및 가처분을 포함한다), 파산선고 또는 회사정리의 신청 등 경영상 중대한 사유가 발생하여 계약을 수행할 능력이 없다고 인정되는 경우

　4. 상대방의 동의없이 계약상의 권리 및 의무를 양도한 경우

② 갑 또는 을은 다음 각 호의 사유가 발생한 때에는 상대방에게 서면으로 상당한 기간을 정하여 그 이행을 최고하고 그 기간 내에 이행하지 아니한 때에는 계약의 전부 또는 일부를 해제하거나 해지할 수 있다.

　1. 갑 또는 을이 계약조건을 위반하였을 경우

　2. 갑이 목적물의 납품에 필요한 제반사항의 이행을 특별한 사유없이 지연함으로써 을의 작업에 상당 기간동안 지장을 초래케 하거나 또는 을이 특별한 사유없이 목적물의 납품을 거부하거나 상당 기간동안 착수를 지연하여 계약기간 내에 납품이 곤란하다고 인정되는 경우

　3. 갑이 정당한 사유없이 을에게 상당기간 물품대금을 지불하지 않는 경우

③ 갑 또는 을은 제1항 및 제2항 각 호의 해제 또는 해지사유가 발생하였을 경우 상대방에게 지체없이 통지하여야 한다.

④ 제1항에 의하여 계약이 해제 또는 해지되었을 때는 피해제(피해지)자가 해제(해지)권자에게 부담하는 일체의 채무는 기한의 이익을 상실하며 지체없이 변제하여야 한다. 다만, 파산선고의 경우에는 본항을 적용하지 아니한다.

⑤ 해제 또는 해지와 관련하여 해제(해지)권자에 대하여 손해가 발생하였을 때에는 피해제(피해지)자는 그 손해를 배상하여야 한다.

제20조 【분쟁의 해결】 ① 갑과 을은 이 계약에서 발생하는 문제에 관하여 상호 이견이 있을 경우 법령이나 상관습에 따르는 것으로 하고 그래도 해결이 되지 않을 때는 상호 협의하여 해결한다.

② 제1항에 의하여 분쟁이 해결되지 못할 때에는 관계 법률의 규정에 의하여 설치된 하도급분쟁조정협의회 또는 중재기관의 조정, 중재에 의할 수 있다.

제21조 【계약의 효력 및 유효기간】 ① 총액계약의 유효기간은 계약체결일로부터 만기일까지로 하되 양 당사자가 합의하여 연장할 수 있다.

② 단가계약의 유효기간은 계약체결일로부터 만 1년으로 한다. 다만, 갑 또는 을이 계약기간 만료 3개월 전까지 계약 갱신 또는 해약의사를 상대방에게 통지하지 않는 한 이 계약은 동일한 조건으로 1년간 연장된다.

제22조 【특수조건】 이 계약에서 정하지 아니한 사항에 대해서는 갑과 을이 대등한 지위에서 합의하여 별도의 특약으로 정할 수 있다.

건축설계 표준하도급 계약서

(1999. 1. 18.)

건   명:

대지위치:

대지면적: m²(평)

지역·지구:

용   도:주용도-   부속용도-

구   조:

규   모:지하   층, 지상   층

　　　　건축면적   m²(평)

　　　　연 면 적   m²(평)

업무범위 및 기간

업무범위	업무기간	비　　고

계약금액:총   원(₩   )

발 주 자:

용역대가의 지급

구　　분	지급시기	금　　액	비　　고

지체상금률 :   %

하자보수보증금액 :   %

하자담보책임기간 :   년

년   월   일

　　'갑'과 '을'은 위 내용과 별첨 건축설계하도급 계약조건에 의하여 계약을 체결하고 2부를 작성하여 각 1부씩 보관한다.

원사업자 (갑)　주　　소 :
　　　　　　　　　사무소명 :
　　　　　　　　　등록번호 또는 신고번호 :
　　　　　　　　　성　　명 :　　　　　　　　　　　(인)
　　　　　　　　　전화/FAX :

수급사업자(을)　주　　소 :
　　　　　　　　　사무소명 :
　　　　　　　　　등록번호 또는 신고번호 :
　　　　　　　　　성　　명 :　　　　　　　　　　　(인)
　　　　　　　　　전화/FAX :

건축설계하도급 계약조건

　제1조 【기본원칙】 ① 원사업자(이하 "갑"이라 한다)와 수급사업자(이하 "을"이라 한다)는 서로 협력하여 선의에 따라 성실히 계약을 이행한다.

　② '갑'과 '을'은 계약을 이행하는 데 있어서 하도급거래공정화에관한법률 및 관계법령의 제 규정을 준수한다.

③ 이 계약의 내용과 배치되는 다른 계약에 대해서는 이 계약에 의한 내용을 우선하여 적용한다.

제2조 【자료제공】 '갑'은 '을'이 업무를 수행하는 데 있어서 필요로 하는 자료를 제공한다.

제3조 【비밀유지】 '갑'과 '을'은 업무수행중 알게 된 상대방의 비밀을 누설하여서는 아니 된다.

제4조 【계약의 변경】 '갑'과 '을'은 계약의 내용을 변경할 필요가 있는 경우에는 서로 협의하여 변경할 수 있다.

제5조 【권리 · 의무의 양도】 '갑'과 '을'은 상대방의 동의를 얻지 아니하고는 계약상의 권리 · 의무를 제3자에게 양도, 대여, 담보제공, 기타 처분행위를 할 수 없다.

제6조 【인도】 ① '을'은 수급받은 설계도서를 완성하여 약정한 업무기간 내에 '갑'에게 인도한다.

② '갑'은 '을'이 설계도서를 인도한 경우 을에게 수령증을 교부한다.

③ '갑'이 계약상의 성과물 제출 수량을 초과하여 요구하는 경우에는 추가로 소요되는 비용을 '을'에게 지급한다.

제7조 【검사 등】 ① '갑'은 '을'이 작성하여 인도한 설계도서를 검사하고, 그 결과 적합하지 아니한 부분이 있을 때에는 이의 수정을 요구할 수 있으며, '을'은 이에 응하여야 한다.

② '갑'이 건축관계법령에 위반되는 사항을 요구한 경우에는 을이 이를 거부할 수 있다.

③ 제2항의 규정에 의한 거부를 이유로 '갑'은 계약을 취소 또는 변경하거나 '을'에게 용역대가의 지급을 거부 또는 지연시키는 등 기타 불이익을 주어서는 아니 된다.

④ '갑'은 설계도서를 수령한 날로부터 10일 이내에 검사결과를 서면으로 통지한다. 다만, 이 기간 내에 검사를 완료할 수 없는 정당한 사유가 있는 경우에는 '갑'과 '을'이 협의하여 검사기간을 연장할 수 있다.

⑤ 제4항의 규정에 의한 기간 내에 통지하지 아니한 경우에는 '갑'의 승인을 받은 것으로 본다.

제8조 【하자담보】 제7조의 규정에 의하여 설계도서에 대한 검사가 완료된 날로부터 '갑'과 '을'이 약정한 하자담보책임기간동안 '을'은 설계의 하자를 보증하기 위

하여 하자보수보증금을 '갑'에게 보증서 또는 증권 등으로 제출하여야 한다.

제9조 【용역대가의 지급】 ① '을'은 '갑'의 승인을 받은 경우에는 '갑'에게 용역대가의 지급을 청구할 수 있다.

② '갑'은 '을'이 용역대가의 지급을 청구한 날부터 30일 이내에 이 계약에 의한 용역대가지급 방법에 따라 '을'에게 용역대가를 지급하되, 설계도서를 수령한 날로부터 60일을 초과할 수는 없다.

③ '갑'이 용역대가를 목적물 수령일로부터 60일을 초과하여 지급하는 경우에는 그 초과기간에 대하여 공정거래위원회가 정하여 고시하는 이자율에 의한 이자를 지급하여야 한다.

④ 용역대가를 어음으로 지급하는 경우에는 어음을 교부한 날로부터 어음만기일까지의 기간에 대한 할인료를 어음을 교부하는 날에 '을'에게 지급하여야 한다. 다만, 설계도서의 수령일로부터 60일 이내에 어음을 교부하는 경우에는 그 60일을 초과한 날 이후 만기일까지의 기간에 대하여 공정거래위원회가 정하여 고시하는 할인율에 의한 할인료를 '을'에게 지급하여야 한다.

⑤ '을'은 업무를 원활히 추진하기 위하여 '갑'에게 총 용역대가의 30%의 범위 내에서 선급금을 요구할 수 있다. 다만, '갑'이 발주자로부터 선급금을 받은 때에는 그 날로부터 15일 이내에 그 지급받은 내용과 비율에 따라 선급금을 '을'에게 지급하여야 한다.

⑥ 발주자가 '을'에게 직접 용역대가를 지급하고자 할 때에는 '갑'은 특별한 사유가 없는 한 이에 협조한다.

제10조 【용역대가의 조정】 ① '갑'이 '을'에게 업무를 위탁한 후에 발주자로부터 설계변경·용역기간의 연장 또는 경제상황의 변동 등을 이유로 용역대가가 조정된 경우에는 '갑'은 용역대가를 조정해 주어야 한다.

② '갑'의 사유로 설계변경이 발생하는 경우에는 '갑'과 '을'은 상호 협의하여 용역대가를 조정할 수 있다.

제11조 【이행지체】 ① '을'은 '갑'으로부터 위탁받은 업무를 약정한 업무기간 내에 완료할 수 없음이 명백한 경우에는 이 사실을 지체없이 '갑'에게 통지한다.

② '을'이 약정한 업무기간 내에 업무를 완료하지 못한 경우에는 용역대가에 지체상금률과 지체일수를 곱한 금액을 '갑'에게 납부한다.

③ 천재지변 등 부득이한 사유 또는 '을'의 책임이 아닌 사유로 인하여 이행이 지체된 경우에는 제2항의 규정을 적용하지 아니한다.

④ '갑'은 '을'에게 지급하여야 할 용역대가에서 지체상금을 공제할 수 있다. 다만, 이경우 '갑'은 '을'에게 사유발생일로부터 10일 이내에 이를 서면으로 통지하여야 한다.

제12조 【계약의 해제·해지】 ① '갑' 또는 '을'은 상대방에게 다음 각 호의 사유가 발생한 때에는 최고없이 서면으로 계약의 일부 또는 전부를 해제하거나 해지할 수 있다.

1. 관할 행정관청으로부터 받은 면허나 등록사항이 이 계약상 역무내용과 다른 경우
2. 관할 행정관청으로부터 받은 면허나 등록이 취소되거나 업무정지처분 등을 받은 경우
3. 금치산·한정치산·파산선고를 받았을 때
4. 상대방의 동의없이 이 계약상의 권리 또는 의무를 양도한 경우
5. 사망, 실종, 질병 기타 사유로 계약이행이 불가능한 경우

② '갑' 또는 '을'은 다음 각 호의 사유가 발생한 때에는 상대방에게 서면으로 상당한 기간을 정하여 그 이행을 최고하고 그 기간 내에 이행하지 아니한 때에는 이 계약의 전부 또는 일부를 해제하거나 해지할 수 있다. 다만, 제3호의 경우에는 계약의 이행과 동시에 그 사유의 해소를 최고할 수 있다.

1. '갑'이 '을'의 업무수행상 필요한 자료를 제공하지 아니하여 '을'의 업무수행이 곤란하게 되거나 '을'이 위탁받은 업무의 착수를 지연시켜 약정기간 내에 설계도서의 인도가 곤란하다고 인정되는 경우
2. '갑'이 정당한 사유없이 '을'에게 업무수행에 대한 용역대가를 지불하지 않는 경우
3. 금융기관의 거래정치 처분, 어음 및 수표의 부도, 제3자에 의한 가압류·가처분·강제집행 또는 회사정리의 신청 등으로 계약이행이 곤란한 경우

③ 천재지변 등 부득이한 사유로 계약이행이 곤란하게 된 경우에는 상대방과 협의하여 계약을 해제 또는 해지할 수 있다.

제13조 【손해배상】 ① '갑'과 '을'은 상대방이 이 계약을 위반하거나 제12조의 규정에 의한 계약의 해제 또는 해지로 인하여 손해가 발생한 때에는 용역대가의 범위 내에서 상대방에게 손해배상을 청구할 수 있다.

② '을'이 '갑'에게 인도한 설계도서가 제3자의 저작권을 침해하여 '갑'에게 손해를 발생시킨 경우에는 제1항을 준용한다.

제14조 【잔존 의무】 '갑'과 '을'은 이 계약의 기간만료, 계약의 해제 또는 해지

후에도 다음 각 호에 관한 의무를 진다.
  1. 제3조의 규정에 의한 비밀유지에 관한 사항
  2. 제8조에 의한 하자담보

제15조 【계약의 해석】 본 계약의 해석에 대하여 '갑'과 '을' 간에 서로 다른 의견이 있을 경우에는 상호 협의하여 결정한다.

제16조 【분쟁의 조정】 본 계약과 관련하여 '갑'과 '을' 사이에 해결할 수 없는 분쟁이 발생한 경우에는 대한상사중재원의 중재에 회부하여 결정한다.

기계류분야 표준하도급계약서
(1999. 1. 18.)

○○○회사(이하 "갑"이라 한다)와 ○○○회사(이하 "을"이라 한다)는 기계류 제조 하도급거래에 대하여 공통적으로 적용되는 기본적 사항을 정하기 위하여 다음과 같이 기본계약을 체결한다.

제1절 총 칙

제1조 【기본원칙】 1. 거래는 상호이익 존중 및 신의에 따라 성실히 이행하여야 한다.

2. 갑과 을은 이 계약의 이행에 있어서 하도급 거래 공정화에 관한 법률, 독점규제및 공정거래에관한법률 및 관련 법령의 제규정을 준수하여야 한다.

제2조 【기본계약 및 개별계약】 이 기본계약(이하 "계약"이라 한다)은 갑과 을 간의 제조하도급 거래계약에 관한 기본사항을 정한 것으로 별도의 약정이 없는 한 개개의 거래계약(이하 "개별계약"이라 한다)에 대하여 적용하며, 갑과 을은 이 계약 및 개별계약을 준수하여야 한다.

제3조 【개별계약의 내용】 1. 개별계약에는 발주연월일, 발주품목의 명칭, 사양, 수량, 단가, 납기, 납품장소, 검사방법 및 시기, 기타 발주조건 등을 정하여야 한다.

2. 전항의 규정에도 불구하고 개별계약의 내용의 일부를 갑과 을이 협의하여 미리 부속 협정서 등을 정할 수 있다.

제4조 【개별계약의 성립】 1. 개별계약은 갑이 제3조의 거래내용을 기재한 발주서를 교부하고 을이 이를 수락함으로써 성립한다. 단, 을은 수락거부 의사가 있을 때에는 갑의 발주서를 접수한 날로부터 10일 이내에 거부 의사표시를 하여야 하며, 이 기간 내에 거부 의사표시를 하지 않을 경우에는 계약이 성립한 것으로 한다.

2. 갑은 납기가 세분되어 발주서에 발주품목의 납기를 기재할 수 없을 때에는 납기를 기재하지 않고 발주할 수 있으며, 이 경우 개별계약은 갑이 품명, 수량, 납기, 납입장소 등이 기재된 납품일정표를 을에게 교부함으로써 성립되는 것으로 한다.

제5조 【계약의 변경】 1. 이 계약 및 개별계약의 내용을 변경하고자 할 때에는 갑과 을이 협의하여 변경하기로 한다.

2. 제1항의 계약변경에 따라 손해가 발생한 경우의 처리는 다음 각 호에 따른다.

① 갑의 귀책사유로 손해가 발행한 경우 을은 갑에게 손해배상을 청구할 수 있다.

② 을의 귀책사유로 손해가 발생한 경우 갑은 을에게 손해배상을 청구할 수 있다.

③ 갑과 을 쌍방에 귀책사유가 있는 경우 또는 어느 쪽에도 귀책사유가 없는 경우 갑과 을이 협의하여 정한다.

제6조 【사양 등의 지정】 1. 을은 갑의 설계 또는 갑이 개개의 발주품에 대하여 지시하는 질, 형상, 크기, 기타 규격사양에 따라 발주품을 제조 갑에게 납품한다.

2. 을은 제1항의 설계 또는 규격사양이 분명하지 않거나, 의문이 있을 경우, 그 사실을 지체없이 갑에게 통지하여 협의하여야 한다.

3. 갑과 을은 필요에 따라 설계,사양 및 제작방법의 변경에 관한 의견을 제시할 수 있으며 변경에 따른 구형제품의 사후 처리는 상호 협의하여 정한다.

제7조 【도면,규격서,사양서류의 관리】 1. 갑은 발주시 필요하다고 인정될 때에는 도면, 규격서, 사양서류를 을에게 대여한다.

2. 을은 갑에게서 대여한 도면,규격서,사양서를 선량한 관리자의 주의를 가지고 관리하여야 한다.

3. 을은 갑에게서 대여한 도면,규격,사양서류를 손상한 때에는 신속히 갑에게 통지하여 교환을 받는다.

제8조 【발주】 1. 갑은 을에 대하여 개별계약에 관한 발주에 있어 을이 계약품목을 제조 납품하는 데 지장이 없도록 충분한 시일을 두고 발주하도록 한다.

2. 갑은 을에 대하여 가능한한 장기적인 발주계획을 예고함과 동시에 필요한 정보를 제공하도록 한다.

제 2 절 재료 등의 지급 및 대여

제9조 【사급재 등의 지급】 1. 갑은 품질의 유지, 개선, 생산성 및 안전도 향상, 관련 법령의 준수, 기타 정당한 사유가 있는 경우 을과 협의하여 발주품의 제작에 사용되는 재료, 부품, 반제품, 제품 등(이하 "사급재" 라 한다)을 을에게 지급할 수 있다.

2. 사급재에 대한 유상,무상의 구분은 갑과 을이 협의하여 정하며, 유상 사급재의 경우 갑과 을이 상호 협의하여 정한 가격을 전액 단가에 반영한다.

3. 사급재의 지급일시, 장소, 대금지불방법 등은 갑과 을이 협의하여 정한다.

4. 을은 사급재를 수령하는 경우 신속하게 이를 검사하여 품질, 수량 등을 확인하고

사급재의 하자 또는 수량의 과부족 등의 이상이 있을 경우 즉시 갑에게 통지하여 갑의 지시를 받아야 한다.

5. 을은 갑의 지시에 의거 사급재의 공급업자로부터 직접 사급재를 수령하는 경우 신속히 제4항에 준하는 검사를 하고 그 내용을 갑에게 통지하여야 한다.

6. 을은 무상사급재의 남은 자재 및 발생된 스크랩 등의 처리에 대하여 갑의 지시에 따라야 하며, 스크랩처리에 비용이 따를 경우는 갑과 을이 협의하여 조치한다.

7. 을은 갑의 사급재에 가공불량을 발생시킨 경우 또는 갑의 사급재로 인하여 발주품목에 불량이 발생한 경우 신속히 갑에게 통지하여야 한다.

이 경우 불량발생에 대한 보상책임은 그 원인 제공자가 짐을 원칙으로 하되 책임 소재가 명확하지 않은 경우는 갑과 을이 합의하여 처리한다.

8. 을이 제4항 및 제5항의 검사를 태만히 하여 발생한 사급재의 하자 및 수량부족에 대한 책임은 을이 부담하여야 한다.

제10조 【사급재의 소유권】 무상사급재 및 이것으로 제작한 제품의 소유권은 갑이 보유하고 유상사급재의 소유권은 을이 그 대금을 완제했을 때 갑으로부터 이전되는 것으로 한다.

제11조 【설비, 계측기기 등의 양도 또는 대여】 1. 갑은 필요가 있다고 인정되는 경우에 발주품의 제작에 사용되는 설비,금형 및 검사 시험을 위한 계측기, 게이지, 치공구류(이하 설비, 계측기 등이라 한다) 등을 을에게 양도 또는 대여할 수 있다.

2. 제1항에 의한 설비, 계측기 등의 양도 또는 대여의 경우 가격,임대료,보관,반납 등은 갑과 을이 협의하여 정한다.

3. 을은 대여 받은 설비, 계측기 등이 멸실 또는 훼손되었을 경우 즉시 갑에게 통지하여야 하고, 그 원인이 갑에게 있거나 불가항력적인 경우를 제외하고는 갑의 지시에 따라 을의 부담으로 원상 복구시키거나 대체품을 제공하는 등 갑의 손해를 배상하여야 한다.

4. 설비, 계측기 등의 대여에 대하여는 제11조 제2항 및 제3항을 설비 계측기 등의 양도에 따른 소유권 및 위험부담의 이전에 대하여는 제10조를 준용한다.

제12조 【사급재 및 설비 계측기 등의 관리】 1. 을은 갑의 사급재 및 양도 또는 는 대여품을 선량한 관리자의 주의를 가지고 관리하여야 한다.

2. 을은 갑의 동의없이 사급재 및 양도 또는 대여 받은 설비, 계측기 등을 소정 용도 이외에 전용하거나 제3자에게 양도, 대여, 저당 등의 행위를 하여서는 안된다.

3. 을은 사급재 중 특히 무상사급재, 대금완제 전에 양도받은 설비, 계측기 등을 을의 자산과 장부 및 보관상 명확하게 구분하여 관리하고, 갑의 소유권임을 명시하기 위한 적절한 조치를 강구하여야 한다.

4. 을은 강제집행, 파산선고신청, 회사정리의 신청 및 노동쟁의 등과 같은 사유의 발생으로 대금완제 전의 사급재, 양도 또는 대여받은 설비, 계측기 등에 대한 갑의 소유권보전에 영향을 미칠 우려가 있는 경우 즉시 갑에게 그 사실을 통지하는 동시에 필요에 따라 이들 물품의 보관장소를 이전하는 등 갑의 소유권이 침해되지 않도록 적절한 조치를 하여야 한다.

5. 을은 사급재, 금형 등을 유상으로 양도받아 그 대금을 완제한 경우에도 제4항과 유사한 사유가 발생할 경우 즉시 갑에게 그 사실을 통지하는 동시에 갑이 발주한 품목의 납품이 영향을 받지 않도록 필요에 따라 보관장소를 이전하는 등의 조치를 하여야 하며, 사급재, 설비, 계측기 등의 처리는 사후에 감가상각 등을 포함한 합리적인 산정방식에 따라 갑과 을이 협의하여 결정한다.

6. 을은 설비, 계측기 등의 정밀도 유지를 위하여 적정한 기준기를 이용하여 정기점검 및 교정을 한다.

7. 갑은 을의 설비, 계측기의 점검 및 교정의뢰시 적극 협조한다.

제3절 납 품

제13조 【단가】 1. 단가는 수량, 사양, 납기, 대금지불방법, 품질, 재료가격, 노무비, 시가의 동향 등을 고려하여 합리적인 산정방식에 따른 적정한 관리적 경비 및 이익을 붙여 갑과 을이 협의하여 정한다.

2. 제1항의 단가는 별도의 약정이 없는 한 갑이 지정하는 인도장소까지의 포장비, 운임, 하역비, 보험료 등 일체의 비용을 포함한 것으로 한다.

3. 단가결정의 기초가 된 제1항의 조건이 계약기간 중 변경된 때에는 갑 또는 을은 단가 조정신청을 할 수 있으며 이 경우 관련자료를 검토한 후 상호 협의하여 다시 정할 수 있다.

4. 특별한 사유로 인하여 단가결정이 지연될 경우 갑과 을이 협의하여 정한 임시단가를 적용하며, 임시단가와 확정단가의 차액은 확정단가 결정시 정산한다.

제14조 【납기】 납기란 개별계약에 의하여 발주품을 갑이 지정하는 장소에 납품할 기일을 말하며, 개별 계약마다 갑과 을이 협의하여 정한다.

제15조 【납품】 1. 을은 발주품을 갑과 을이 협의하여 별도로 정하는 납품절차에 따라 갑이 정하는 수량을 납품하여야 한다.

2. 을은 납기의 선행, 지연 또는 수량의 과부족 등 이상 납품이 발생한 경우 신속하게 갑의 지시를 받아 필요한 조치를 강구하여야 한다.

3. 을은 제2항의 이상 납품이 을의 귀책사유로 인하여 발생된 때에는 갑이 입은 손해를 배상하여야 한다.

4. 갑은 갑의 귀책사유로 납품기일이 연기되어 을에게 손해가 발생하였을 경우 그 손해를 배상하여야 하며 구체적 배상방법은 상호간 협의에 의한다(신설).

제16조 【수송방법】 을이 발주품의 운송업무 이행을 위하여 제3자와 수송계약을 체결할 때에는 사전에 갑의 승인을 받는다.

제17조 【포장방법】 갑과 을은 납입물품의 포장시 환경에 유해하지 않도록 재활용이 가능한 포장방법 사용에 노력하여야 하며, 포장방법에 대한 세부사항은 별도 협의한다.

제4절 시험 및 검사

제18조 【시험검사】 1. 갑 또는 을은 협의하여 발주품의 발주사양을 만족시키고 있다는 것을 명확히 하기 위하여 시험검사를 한다.

2. 을은 갑이 시험검사방법을 지정한 경우에는 이에 따르도록 한다.

3. 갑과 을은 검사를 할 경우 KS, MIL 등의 근거 있는 방식을 사용한다.

4. 갑은 필요에 따라 실시하는 검사 또는 제조공정상의 검사에서 발주품의 불량을 발견시에는 지체없이 을에게 통지한다.

5. 갑은 특히 지정한 검사공정의 시험, 검사에 갑이 인정한 검사원을 종사시킬 수 있다.

제19조 【특수공정의 관리】 갑은 다음 각 호의 특수공정에 관한 작업방법과 작업자에 대하여 필요한 지도, 협조를 한다.

(1) 표면처리

(2) 열처리

(3) 용접 등 취약기술

제20조 【수령, 검사 및 인수】 1. 갑은 을이 발주품을 갑이 지정한 장소에 납품

또는 설치 후 을에게 수령증을 교부하여야 하며 발주품에 대한 납품검사(검수를 포함한다. 이하 같음)는 미리 정한 검사규정 및 절차에 따라 신속히 실시하여야 한다.

　2. 갑은 납품된 물품을 수령한 날로부터 10일 이내에 검사결과를 을에게 서면으로 통지하여야 한다. 이 기간 내에 통지하지 않은 경우에는 검사에 합격한 것으로 한다.

　3. 갑은 검사 전의 발주품에 대하여 선량한 관리자의 주의를 가지고 관리하여야 한다.

　제21조 【부족분, 불합격품 및 과납품의 처리】 1. 을은 제15조에 따른 검사결과 수량부족 및 불합격된 것에 대해서는 갑의 지시에 따라 신속히 부족분 또는 대품을 납품하여야 한다.

　단, 이 경우에는 을은 본래의 납기에 대한 이상 납품의 책임을 면하지 못한다.

　2. 제15조에 따른 검사결과 불합격품 또는 과납품이 생겼을 경우 을은 갑이 지정하는 기간 내에 이를 인수하여야 한다.

　다만, 불합격품에 대하여 성능상 지장이 없다고 갑이 인정하는 경우 을과 협의하여 조건부 합격으로 받아 들일 수 있다.

　단, 초도품, 크레임부품 등 주요부품에 대해서는 별도의 협의에 의한다.

　3. 을이 제2항의 기간 내 불합격품 또는 과납품을 인수하지 아니할 때는 갑은 이를 을에게 반송 또는 을과 협의하여 폐기할 수 있다.

　4. 갑은 불합격품 또는 과납품을 보관하는 동안 보관물품의 전부 또는 일부가 멸실, 훼손 또는 변질되었을 경우 그 손해는 을이 부담한다.

　다만, 제2항에서 정하는 기간 내에 갑의 귀책사유로 생긴 손해에 대해서는 그러하지 아니하다.

　5. 을은 불합격품, 과납품을 갑의 사전동의없이 시중거래선에 판매할 수 없으며, 갑의 동의없이 갑의 관련업소에 판매함으로써 입힌 손해에 대하여 제반 관련비용을 부담하여야 한다(신설).

　제22조 【발주품의 소유이전】 발주품의 소유권은 갑의 검사결과 합격판정을 받은 때로부터 갑에게 이전되는 것으로 한다.

제5절 지 불

　제23조 【대금지급】 1. 납품대금의 지급기일은 하도급거래공정화에관한법률 제13조 제1항을 준용하는 것을 원칙으로 한다.

2. 을은 납품대금을 수령할 때에는 갑에게 미리 등록한 인장이 날인된 영수증을 갑에게 제출하여야 하며, 을이 등록된 인장 및 영수증을 분실하거나 도난 등의 사고가 발생하였을 경우 을은 지체없이 이를 갑에게 신고하여야 한다.

단, 이 경우에는 인장 및 영수증의 도난, 분실로 인하여 발생하는 모든 사고에 대한 책임은 을이 부담한다.

제24조 【대금지급방법】 대금지급방법은 하도급거래공정화에관한법률 제13조 제2항 내지 제5항의 기준을 준용하는 것을 원칙으로 한다.

제25조 【대금의 상계】 1. 갑은 을에게 유상으로 지급한 사급재의 대금 및 기타 을로부터 지급받아야 할 채권이 있는 경우 이를 을에 대한 납품대금의 지급 채무와 상계할 수 있다.

2. 제1항의 상계는 상계할 때마다 수령증을 교환하지 아니하고 갑이 그 명세를 을에게 통지하는 것으로 갈음한다.

제6절 보 증

제26조 【품질보증】 1. 을은 발주품에 대해 기획, 설계, 생산, 판매 등 전과정에 걸쳐 유기적인 품질 보증체제를 확립, 운영하여 제6조의 지정된 설계 또는 사양에 일치시키고 갑이 요구하는 품질과 신뢰성을 확보하도록 품질보증 활동을 하여야 한다.

2. 갑과 을은 상호 또는 개별적으로 실시해야 하는 품질보증 사항에 대하여 별도의 품질보증협정을 체결하고 제1항의 품질보증 활동을 추진하여야 한다.

3. 을은 발주품 중 주요공정 및 공법의 변경, 외주선의 변경, 금형의 수정 및 재제작, 재료변경, 조성부품의 국산화 등의 경우에 갑에게 승인을 득한 후에 사용하여야 한다.

제27조 【하자 담보책임】 을은 제21조의 규정에 의한 발주품의 소유권 이전 후 발주품에 숨겨진 하자가 발견된 경우 갑과 을이 별도로 체결하는 크레임보상협정에 따라 그 하자의 보수, 대체품의 납품, 대금감액 및 하자에 기인하는 손해배상 등의 책임을 진다.

제28조 【제조물 책임】 1. 을은 갑이 발주한 물품에 결함이 발생하지 않도록 최선을 다하여야 하며 제조물 책임에 관한 모든 의무를 다하여야 한다.

2. 을은 발주품의 설계 또는 규격사양이 갑에 의하여 제공되었을지라도 발주품의 결함에 의해 발생한 것이라고 주장하는 사고로 인한 피해를 근거로 제기된 청구 및 소송

을 방어해야 하며 그 청구 및 소송으로 인한 모든 손해배상 및 제반 관련비용을 부담하여야 한다.

단, 갑이 을에게 제공한 설계 및 사양자체의 하자에 기인하는 사고임이 입증된 경우에는 갑이 동 하자에 대하여 책임을 진다.

3. 갑이 제2항에 의한 청구 및 소송으로 인해 비용을 지출했을시 을은 그 비용을 보상한다.

4. 갑과 을은 제2항의 청구 및 소송의 발생 방지, 방어 및 대책수립에 상호 최대한 협조한다.

제7절 일반사항

제29조 【자료수집 및 실태조사에 대한 협력】 1. 갑은 필요에 따라 을에게 생산관리, 품질보증 등에 관한 자료 및 결산보고서등 경영에 관한 자료의 제출을 요구할 수 있으며, 발주품의 생산 및 품질보증과 관련하여 을의 공장설비, 생산관리 실태 등을 수시로 조사할 수 있다.

2. 을은 갑으로부터 제1항과 관련된 요청을 받았을 때에는 특별한 사유가 없는 한 갑에게 협조하여야 한다.

제30조 【개선제안의 협력】 1. 을은 발주품의 품질개선, 납기준수, 가격의 합리화 등을 위한 개선제안을 언제든지 할 수 있다.

2. 제1항의 경우 을의 제안에 따른 효과가 있을 때는 갑과 을이 함께 그 효과를 배분한다.

3. 개선제안에 관한 사항에 대하여는 별도의 규정을 둘 수 있다.

제31조 【지도 및 협력】 갑은 발주품의 제작 및 품질향상 등을 위하여 필요한 경우 을에게 제작기술, 공법, 자재 및 생산관리, 품질보증 등에 관하여 지도와 조언을 할 수 있으며 을은 갑의 전문기술자가 출장하여 지도할 수 있도록 적극 협조하여야 한다.

제32조 【내국신용장 개설】 갑은 수출용 물품을 을에게 제조위탁시 정당한 사유가 있는 경우를 제외하고는 을의 생산에 차질이 없도록 발주한 날로부터 15일 이내에 내국 신용장을 개설해 주어야 한다.

제33조 【공업소유권의 실시 및 출원】 1. 을은 발주품의 제작과 관련 갑으로부터 사용을 허락받은 특허권, 실용신안권, 의장권, 상표권(이하 "공업소유권"이라 한

다) 및 노하우(Know-How)를 발주품의 제작 이외에는 사용하지 못하며, 문서에 의한 갑의 승낙을 얻지 않는 한 제3자에게 공업 소유권 및 노하우를 사용하게 할 수 없다.

2. 을은 발주품의 제작과 관련 갑 또는 을과 제3자 사이에 공업소유권상의 분쟁 등이 발생할 우려가 있을 경우 또는 분쟁이 발생했을 경우 지체없이 문서로서 갑에게 통지하는 한편 을은 을의 귀책사유로 상기 사항이 발생하거나 발생할 우려가 있는 경우 갑에게 손해가 미치지 않도록 을의 비용부담으로 사전조치를 취하여야 하며, 공업소유권 분쟁으로 갑이 손해를 입은 경우 그 손해를 배상하여야 한다.

3. 을은 이 계약기간중은 물론 계약의 만료 및 계약의 해제 또는 해지 후에도 갑의 도면, 사양서에 의하여 제작된 발주품 및 그 제작방법에 관하여 공업소유권을 획득하고자 할 경우 또는 발주품에 관하여 갑과의 공동연구, 갑의 지도 및 아이디어의 제공에 의거 공업소유권을 획득하고자 할 경우에는 사전에 갑에게 문서로서 통지하여 갑과 산업재산권을 공동 출원한다. 그러나 부득이한 사유로 갑의 사전허락없이 을이 공업소유권을 획득한 경우에는 지체없이 갑에게 이 사실을 통보하고 대가없이 갑에게 권리를 양도 또는 공유하게 하여야 한다.

4. 을은 을의 사양에 의거 발주품을 제작하는 경우 그 제품 및 제품의 제작방법이 제3자의 공업소유권을 침해하지 않음을 보증하여야 하며 갑의 사양에 따라 발주품을 제작하는 경우에는 갑이 그 제작방법을 제시하는 경우를 제외하고는 그 제작방법이 공업소유권을 침해하지 않음을 보증하여야 한다.

제34조 【상표 표기 및 포장】 을이 갑에게 납품하는 제품에 대한 상표의 표기 및 포장상태는 갑이 별도로 정하는 바에 따른다.

제35조 【외주의 이용】 1. 을은 갑으로부터 수주받은 제품을 제작함에 있어 그 일부 또는 전부를 제3자에게 발주할 경우에는 갑의 승낙을 얻어야 하며, 을은 갑의 요구에 따라 관계자료를 제공하고 갑의 지시 및 결정에 따라야 한다.

2. 을은 제1항의 경우 이 계약 및 개별계약에 따른 을의 이행의무를 면할 수 없다.

제36조 【기밀의 유지】 1. 갑과 을은 이 계약 및 개별계약으로 알게 된 상대방의 업무상 및 기술상 기밀을 상대방의 승낙이 없는 한 제3자에게 누설하여서는 아니 된다.

2. 갑과 을은 이 계약기간중은 물론 계약의 만료 또는 해제 후에도 제1항의 의무를 가지고 있으며, 이 규정에 위반하여 상대방에게 손해를 입힌 경우 일체의 손해를 배상하여야 한다.

제37조 【권리의 양도】 갑과 을은 문서에 의거 상대방의 승낙을 받지 않는 한 이

계약 및 그 부수협정 또는 개별 계약으로부터 생기는 권리의 전부 또는 일부를 제3자에게 양도하거나 담보로 제공할 수 없다.

　제38조 【계약의 해제, 해지】 1. 갑 또는 을은 다음 각 호의 사유가 발생할 우려가 있거나 발생하였을 경우 즉시 이 계약 및 부수협정과 개별계약의 전부 또는 일부를 해제 또는 해지할 수 있다.

　(1) 갑 또는 을이 금융기관으로부터 거래정지 처분을 받았을 때

　(2) 갑 또는 을이 감독관청으로부터 영업취소, 정지 등의 처분을 받았을 때

　(3) 갑 또는 을이 어음 및 수표의 부도, 제3자에 의한 강제집행(가압류 및 가처분 포함) 또는 파산선고의 신청, 회사정리의 신청 등 경영상의 중대한 사유가 발생하여 기기본계약 및 부수협정에 의한 약정내용이 이행될 수 없다고 인정될 경우

　(4) 갑 또는 을이 해산, 영업의 양도를 결의하거나 또는 타 회사로 합병될 경우

　(5) 갑 또는 을이 이 계약 및 그 부수협정과 개별계약을 위반하였을 경우

　(6) 갑 또는 을이 재해 및 기타 사유로 인하여 이 계약 및 부수협정과 개별계약의 내용을 이행하기 곤란하다고 쌍방이 인정하는 경우

　(7) 갑이 발주품의 제작에 필요한 제반사항의 이행을 특별한 사유없이 지연함으로써 을의 작업에 지장을 초래케하거나 또는 을이 특별한 사유없이 발주품의 제작을 거부하거나 착수를 지연하여 계약기간 내에 납품이 곤란하다고 인정되는 경우

　(8) 을의 기술, 생산 및 품질관리 능력이 부족하여 이 계약 및 부수협정에 의하여 약정한 사항이 원만히 이행될 수 없다고 인정될 경우

　2. 갑 또는 을은 제1항 각 호의 해제 또는 해지사유가 발생하였을 경우 상대방에게 지체없이 통지하여야 한다.

　3. 제1항에 의하여 계약이 해제 또는 해지되었을 때는 피해제자가 해제 또는 해지권자에 대하여 부담하는 일체의 채무는 기한의 이익을 상실하며 지체없이 변제하여야 한다.

　4. 해제 또는 해지와 관련하여 해제 또는 해지권자에 대하여 손해가 발생하였을 때에는 피해제자 또는 피해지자는 그 손해를 배상하여야 한다.

　제39조 【거래정지의 예고】 제37조의 사유가 아닌 부득이한 사유로 거래를 정지하고자 할 때에는 갑과 을은 상대방에게 부당한 피해가 없도록 상당기간의 거래정지 유예기간을 두어 이를 사전에 상대방에게 통보하여야 한다.

　제40조 【계약의 해제, 해지 후의 조치】 1. 갑 또는 을은 제37조 제1항에 의한 계약해제 또는 해지의 경우 상대방에게 사양서류, 대여품 및 무상사급재 등을 신속히

반환하여야 하며, 을은 갑의 요구가 있을 경우 갑으로부터의 양도 여부에 관계없이 발주품의 제작에 사용되는 모든 설비, 계측기기 등과 발주품의 재고 및 유상사급재를 제3자에 우선하여 갑에게 양도하여야 한다.

2. 제1항에 의한 양도의 경우 유상사급재는 지급가격을 발주품의 재고는 납품가격을, 금형 등은 인수시점까지의 감가상각을 감안한 가격을 각 기준으로 하여 갑과 을이 협의하여 결정한다.

제41조 【손해배상청구】 갑 또는 을은 이 계약 또는 개별계약의 위반으로 인하여 손해를 입었을 때는 상대방에게 손해배상을 청구할 수 있다.

제42조 【잔존 의무】 갑과 을은 이 계약 및 개별계약의 기간만료 후 및 계약의 해제 또는 해지 후에도 다음 각 호에 관한 의무를 진다.
1. 제26조에 정하는 하자담보책임에 관한사항
2. 제27조에 정하는 제조물책임에 관한사항
3. 제32조에 정하는 공업소유권에 관한사항
4. 제35조에 정하는 기밀유지에 관한사항

제43조 【이의 및 분쟁의 해결】 1. 갑과 을은 이 계약 및 그 부수협정의 해석에 이견이 있을 경우 상관습에 따르는 것으로 하고 그래도 해결이 되지 않을 때는 상호 협의하여 해결한다.

2. 제1항과 관련하여 법률상의 분쟁이 발생하였을 경우 그 해결은 중재법 및 상사중재규칙에 의한 대한상사중재원의 중재에 따르기도 한다.

제44조 【계약의 효력 및 유효기간】 1. 이 계약의 유효기간은 계약체결일로부터 만1년으로 한다. 다만, 갑 또는 을이 계약기간 만료 3개월 전까지 계약갱신 또는 해약의사를 표시하지 않는 한 이 계약은 동일한 조건으로 1년간 계속되는 것으로 보며 그 이후도 동일하다.

2. 제1항에 의한 이 계약의 실효시 존속하는 개별계약에 대한 이 계약의 유효기간은 당해 개별계약의 존속기간까지 계속되는 것으로 한다.

부 칙

제1조【계약적용의 범위】 이 계약은 이 계약이 체결되기 이전의 모든 하도급 거래에 관한 개별계약에도 적용되는 것으로 한다.

제2조【계약의 효력상실】 2000. ○. ○. 체결된 ○○○계약은 이 계약체결로 인하여 그 효력을 상실한다. 이 계약의 체결을 증명하기 위하여 계약서 2통을 작성하여 갑과 을이 서명날인한 후 각각 1통씩 보관한다.

2000년 월 일

갑.　　주　　소
　　　　상　　호
　　　　대 표 자　　　　　　　　(인)

을.　　주　　소
　　　　상　　호
　　　　대 표 자　　　　　　　　(인)

섬유업종 표준하도급 계약서
(1999. 1. 18.)

○○○회사(이하 "갑"이라 한다)와 ○○○회사(이하 "을"이라 한다)는 섬유업종 표준외주거래에 대하여 공통적으로 적용되는 기본적 사항을 정하기 위하여 다음과 같이 기본계약을 체결한다.

제1절 총 칙

제1조 【기본원칙】1. 거래는 상호이익 존중 및 신의에 따라 성실히 이행하여야 한다.

2. "갑"과 "을"은 이 계약의 이행에 있어서 하도급거래공정화에관한법률, 독점규제및공정거래에관한법률 및 관련 법령의 제규정을 준수하여야 한다.

제2조 【기본계약 및 개별계약】이 기본계약(이하 "계약"이라 한다)은 "갑"과 "을"간의 제조하도급 거래계약에 관한 기본사항을 정한 것으로 별도의 약정이 없는 한 개개의 거래계약(이하 "개별계약"이라 한다)에 대하여 적용하며, "갑"과 "을"은 이 계약 및 개별계약을 준수하여야 한다.

제3조 【개별계약의 내용】1. 개별계약에는 발주연월일, 발주품목의 명칭, 사양, 수량, 단가, 납기, 납품장소, 검사방법 및 시기, 대금지급방법 및 조건, 기타 발주조건 등을 정하여야 한다.

2. 전항의 규정에도 불구하고 개별계약의 내용의 일부를 "갑"과 "을"이 협의하여 미리 부속협정서 등을 정할 수 있다.

제4조 【개별계약의 성립】1. 개별계약은 "갑"이 제3조의 거래내용을 기재한 발주서를 교부하고 "을"이 이를 수락함으로써 성립한다.

단, "을"이 수락거부 의사가 있을 때에는 "갑"의 발주서를 접수한 날로부터 10일 이내에 거부 의사표시를 하여야 하며, 이 기간 내에 거부 의사표시를 하지 않을 경우에는 계약이 성립한 것으로 한다.

2. "갑"은 납기가 세분되어 발주서에 발주품목의 납기를 기재할 수 없을 때에는 납기를 기재하지 않고 발주할 수 있으며, 이 경우 개별계약은 "갑"이 품명, 수량, 납기, 납입장소 등이 기재된 납품일정표를 "을"에게 교부함으로써 성립 되는 것으로 한다.

제5조 【계약의 변경】 1. 이 계약 및 개별계약의 내용을 변경하고자 할 때에는 "갑"과 "을"이 협의하여 변경하기로 한다.

2. 제1항의 계약변경에 따라 손해가 발생한 경우의 처리는 다음 각 호에 따른다.

① "갑"의 귀책사유로 손해가 발생한 경우 "을"은 "갑"에게 손해배상을 청구할 수 있다.

② "을"의 귀책사유로 손해가 발생한 경우 "갑"은 "을"에게 손해배상을 청구할 수 있다.

③ "갑"과 "을" 쌍방의 귀책사유가 있는 경우 각각 책임이 주어지는 부분에 대하여 지기로 한다.

제6조 【사양 등의 지정】 1. "을"은 "갑"의 개개의 발주품에 대하여 지시하는 질, 형상, 크기, 기타 규격사양에 따라 발주품을 제조 "갑"에게 납품한다.

2. "을"은 제1항의 규격 및 지시하는 사양이 분명하지 않거나, 의문이 있을 경우 그 사실을 지체없이 "갑"에게 통지하여 협의하여야 한다.

3. "갑"과 "을"은 필요에 따라 사양 및 제작방법의 변경에 관한 의견을 제시할 수 있으며 변경에 따른 구형 제품의 사후처리는 변경을 일으키게 한 원인 제공자가 짐을 원칙으로 한다.

제7조 【견본 및 제품제작】 1. "을"은 "갑"의 요청시 제품제작에 필요한 작업지시서, 패턴 또는 견본을 "갑"에게 제공받아 "갑"이 요청하는 작업 방법에 따라 견본을 제작하여야 한다.

2. "갑"은 이를 확인하고 "을"에게 제작한 견본에 맞추어 작업을 진행토록 하여야 한다.

제8조 【패턴, 견본, 규격서, 작업지시서, 사양서류의 관리】 1. "갑"은 발주시 필요하다고 인정될 때에는 패턴, 견본 또는 규격서, 작업지시서, 사양서류를 "을"에게 대여하며 "을"의 요청시에도 비밀유지나 이를 대여할 수 없는 정당한 이유를 제외하고는 대여한다.

2. "을"은 "갑"에게서 대여받은 패턴, 견본 또는 규격서, 작업지시서, 사양서를 선량한 관리자의 주의를 가지고 관리하여야 한다.

3. "을"은 "갑"에게 대여받은 패턴, 견본 또는 규격, 작업지시서, 사양서류를 손상한 때에는 신속히 갑에게 통지하여 교환을 받는다.

제9조 【발주】 1. "갑"은 "을"에 대하여 개별계약에 관한 발주에 있어 "을"이 계

약품목을 제조 납품하는 데 지장이 없도록 충분한 시일을 두고 발주하도록 한다.

2. "갑"은 "을"에 대하여 가능한 한 장기적인 발주계획을 예고함과 동시에 필요한 정보를 제공하도록 한다.

제2절 원부자재 등의 지급 및 대여

제10조 【사급재 등의 지급】 1. "갑"은 품질의 유지, 개선, 생산성 및 안전도 향상, 관련법령의 준수, 기타 정당한 사유가 있는 경우 "을"과 협의하여 발주품의 제작에 사용되는 원자재, 부자재, 반제품, 제품 등(이하 "사급재"라 한다)을 "을"에게 지급할 수 있다.

2. 사급재에 대한 유상, 무상의 구분은 "갑"과 "을"이 협의하여 정하며, 유상 사급재의 경우 "갑"과 "을"이 상호 협의하여 정한 가격을 전액 단가에 반영한다.

3. 사급재의 지급일시, 장소, 대금지불방법 등은 "갑"과 "을"이 협의하여 정한다.

4. "을"은 사급재를 수령하는 경우 미리 정한 검사규정 및 절차에 따라 신속하게 이를 검사하여 품질, 수량 등을 확인하고 사급재의 하자 또는 수량의 과부족 등의 이상이 있을 경우 즉시 "갑"에게 통지하여 "갑"의 지시를 받아야 한다.

5. "을"은 "갑"의 지시에 의거 사급재의 공급업자로부터 직접 사급재를 수령하는 경우 신속히 제4항에 준하는 검사를 하고 그 내용을 "갑"에게 통지 하여야 한다.

6. "을"은 무상 사급재의 남은 자재 및 발생된 스크랩 등의 처리에 대하여 "갑"의 지시에 따라야 하며, 스크랩처리에 비용이 따를 경우는 "갑"과 "을"이 협의하여 조치한다.

7. "을"은 "갑"의 사급재에 가공불량을 발생시킨 경우 또는 "갑"의 사급재로 인하여 발주품목에 불량이 발생한 경우 신속히 "갑"에게 통지하여야 한다. 이 경우 불량발생에 대한 보상책임은 그 원인 제공자가 짐을 원칙으로 한다.

8. "을"이 제 4항 및 제 5항의 검사를 태만히 하여 발생한 사급재의 하자 및 수량부족에 대한 책임은 "을"이 부담하여야 한다.

제11조 【사급재의 소유권】 무상 사급재의 소유권은 "갑"이 보유하고 유상 사급재의 소유권은 "을"이 그 대금을 완제했을 때 "갑"으로부터 이전되는 것으로 한다.

제12조 【제조설비 등의 양도 또는 대여】 1. "갑"은 필요가 있다고 인정되는 경우에 발주품의 제작에 사용되는 설비를 "을"에게 양도 또는 대여할 수 있다.

2. 제1항에 의한 설비의 양도 또는 대여의 경우 가격, 임대료, 보관, 반납 등은 "갑"과 "을"이 협의하여 정한다.

3. "을"은 대여받은 설비 등이 멸실 또는 훼손되었을 경우 즉시 "갑"에게 통지하여야 하고, 그 원인이 "갑"에게 있거나 불가항력적인 경우를 제외하고는 "갑"의 지시에 따라 "을"의 부담으로 원상 복구시키거나 대체품을 제공하는 등 "갑"의 손해를 배상하여야 한다.

4. 설비 등의 대여에 대하여는 제2항 및 제3항을 설비 등의 양도에 따른 소유권 및 위험부담의 이전에 대하여는 제12조를 준용한다.

제13조 【사급재 및 설비 등의 관리】 1. "을"은 "갑"의 사급재 및 설비의 양도 또는 대여품을 선량한 관리자의 주의를 가지고 관리하여야 한다.

2. "을"은 "갑"의 동의없이 사급재 및 양도 또는 대여받은 설비 등을 소정 용도 이외에 전용하거나 제3자에게 양도, 대여, 저당 등의 행위를 하여서는 안된다.

3. "을"은 사급재 중 특히 무상 사급재, 대금완제 전에 양도받은 설비 등을 "을"의 자산과 장부 및 보관상 명확하게 구분하여 관리하고, "갑"의 소유권임을 명시하기 위한 적절한 조치를 강구하여야 한다.

4. "을"은 강제집행, 파산선고신청, 회사정리의 신청 및 노동쟁의 등과 같은 사유의 발생으로 대금완제 전의 사급재 양도 또는 대여받은 설비 등에 대한 "갑"의 소유권 보전에 영향을 미칠 우려가 있는 경우 즉시 "갑"에게 그 사실을 통지하는 동시에 필요에 따라 이들 물품의 보관장소를 이전하는 등 "갑"의 소유권이 침해되지 않도록 적절한 조치를 하여야 한다.

5. "을"은 사급재, 패턴, 견본 등을 유상으로 양도받아 그 대금을 완제한 경우에도 제4항과 유사한 사유가 발생할 경우 즉시 "갑"에게 그 사실을 통지하는 동시에 "갑"이 발주한 품목의 납품이 영향을 받지 않도록 필요에 따라 보관장소를 이전하는 등의 조치를 하여야 하며, 사급재, 설비 등의 처리는 사후에 감가상각 등을 포함한 합리적인 산정방식에 따라 "갑"과 "을"이 협의하여 결정한다.

6. "을"은 "갑"으로부터 대여받은 설비 등의 정밀도 유지를 위하여 정기점검 및 교정을 한다.

7. "갑"은 "을"이 대여받은 설비의 점검 및 교정의뢰시 적극 협조한다.

제3절 납 품

제14조 【단가】 1. 단가는 수량, 사양, 납기, 대금지불방법, 품질, 재료가격, 노무비, 시가의 동향 등을 고려하여 합리적인 산정방식에 따른 적정한 관리적 경비 및 이익

을 붙여 "갑"과 "을"이 협의하여 정한다.

2. 제1항의 단가는 별도의 약정이 없는 한 "갑"이 지정하는 인도장소까지의 포장비, 운임, 하역비, 보험료 등 일체의 비용을 포함한 것으로 한다.

3. 단가결정의 기초가 된 제1항의 조건이 계약기간 중 어느 일방의 귀책사유없이 변경된 때에는 "갑" 또는 "을"은 단가 조정신청을 할 수 있으며 이 경우 관련자료를 검토한 후 상호 협의하여 다시 정할 수 있다.

4. 특별한 사유로 인하여 단가 결정이 지연될 경우 "갑"과 "을"이 협의하여 정한 임시단가를 적용하며, 임시단가와 확정단가의 차액은 확정단가 결정시 정산한다.

제15조 【납기】 납기란 개별계약에 의하여 발주품을 "갑"이 지정하는 장소에 납품할 기일을 말하며, 개별계약마다 "갑"과 "을"이 협의하여 정한다.

제16조 【납품】 1. "을"은 발주품을 "갑"과 "을"이 협의하여 별도로 정하는 납품절차에 따라 "갑"이 정하는 수량을 납품하여야 한다.

2. "을"은 납기의 선행, 지연 또는 수량의 과부족 등 이상납품이 발생한 경우 신속하게 "갑"의 지시를 받아 필요한 조치를 강구하여야 한다.

3. "을"은 제2항의 이상납품이 "을"의 귀책사유로 인하여 발생된 때에는 "갑"이 입은 손해를 배상하여야 한다.

4. "갑"이 정당한 사유없이 "을"의 납품을 지연하게 하거나, 거부할 경우 "갑"은 "을"이 입은 손해를 배상하여야 한다.

제17조 【수송방법】 "을"이 발주품의 운송업무를 이행하기 위하여 제3자와 수송계약을 체결할 때에는 사전에 "갑"의 승인을 받는다.

제4절 제품검사 및 지도협력

제18조 【제품검사】 1. "갑" 또는 "을"은 협의하여 발주품의 발주사양을 만족시키고 있다는 것을 명확히 하기 위하여 제품검사를 한다.

2. "갑"과 "을"은 검사를 할 경우 기준 및 방법은 "갑"과 "을"이 정하되 KS 등의 근거 있는 방식을 사용하며, 특별히 "갑"이 검사기준을 지정한 경우에는 이에 따르도록 한다.

3. "갑"은 필요에 따라 실시하는 검사 또는 제조공정상의 검사에서 발주품의 불량을 발견시에는 지체없이 "을"에게 통지한다.

4. "갑"과 "을"은 특히 지정한 검사공정의 검사에 "갑"과 "을" 각각의 검사원을 종사시킬 수 있다.

5. "을"은 "갑"이 인정한 검사원이 검사하는 데 지장이 없도록 최선의 협조를 지원한다.

6. "갑"이 당초 계약서상에 없는 시험검사를 요구할시 이에 소요되는 비용은 "갑"이 부담한다.

제19조 【특수가공처리의 관리】 "갑"은 "을"에게 다음 각 호의 특수가공처리에 관한 작업방법과 작업자에 대하여 필요한 지도 협조를 한다.

(1) 특수가공처리를 요하는 제품의 생산

(2) 새로운 기술을 요하는 제품의 생산

(3) 합리적인 생산을 위하여 생산공정을 새로 변경할 경우

제20조 【지도 및 협력】 "갑"은 발주품의 제작 및 품질향상 등을 위하여 필요한 경우 "을"에게 제작기술, 공법, 자재 및 생산관리, 품질보증 등에 관하여 지도와 조언을 할 수 있으며 "을"은 "갑"의 전문기술자가 출장하여 지도할 수 있도록 적극 협조하여야 한다.

제21조 【수령, 검사 및 인수】 1. "갑"은 "을"이 발주품을 "갑"이 지정한 장소에 납품 후 "을"에게 수령증을 교부하여야 하며 발주품에 대한 납품검사(검수를 포함한다. 이하 같음)는 미리 정한 검사규정 및 절차에 따라 신속히 실시하여야 한다.

2. "갑"은 납품된 물품을 수령한 날로부터 10일 이내에 검사결과를 "을"에게 서면으로 통지하여야 한다. 이 기간 내에 통지하지 않은 경우에는 검사에 합격한 것으로 한다.

3. "갑"은 검사 전의 발주품에 대하여 선량한 관리자의 주의를 가지고 관리하여야 한다.

제22조 【부족분, 불합격품 및 과납품의 처리】 1. "을"은 제16조에 따른 검사결과 수량부족 및 불합격된 것에 대해서는 "갑"의 지시에 따라 신속히 부족분 또는 대품을 납품하여야 한다.

단, 이 경우에는 "을"은 본래의 납기에 대한 이상납품의 책임을 면하지 못한다.

2. 제16조에 따른 검사결과 불합격품 또는 과납품이 생겼을 경우 "을"은 "갑"이 지정하는 기간 내에 이를 인수하여야 하며, 그 기간은 상당하여야 한다.

다만, 불합격품에 대하여 외관 및 사용상 지장이 없다고 "갑"이 인정하는 경우 "을"

과 협의하여 조건부 합격으로 받아들일 수 있다.

　3. "을"이 제2항의 기간 내 불합격품 또는 과납품을 인수하지 아니할 때는 "갑"은 이를 "을"에게 반송 또는 "을"과 협의하여 폐기할 수 있다.

　4. "갑"은 불합격품 또는 과납품을 보관하는 동안 보관물품의 전부 또는 일부가 멸실, 훼손 또는 변질되었을 경우 그 손해는 "을"이 부담한다.

　다만, 제2항에서 정하는 기간 내에 "갑"의 귀책사유로 생긴 손해에 대해서는 그러하지 아니한다.

　제23조 【발주품의 소유이전】 발주품의 소유권은 "갑"의 검사결과 합격판정을 받은 때로부터 "갑"에게 이전되는 것으로 한다.

제5절 지 불

　제24조 【대금지급】 1. 납품대금은 지급기일을 하도급거래공정화에관한법률 제13조 제1항을 준용하는 것을 원칙으로 한다.

　2. "을"은 납품대금을 수령할 때에는 "갑"에게 미리 등록한 인장이 날인된 영수증을 "갑"에게 제출하여야 하며, "을"이 등록된 인장 및 영수증을 분실하거나 도난 등의 사고가 발생하였을 경우 "을"은 지체없이 이를 "갑"에게 신고하여야 한다.

　단, 이 경우에는 인장 및 영수증의 도난, 분실로 인하여 발생하는 모든 사고에 대한 책임은 "을"이 부담한다.

　제25조 【대금의 지급방법】 대금지급방법은 하도급거래공정화에관한법률 제13조 제 2항 내지 제 5항의 기준을 준용하는 것을 원칙으로 한다.

　제26조 【대금의 상계】 1. "갑"은 "을"에게 유상으로 지급한 사급재의 대금 및 기타 "을"로부터 지급 받아야 할 채권이 있는 경우 이를 "을"에 대한 납품대금의 지급 채무와 상계할 수 있다.

　2. 제1항의 상계는 상계할 때마다 수령증을 교환하지 아니하고 "갑"이 그 명세를 "을"에게 통지하는 것으로 갈음한다.

제6절 보 증

　제27조 【품질보증】 1. "을"은 발주품에 대해 기획, 생산, 판매 등 전과정에 걸쳐

유기적인 품질 보증체제를 확립, 운영하여 제6조의 지정된 사양에 일치시키고 "갑"이 요구하는 품질과 신뢰성을 확보하도록 품질보증 활동을 하여야 한다.

　2. "갑"과 "을"은 상호 또는 개별적으로 실시해야 하는 품질보증 사항에 대하여 별도의 품질보증협정을 체결하고 제1항의 품질보증 활동을 추진하여야 한다.

　3. "을"은 발주품 중 주요공정 및 생산방법의 변경, 외주선의 변경, 패턴 및 디자인의 수정 및 재제작, 원자재 변경 등의 경우에 "갑"에게 승인을 득한 후에 사용하여야 한다.

　제28조 【하자담보책임】 "을"은 제 23조의 규정에 의한 발주품의 소유권 이전 후 6개월 이내에 발주품에 숨겨진 하자가 발견된 경우 "갑"과 "을"이 별도로 체결하는 크레임보상협정에 따라 그 하자의 보수, 대체품의 납품, 대금감액 및 하자에 기인하는 손해배상 등의 책임을 지는 것을 원칙으로 하되 발주품의 특성상 이 기간 내에 발견이 어렵다고 인정되는 경우에 한해서는 추가로 6개월을 연장할 수 있다.

　제29조 【제작품의 책임】 1. "을"은 "갑"이 발주한 물품에 결함이 발생하지 않도록 최선을 다하여야 하며 제조물 책임에 관한 모든 의무를 다하여야 한다.

　2. 발주품의 규격사양이 "갑"에 의하여 제공되었을지라도 발주품의 결함에 의해 발생한 경우에는 "갑"과 "을"은 서로 피해를 근거로 제기된 청구 및 소송을 각각 방어해야 하며 그 청구 및 소송의 결과에 따라 모든 손해배상 및 제반 관련 비용을 부담하여야 한다.

　단, "갑"이 "을"에게 제공한 패턴, 견본 및 사양자체의 하자에 기인하는 사고임이 입증된 경우에는 "갑"이 동 하자에 대하여 책임을 진다.

　3. "갑"이 제2항에 의한 청구 및 소송으로 인해 비용을 지출했을시 "을"은 그 비용을 보상한다.

　4. "갑"과 "을"은 제2항의 청구 및 소송의 발생방지, 방어 및 대책수립에 상호 최대한 협조한다.

제 7 절 일반사항

　제30조 【부당반품의 금지】 1. "갑"은 을로부터 목적물을 수령 또는 인수한 때에는 "을"의 귀책사유가 없음에도 불구하고 이를 "을"에게 반품하여서는 아니 된다.(이하 "부당반품"이라 한다) (신설)

　2. 다음 각 호의 1에 해당하는 갑의 행위는 제①항의 규정에 의한 부당반품으로 본

다.

① "갑"의 거래상대방으로부터의 발주 취소 또는 경제상황의 변동 등을 이유로 목적물을 반품하는 행위

② 검사의 기준 및 방법을 명확하게 정하지 아니하고도 부당하게 목적물을 불합격으로 판정하여 이를 반품하는 행위

③ "갑"이 공급한 사급재 또는 대여품의 품질불량으로 인하여 목적물이 불합격품으로 판정되었음에도 불구하고 이를 반품하는 행위

④ "갑"의 사급재 공급지연으로 납품이 지연되었을 경우 이를 이유로 목적물을 반품하는 행위(신설)

제31조 【자료수집 및 실태조사에 대한 협력】 1. "갑"은 필요에 따라 "을"에게 생산관리, 품질보증 등에 관한 자료 및 결산보고서 등 경영에 관한 자료의 제출을 요구할 수 있으며, 발주품의 생산 및 품질보증과 관련하여 "을"의 공장설비, 생산관리 실태 등을 수시 조사할 수 있다.

2. "을"은 "갑"으로부터 제 1항과 관련된 요청을 받았을 때에는 특별한 사유가 없는 한 "갑"에게 협조하여야 한다.

제32조 【선제안의 협력】 1. "을"은 발주품의 품질개선, 납기준수, 가격의 합리화 등을 위한 개선제안을 "갑"에게 언제든지 할 수 있다.

2. 제1항의 경우 "을"의 제안에 따른 효과가 있을 때는 "갑"과 "을"이 함께 그 효과를 배분한다.

3. 개선제안에 관한 사항에 대하여는 별도의 규정을 들 수 있다.

제33조 【내국신용장 개설】 "갑"은 수출용 물품을 "을"에게 제조위탁시 정당한 사유가 있는 경우를 제외하고는 "을"의 생산에 차질이 없도록 발주한 날로부터 15일 이내에 내국신용장을 개설해 주어야 한다.

제34조 【산업재산권의 실시 및 출원】 1. "을"은 발주품의 제작과 관련 "갑"으로부터 사용을 허락받은 특허권, 실용신안권, 의장권, 상표권(이하 "산업재산권"이라 한다) 및 노하우(Know-How)를 발주품의 제작 이외에는 사용하지 못하며, 문서에 의한 "갑"의 승낙을 얻지 않는 한 제3자에게 산업재산권 및 노하우를 사용하게 할 수 없으며, "을"의 노하우에 의거 제작한 내용은 "을"의 사전승낙을 얻지 않는 한 "갑"의 사용을 금지한다.

2. "을"은 발주품의 제작과 관련 "갑" 또는 "을"과 제3자 사이에 산업재산권의 분쟁

이 발생한 경우 지체없이 문서로서 "갑"에게 통지하는 한편 "을"은 "을"의 귀책사유로 상기 사항이 발생하거나 발생할 우려가 있는 경우 "갑"에게 손해가 미치지 않도록 "을"의 비용부담으로 사전조치를 취하여야 하며, 산업재산권 분쟁으로 "갑"이 손해를 입은 경우 그 손해를 배상하여야 한다.

3. "을"은 이 계약기간중은 물론 계약의 만료 및 계약의 해제 또는 해지 후에도 "갑"의 패턴, 사양서에 의하여 제작된 발주품 및 그 제작방법에 관하여 산업재산권을 획득하고자 할 경우 또는 발주품에 관하여 "갑"과의 공동연구, 중요부분에 대한 "갑"의 지도 및 아이디어의 제공에 의거 산업재산권을 획득하고자 할 경우에는 사전에 "갑"에게 문서로서 통지하여 "갑"과 산업재산권을 공동 출원한다.

그러나 부득이한 사유로 "갑"의 사전 허락없이 "을"이 산업재산권을 획득한 경우에는 지체없이 "갑"에게 이 사실을 통보하고 대가없이 "갑"에게 권리를 양도 또는 공유하게 하여야 한다.

4. "을"은 "을"의 사양에 의거 발주품을 제작하는 경우 그 제품 및 제품의 제작방법이 제3자의 산업재산권을 침해하지 않음을 보증하여야 하며, "갑"의 사양에 따라 발주품을 제작하는 경우에는 "갑"이 그 제작방법을 제시하는 경우를 제외하고는 그 제작방법이 산업재산권을 침해하지 않음을 보증하여야 한다.

제35조 【상표표기 및 포장】 "을"이 "갑"에게 납품하는 제품에 대한 상표의 표기 및 포장상태는 "갑"이 별도로 정하는 바에 따른다.

제36조 【외주의 이용】 1. "을"은 "갑"으로부터 수주받은 제품을 제작함에 있어 그 일부 또는 전부를 제3자에게 발주할 경우에는 "갑"의 승낙을 득해야 하며, "을"은 "갑"의 요구에 따라 관계 자료를 제공하고 "갑"의 지시 및 결정에 따라야 한다.

2. "을"은 제 1항의 경우 이 계약 및 개별계약에 따른 "을"의 이행의무를 면할 수 없다.

제37조 【기밀의 유지】 1. "갑"과 "을"은 이 계약 및 개별계약으로 알게 된 상대방의 업무상 및 기술상 기밀을 상대방의 승낙이 없는 한 일정기간 제3자에게 누설하여서는 아니 된다.

2. "갑"과 "을"은 이 계약기간중은 물론 계약의 만료 또는 해제 후에도 제1항의 의무를 가지고 있으며, 이 규정에 위반하여 상대방에게 손해를 입힌 경우 일체의 손해를 배상하여야 한다.

제38조 【주문이외 제품의 제작, 판매, 수출, 사용의 금지】 "을"은 "갑"의

주문 또는 문서에 의한 허락을 받은 경우를 제외하고는 "갑"의 사양에 따른 제품의 제작, 판매, 수출은 물론 불합격품 및 유사품의 판매, 수출및 사용 등을 스스로 하거나 제3자에게 시켜서는 아니 된다.

제39조 【권리의 양도】 "갑"과 "을"은 문서에 의거 상대방의 승낙을 받지 않는 한 이 계약 및 그 부수 협정 또는 개별계약으로부터 생기는 권리의 전부 또는 일부를 제3자에게 양도하거나 담보로 제공할 수 없다.

제40조 【계약의 해제, 해지】 1. "갑" 또는 "을"은 다음 각 호의 사유가 발생할 우려가 있거나 발생하였을 경우 이 계약 및 부수협정과 개별계약의 전부 또는 일부를 해제 또는 해지할 수 있다.
  (1) "갑" 또는 '을'이 금융기관으로부터 거래정지 처분을 받고 계약을 수행할 능력이 없다고 인정되는 경우
  (2) "갑" 또는 "을"이 감독관청으로부터 영업취소, 정지 등의 처분을 받았을 때
  (3) "갑" 또는 "을"이 어음 및 수표의 부도, 제3자에 의한 강제집행(가압류 및 가처분 포함) 또는 파산선고의 신청, 회사정리의 신청 등 경영상의 중대한 사유가 발생하여 기 기본계약 및 부수협정에 의한 약정내용이 이행될 수 없다고 인정될 경우
  (4) "갑" 또는 "을"이 서로의 승인없이 영업의 양도를 결의하거나 또는 타회사로 합병될 경우
  (5) "갑" 또는 "을"이 이 계약 및 그 부수협정과 개별계약을 상당기간 위반하였을 경우
  (6) "갑" 또는 "을"이 재해 및 기타사유로 인하여 이 계약 및 부수협정과 개별 계약의 내용을 이행하기 곤란하다고 쌍방이 인정하는 경우
  (7) "갑"이 발주품의 제작에 필요한 제반사항의 이행을 특별한 사유없이 지연함으로써 "을"의 작업에 상당기간 동안 지장을 초래케 하거나 또는 "을"이 특별한 사유없이 발주품의 제작을 거부하거나 상당기간 동안 착수를 지연하여 계약기간 내에 납품이 곤란하다고 인정되는 경우
  2. "갑" 또는 "을"은 제 1항 각 호의 해제 또는 해지사유가 발생하였을 경우 상대방에게 지체없이 통지하여야 한다.
  3. 제1항에 의하여 계약이 해제 또는 해지되었을 때는 피해제작 해제 또는 해지권자에 대하여 부담하는 일체의 채무는 기한의 이익을 상실하며 지체없이 변제하여야 한다.
  4. 해제 또는 해지와 관련하여 해제 또는 해지권자에 대하여 손해가 발생하였을 때

에는 피해제자 또는 피해지자는 그 손해를 배상하여야 한다.

제41조 【거래정지의 예고】 제38조의 사유가 아닌 부득이한 사유로 거래를 정지하고자 할 때에는 "갑"과 "을"은 상대방에게 부당한 피해가 없도록 6개월 이상의 거래정지 유예기간을 두어 이를 사전에 상대방에게 통보하여야 한다.

제42조 【계약의 해제, 해지 후의 조치】 1. "갑" 또는 "을"은 제39조 제1항에 의한 계약해제 또는 해지의 경우 상대방에게 사양서류, 대여품 및 무상사급재 등을 신속히 반환하여야 하며, "을"은 "갑"의 요구가 있을 경우 "갑"으로부터의 양도 여부에 관계없이 발주품의 제작에 사용되는 발주품의 재고 및 유상사급재를 제3자에 우선하여 "갑"에게 양도하여야 한다.

제43조 【손해배상 청구】 "갑" 또는 "을"은 이 계약 또는 개별계약의 위반으로 인하여 손해를 입었을 때는 상대방에게 손해배상을 청구할 수 있다.

제44조 【잔존 의무】 "갑"과 "을"은 이 계약 및 개별계약의 기간만료 후 및 계약의 해제 또는 해지 후에도 다음 각 호에 관한 의무를 진다.
1. 제28조에 정하는 하자담보책임에 관한 사항
2. 제29조에 정하는 제작품 책임에 관한 사항
3. 제33조에 정하는 산업재산권에 관한 사항
4. 제36조에 정하는 기밀유지에 관한 사항

제45조 【이의 및 분쟁의 해결】 1. "갑"과 "을"은 이 계약 및 그 부수협정의 해석에 이견이 있을 경우 상관습에 따르는 것으로 하고 그래도 해결이 되지 않을 때는 상호 협의하여 해결한다.
2. 제1항과 관련하여 법률상의 분쟁이 발생하였을 경우 그 해결은 중재법 및 상사중재규칙에 의한 대한상사중재원의 중재에 따르기로 한다.

제46조 【계약의 효력 및 유효기간】 1. 이 계약의 유효기간은 계약체결일로부터 만 1년으로 한다. 다만, "갑" 또는 "을"이 계약기간 만료 3개월 전까지 계약갱신 또는 해약의사를 표시하지 않는 한 이 계약은 동일한 조건으로 1년간 계속되는 것으로 보며 그 이후도 동일하다.
2. 제1항에 의한 이 계약의 실효시 존속하는 개별계약에 대한 이 계약의 유효기간은 당해 개별계약의 존속기간까지 계속되는 것으로 한다.

부　칙

　제1조【계약적용의 범위】이 계약은 이 계약이 체결되기 이전의 모든 하도급 거래에 관한 개별계약에도 적용되는 것으로 한다.

　제2조【계약의 효력상실】199 ．　．　．체결된 계약은 이 계약체결로 인하여 그 효력을 상실한다.

　이 계약의 체결을 증명하기 위하여 계약서 2통을 작성하여 "갑"과 "을"이 서명날인한 후 각각 1통씩 보관한다.

199 년　월　일

갑：　주　소
　　　상　호
　　　대 표 자　　　　　　(인)

을：　주　소
　　　상　호
　　　대 표 자　　　　　　(인)

소프트웨어사업 표준하도급 계약서

(1999. 1. 18.)

○○○회사(이하 "갑"이라 한다)와 △△△회사(이하 "을"이라 한다)는 소프트웨어
사업 하도급거래에 대하여 공통적으로 적용되는 기본적 사항을 정하기 위하여 다음과
같이 기본계약을 체결한다.

제1조 【기본원칙】 ① 갑과 을은 상호 존중 및 신의와 성실의 원칙에 따라 계약을
이행하여야 한다.

② 갑과 을은 본 계약의 이행에 있어서 하도급거래공정화에관한법률, 독점규제및공
정거래에관한법률 및 관련 법령의 제규정을 준수하여야 한다.

제2조 【기본계약 및 개별계약】 본 계약은 갑과 을간의 소프트웨어사업 하도급
거래 계약에 관한 기본사항을 정한 기본계약으로 별도의 약정이 없는 한 개별계약에
대하여 적용되며, 갑과 을은 기본계약 및 개별계약을 준수하여야 한다.

제3조 【개별계약의 내용】 갑과 을은 개별계약을 통하여 위탁하는 개별업무의
용역내역서, 납기, 보수단가, 작업장소, 납품, 검수의 시기 및 방법 등 기타 위탁에 관
한 필요한 조건을 정한다.

제4조 【개별계약의 성립】 ① 개별계약은 원칙적으로 갑이 제3조의 내용을 서면
으로 작성하여 을에게 의사표시를 하고, 을이 이를 승낙함으로써 성립한다. 다만, 을이
수락거부의사가 있을 때에는 갑의 발주서를 접수한 날로부터 10일 이내에 거부의사를
서면으로 통지하여야 한다.

② 개별계약서에서 따로 약정한 사항 이외의 사항은 본 기본계약에 의하기로 하고,
만일 기본계약에 정하는 사항과 개별계약에 정하는 사항간에 차이가 있을 경우 그 상
충하는 부분에 한하여는 개별계약에 정하는 사항을 우선하기로 한다.

제5조 【계약의 변경】 ① 본 계약 및 개별계약의 내용을 변경하고자 할 경우 갑
과 을은 상호 합의하여 기명날인한 서면에 의하여야 한다.

② 제1항의 계약변경에 따라 손해가 발생한 경우의 처리는 다음 각 호에 따른다.

1. 갑의 귀책사유로 손해가 발생한 경우 을은 갑에게 손해배상을 청구할 수 있다.

2. 을의 귀책사유로 손해가 발생한 경우 갑은 을에게 손해배상을 청구할 수 있다.

3. 갑과 을 쌍방의 귀책사유로 손해가 발생한 경우 또는 쌍방의 귀책사유없이 손해

가 발생한 경우에는 갑과 을이 협의하여 정한다.

제6조 【설비, 기기, 자료 등의 양도 또는 대여】① 갑은 목적물의 품질 유지 · 개선 및 기타 정당한 사유가 있거나 을의 요청이 있는 경우에 필요한 설비, 기기, 자료 등(이하 "설비 등"이라 한다)을 을에게 양도 또는 대여할 수 있다.

② 제1항에 의한 설비 등의 양도 또는 대여의 경우 양도가격, 임대료, 임대기간, 기타 양도 또는 대여의 구체적인 조건은 갑과 을이 협의하여 정한다.

③ 을은 갑으로부터 대여받은 설비 등이 멸실 또는 훼손되었을 경우 즉시 갑에게 그 사실을 통지하여야 하고, 그 멸실 또는 훼손이 갑의 귀책사유로 인한 경우를 제외하고는 갑의 지시에 따라 을의 부담으로 동 설비 등을 원상 복구시키거나 대체품을 제공하는 등의 방법으로 갑의 손해를 배상하여야 한다.

④ 을은 갑으로부터 대여받은 설비 등을 해당업무의 수행목적 이외에 사용해서는 안 된다.

제7조 【작업장소】본 용역의 수행을 위한 작업장소는 갑과 을이 상호 협의한 별도 개별 계약서에 의 한다.

제8조 【대가금액】① 을의 본 용역수행에 대한 대가금액은 사양, 납기, 품질, 인건비 등을 고려한 합리적인 산정방식에 따라 갑과 을이 합의하여 산정한다.

② 갑과 을은 본 용역수행에 대한 대가 산정의 기초가 된 제1항의 조건이 계약기간 중에 변경된 때에는 상대방에게 대가금액의 조정을 신청할 수 있으며, 이 경우 갑과 을은 신청일로부터 30일 이내에 상호 협의하여 다시 정한다.

③ 갑과 을은 제2항에 따른 을의 본 용역수행에 대한 대가금액의 조정에 대하여 양자간에 이견이 있다는 이유로 본 계약에서 정하여진 갑과 을의 의무이행을 지체하거나 소홀히 하여서는 안 된다.

제9조 【대금지급 및 방법】① 갑은 을에게 목적물의 수령일로부터 60일 이내의 가능한 짧은 기간으로 정한 기한 내에 납품대금을 지급하여야 한다.

② 대금지급일이 정하여져 있지 않은 경우에는 목적물의 수령일로부터 60일째 되는 날을 대금지급기일로 본다.

③ 갑이 대금을 어음으로 지급하는 경우에 그 어음은 법률에 근거하여 설립된 금융기관에서 할인이 가능한 것이어야 하며, 어음을 교부한 날로부터 어음의 만기일까지의 기간에 대한 할인료를 어음을 교부하는 날에 을에게 지급하여야 한다. 다만, 목적물의 수령일로부터 60일 이내에 어음을 교부하는 경우에는 물적물의 수령일로부터 60일

을 초과한 날 이후 만기일까지의 기간에 대한 할인료를 목적물의 수령일로부터 60일 이내에 을에게 지급하여야 한다.

제10조 【부당한 대금감액 금지】 ① 갑은 을에게 책임을 돌릴 사유가 없음에도 불구하고 부당하게 대금을 감액(이하 "부당감액"이라 한다)하여서는 아니 된다. 그리고 을에게 책임을 돌릴 사유가 있어 대금을 감액하는 경우 감액범위, 감액방법 등에 대해서는 갑과 을이 별도로 정하도록 한다.

② 다음 각 호의 1에 해당하는 갑의 행위는 제1항의 규정에 의한 부당감액에 해당한다.

1. 용역위탁시 대금을 감액한 조건 등을 명시하지 아니하고 용역위탁 후 협조요청 또는 거래상대방으로부터의 발주취소, 경제상황의 변동 등의 사유를 들어 대금을 감액하는 행위.

2. 을과 용역대가 인하 등을 포함한 대금감액에 대한 합의가 성립한 경우 성립전에 위탁한 부분에 대하여도 일방적으로 이를 소급 적용하는 방법으로 대금을 감액하는 행위

3. 대금을 현금으로 또는 지급기일 전에 지급함을 이유로 일방적으로 대금을 감액하는 행위.

4. 갑에 대한 손해발생에 실질적인 영향을 미치지 아니하는 경미한 을의 과오를 이유로 일방적으로 대금을 감액하는 행위

5. 목적물의 개발, 기능향상 또는 유지보수에 필요한 설비 등을 자기로부터 사게 하거나 자기의 장비를 사용하게 한 경우에 적정한 구매대금 또는 사용대가 이상의 금액을 대금에서 공제하는 행위

제11조 【부당반품의 금지】 ① 갑은 을로부터 목적물을 수령한 때에는 을에게 책임을 돌릴 사유가 없음에도 불구하고 이를 을에게 반품(이하 "부당반품"이라 한다)하여서는 아니 된다.

② 다음 각 호의 1에 해당하는 갑의 행위는 제1항의 규정에 의한 부당반품으로 본다.

1. 거래상대방으로부터의 발주취소 또는 경제상황의 변동을 이유로 목적물을 반품하는 행위

2. 검수의 기준 및 방법을 명확하게 정하지 아니하고 부당하게 목적물을 불합격으로 판정하여 이를 반품하는 행위

3. 갑이 공급 또는 대여한 설비 등의 품질 불량으로 인하여 목적물이 불합격품으로

판정되었음에도 불구하고 이를 반품하는 행위

  4. 갑이 공급하는 설비 등의 공급지연에 따라 납기가 지연되었음에도 불구하고 이를 이유로 목적물을 반품하는 행위

  제12조 【대금상계】 갑은 설비 등을 을에게 유상으로 양도 또는 대여함으로써 을로부터 지급 받아야 할 채권이 있는 경우, 쌍방이 협의하여 이를 을에 대한 용역대가지급채무와 상계할 수 있다.

  제13조 【납기】 납기란 을이 본 계약 및 개별계약에 따른 목적물을 갑이 지정하는 장소에 납품해야 할 기일을 말하며, 그 구체적 시기는 갑과 을이 협의하여 개별계약에서 정한다.

  제14조 【납품】 ① 을은 본 계약에 의한 목적물을 갑과 을이 협의하여 정하는 납품 절차에 따라 납품하여야 한다.

  ② 을은 납기의 지연, 기타 납품과 관련한 문제점이 발생하였을 경우 신속하게 갑의 지시를 받아 필요한 조치를 강구하여야 한다.

  제15조 【수령 및 검수】 ① 갑은 을이 목적물을 납품한 경우 을에게 그 목적물에 대한 검수 전이라도 즉시 수령증명서를 수급사업자에게 교부하여야 한다.

  ② 갑은 정당한 사유가 있는 경우를 제외하고는 을로부터 목적물을 수령한 날로부터 10일 이내에 검수결과를 을에게 서면으로 통지하여야 하며, 이 기간 내에 통지하지 않은 경우에는 검수에 합격한 것으로 본다.

  ③ 검수대상 목적물의 기술적 특수성 등으로 인하여 10일 이내 검수를 완료할 수 없는 정당한 사유가 있는 경우에는 갑과 을이 협의하여 별도의 검수기간을 정할 수 있다.

  ④ 을이 납품한 목적물에 대한 검수의 기준 및 방법은 갑과 을이 협의하여 정하되 이는 객관적이고 공정타당 하여야 한다.

  ⑤ 을이 갑의 지시에 따라 제3자에게 검수를 의뢰하는 경우에는 그 비용은 갑이 부담한다.

  제16조 【불합격품의 처리】 ① 을은 제14조에 따른 검수 결과 불합격된 목적물에 대해서는 갑의 지시에 따라 신속히 대체물의 납품 및 기타 필요한 조치를 취하여야 한다. 다만, 이 경우에도 을은 본래의 납기를 지체한데 대한 책임을 면치 못한다.

  ② 제14조에 따른 검수 결과 불합격된 목적물이 생겼을 경우 을은 갑과 협의하여 협의된 기간 내에 이를 인수하여야 한다.

  ③ 을이 제2항의 기간 내에 불합격품을 인수하지 아니할 경우 갑은 이를 을에게 반

송하거나 또는 을과 협의하여 폐기할 수 있다.

④ 불합격품이 갑이 공급한 설비 등의 하자에 의한 경우 이에 대한 책임은 갑이 부담한다.

제17조 【발주품의 멸실훼손에 대한 책임】 ① 을이 목적물을 갑에게 납품하기 전에 발생한 목적물의 멸실 또는 훼손에 대하여 는 갑의 귀책사유로 인한 경우를 제외하고 을이 그러한 멸실 또는 훼손에 대한 책임을 부담한다.

② 을이 목적물을 갑에게 납품한 이후에 발생한 목적물의 멸실 또는 훼손에 대하여 는 을의 귀책사유로 인한 경우를 제외하고 갑이 그러한 멸실 또는 훼손에 대한 책임을 부담한다.

제18조 【품질보증】 ① 을은 목적물에 대하여 개발 전과정에 걸쳐 품질보증체제를 확립, 운영함으로써 개발된 목적물이 본 계약에 따라 지정된 설계 또는 사양과 일치하도록 하여야 하며, 갑은 품질과 신뢰성 확보를 위하여 품질보증 계획서 등을 요구할 수 있다.

② 을은 목적물과 관련하여 주요 개발 단계 및 개발 기법 등을 변경하고자 할 경우에는 갑의 사전 승인을 받아야 한다.

제19조 【하자보증】 ① 발주품 검수 완료 후 갑과 을이 약정한 하자보수보증기간 동안 발주품의 하자를 보증하기 위하여 을은 하자보수보증금을 갑에게 보증서 또는 증권 등으로 제출하여야 한다.

② 제1항의 하자보수보증기간 종료 후 유지보수는 갑과 을이 상호 합의하여 유상유지보수 계약을 체결할 수 있다.

③ 제1항에도 불구하고 소프트웨어의 기능변경, 사용방법 개선 등 유상유지보수사항이 발생하면 하자보수기간 중에도 유상유지보수계약을 체결할 수 있다.

제20조 【지적재산권】 ① 본 계약에 의하여 개발된 산출물에 대한 지적재산권은 갑과 을의 별도 개별계약에 의한다.

② 을은 목적물 개발을 위하여 갑으로부터 사용을 허락받은 저작권, 특허권, 실용신안권, 의장권, 상표권, 노하우 및 재산적 가치가 있는 정보(이하 "지적재산권"이라 한다)를 본 계약에 의한 목적물 개발 이외의 사용 및 갑의 사전 서면 승낙없이 제3자에게 누설하거나 사용하게 하여서는 안 된다.

③ 을은 목적물의 제작과 관련하여 갑 또는 을과 제3자 사이에 지적재산권에 관한 분쟁이 발생하거나 발생할 우려가 있는 경우 지체없이 구체적인 상황을 갑에게 서면

으로 통지하여야 한다. 또한 을은 을의 귀책사유로 상기 사항이 발생하거나 발생할 우려가 있는 경우 갑에게 손해가 미치지 않도록 을의 비용부담으로 사전조치를 취하여야 하며, 지적재산권의 분쟁으로 갑이 손해를 입은 경우 그 손해를 배상하여야 한다.

제21조 【계약의 해제ㆍ해지】 ① 갑 또는 을은 상대방에게 다음 각 호의 사유가 발생한 때에는 서면으로 본 계약 및 개별계약의 일부 또는 전부를 해제하거나 해지할 수 있다.

1. 갑 또는 을이 금융기관으로부터 거래정지 처분을 받고 계약을 수행할 능력이 없다고 인정되는 경우

2. 갑 또는 을이 감독기관 등으로부터 영업취소, 정지 등의 처분을 받은 경우

3. 갑 또는 을이 어음 및 수표의 부도, 제3자에 의한 강제집행(가압류 및 가처분 포함), 파산선고 또는 회사정리의 신청 등 경영상 중대한 사유가 발생하여 계약을 수행할 능력이 없다고 인정되는 경우

4. 상대방의 동의없이 계약상의 권리 및 의무를 양도한 경우

② 갑 또는 을은 다음 각 호의 사유가 발생한 때에는 상대방에게 서면으로 상당한 기간을 정하여 그 이행을 최고하고 그 기간 내에 이행하지 아니한 때에는 본 계약 및 개별계약의 전부 또는 일부를 해제하거나 해지할 수 있다.

1. 갑 또는 을이 본 계약 및 개별계약을 위반하였을 경우

2. 갑이 목적물의 개발에 필요한 제반사항의 이행을 특별한 사유없이 지연함으로써 을의 작업에 상당 기간동안 지장을 초래케 하거나 또는 을이 특별한 사유없이 목적물의 개발을 거부하거나 상당 기간동안 착수를 지연하여 계약기간 내에 납품이 곤란하다고 인정되는 경우

3. 갑이 정당한 사유없이 을에게 업무수행에 대한 용역대가를 지불하지 않는 경우

③ 갑 또는 을은 제1항 및 제2항 각 호의 해제 또는 해지사유가 발생하였을 경우 상대방에게 지체없이 통지하여야 한다.

④ 제1항에 의하여 계약이 해제 또는 해지되었을 때는 피해제(피해지)자가 해제(해지)권자에게 부담하는 일체의 채무는 기한의 이익을 상실하며 지체 없이 변제하여야 한다.

⑤ 해제 또는 해지와 관련하여 해제(해지)권자에 대하여 손해가 발생하였을 때에는 피해제(피해지)자는 그 손해를 배상하여야 한다.

제22조 【비밀유지】 ① 갑과 을은 본 계약으로 지득한 상대방의 업무상 및 기술상의 기밀을 상대방의 승낙이 없는 한 제3자에게 누설하여서는 아니 된다.

② 갑과 을은 본 계약의 계약기간중은 물론 계약의 종료 또는 해지 이후에도 제1항의 의무를 부담하며, 제1항의 의무에 위반하여 상대방에게 손해를 입힌 경우 일체의 손해를 배상하여야 하며, 필요한 경우 비밀유지계약서 등을 체결할 수 있다.

제23조 【재하도급】 을은 본 계약 업무를 수행함에 있어서 갑의 사전 서면동의를 얻어 동 업무의 일부에 대하여 재하도급을 줄 수 있다.

제24조 【손해배상】 갑 또는 을은 본 계약 및 개별계약의 위반으로 인하여 손해를 입었을 때는 상대방에게 손해배상을 청구할 수 있다.

제25조 【불가항력】 갑과 을은 천재지변, 전쟁, 폭동, 테러, 시민봉기 및 기타 합리적인 지배범위 밖의 사유로 인하여 상대방 및 제3자에게 발생시킨 손해에 대하여 책임을 지지 아니한다.

제26조 【계약당사자간의 관계】 갑과 을은 본 계약상 권리와 의무를 이행함에 있어서 독립된 계약자의 지위를 가지며 본 계약에 명시된 경우를 제외하고는 상대방을 대리하거나 상대방의 의무를 부담하지 아니한다.

제27조 【잔존의무】 갑과 을은 본 계약 및 개별계약의 기간 만료 후 및 계약의 해제 또는 해지 후에도 다음 각 호에 관한 의무를 부담한다.
① 제19조에 정하는 하자보증 책임에 관한 사항
② 제20조에 정하는 지적재산권에 관한 사항
③ 제22조에 정하는 비밀유지에 관한 사항

제28조 【이의 및 분쟁의 해결】 ① 갑과 을은 본 계약 및 개별계약에 관하여 상호 이견이 있을 경우 상관습에 따르는 것으로 하고 그래도 해결이 되지 않을 경우 상호 협의하여 해결한다.

② 제1항과 관련하여 법률상의 분쟁이 발생하였을 경우 그 해결은 소프트웨어하도급분쟁조정협의회의 중재에 따르거나, 소송으로 분쟁을 해결하고자 하는 경우 소송을 제기하는 당사자의 주된 사무소 소재지가 있는 관할법원에 소송을 제기할 수 있다.

제29조 【특수조건】 본 계약에서 정하지 아니한 사항에 대하여는 갑과 을이 합의하여 특약으로 정할 수 있으나, 기본 계약서의 취지를 위배해서는 아니 된다.

부 칙

제1조【계약적용의 범위】이 계약은 이 계약이 체결되기 이전의 모든 하도급거래에 관한 개별계약에도 적용되는 것으로 한다.

제2조【계약의 효력상실】199 . ○. ○. 체결된 ○ ○ ○ 계약은 이 계약체결로 인하여 그 효력을 상실한다.

이 계약의 체결을 증명하기 위하여 계약서 2통을 작성하여 갑과 을이 서명날인 후 각각 1통씩 보관한다.

19 년   월   일

갑 주 소 :
　 상 호 :
　 대 표 자 :　　　　　　　(인)

을 주 소 :
　 상 호 :
　 대 표 자 :　　　　　　　(인)

자동차업종 표준외주거래기본계약서
(1999. 1. 18)

○○○회사(이하"갑"이라 한다)와 ○○○회사(이하"을"이라 한다)는 갑과 을간의 자동차부품 또는 그 부속품(이하 "부품"이라 한다)의 거래에 대하여 다음과 같이 기본계약을 체결한다.

제1조 【기본원칙】① 거래는 상호이익 존중 및 신의성실의 원칙에 따라 하여야 한다.

② 갑과 을은 이 계약의 이행에 있어서 하도급거래공정화에관한법률, 독점규제및공정거래에관한법률 및 관련 법령의 제규정을 준수하여야 한다.

③ 이 계약의 내용과 배치되는 제2조의 개별계약 및 기타 부수협정에 대해서는 이 계약에 의한 내용을 우선하여 적용한다.

제2조 【기본계약 및 개별계약】 이 기본계약(이하"계약"이라 한다)은 갑과 을간의 외주거래계약에 관한 기본사항을 정한 것으로 별도의 약정이 없는 한 개개의 거래계약(이하 "개별계약"이라 한다)에 대하여 적용하며, 갑과 을은 이 계약 및 개별계약을 준수하여야 한다.

제3조 【개별계약의 내용】① 개별계약에는 발주연월일, 발주부품의 명칭, 사양, 수량, 단가, 납기, 납품장소, 검사방법 및 시기, 기타 발주조건 등을 정하여야 한다.

② 전항의 규정에 불구하고 개별계약의 내용의 일부를 갑과 을이 협의하여 미리 부속협정서 등을 정할 수 있다.

제4조 【개별계약의 성립】① 개별계약은 갑이 제3조의 거래내용을 기재한 발주서를 교부하고 을이 이를 수락함으로써 성립한다. 단, 을은 수락거부 의사가 있을 때에는 갑의 발주서를 접수한 날로부터 10일 이내에 거부의사 표시를 하여야 하며 이 기간 내에 거부의사 표시를 하지 않은 경우에는 계약이 성립한 것으로 한다.

② 갑은 납기가 세분되어 발주서에 발주부품의 납기를 기재할 수 없을 때에는 납기를 기재하지 않고 발주할 수 있으며 이 경우 개별계약은 갑이 품명, 수량, 납기, 납입장소 등이 기재된 납품일정표를 을에게 교부함으로써 성립되는 것으로 한다.

제5조 【계약의 변경】① 이 계약 및 개별계약의 내용을 변경하고자 할 때에는 갑과 을이 협의하여 변경하기로 한다.

② 제1항의 계약변경에 따라 손해가 발생한 경우의 처리는 다음 각 호에 따른다.

1. 갑의 귀책사유로 손해가 발생한 경우 을은 갑에게 손해배상을 청구할 수 있다.

2. 을의 귀책사유로 손해가 발생한 경우 갑은 을에게 손해배상을 청구할 수 있다.

3. 갑, 을 쌍방의 귀책사유로 손해가 발생한 경우 또는 쌍방의 귀책사유없이 손해가 발생한 경우에는 갑과 을이 협의하여 정한다.

제6조 【사양서류】 ① 갑이 을에게 제시하는 발주부품의 사양서류는 원칙적으로 다음 각 호와 같이하고 필요에 따라 갑과 을이 협의하여 추가 또는 생략할 수 있다.

② 을은 제1항의 사양서류의 내용이나 규격 등이 분명하지 않거나 의문이 있을 경우 그 사실을 지체없이 갑에게 통지하여 협의하여야 한다.

③ 을은 제1항의 사양서류를 선량한 관리자의 주의를 가지고 관리하여야 하고, 이를 분실하거나 그 내용을 제3자에게 누설하여서는 아니 된다.

④ 갑과 을은 필요에 따라 사용 및 제작방법의 변경에 관한 의견을 제시할 수 있으며 사양 및 제작방법의 변경에 따른 구형제품의 사후처리는 상호 협의하여 정한다.

제7조 【부품개발】 ① 을이 갑으로부터 부품개발을 의뢰받은 때에는 개발에 따른 소요경비의 견적서 및 개발계획서를 갑에게 제출하여야 하며, 갑은 이를 제출받았을 때에는 그 내용을 검토하여 보완이나 조정을 필요로 할 때에는 상호 협의하여 정하여야 한다.

② 갑은 을에게 부품개발을 의뢰할 때에는 부품조달계획을 을에게 사전에 제시하여야 하며 동 부품에 대해서는 특별한 이유없이 을로부터 공급을 중단할 수 없다.

③ 부품개발에 따른 견본품 또는 시제품의 제작에 소요되는 제반비용에 대하여는 별도의 약정을 체결할 수 있으며 갑과 을이 협의하여 조정한다.

제8조 【발주】 갑은 개별계약에 관한 발주에 있어서는 원칙적으로 매년 ( )일 ( ) 개월분에 대하여 실시하기로 한다. 또한 갑은 적어도 발주 ( )개월 전에 발주예정 계획을 을에게 예고함과 동시에 필요한 정보를 제공하기로 한다.

제9조 【단가】 ① 단가는 수량, 사양, 납기, 대금지불방법, 품질, 재료가격, 노무비, 시가의 동향 등을 고려하고 합리적인 산정방식에 따른 적정한 관리적 경비 및 이익을 붙여 갑과 을이 협의하여 정한다.

② 제1항의 단가는 별도의 약정이 없는 한 갑이 지정하는 인도장소까지의 포장비, 운임, 하역비, 보험료 등 일체의 비용을 포함한 것으로 한다.

③ 단가 결정의 기초가 된 제1항의 조건이 계약기간중에 변경된 때에는 갑 또는 을

은 단가조정신청을 할 수 있으며, 이 경우 관련자료를 검토한 후 상호협의하여 다시 정할 수 있다.

④ 특별한 사유로 인하여 단가결정이 지연될 경우 갑과 을이 협의하여 정한 임시단가를 적용하며, 임시단가와 확정단가의 차액은 확정단가 결정시 정산한다.

제10조 【사급재 등의 지급】 ① 갑은 품질의 유지, 개선, 생산성 및 안전도 향상, 관련법령의 준수, 기타 정당한 사유가 있는 경우 을과 협의하여 발주부품의 제작에 사용되는 재료, 부품, 반제품, 제품 등(이하 "사급재"라 한다)을 을에게 지급할 수 있다.

② 사급재에 대한 유상, 무상의 구분은 갑과 을이 협의하여 정하며, 유상 사급재의 경우 갑과 을이 상호 협의하여 정한 가격을 전액 단가에 반영한다.

③ 사급재의 지급일시, 장소, 대금지불방법 등은 갑과 을이 협의하여 정한다.

④ 을은 사급재를 수령하는 경우 신속하게 이를 검토하여 품질, 수량 등을 확인하고 사급재의 하자 또는 수량의 과부족 등의 이상이 있을 경우 즉시 갑에게 통지하여 갑의 지시를 받아야 한다.

⑤ 을은 갑의 지시에 의거 사급재의 공급업자로부터 직접 사급재를 수령하는 경우 신속히 제4항에 준하는 검사를 하고 그 내용을 갑에게 통지하여야 한다.

⑥ 을은 무상사급재의 남은 재료 및 발생된 스크랩 등의 처리에 대하여 갑의 지시에 따라야 하며, 스크랩처리에 비용이 따를 경우는 갑과 을이 협의하여 조치한다.

⑦ 을은 갑의 사급재에 가공불량을 발생시킨 경우 또는 갑의 사급재로 인하여 발주부품에 불량이 발생한 경우 신속히 갑에게 통지하여야 한다. 이 경우 불량발생에 대한 보상책임은 그 원인 제공자가 짐을 원칙으로 하되 책임 소재가 명확하지 않은 경우는 갑과 을이 협의하여 처리한다.

⑧ 을이 제4항 및 제5항의 검사를 태만히 하여 발생한 사급재의 하자 및 수량부족에 대한 책임은 을이 부담하여야 한다.

제11조 【사급재의 소유권】 무상사급재 및 이것으로 제작한 부품의 소유권은 갑이 보유하고 유상사급재의 소유권은 을이 그 대금을 완제했을 때 갑으로부터 을에게 이전되는 것으로 한다.

제12조 【금형 등의 양도 또는 대여】 ① 갑은 발주부품의 품질의 유지, 개선이나 기타 정당한 사유가 있거나 을의 요청이 있는 경우 발주부품의 제작에 사용되는 금형, 치공구기계 및 기구류 등(이하 "금형 등"이라 한다)을 을에게 양도 또는 대체할 수 있다.

② 제1항에 의한 금형 등의 양도 또는 대여의 경우 가격, 임대료, 보관, 반납 등은 갑과 을이 협의하여 정한다.

③ 을은 대여받은 금형 등이 멸실 또는 훼손되었을 경우 즉시 갑에게 통지하여야 하고, 그 원인이 갑에게 있거나 불가항력적인 경우를 제외하고는 갑의 지시에 따라 을의 부담으로 원상복구시키거나 대체품을 제공하는 등 갑의 손해를 배상하여야 한다.

④ 금형 등의 대여에 대하여는 제10조 제3항 및 제4항을, 금형 등의 양도에 따른 소유권 및 위험부담의 이전에 대하여는 제11조를, 금형 등의 사용에 따른 불량부품의 발생에 대하여는 제10조 제7항을 각각 준용한다.

제13조 【사급재 및 양도 또는 대여한 금형 등의 취급】 ① 을은 갑의 사급재 및 양도 또는 대여품을 선량한 관리자의 주의를 가지고 관리하여야 한다.

② 을은 갑의 동의없이 사급재 및 양도 또는 대여받은 금형 등을 소정용도 이외에 전용하거나 제3자에게 양도, 대여, 저당 등의 행위를 하여서는 안된다.

③ 을은 사급재 중 특히 무상사급재, 대금완제 전에 양도받은 금형 등을 을의 자산과 보관상 명확하게 구분하여 관리하고, 갑의 소유권임을 명시하기 위한 적절한 조치를 강구하여야 한다.

④ 을은 강제집행, 파산선고신청, 회사정리의 신청 및 노동쟁의 등과 같은 사유의 발생으로 대금완제 전의 사급재, 양도 또는 대여받은 금형 등에 대한 갑의 소유권 보전에 영향을 미칠 우려가 있는 경우 즉시 갑에게 그 사실을 통지하는 동시에 필요에 따라 이들 물품의 보관장소를 이전하는 등 갑의 소유권이 침해되지 않도록 적절한 조치를 하여야 한다.

⑤ 을은 사급재, 금형 등을 유상으로 양도받아 그 대금을 완제한 경우에도 제4항과 유사한 사유가 발생할 경우 즉시 갑에게 그 사실을 통지하는 동시에 갑이 발주한 부품의 납품이 영향을 받지 않도록 필요에 따라 보관장소를 이전하는 등의 조치를 하여야 하며, 사급재, 금형 등의 처리는 사후에 감가상각 등을 포함한 합리적인 산정방식에 따라 갑과 을이 협의하여 결정한다.

⑥ 을의 책임하에 제작된 금형일지라도 갑으로부터 기술사양, 설계도면, 자금 등의 지원을 받아 갑에게 납품하기 위한 부품제작용일 경우 을은 임의로 발주부품 제작 이외의 목적으로 사용하여서는 아니 된다.

제14조 【납기】 납기란 개별계약에 의하여 발주부품을 갑이 지정하는 장소에 납품할 기일을 말하며 개별계약마다 갑과 을이 협의하여 정한다.

제15조 【납품】 ① 을은 발주부품을 갑과 을이 협의하여 별도로 정하는 납품절차

에 따라 갑이 정하는 수량을 납품하여야 한다.

② 을은 납기의 선행, 지연 또는 수량의 과부족 등 이상납품이 발생한 경우 신속하게 갑의 지시를 받아 필요한 조치를 강구하여야 한다.

③ 을은 제2항의 이상납품이 을의 귀책사유로 인하여 발생된 때에는 갑이 입은 손해를 배상하여야 한다.

④ 갑은 을에게 책임을 돌릴 사유가 없음에도 불구하고 을의 납품에 대한 수령을 지연하거나 거부하여서는 아니 되며, 부당한 수령지연 및 거부로 인하여 을이 손해를 입은 경우 이를 배상하여야 한다.

제16조 【보수용 부품의 납품】 갑의 사양변경 및 생산중단한 차량의 부품일지라도 기출하된 차량의 사후관리에 지장을 초래하지 않도록 갑의 보수용 부품 발주가 있는 한 따로 정한 협약에 따라 을은 계속 생산하여 납품할 책임을 진다.

제17조 【수령, 검사 및 인수】 ① 갑은 을이 발주부품을 납품한 경우 을에게 수령증을 교부하여야 하며 발주부품에 대한 납품검사(검수를 포함한다. 이하 같음)는 미리 정한 검사규정 및 절차에 따라 신속히 실시하여야 한다.

② 갑은 납품된 물품을 수령한 날로부터 10일 이내에 검사결과를 을에게 서면으로 통지하여야 한다. 이 기간 내에 통지하지 않은 경우에는 검사에 합격한 것으로 한다.

③ 갑은 검사 전 또는 기간중의 발주부품에 대하여 선량한 관리자의 주의를 가지고 관리하여야 하며, 이 기간중 갑의 귀책사유없이 발생한 손해에 대해서는 갑과 을이 협의하여 정한다.

④ 을이 납품한 발주부품에 대한 검사의 기준 및 방법은 갑과 을이 협의하여 정하되 이는 객관적이고 공정·타당하여야 한다.

⑤ 발주부품이 검사에 합격한 때 갑은 목적물이 검사에 합격하였음을 증명하는 서면을 교부하여야 하며 그 시점에 발주부품이 인도된 것으로 본다. 단 출장검사 또는 무검사품목의 경우에는 발주부품 수령시점에 발주부품이 인도된 것으로 본다.

⑥ 을의 책임하에 검사가 완료된 발주부품에 불량 등이 발생하여 갑이 제3자에게 손해를 배상한 때에는 갑은 을에게 구상권을 행사할 수 있다.

⑦ 발주부품의 기술적 특수성 등으로 인하여 10일 이내에 검사를 완료할 수 없는 정당한 사유가 있는 경우에는 갑과 을이 협의하여 검사기간을 연장할 수 있다.

제18조 【부족분, 불합격품 및 과납품의 처리】 ① 을은 제17조에 따른 검사결과 수량부족 또는 불합격된 것에 대해서는 갑의 지시에 따라 신속히 부족분 또는 대

품을 납품하여야 한다. 단, 이 경우에도 을은 본래의 납기에 대한 이상납품의 책임을 면하지 못한다.

② 제17조에 따른 검사결과 불합격품 또는 과납품이 생겼을 경우 을은 갑이 지정하는 기간 내에 이를 인수하여야 한다. 다만, 불합격품에 대하여 성능상 지장이 없다고 갑이 인정하는 경우 을과 협의하여 조건부 합격으로 받아들일 수 있다.

③ 을이 제2항의 기간 내에 불합격품 또는 과납품을 인수하지 아니할 때는 갑은 이를 을에게 반송 또는 을과 협의하여 폐기할 수 있다.

④ 갑이 불합격품 또는 과납품을 보관하는 동안 보관물품의 전부 또는 일부가 멸실, 훼손 또는 변질되었을 경우 그 손해는 을이 부담한다. 다만, 제2항에서 정하는 기간 내에 갑의 귀책사유로 생긴 손해에 대해서는 그러하지 아니한다.

⑤ 불합격품이 갑이 지급한 사급재의 하자에 의해서 발생한 경우 이에 대한 책임은 갑이 부담한다. 단, 을이 제10조 4항 및 5항을 이행하지 않아 발생한 손해에 대해서는 을이 책임을 진다.

제19조 【발주부품의 소유권 이전】 발주부품의 소유권은 제17조 제5항에 따라 발주부품이 인도된 시점에 갑에게 이전되는 것으로 한다.

제20조 【대금지급】 ① 납품대금의 지급기일은 하도급거래공정화에관한법률 제13조 제1항을 준용하는 것을 원칙으로 한다.

② 을은 납품대금을 수령할 때에는 갑에게 미리 등록한 인장이 날인된 영수증을 갑에게 제출하여야 하며, 을이 등록한 인장 및 영수증을 분실하거나 도난 등의 사고가 발생하였을 경우 을은 지체없이 이를 갑에게 신고하여야 한다. 단, 이 경우에도 인장 및 영수증의 도난, 분실로 인하여 발생하는 모든 사고에 대한 책임은 을이 부담한다.

제21조 【대금지급방법】 대금지급방법은 하도급법거래공정화에관한법률 제13조 제2항 내지 제5항의 기준을 준용하는 것을 원칙으로 한다.

제22조 【대금의 상계】 ① 갑은 을에게 유상으로 지급한 사급재의 대금 및 기타 을로부터 지급받아야 할 채권이 있는 경우 이를 을에 대한 납품대금의 지급채무와 상계할 수 있다.

② 제1항이 상계는 상계할 때마다 수령증을 교환하지 아니하고 갑이 그 명세를 을에게 통지하는 것으로 갈음한다.

제23조 【품질보증】 ① 을은 발주부품에 대해 기획, 설계, 생산, 판매 등 전 과정

에 걸쳐 유기적인 품질보증체제를 확립, 운영하여 제6조의 사양서류에 일치시키고 또한 갑이 요구하는 품질과 신속성을 확보하도록 품질보증 활동을 하여야 한다.

② 갑과 을은 상호 또는 개별적으로 실시해야 하는 품질보증사항에 대하여 별도의 품질보증협정을 체결하고 제1항의 품질보증활동을 추진하여야 한다.

③ 을은 발주부품중 주요공정 및 공법의 변경, 외주선의 변경, 금형의 수정 및 재제작, 재료변경, 조성부품의 국산화 등의 경우에 갑에게 시제품을 제출하여 승인을 득한 후에 사용하여야 한다.

제24조 【하자 담보책임】 ① 을은 제19조의 규정에 의한 발주부품의 소유권 이전 후 발주부품에 숨겨진 하자가 발견된 경우 갑과 을이 별도로 체결하는 크레임보상협정에 따라 그 하자의 보수, 대체품의 납품, 대금감액 및 하자에 기인하는 손해배상 등의 책임을 진다.

② 숨겨진 하자의 책임 여부에 대해 갑과 을이 합의하지 못하는 경우에는 공신력있는 제3자의 판정 등 객관적으로 입증되는 절차와 방법에 따라 따르도록 한다.

제25조 【제조물 책임】 ① 을은 갑이 발주한 부품에 결함이 발생하지 않도록 최선을 다하여야 하며 제조물 책임에 관한 모든 의무에 다하여야 한다.

② 을은 발주부품의 사양서류가 갑에 의하여 제공되었을지라도 발주부품의 결함에 의해 발생한 것이라고 주장하는 사고로 인한 피해를 근거로 제기된 청구 및 소송을 방어해야 하며 그 청구 및 소송으로 인한 모든 손해배상 및 제반 관련비용을 부담하여야 한다. 다만, 갑이 을에게 제공한 사양서류 자체의 하자에 기인하는 사고임이 입증된 경우에는 갑이 동 하자에 대하여 책임을 진다.

③ 갑이 제2항에 의한 청구 및 소송으로 인해 비용을 지출했을시 을은 그 비용을 보상한다.

④ 갑과 을은 제2항의 청구 및 소송의 발생 방지, 방어 및 대책수립에 상호 최대한 협조한다.

제26조 【자료수집 및 실태조사에 대한 협력】 ① 갑은 필요에 따라 을에게 생산관리, 품질보증 등에 관한 자료 및 결산보고서 등 경영에 관한 자료의 제출을 요구할 수 있으며, 발주부품의 생산 및 품질보증과 관련하여 을의 공장설비, 생산관리실태 등을 수시 조사할 수 있다.

② 을은 갑으로부터 제1항과 관련된 요청을 받았을 때에는 특별한 사유가 없는 한 갑에게 협조하여야 한다.

제27조 【개선제안의 협력】① 을은 발주부품의 품질개선, 납기준수, 가격의 합리화 등을 위한 개선제안을 언제든지 할 수 있다.

② 제1항의 경우 을의 제안에 따른 효과가 있을 때는 갑과 을이 함께 그 효과를 배분한다.

③ 개선제안에 관한 사항에 대하여는 별도의 규정을 들 수 있다.

제28조 【지도 및 협력】갑은 발주부품의 제작 및 품질향상 등을 위하여 필요할 경우 을에게 제작기술, 공법, 자재 및 생산관리, 품질보증 등에 관하여 지도와 조언을 할 수 있으며, 을은 갑이 지도와 조언을 위해 현장에 출장하여 이를 확인하고 검사할 수 있도록 적극 협조하여야 한다.

제29조 【공업소유권의 실시 및 출원】① 을은 발주부품의 제작과 관련 갑으로부터 사용을 허락받은 특허권, 신용신안권, 의장권, 상표권(이하 "공업소유권"이라 한다) 및 노하우(Know-How)를 발주부품의 제작 이외에는 사용하지 못하며, 문서에 의한 갑의 승낙을 얻지 않는 한 제3자에게 공업소유권 및 노하우를 사용하게 할 수 없다.

② 을은 발주부품의 제작과 관련 갑 또는 을과 제3자 사이에 공업소유권상의 분쟁 등이 발생할 우려가 있을 경우 또는 분쟁이 발생했을 경우 지체없이 문서로서 갑에게 통지하는 한편 을은 을의 귀책사유로 상기 사항이 발생하거나 발생할 우려가 있는 경우 갑에게 손해가 미치지 않도록 을의 비용부담으로 사전조치를 취하여야 하며, 공업소유권 분쟁으로 갑이 손해를 입은 경우 그 손해를 배상하여야 한다.

③ 을은 그 계약기간 중은 물론 계약의 만료 및 계약의 해제 또는 해지 후에도 갑의 도면, 사양서에 의하여 제작된 발주부품 및 그 제작방법에 관하여 공업소유권을 획득하고자 할 경우 또는 발주부품에 관하여 갑과의 공동연구, 갑의 지도 및 아이디어의 제공에 의거 공업소유권을 획득하고자 할 경우에는 사전에 갑에게 문서로서 통지하여 갑과 공업소유권을 공동 출원하여야 한다.

④ 을은 을의 사양에 의거 발주부품을 제작하는 경우 그 부품 및 부품의 제작방법이 제3자의 공업소유권을 침해하지 않음을 보증하여야 하며 갑의 사양에 따라 발주부품을 제작하는 경우에도 갑이 그 제작방법을 제시하는 경우를 제외하고는 그 제작방법이 공업소유권을 침해하지 않음을 보증하여야 한다.

제30조 【상표 표기 및 포장】을이 갑에게 납품하는 부품에 대한 상표의 표기 및 포장상태는 갑이 별도로 정하는 바에 따른다.

제31조 【외주의 이용】 ① 을은 갑으로부터 수주받은 부품을 제작함에 있어 그 일부 또는 전부를 제3자에게 발주할 경우에는 갑의 승낙을 득해야 하며, 을은 갑의 요구에 따라 관계자료를 제공하고 갑의 지시 및 결정에 따라야 한다.

② 을은 제1항의 경우 이 계약 및 개별계약에 따른 을의 이행의무를 면할 수 없다.

제32조 【기밀의 유지】 ① 갑과 을은 이 계약 및 개별계약으로 알게 된 상대방의 업무상 및 기술상 기밀을 상대방의 승낙이 없는 한 제3자에게 누설하여서는 아니 된다.

② 갑과 을은 이 계약기간중은 물론 계약의 만료 또는 해제 후에도 제1항의 의무를 가지고 있으며, 이 규정에 위반하여 상대방에게 손해를 입힌 경우에는 이를 배상하여야 한다.

제33조 【주문 이외 부품의 제작, 판매, 사용의 금지】 을은 갑의 주문 또는 문서에 의한 허락을 받은 경우를 제외하고는 갑의 지적재산권과 영업비밀을 침해할 수 있는 부품의 제작, 판매 등을 스스로 하거나 제3자에게 시켜서는 아니 된다.

제34조 【권리·의무의 양도】 갑과 을은 문서에 의거 상대방의 승낙을 받지 않은 한 이 계약 및 그 부수협정 또는 개별계약으로부터 생기는 권리·의무의 전부 또는 일부를 제3자에게 양도하거나 담보로 제공할 수 없다.

제35조 【내국신용장 개설】 갑은 수출용 물품을 을에게 제조위탁시 정당한 사유가 있는 경우를 제외하고는 을의 생산에 차질이 없도록 발주한 날로부터 15일 이내에 내국신용장을 개설해 주어야 한다.

제36조 【계약의 해제·해지】 ① 갑 또는 을은 다음 각 호의 사유가 발생할 우려가 있거나 발생하였을 경우 즉시 이 계약 및 부수협정과 개별계약의 전부 또는 일부를 해제 또는 해지할 수 있다.

1. 갑 또는 을이 금융기관으로부터 거래정지 처분을 받았을 때
2. 갑 또는 을이 감사관청으로부터 영업취소, 정지 등의 처분을 받았을 때
3. 갑 또는 을이 어음 및 수표의 부도, 제3자에 의한 강제집행(가압류 및 가처분 포함), 파산선고 또는 회사정리의 신청 등 영업상의 중대한 사유가 발생하여 이 기본계약 및 부수협정에 의한 계약내용이 이행될 수 없다고 인정될 경우
4. 갑 또는 을이 해산, 영업의 양도를 결의하거나 또는 타회사로 합병될 경우
5. 갑 또는 을이 재해 및 기타 사유로 인하여 이 계약 및 부수협정과 개별계약의 내

용을 이행하기 곤란하다고 쌍방이 인정하는 경우

② 갑 또는 을은 다음 각 호의 사유가 발생한 때에는 상대방에게 서면으로 상당기간을 정하여 그 이행을 최고하고 그 기간 내에 이행하지 아니한 때에는 본 계약 및 개별계약의 전부 또는 일부를 해제하거나 해지할 수 있다.

1. 갑 또는 을이 이 계약 및 그 부수협정과 개별계약을 위반하였을 경우

2. 갑이 발주부품의 제작에 필요한 제반사항의 이행을 특별한 사유없이 지연함으로써 을의 작업에 지장을 초래케하거나 또는 을이 특별한 사유없이 발주부품의 제작을 거부하거나 착수를 지연하여 계약기간 내에 납품이 곤란하다고 인정되는 경우

3. 을의 기술, 생산 및 품질관리 능력이 부족하여 이 계약 및 부수협정에 의하여 약정한 사항이 원만이 이행될 수 없다고 인정될 경우

③ 갑 또는 을은 제1항 및 제2항 각 호의 해제 또는 해지사유가 발생하였을 경우 상대방에게 지체없이 서면통지하여야 한다.

④ 제1항 및 제2항에 의하여 계약이 해제 또는 해지되었을 때는 피해제자가 해제 또는 해지권자에 대하여 부담하는 일체의 채무는 기한의 이익을 상실하며 지체없이 변제하여야 한다.

⑤ 해제 또는 해지와 관련하여 해제 또는 해지권자에 대하여 손해가 발생하였을 때에는 피해제자 또는 피해지자는 그 손해를 배상하여야 한다.

제37조 【거래정지의 예고】 제36조의 사유가 아닌 부득이한 사유로 거래를 정지하고자 할 때에는 갑과 을은 상대방에게 부당한 피해가 없도록 상당기간의 거래정지 유예기간을 두어 이를 사전에 상대방에게 통보하여야 한다.

제38조 【계약의 해제ㆍ해지후의 조치】 ① 갑 또는 을은 제36조 제1항 및 제2항에 의한 계약해제 또는 해지의 경우 상대방에게 사양서류, 대여품 및 무상사급재 등을 신속히 반환하여야 하며, 을은 갑의 요구가 있을 경우 갑으로부터의 양도 여부에 관계없이 발주부품의 제작에 사용되는 모든 전용금형 등과 발주부품의 재고 및 유상사급재를 제3자에 우선하여 갑에게 양도하여야 한다.

② 제1항에 의한 양도의 경우 유상사급재는 지급가격을, 발주부품의 재고는 납품가격을, 금형 등은 인수시점까지의 감가상각을 감안한 가격을 각각 기준으로 하여 갑과 을이 협의하여 결정한다.

제39조 【손해배상청구】 갑 또는 을은 이 계약 또는 개별계약의 위반으로 인하여 손해를 입었을 때는 상대방에게 손해배상을 청구할 수 있다.

제40조 【잔존 의무】 갑과 을은 이 계약 및 개별계약의 기간만료 후 및 계약의 해제 또는 해지후에도 다음 각 호에 관한 의무를 진다.

① 제24조에 정하는 하자담보책임에 관한 사항

② 제25조에 정하는 제조물책임에 관한 사항

③ 제29조에 정하는 공업소유권에 관한 사항

④ 제32조에 정하는 기밀유지에 관한 사항

제41조 【이의 및 분쟁의 해결】 ① 갑과 을은 이 계약 및 그 부수협정의 해석에 이견이 있을 경우 상관습을 따르는 것으로 하고 그래도 해결이 되지 않을 때는 상호 협의하여 결정한다.

② 제1항과 관련하여 법률상의 분쟁이 발생하였을 경우 그 해결은 중재법 및 상사중재규칙에 의한 대한상사중재원의 중재에 따르기로 한다.

제42조 【계약의 효력 및 유효기간】 ① 이 계약의 유효기간은 계약체결일로부터 만 1년으로 한다. 다만, 갑 또는 을이 계약기간만료 3개월 전까지 계약갱신 또는 해약의사를 표시하지 않는 한 이 계약은 동일한 조건으로 1년간 계속되는 것으로 보며 그 이후도 동일하다.

② 제1항에 의한 이 계약의 실효시 존속하는 개별계약에 대한 이 계약의 유효기간은 당해 개별계약의 존속기간까지 계속되는 것으로 한다.

부 칙

제1조 【계약적용의 범위】 이 계약은 이 계약이 체결되기 이전의 모든 외주거래에 관한 개별계약에도 적용되는 것으로 한다.

제2조 【계약의 효력상실】 1990.○.○ 체결된 ○○○계약은 이 계약체결로 인하여 그 효력을 상실한다.

이 계약의 체결을 증명하기 위하여 계약서 2통을 작성하여 갑과 을이 서명날인한 후 각각 1통씩 보관한다.

년   월   일

갑　주　소
　　상　호
　　대표자

을　주　소
　　상　호
　　대표자

전기업종 표준 외주거래 기본계약서

(1999. 1. 18.)

○○○회사(이하 "갑"이라 한다)와 ○○○회사(이하 "을"이라 한다)는 갑과 을간의 자재, 기기, 물품의 제조, 가공, 수리(이하 "목적물"이라 한다) 등을 위한 계약을 체결한다.

제1조 【기본원칙】 ① 갑과 을은 이 기본계약 및 이 기본계약에 따른 개별적인 부속 구입계약(이하 "개별계약"이라 함)을 신의성실의 원칙에 따라 이행하여야 한다.

② 갑과 을은 이 계약의 이행에 있어서 하도급거래공정화에관한법률 및 관련 법령의 제규정을 준수하여야 한다.

③ 이 계약의 내용과 배치되는 다른 계약에 대해서는 이 계약에 의한 내용을 우선하여 적용한다.

제2조 【개별계약의 성립】 ① 개별계약은 갑이 제3조의 거래내용을 기재한 발주서를 교부하고 을이 이를 수락함으로써 성립되며, 을은 발주를 거부할 의사가 있는 때에는 갑의 발주서를 접수한 날로부터 10일 이내에 거부의사를 표시하여야 한다.

② 갑은 제1항의 개별계약과 관련하여 기본계약체결 후 일방적으로 을에 대하여 발주를 하지 아니하거나 지연하여서는 아니 되며, 이 계약체결일로부터 ( )일 또는 ( )월 이내에 을에게 발주서 등을 교부하여 개별계약을 체결하여야 한다.

③ 개별계약서에서 따로 약정한 사항 이외의 사항은 이 기본계약에 의하기로 하고, 만일 이 기본계약에 정하는 사항과 개별계약에 정하는 사항간에 차이가 있을 때는 그 상충하는 부분에 한하여는 개별계약에 정하는 사항이 우선하기로 한다.

제3조 【개별계약의 내용】 ① 개별계약에는 발주연월일, 목적물의 내용, 납기 및 장소, 검사의 방법 및 시기, 대금의 지급방법 및 지급기일 등을, 또 원재료 등을 제공하고자 하는 경우에는 그 품명, 수량, 제공일, 대가 및 대가의 지급방법과 지급기일 등을 정하여야 한다.

② 전항의 규정에 불구하고 개별계약의 내용의 일부를 갑과 을이 협의하여 미리 부속협정서 등을 정할 수 있다.

제4조 【계약의 변경】 ① 이 계약 및 개별계약의 내용을 변경하고자 할 때에는

갑과 을이 협의하여 변경하기로 한다.

② 제 1항의 계약변경에 따라 손해가 발생한 경우의 처리는 다음 각 호에 따른다.

1. 갑의 귀책사유로 손해가 발생한 경우 을은 갑에게 손해배상을 청구할 수 있다.

2. 을의 귀책사유로 손해가 발생한 경우 갑은 을에게 손해배상을 청구할 수 있다.

3. 갑, 을 쌍방에 귀책사유로 손해가 발생한 경우 또는 쌍방의 귀책사유 없이 손해가 발생한 경우에는 갑과 을이 협의하여 정한다.

제5조 【발주】① 갑은 을에 대하여 물품 등을 발주함에 있어 을이 동 물품을 제조 납품하는데 지장이 없도록 충분한 시일을 두고 발주하도록 한다.

② 갑은 을에 대하여 가능한 한 장기적인 발주계획을 예고함과 동시에 필요한 정보를 제공하도록 한다.

제6조 【사양서류】① 갑이 을에게 제시하는 목적물의 사양서류는 원칙적으로 다음 각 호와 같이 하고 필요에 따라 갑과 을이 협의하여 추가 또는 생략할 수 있다.

1. 도면, 승인도, 목적물 규격

2. 검사기준, 한도견본

3. 포장지시서(포장, 방진, 손상방지 및 보관을 위하여 필요한 방청 등에 관한 조치사항의 기재 포함)

② 을은 제1항의 사양서류의 내용이나 규격 등이 분명하지 않아 의문이 있을 경우 그 사실을 지체없이 갑에게 통지하여 협의하여야 한다.

③ 을은 제1항의 사양서류를 선량한 관리자의 주의를 가지고 관리하여야 하고, 이를 분실하거나 그 내용을 제3자에게 누설하여서는 아니 된다.

④ 갑과 을은 필요에 따라 사양 및 제작방법의 변경에 관한 의견을 제시할 수 있으며 사양 및 제작방법의 변경에 따른 사후처리는 원칙적으로 변경을 일으키게 한 자가 책임지기로 한다.

제7조 【재료 및 부품의 지급】① 갑은 을에게 제조 등의 위탁을 한 목적물의 품질의 유지, 개선이나 기타 정당한 사유가 있을 경우 갑과 을이 상호 합의하여 정한바에 따라 재료 및 부품(이하 "지급품"이라 한다)을 지급할 수 있고, 을의 요청이 있을 경우에는 갑은 목적물의 제작에 필요한 지급품의 전부, 또는 일부를 을에게 지급할 수 있다. 이 경우 지급품의 인도장소 및 기타 유·무상지급의 구분, 인도일, 품명, 수량, 대금 및 대금지불방법 및 불량지급품으로 인한 손해배상 등 그 조건과 내용을 갑과 을이 상호 협의하여 정한다.

② 을은 지급품을 수령한 때에는 지체없이 이를 검사해야 하고 지급품에 하자, 혹은 수량부족 등이 발견되는 경우에는 즉시 갑에게 통보하여 갑의 지시를 받아야 한다.

③ 갑은 을로부터 지급품에 관한 하자나 수량부족 등의 통지를 받았을 경우에는 그 내용을 확인한 후에 지급품의 대품 혹은 부족분을 추가 지급하기로 한다.

④ 을은 작업도중에 하자를 발견한 경우에는 해당부분의 작업을 중지하고 즉시 갑에게 통보하여 갑의 지시를 받아야 한다. 을이 전 ②, ④ 항의 조치를 지연하거나 이행하지 않아 발생한 손해는 을의 부담으로 한다.

제8조 【지급품의 소유권】 ① 제7조에 의하여 지급된 유상지급품의 소유권은 을이 그 대금을 갑에게 완제할 때까지 갑에게 유보되고 무상지급품의 소유권은 갑이 보유하고 있는 것으로 한다.

제9조 【치공구 등의 대여】 ① 갑은 목적물의 품질의 유지, 개선이나 기타 정당한 사유가 있거나 을의 요청이 있는 경우에는 제조위탁 등의 위탁과 관련한 치공구, 측정구, 금형(이하 "대여품"이라 한다) 등을 대여할 수 있다.

② 전항의 대여에 관한 방법, 기간, 차임 등은 개별계약서에서 별도로 정한다.

제10조 【지급품 및 대여품의 취급】 ① 을은 갑의 지급품 또는 대여품을 선량한 관리자의 주의를 가지고 관리하여야 한다.

② 을은 갑의 동의없이 지급품 또는 대여품을 소정용도 이외에 전용하거나 제3자에게 양도, 대여, 저당 등의 행위를 하여서는 안 된다.

③ 을은 지급품중 특히 무상지급재, 대금완제전에 양도받은 대여품 등을 을의 자산과 보관상 명확하게 구분하여 관리하고, 갑의 소유권임을 명시하기 위한 적절한 조치를 강구하여야 한다.

④ 을은 강제집행, 파산선고신청, 회사정리의 신청 및 노동쟁의 등과 같은 사유의 발생으로 대금완제 전의 지급품 또는 대여품 등에 대한 갑의 소유권 보전에 영향을 미칠 우려가 있는 경우 즉시 갑에게 그 사실을 통지하는 동시에 필요에 따라 이들 물품의 보관장소를 이전하는 등 갑의 소유권이 침해되지 않도록 적절한 조치를 하여야 한다.

⑤ 을은 지급품 또는 대여품 등을 유상으로 양도받아 그 대금을 완제한 경우에도 제4항과 유사한 사유가 발생할 경우 즉시 갑에게 그 사실을 통지하는 동시에 갑이 발주한 목적물의 납품이 영향을 받지 않도록 필요에 따라 보관장소를 이전하는 등의 조치를 하여야 한다.

제11조 【무상지급 자재의 가공불량시 손실부담】 을은 갑의 지급품중 무상

지급한 재료 등의 가공불량을 발생시킨 경우 또는 갑의 지급품으로 인하여 발주물품에 불량이 발생한 경우 신속히 갑에게 통지하여야 한다. 이 경우 불량발주에 대한 보상책임은 그 원인제공자가 짐을 원칙으로 한다.

제12조 【금형제작 및 상각】 ① 갑은 목적물의 제조 및 가공에 필요한 금형을 을에게 제작하게 할 수 있으며 이 경우 금형비 계산 및 상각방법 등은 갑, 을이 협의하여 별도로 정한다.

② 갑은 목적물의 품질의 유지, 개선이나 기타 정당한 사유가 있거나 을의 요청이 있는 경우에는 목적물의 제작에 필요한 치공구 및 금형을 제작하여 을에게 대여 또는 매각할 수 있다. 이 경우 기간, 대가 등 대여(매각)에 관하여는 개별계약에서 별도로 정한다.

제13조 【단가의 결정】 ① 단가는 수량, 사양, 납기, 대금지급방법, 품질, 재료가격, 노무비, 시가의 동향 등을 고려하여 합리적인 산정방식에 따른 적정한 관리적 경비 및 이익을 붙여 갑과 을이 협의하여 정한다.

② 제1항의 단가는 별도의 약정이 없는 한 갑이 지정하는 인도장소 까지의 포장비, 운임, 하역비, 보험료 등 일체의 비용을 포함한 것으로 한다.

③ 단가결정의 기초가 된 제1항의 조건이 계약기간중에 변경된 때에는 갑 또는 을은 단가조정신청을 할 수 있으며 이 경우 신청일로부터 30일 이내에 상호협의하여 다시 정한다.

④ 특별한 사유로 인하여 단가결정이 지연될 경우 갑과 을이 협의하여 정한 임시단가를 적용하며, 임시단가와 확정단가의 차액은 확정단가 결정시 정산한다.

제14조 【납기】 ① 납기는 개별계약서에 기재된 물품 및 수량을 갑이 지정하는 장소에 인도하는 시점을 말한다.

제15조 【납품방법】 ① 갑과 을은 협의하여 납품과 관련, 별도로 납품절차를 정할 수 있다.

② 을은 납기의 선행, 지연 또는 수량의 과부족 등 이상납품이 발생한 경우 신속하게 갑의 지시를 받아 필요한 조치를 강구하여야 한다.

③ 제2항의 이상납품이 을의 귀책사유로 인하여 발생된 때 을은 갑이 입은 손해를 배상하여야 한다.

④ 갑은 임의로 을의 납품에 대한 수령을 지연하거나 거부하여서는 아니 되며, 수령지연 및 거부로 인하여 을이 손해를 입은 경우 이를 배상하여야 한다.

제16조 【내국신용장 개설】 ① 갑은 수출용 물품을 을에게 제조위탁하는 경우

에는 을의 생산에 차질이 없도록 최소한 발주한 날로부터 15일 이내에 내국신용장을 개설해 주어야 한다.

제17조 【수령, 검사 및 인수】 ① 갑은 을이 목적물을 납품한 경우 을에게 그 목적물에 대한 검사전이라도 즉시(제16조에 의한 내국신용장을 개설한 경우에는 검사완료 즉시) 수령증명서를 교부하여야 한다.

② 갑은 검사결과를 납품된 물품을 수령한 날로부터 10일 이내에 을에게 서면으로 통지하여야 한다. 이 기간 내에 통지하지 않을 경우에는 검사에 합격한 것으로 한다.

③ 갑은 검사기간중의 목적물에 대하여 선량한 관리자의 주의를 가지고 관리하여야 한다. 검사기간 중에 발생한 손해에 대해서는 갑과 을이 협의하여 정한다.

④ 을이 납품한 목적물에 대한 검사의 기준 및 방법은 갑과 을이 협의하여 정하되 이는 객관적이고 공정·타당하여야 한다.

⑤ 목적물이 검사에 합격한 때에는 목적물이 검사에 합격하였음을 증명하는 서면을 교부하여야 하며 그 시점에 목적물이 인도된 것으로 본다. 수령시 검사를 하지 아니하는 것으로 정한 경우에는 목적물 수령시점에 목적물이 인도된 것으로 본다.

⑥ 완제품 납품방식 등 을의 책임하에 검사가 완료된 목적물에 불량 등이 발생하여 갑이 제3자에게 손해를 배상한 때에는 을에게 구상권을 행사할 수 있다.

⑦ 검사대상 목적물의 기술적 특수성 등으로 인하여 10일 이내에 검사를 완료할 수 없는 정당한 사유가 있는 경우에는 갑과 을이 협의하여 검사기간을 연장 할 수 있다.

⑧ 검사비용은 갑이 부담한다. 을이 갑의 지시에 따라 제3자에게 검사를 의뢰한 경우에도 그 비용은 갑이 부담한다.

제18조 【부족분, 불합격품 및 과납품의 처리】 ① 을은 제17조에 따른 검사결과 수량부족 또는 불합격된 것에 대해서는 갑의 지시에 따라 신속히 부족분 또는 대품을 납품하여야 한다. 단, 이 경우에도 을은 본래의 납기에 대한 이상납품의 책임을 면하지 못한다.

② 제17조에 따른 검사결과 불합격품 또는 과납품이 생겼을 경우 을은 갑이 지정하는 기간 내에 이를 인수하여야 하며, 그 기간은 적정하여야 한다. 다만, 불합격품에 대하여 성능상 지장이 없다고 갑이 인정하는 경우 을과 협의하여 조건부 합격으로 받아들일 수 있다.

③ 을이 제2항의 기간 내에 불합격품 또는 과납품을 인수하지 아니할 때는 갑은 이를 을에게 반송 또는 을과 협의하여 폐기할 수 있다.

④ 갑이 불합격품 또는 과납품을 을에게 인수토록 통보한 기간 내에 보관품의 전부

또는 일부가 멸실, 훼손 또는 변질되었을 경우 그 손해는 갑이 부담하고, 다만, 위 통보기간중 갑의 귀책사유 없이 발생한 손해에 대해서는 갑과 을이 협의하여 정한다. 그리고 위 통보기간이 경과한 후에 발생한 손해는 을이 부담한다.

⑤ 불합격품이 갑이 지급한 지급재의 하자에 의한 경우 이에 대한 책임은 갑이 부담한다.

제19조 【목적물의 소유권 이전】 목적물의 소유권은 제17조 제5항에 따라 목적물이 인도된 시점에 갑에게 이전되는 것으로 한다.

제20조 【부당반품의 금지】 ① 갑은 을로부터 목적물을 수령 또는 인수한 때에는 을에게 책임을 돌릴 사유가 없음에도 불구하고 이를 을에게 반품하여서는 아니 된다.(이하 "부당반품"이라 한다)

② 다음 각 호의 1에 해당하는 갑의 행위는 제1항의 규정에 의한 부당반품으로 본다.

1. 거래상대방으로부터의 발주취소 또는 경제상황의 변동 등을 이유로 목적물을 반품하는 행위

2. 검사의 기준 및 방법을 명확하게 정하지 아니하고도 부당하게 목적물을 불합격으로 판정하여 이를 반품하는 행위

3. 갑이 공급한 지급재 또는 대여품의 품질불량으로 인하여 목적물이 불합격품으로 판정되었음에도 불구하고 이를 반품하는 행위

4. 갑의 지급재 공급지연에 따라 납품이 지연되었음에도 불구하고 이를 이유로 목적물을 반품하는 행위

제21조 【대금지급】 ① 갑은 을에게 목적물수령일(납품이 빈번하여 갑과 을이 월 1회 이상 세금계산서의 발행일을 정한 경우에는 그 정한 날을 말한다)부터 60일 이내의 가능한 짧은 기한으로 정한 기일 이내에 납품대금을 지급하여야 한다.

② 을은 납품대금을 수령할 때에는 갑에게 미리 등록한 인장이 날인된 영수증을 갑에게 제출하여야 하며, 을이 등록한 인장 및 영수증을 분실하거나 도난 등의 사고가 발생하였을 경우 을은 지체없이 이를 갑에게 신고하여야 한다. 단, 이 경우에도 인장 및 영수증의 도난, 분실로 인하여 발생하는 모든 사고에 대한 책임은 을이 부담한다.

제22조 【대금지급방법】 ① 대금지급기일이 정하여져 있지 않은 경우에는 목적물수령일을, 목적물의 수령일로부터 60일을 초과하여 대금지급기일을 정한 경우에는 목적물의 수령일로부터 60일째 되는 날을 각각 대금지급기일로 본다.

② 갑이 대금을 어음으로 지급하는 경우에 그 어음은 법률에 근거하여 설립된 금융

기관에서 할인이 가능한 것이어야 하며, 어음을 교부한 날로부터 어음의 만기일까지의 기간에 대한 할인료를 어음을 교부하는 날에 을에게 지급하여야 한다. 단 목적물의 수령일로부터 60일 이내에 어음을 교부하는 경우에는 목적물의 수령일로부터 60일을 초과한 날 이후 만기일까지의 기간에 대한 할인료를 을에게 지급하여야 한다.

제23조 【부당한 대금감액금지】 ① 갑은 을에게 책임을 돌릴 사유가 없음에도 불구하고 부당하게 대금을 감액(이하 "부당감액"이라 한다)하여서는 아니 된다. 그리고 을에게 책임을 돌릴 사유가 있어 대금을 감액하는 경우 감액 범위, 감액방법 등에 대해서는 갑과 을이 별도로 정하도록 한다.

② 다음 각 호의 1에 해당하는 갑의 행위는 제1항의 규정에 의한 부당감액에 해당된다.

1. 제조위탁시 대금을 감액할 조건 등을 명시하지 아니하고 제조위탁 후 협조요청 또는 거래상대방으로부터의 발주취소, 경제상황의 변동 등의 이유를 들어 대금을 감액하는 행위

2. 을과 단가인하에 대한 합의가 성립한 경우 성립 전에 위탁한 부분에 대하여도 일방적으로 이를 소급적용하는 방법으로 대금을 감액하는 행위

3. 대금을 현금으로 또는 지급기일 전에 지급함을 이유로 과다하게 대금을 감액하는 행위

4. 갑에 대한 손해발생에 실질적인 영향을 미치지 아니하는 경미한 을의 과오를 이유로 일방적으로 대금을 감액하는 행위

5. 목적물의 제조·수리 또는 시공에 필요한 부품 등을 자기로부터 사게하거나 자기의 장비 등을 사용하게 한 경우에 적정한 구매대금 또는 사용대가 이상의 금액을 대금에서 공제하는 행위

제24조 【품질보증】 ① 을은 목적물에 대해 기획, 설계, 생산, 판매 등 전 과정에 걸쳐 유기적인 품질보증 체제를 확립, 운영하여 제6조의 사양 서류에 일치시키고 또한 갑이 요구하는 품질과 신뢰성을 확보하도록 품질보증활동을 하여야 한다.

② 갑과 을은 상호 또는 개별적으로 실시해야 하는 품질보증 사항에 대하여 별도의 품질보증협정을 체결하고 제1항의 품질보증 활동을 추진하여야 한다.

③ 을은 목적물중 주요공정 및 공법의 변경, 외주선의 변경, 금형의 수정 및 재제작, 재료변경등의 경우에 갑에게 시제품을 제출하여 승인을 득한 후에 사용하여야 한다.

제25조 【하자담보책임】 ① 을은 제19조의 규정에 의한 목적물의 소유권 이전

후 6개월 이내에 목적물에 숨겨진 하자가 발생된 경우 갑과 을이 별도로 체결하는 보상협상에 따라 그 하자에 기인하는 손해배상 등의 책임을 진다. 다만, 목적물의 특성상 6개월 이내에 목적물의 숨겨진 하자의 발견이 어려울 경우 개별계약에서 별도로 하자담보책임 기간을 정할 수 있다.

② 숨겨진 하자는 갑이 일방적으로 결정할 수 없고 공신력있는 제3자의 판정 등 객관적으로 입증되어야 한다.

제26조 【자료수집 및 실태조사에 대한 협력】① 갑은 을과 협의를 거쳐 을의 생산관리, 품질관리 등에 관한 자료를 요구할 수 있고, 목적물의 생산 및 품질보증과 관련하여 필요한 범위 내에서 을의 공장설비 등을 조사할 수 있다.

제27조 【개선제안의 협력】① 을은 목적물에 품질개선, 납기준수, 가격의 합리화 등을 위한 개선제안을 언제든지 할 수 있다.

② 제1항의 경우 을의 제안에 따른 효과가 있을 때는 갑과 을이 함께 그 효과를 배분한다.

③ 개선제안에 관한 사항에 대하여는 별도의 규정을 둘 수 있다.

제28조 【지도 및 협력】① 갑은 목적물의 제작 및 품질향상 등을 위하여 필요할 경우 을에게 제작기술, 공법, 자재 및 생산관리, 품질보증 등에 관하여 지도와 조언을 할 수 있으며, 을은 갑이 지도와 조언을 위해 현장에 출장하여 이를 확인하고 검사할 수 있도록 적극 협조하여야 한다.

제29조 【산업재산권의 실시 및 출원】① 을은 목적물의 제작과 관련 갑으로부터 사용을 허락받은 특허권, 실용신안권, 의장권, 상표권(이하 "산업재산권"이라 한다) 및 노하우(Know-How)를 목적물의 제작 이외에는 사용하지 못하며, 문서에 의한 갑의 승낙을 얻지 않는 한 제3자에게 산업재산권 및 노하우를 사용하게 할 수 없다.

② 을은 목적물의 제작과 관련 갑 또는 을과 제3자 사이에 산업재산권상의 분쟁등이 발생할 우려가 있을 경우 또는 분쟁이 발생했을 경우 지체없이 문서로서 갑에게 통지하는 한편 을은 을의 귀책사유로 상기사항이 발생하거나 발생할 우려가 있는 경우 갑에게 손해가 미치지 않도록 을의 비용부담으로 사전조치를 취하여야 하며, 산업재산권 분쟁으로 갑이 손해를 입은 경우 그 손해를 배상하여야 한다.

③ 을은 이 계약기간중은 물론 계약의 만료 및 계약의 해제 또는 해지 후에도 갑의 도면, 사양서에 의하여 제작된 목적물 및 그 제작방법에 관하여 산업재산권을 획득하고자 할 경우 또는 목적물에 관하여 갑과의 공동연구, 중요부분에 대한 갑의 지도 및

아이디어의 제공에 의거 산업재산권을 획득하고자 할 경우에도 사전에 갑에게 문서로서 통지하여 갑과 산업재산권을 공동 출원한다.

④ 을은 을의 사양에 의거 목적물을 제작하는 경우 그 제작방법이 제3자의 산업재산권을 침해하지 않음을 보증하여야 하며 갑의 사양에 따라 목적물을 제작하는 경우에도 갑이 그 제작방법을 제시하는 경우를 제외하고는 그 제작방법이 산업재산권을 침해하지 않음을 보증하여야 한다.

제30조 【상표 표기 및 포장】 ① 을이 갑에게 납품하는 목적물에 대한 상표의 표기 및 포장상태는 갑이 별도로 정하는 바에 따른다.

제31조 【외주의 이용】 ① 을은 갑으로부터 수주 받은 목적물을 제작함에 있어 그 일부 또는 전부를 제3자에게 발주할 경우에는 갑의 승낙을 득해야 하며, 을은 갑의 요구에 따라 관계 자료를 제공하고 갑의 지시 및 결정에 따라야 한다.

② 을은 제1항의 경우 이 계약 및 개별계약에 따른 을의 이행의무를 면할수 없다.

제32조 【기밀의 유지】 ① 갑과 을은 이 계약 및 개별계약으로 알게 된 상대방의 업무상 및 기술상 기밀을 상대방의 승낙이 없는 한 제3자에게 누설하여서는 아니 된다.

② 갑과 을은 이 계약기간중은 물론 계약의 만료 또는 해제 후에도 제1항의 일부를 가지고 있으며, 이 규정에 위반하여 상대방에게 손해를 입힌 경우 갑과 을이 정한 범위 내에서 손해를 배상하여야 한다.

제33조 【권리·의무의 양도】 ① 갑과 을은 문서에 의거 상대방의 승낙을 받지 않는 한 이 계약 및 그 부수협정 또는 개별계약으로부터 생기는 권리·의무의 전부 또는 일부를 제3자에게 양도하거나 담보로 제공할 수 없다.

제34조 【계약의 해제·해지】 ① 갑 또는 을은 다음 각 호의 사유가 발생할 우려가 있거나 발생하였을 경우 이 계약 및 부수협정과 개별계약의 전부 또는 일부를 해제 또는 해지할 수 있다.

1. 갑 또는 을이 금융기관으로부터 거래정지 처분을 받고 계약을 수행할 능력이 없다고 인정되는 경우

2. 갑 또는 을이 감독관청으로부터 영업취소, 정지 등의 처분을 받았을 때

3. 갑 또는 을이 어음 및 수표의 부도, 제3자에 의한 강제집행(가압류 및 가처분 포함) 또는 파산선고의 신청, 회사정리의 신청 등 경영상의 중대한 사유가 발생하여 이 기본계약 및 부수협정에 의한 약정내용이 이행될 수 없다고 인정될 경우

  4. 갑 또는 을이 상대방의 승인없이 영업의 양도를 결의하거나 또는 타회사로 합병될 경우

  5. 갑 또는 을이 천재지변 등 불가항력적인 사유로 이 계약 및 부수협정과 개별 계약의 내용을 이행하기 곤란하다고 쌍방이 인정하는 경우

  ② 갑 또는 을은 다음 각 호의 사유가 발생하였을 때에는 상대방에게 서면으로 계약의 이행을 일 또는 월의 기간으로 정하여 최고한 후 동 기간 내에 계약이 이행되지 아니하는 때에는 이 계약 및 부수협정과 개별계약의 전부 또는 일부를 해제 또는 해지할 수 있다.

  1. 갑 또는 을의 이 계약 및 부수협정과 개별계약을 위반하였을 경우

  2. 갑이 발주품의 제작에 필요한 제반사항의 이행을 특별한 사유없이 지연함으로써 을의 작업에 상당기간동안 지장을 초래케 하거나 또는 을이 특별한 사유없이 발주품의 제작을 거부하거나 상당기간동안 착수를 지연하여 계약기간 내에 납품이 곤란하다고 인정되는 경우

  ③ 갑 또는 을은 제1항 및 제2항 각 호의 해제 또는 해지사유가 발생하였을 경우 상대방에게 지체없이 통지하여야 한다.

  ④ 제1항에 의하여 계약이 해제 또는 해지되었을 때는 피해제자가 해제 또는 해지권자에 대하여 부담하는 일체의 채무는 기한의 이익을 상실하며 지체없이 변제하여야 한다.

  ⑤ 해제 또는 해지와 관련하여 해제 또는 해지권자에 대하여 손해가 발생하였을 때에는 피해제자 또는 피해지자는 그 손해를 배상하여야 한다.

  제35조 【거래정지의 예고】 ① 제34조의 사유가 아닌 부득이한 사유로 거래를 정지하고자 할 때에는 갑과 을은 상대방에게 부당한 피해가 없도록 납기( )개월 전에 이를 사전에 상대방에게 통보하여야 한다.

  제36조 【계약의 해제ㆍ해지 후의 조치】 ① 갑 또는 을은 제34조에 의한 계약 해제 또는 해지의 경우 상대방에게 사양서류, 대여품 및 무상지급품 등을 신속히 반환하여야 하며, 을은 갑의 요구가 있을 경우 갑으로부터의 양도 여부에 관계없이 목적물의 제작에 사용되는 모든 전용금형 등과 목적물의 재고 및 유상지급품을 제3자에 우선하여 갑에게 양도하여야 한다.

  ② 제1항에 의한 양도의 경우 유상지급품은 지급가격을, 목적물의 재고는 납품가격을, 금형등은 인수시점까지의 감가상각을 감안한 가격을 각각 기준으로 하여 갑과 을이 협의하여 결정한다.

제37조 【손해배상청구】① 갑 또는 을은 이 계약 또는 개별계약의 위반으로 인하여 손해를 입었을 때는 개별계약에서 정한 손해배상청구범위 내에서 상대방에게 손해배상을 청구할 수 있다.

제38조 【잔존 의무】① 갑과 을은 이 계약 및 개별계약의 기간만료 후 계약의 해제 또는 해지 후에도 다음 각 호에 관한 의무를 진다.
1. 제25조에 정하는 하자담보책임에 관한 사항
2. 제29조에 정하는 산업재산권에 관한 사항
3. 제32조에 정하는 기밀유지에 관한 사항

제39조 【이의 및 분쟁의 해결】① 갑과 을은 이 계약 및 그 부수협정의 해석에 이견이 있을 경우 상관습을 따르는 것으로 하고 그래도 해결이 되지 않을 때는 상호 협의하여 해결한다.
② 제1항과 관련하여 법률상의 분쟁이 발생하였을 경우 그 해결은 중재법 및 상사중재규칙에 의한 대한상사중재원의 중재에 따르기로 한다.

제40조 【계약의 효력 및 유효기간】① 이 계약의 유효기간은 계약체결일로부터 만 1년으로 한다. 다만, 갑 또는 을이 계약기간만효 3개월까지 계약갱신 또는 해약 의사를 표시하지 않는 한 이 계약은 동일한 조건으로 1년간 지속되는 것으로 보며 그 이후도 동일하다.
② 제1항에 의한 이 계약의 실효시 존속하는 개별 계약에 대한 이 계약의 유효기간은 당해 개별계약의 존속기간까지 계속되는 것으로 한다.

이 계약의 체결을 증명하기 위하여 계약서 2통을 작성하여 갑과 을이 서명날인한 후 각각 1통씩 보관한다.

19 년 월 일

갑　주　소
　　상　호
　　대 표 자　　　　　　　　인

을 　주　소
　　상　호
　　대표자　　　　　인

전자업종 표준외주거래기본계약서
(1999. 1. 18.)

수급사업자(이하 "을"이라 한다)와 원사업자(이하 "갑"이라 한다)는 "갑" "을"간의
자재, 기품(機品), 물품의 제조, 가공, 수리 등을 위한 계약을 체결한다.

제1절 총 칙

제1조 【기본원칙】① 갑과 을은 이 기본계약 및 이 기본계약에 따른 개별적인 부
속 구입계약(이하 "개별계약"이라 함)을 신의성실의 원칙에 따라 이행하여야 한다.

② 갑과 을은 이 계약의 수행에 있어서 하도급거래공정화에관한법률, 독점규제및공
정거래에관한법률 및 관련 법령의 제규정을 준수하여야 한다.

③ 이 계약의 내용과 배치되는 타계약에 대해서는 이 계약에 의한 내용을 우선하여
적용한다.

제2조 【개별계약의 성립】① 개별계약은 갑이 제3조의 거래내용을 기재한 발주
서(전산발주서 포함)를 교부하고 을이 이를 수락함으로써 성립되며, 을은 발주를 거부
할 의사가 있는 때에는 갑의 발주서를 접수한 날로부터 7일 이내에 거부의사를 표시
하여야 한다.

② 개별계약서에서 따로 약정한 사항이외의 사항은 이 기본계약서에 의하기로 하
고, 만일 이 기본계약에 정하는 사항과 개별계약에 정하는 사항간에 차이가 있을 때에
는 그 상충하는 부분에 한하여는 개별계약에 정하는 사항이 우선하기로 한다.

제3조 【개별계약의 내용】① 개별계약에는 발주연월일, 목적물의 내용, 납기 및
장소, 검사의 방법 및 시기, 대금의 지급방법 및 지급기일 등을, 또 원재료 등을 제공하
고자 하는 경우에는 그 품명, 수량, 제공일, 대가 및 대가의 지급방법과 지급기일 등을
정하여야 한다.

② 전항의 규정에 불구하고 개별계약의 내용의 일부를 갑과 을이 협의하여 미리 부
속협정서 등을 정할 수 있다.

제4조 【개별계약의 변경】① 개별계약의 내용을 변경할 필요가 발생한 경우는
상호협의하여 변경한다.

② 이 경우 기존의 발주서등은 개정하거나 새로이 작성하여야 한다.

제5조 【발주】① 갑은 을에 대하여 물품 등을 발주함에 있어 을이 동 물품을 제조 납품하는데 지당이 없도록 충분한 시일울 두고 발주하도록 한다.

② 갑은 을에 대하여 가능한 한 장기적인 발주계획을 예고함과 동시에 필요한 정보를 제공하도록 한다.

제6조 【권리·의무의 양도】갑 및 을은 상호간 상대방의 서면에 의한 사전승낙을 받지 않고서는 이 기본계약 및 개별계약상의 제권리·의무를 제3자에게 양도, 담보 제공 기타 여하한 처분행위를 하지 않기로 한다.

제7조 【관계 자료의 제출】① 을은 갑과의 거래를 개시함에 있어 다음 각 호의 사항을 소정양식에 의거 갑에게 제츨하여야 한다.
1. 업태조사서
2. 대표자의 인감증명서
3. 사업자등록증사본
4. 기타 갑이 필요로 하는 자료
② 을은 전항의 제출자료에 변동이 생긴 경우에는 지체없이 갑에게 그 변동된 사항이 기재된 자료를 제출하여야 한다.

제8조 【재료 및 부품의 지급】① 갑은 을에게 제조 등의 위탁을 한 목적물(개별계약의 목적으로 하는 자재, 기기, 물품 등을 말함. 이하 동일함)의 품질의 유지, 개선이나 기타 정당한 사유가 있을 경우 또는 을의 요청이 있는 때에는 재료 및 부품(이하 "지급품"이라 한다)의 전부 또는 일부를 을에게 지급할 수 있다.

이 경우 지급품의 인도장소는 원칙적으로 갑의 사업장내로 하며, 기타 유·무상지급의 구분, 인도일, 품명, 수량, 대금 및 대금지불방법, 불량지급품으로 인한 손해배상 등 그 조건과 내용을 협의하여 서면으로 약정한다.

② 갑이 지급품을 갑의 지정업자로 하여금 직접 을에게 인도하게 되는 경우, 을은 그 지급품을 수령한 후 즉시 갑명의의 귀중으로 표시한 수령증명서를 갑에게 송부하여야 한다.

③ 을은 지급품을 수령한 때에는 지체없이 이를 검사해야 하고 지급품에 하자 혹은 수량부족 등이 발견되는 경우에는 즉시 갑에게 통보하여야 한다.

④ 갑은 을로부터 지급품에 관한 하자나 수량부족 등의 통지를 받았을 경우에는 갑이 그 내용을 확인한 후에 지급품의 대품(代品) 혹은 부족분을 추가지급하기로 한다.

⑤ 또 을은 작업도중에 하자를 발견한 경우에는 해당 부분의 작업을 중지하고 갑에게 통보하여 갑의 지시를 받아야 한다.

⑥ 을이 ②, ③, ⑤항의 조치를 지연하거나 이행하지 않아 발생한 손해는 전부 을의 부담으로 한다.

제9조 【지급품의 소유권】 제8조에 의하여 지급된 유상지급품의 소유권은 을이 그 대금을 갑에게 완제할 때까지 갑에게 유보되고 무상지급품의 소유권은 항상 갑에게 있는 것으로 한다.

제10조 【치공구 등의 대여】 ① 갑은 목적물의 품질의 유지, 개선이나 기타 정당한 사유가 있거나 을의 요청이 있는 경우에는 제조위탁 등의 위탁과 관련한 치공구, 측정구,금형 등을 대여(이하 "대여품"이라 한다)할 수 있다.

② 전항의 대여에 관한 방법, 기간, 임차 등은 개별계약에서 별도로 정한다.

제11조 【지급품 및 대여품의 취급】 ① 을은 지급품(갑소유의 것을 말함. 이하 같은 뜻임) 및 대여품을 선량한 관리자의 주의의무로써 관리하여야 하며, 갑의 사전 서면 승낙없이는 지급 및 대여된 목적 이외에 전용 또는 유용하거나 제3자에게 매각, 대여, 담보권설정 등 갑의 소유권을 침해하는 일체의 처분행위를 하지 않기로 한다.

② 을은 지급품 및 대여품에 관하여 갑의 소유임이 명확하게 식별될 수 있도록 을 고유의 소유물과 구별하기 위한 필요한 명인(明認)방법에 의한 공시(公示)조치를 하여야 하고, 또 물품관리 장부상에도 갑의 소유임이 명확하게 알 수 있도록 구분 기재하여야 한다.

③ 을은 무상지급품의 잔재, 단재, 절분들에 대해서는 갑의 지시에 따라 처리하여야 한다. 다만, 갑이 잔재 등을 을에게 매각하는 경우 그 대금 채권은 갑이 을에게 부담하는 채무와 대등액에서 상계할 수 있다.

④ 을은 갑 또는 갑으로부터 위임받은 자가 갑이 필요하다고 인정하는 경우는 을의 동의를 득한 후 을의 사업장을 방문하여 지급품 및 대여품에 대한 사용 및 보관상태를 조사할 수 있으며, 이 때 을은 적극적으로 협조하여야 한다.

⑤ 갑은 전항에 의한 조사, 확인결과 제11조의 내용을 위반한 사실이 확인된 경우에는 개선을 요구할 수 있으며, 을은 을의 책임과 부담으로 갑의 개선요구에 응하여야 한다.

⑥ 을은 지급품 및 대여품에 대하여 조세 기타 공과금의 체납처분이나 기타 일반 채권자로부터 강제집행을 받았거나 받을 우려가 있을 경우에는 그 지급품 및 대여품이 갑의 소유임을 밝혀서 해당 강제집행 등의 목적물이 되지 않도록 적절한 조치를 하여

야 하며, 동시에 위의 사실 및 경위를 즉시 갑에게 서면 통지하여야 한다.

⑦ 을은 대여품 및 지급품을 대여기간 완료, 또는 계약이 해제 또는 해지된 경우에는 즉시 갑에게 반환하여야 한다.

제12조 【지급품 및 대여품의 멸실, 훼손】 을은 갑의 지급품 및 대여품을 멸실, 훼손시킨 경우 그 원인이 을에게 있을 때에는 원상태의 대품(代品)을 제공하거나 그 손해를 즉시 배상하여야 한다.

제13조 【무상지급 재료의 가공불량시 손실부담】 을은 갑의 지급품중 무상지급한 재료 등의 가공시 불량률이 허용치를 초과하여 발생하였을 경우에는 해당 초과분에 상당하는 가공비를 부담하며, 또한 갑에게 당해 지급재료 등에 상당하는 금액을 배상하여야 한다. 이 경우 허용불량과 변제금액 및 방법 등에 대하여 갑, 을이 협의하여 품목별, 재료별로 구분하여 별도로 정한다.

제14조 【금형제작 및 상각】 ① 갑은 목적물의 제조 및 가공에 필요한 금형을 을에게 제작하게 할 수 있으며 이 경우 금형비 계산 및 상각방법 등은 갑, 을이 협의하여 별도로 정한다.

② 전항에 의하여 상각이 완료된 금형은 갑의 소유로 되며, 미상각된 금형이라도 갑이 미상각된 금액을 을에게 지불함으로써 갑의 소유로 할 수 있으며, 미상각금액지불 이후의 목적물 단가는 그것에 포함된 금형비만큼 인하조절되는 것으로 한다.

③ 상각금형에 있어서 갑이 금형제작비의 일부를 변제하였을 경우, 그 금형은 갑, 을이 공유로 하며 각자의 지분은 금형비의 부담분으로 하고 사용권은 갑이 갖기로 하며, 금형비의 전액이 을의 부담으로 되어 있는 경우라도 소유권은 을이, 사용권은 갑이 갖는 것으로 한다.

제15조 【단가의 결정】 ① 제조위탁물의 단가결정은 갑과 을이 상호협의 및 합의를 거쳐 적정이윤이 보장되는 선에서 결정하고 개별계약(주문서)상에 기재토록 한다.

② 전항에서 결정된 단가가 계약기간중 단가결정 구성조건이 경제상황 등으로 변동되는 경우 갑 또는 을은 단가조정신청을 할 수 있으며, 이 경우 신청일로부터 30일 이내에 상호 협의하여 다시 정한다.

③ 특별한 사유로 인하여 단가결정이 지연될 경우 갑과 을이 협의하여 정한 임시단가를 적용하며 임시단가와 확정단가의 차액은 확정단가 결정시 정산한다.

제16조 【납기】 납기는 개별계약서에 기재된 물품 및 수량을 갑이 지정하는 장소

에 인도하는 시점을 말한다.

　제17조　【납기의 변경】 ① 을이 납기 전에 목적물을 납품하려고 할 경우에는 사전에 갑의 승낙을 얻어야 한다.

　② 을은 목적물을 납기일까지 납품할 수 없다고 인정될 때에는 사전에 그 원인 및 실제 납품 예정일을 갑에게 서면통보하여야 한다.

　③ 갑은 갑의 필요에 의하여 납기를 변경하는 경우에는 을과 협의하여야 한다.

　제18조　【납품방법】 ① 을은 갑에게 목적물을 납품할 때, 목적물을 을의 책임과 부담으로 개별계약에 별도로 정한 절차에 따라 갑이 지정한 장소에 안전하게 인도하여야 한다.

　갑은 을이 목적물을 납품한 경우 을에게 목적물에 대한 검사전이라도(제19조에 의해 내국신용장을 개설한 경우에는 검사 완료 즉시) 수령증명서를 수급사업자에게 교부하여야 한다.

　② 을은 목적물의 납품시 개별계약서, 또는 갑이 정하는 바에 따라 도면, 사양서, 취급설명서, 검사성적서, 예비품 등을 목적물과 함께 갑에게 인도할 수 있다.

　③ 을은 특약이 있거나 갑이 승낙한 경우 이외에는 분할납품을 할 수 없다.

　④ 전항에 위반하여 을이 분할납품을 하였을 경우 갑은 그의 선택으로 이 분할납품분을 납품처리하든가, 또는 일시보관책임만을 지는 것으로 할 수 있다.

　제19조　【내국신용장 개설】 갑은 수출용 물품을 을에게 제조위탁시 정당한 사유가 있는 경우를 제외하고는 을의 생산에 차질이 없도록 최소한 발주한 날로부터 15일 이내에 내국신용장을 개설해 주어야 한다.

　제20조　【납기지연배상】 ① 을이 제16조에 정하는 납기(제17조에 정하는 납기변경이 있을 때에는 그 변경납기)에 납품하지 못하였을 경우에는 갑은 을에게 납기지연으로 인한 손해배상을 청구할 수 있으며 배상청구 범위는 품질보증 및 납기보증계약서에서 정한 바에 따른다.

　② 갑은 발주서에 명시된 납품기준을 위배하지 않는 한 을의 납품에 대한 수령을 지연하거나 거부하여서는 아니 되며, 수령지연 및 거부로 인하여 을이 손해를 입은 경우 이를 배상하여야 한다.

　제21조　【포장, 규격의 준수】 을은 목적물의 납품시 포장시방, 포장수량 등에 대해서 갑의 정하는 바에 따르는 것으로 한다.

제22조 【검사】 ① 갑은 을이 목적물을 납품할 때마다 이것을 검사하는 것으로 한다. 검사기준 및 방법 등은 갑과 을이 협의하여 정하되 객관적이고 공정타당하여야 한다.

② 갑은 정당한 사유가 있는 경우를 제외하고는 검사결과를 목적물수령일로부터 10일 이내에 불합격품에 대해서는 서면으로 을에게 통지하여야 한다. 다만, 이 기간 내에 통보하지 않은 경우에는 합격한 것으로 본다.

③ 목적물이 검사에 합격한 때 갑은 목적물이 검사에 합격하였음을 증명하는 서면을 교부하여야 하며 그 시점에 목적물이 인도된 것으로 본다. 수령시 검사를 하지 아니하는 것으로 정한 경우에는 목적물 수령시점에 목적물이 인도된 것으로 본다.

④ 검사비용은 갑이 부담한다. 을이 갑의 지시에 따라 제3자에게 검사를 의뢰한 경우에도 그 비용은 갑이 부담한다.

⑤갑은 검사기간중의 목적물에 대하여 선량한 관리자의 주의를 가지고 관리하여야 한다. 그리고 검사기간중 갑의 귀책사유없이 발생한 손해에 대해서는 갑과 을이 협의하여 정한다.

제23조 【부족분, 불합격품 및 과오납의 처리】 ① 을은 제22조에 따른 검사결과 수량부족 또는 불합격된 것에 대해서는 갑의 지시에 따라 신속히 부족분 또는 대품(代品)을 납품하여야 한다. 단, 이 경우에도 을은 본래의 납기에 대한 이상(異狀)납품에 대하여 책임을 진다.

② 제22조에 따른 검사결과 불합격품 또는 과납품이 생겼을 경우 을은 갑이 지정하는 기간 내에 이를 회수해야 한다.

③ 을이 제2항의 기간 내에 불합격품 또는 과납품을 인수하지 아니할 때에는 갑은 이를 을에게 반송 또는 을과 협의하여 폐기할 수 있다.

제24조 【재검사】 ① 을은 제22조의 검사결과 불합격된 목적물에 대하여 그 불합격 사유가 부당하다고 판단한 경우에는 재검사를 요구할 수 있으며 그 절차는 갑과 을이 협의하여 정한 것으로 한다.

② 전항의 재검사에 소요되는 비용은 갑의 검사상의 명백한 하자로 인한 경우가 아니면 을의 부담으로 한다.

제25조 【특별채용】 ① 제22조의 검사결과 불합격된 목적물의 불합격사유가 사소한 불비에 기인하는 경우, 갑은 그 불합격 목적물을 갑의 특채인정 규칙에 따라 인수할 수 있다.

② 전항의 경우 목적물대금은 최초 약정대금에서 할인할 수 있고 감가율은 갑과 을의 합의에 따른다.

제26조 【중간검사】 갑은 제22조의 검사 이외의 필요에 따라 제조 등을 위탁한 목적물의 제작, 가공, 수리의 중간에 을의 사업장에 갑이 지정한 자를 파견하여 제조, 가공, 수리작업의 공정과 품질관리 등 필요한 사항의 중간검사를 행할 수 있으며 을은 이에 적극 협력하여야 한다.

제27조 【목적물의 소유권의 이전】 목적물의 소유권은 제22조 제3항에 따라 목적물이 인도된 시점에 갑에게 이전되는 것으로 한다.

제28조 【목적물 대금의 지급】 ① 갑은 을에게 목적물 수령일(납품이 빈번하여 갑과 을이 월 1회 이상 세금계산서의 발행일을 정한 경우에는 그 정한 날을 말한다)부터 60일 이내의 가능한 짧은 기한으로 정한 기일 이내에 납품대금을 지급하여야 한다.
② 을은 납품대금을 수령할 때에는 갑에게 미리 등록한 인장이 날인된 영수증을 갑에게 제출하여야 하며, 을이 등록한 인장 및 영수증을 분실하거나 도난 등의 사고가 발생하였을 경우 을은 지체없이 이를 갑에게 신고하여야 한다. 단, 이 경우에도 인장 및 영수증의 도난, 분실로 인하여 발생하는 모든 사고에 대한 책임은 을이 부담한다.
③ 대금지급기일이 정하여 있지 않은 경우에는 목적물의 수령일을, 목적물의 수령일로부터 60일을 초과하여 대금지급기일을 정한 경우 목적물의 수령일로부터 60일째 되는 날을 각각 대금지급기일로 본다.
④ 갑이 대금을 어음으로 지급하는 경우에 그 어음은 법률에 근거하여 설립된 금융기관에서 할인이 가능한 것이어야 하며, 어음을 교부한 날로부터 어음의 만기일까지의 기간에 대한 어음할인료를 어음을 교부하는 날에 을에게 지급하여야 한다. 단, 목적물의 수령일로부터 60일 이내에 어음을 교부하는 경우에는 목적물의 수령일로부터 60일을 초과한 날 이후 만기일까지의 기간에 대한 할인료를 목적물의 수령일로부터 60일 이내에 지급하여야 한다.

제29조 【부당한 대금감액 금지】 갑은 을에게 책임을 돌릴 사유가 없음에도 불구하고 부당하게 대금을 감액하여서는 아니 된다. 그리고 을에게 책임을 돌릴 사유가 있어 대금을 감액하는 경우 감액범위, 감액방법 등에 대해서는 갑과 을이 협의하여 별도로 정하도록 한다.

제30조 【부당반품의 금지】 갑은 을로부터 목적물을 수령 또는 인수한 때에는

을에게 책임을 돌릴 사유가 없음에도 불구하고 이를 을에게 반품하여서는 아니 된다.

　제31조 【대금수령】 을은 목적물의 대금을 수령할 때 제7조에 따라 갑에게 제출된 을의 대표자의 인감증명서상의 인감을 날인한 입금표를 갑에게 제출하여야 한다.

　제32조 【상계】 ① 갑은 유상으로 지급한 자재의 대금 또는 기타 을로부터 지급받아야 할 확정된 채권, 제42조에 해당하는 경우의 기한이익이 상실된 채권이 있는 경우에는 을에게 이 공제내역을 사전에 서면으로 통지하고 을에게 지급하여야 할 납품대금에서 대등액으로 상계할 수 있다.
　② 전항의 상계는 갑과 을이 상계액에 대한 수령증을 교환하는 방식에 의함을 원칙으로 하지만 갑이 그 명세를 을에게 통지함으로써도 상계할 수 있다.

　제33조 【도면, 사양서 등의 관리】 ① 을은 갑에게서 대여받은 도면, 시방서, 규격 등(이하 "대여서류"라 한다)에 대해서 선량한 관리자의 주의의무를 다해 관리하여야 하며 대여된 목적에 사용을 완료한 후 또는 갑의 요구가 있는 경우에는 그 대여서류를 지체없이 반납하여야 한다.
　② 을은 전항의 대여서류를 개별계약에 정한 목적 이외에는 사용할 수 없다.
　③ 을은 갑의 서면에 의한 사전 승낙없이는 대여서류를 복사 또는 변경할 수 없다.
　④ 을은 갑의 서면에 의한 사전 승낙없이는 대여서류를 제3자에게 열람, 임대, 기타 어떠한 처분행위도 하지 못한다. 전항의 갑의 승낙에 의한 복사 또는 변경서류도 이에 준한다.
　⑤ 을이 대여서류를 멸실, 훼손하거나 전 ③, ④항의 규정에 위반하였을 경우에는 을은 갑에게 대여서류를 이용하여 제작, 가공, 수리한 목적물 가액의 10분의 1에 상당하는 위약금을 지불하여야 한다.

　제34조 【품질보증】 ① 을은 위탁받은 제조위탁물에 대해 제조공정에서 완료후 납품시점까지 갑이 요구하는 사양, 품질 및 신뢰성 만족 여부를 자체적으로 확인 보증하여야 한다.
　② 을은 갑이 요구하는 품질 및 신뢰성을 확보하기 위해 품질계획의 수립, 측정체계의 유지운영, 통계적 공정관리, 검사 및 시험결과의 보관, 품질문제 개선대책수립 및 현장 FEED BACK등 품질보증 활동을 하여야 한다.
　③ 을은 제조위탁물에 대하여 품질을 보증하지 못해 갑에게 중대한 품질적 악영향을 미치거나 우려가 있을 경우, 갑은 이에 대해 개선을 요구할 수 있으며 이로 인해 갑이 취하는 모든 제재조치에 을은 특별한 정당한 사유가 없는 한 이에 응하는 것으로 본다.

제35조 【납품 후 보증】 제28조의 규정에 의거하여 목적물의 소유권이 갑에게 이전된 후 을의 책임으로 인정되는 하자가 발견되었을 경우에는 을은 그의 책임과 부담으로 지체없이 목적물을 수리하여 주거나 또는 하자없는 완전한 목적물과 교환해 주어야 한다.

제36조 【위험부담】 갑에게 목적물을 인도하기 전에 목적물의 전부 또는 일부가 멸실, 훼손 또는 변질되었을 경우의 위험은 이 기본계약에 별도로 정함이 없는 한, 갑의 고의 또는 과실에 의한 경우를 제외하고는 을의 부담으로 한다. 단, 갑의 인수지연 사유가 명백할 때 갑, 을 쌍방의 책임없는 사유로 목적물 또는 제3자에게 손실이 발생한 경우에는 갑이 위험을 부담한다.

제37조 【비밀엄수】 갑과 을은 상호 이 기본계약 및 개별계약에 의해서 알게 된 상대방의 업무상 비밀(도면, 필림, 자료, 금형 등 모든 Know-How)을 이 기본계약의 유효기간중은 물론 종료 후에도 제3자에게 누설하여서는 아니 된다.

제38조 【공업소유권】 ① 을이 갑의 목적물에 관련된 특허권, 실용신안권, 의장권 기타 공업소유권 등을 출원할 때에는 사전에 그 취지를 서면으로 갑에게 통보하고, 갑의 서면승낙을 얻어야 한다.
　② 전항의 권리의 귀속에 대해서는 갑과 을이 상호협의하여 결정하는 것으로 한다.
　③ 을의 귀책사유에 의하여 제3자와의 사이에 목적물에 관한 전 ①항의 권리에 관하여 권리침해 등의 분쟁이 발생하였을 때에는 을의 책임과 부담으로 갑과의 협의하에 처리 결정한다.

제39조 【특허실시권】 갑과 을은 목적물과 관련하여 각자가 현재 소유하고 있거나 앞으로 소유하게 될 모든 특허권, 실용신안권, 의장권 기타 공업소유권을 계약기간 중 상호 허여(許與)할 수 있다.

제40조 【이행의무】 을은 갑의 승낙을 얻어서 갑이 제조 등을 위탁한 목적물을 제3자로 하여금 제작, 가공, 수리하게 하는 경우라 할지라도 이 기본계약 및 개별계약상의 이행의무를 여전히 제3자와 연대하여 부담하며, 제3자의 선임, 감독상의 과실로 발생한 손해나 확대된 손해에 대하여 갑에게 배상할 책임을 부담한다.

제41조 【기술지원 및 훈련】 갑은 목적물의 제조, 가공, 수리 등에 필요하다고 인정하거나 을의 합리적인 사유가 있는 요청이 있는 경우에 갑의 기술자를 을의 사업장에 파견하여 기술지도를 행하거나 을의 기술자를 을의 비용으로 갑의 공장에서 필

요한 훈련을 시킬 수 있다.

제42조 【계약해제, 해지사유】 ① 갑 또는 을은 어느 일방에 대해 다음 각 호의 사유가 발생하였을 경우 별도의 최고과정을 거치지 않고 본 계약의 전부 또는 일부를 해제 또는 해지할 수 있다.

1. 어음 또는 수표의 부도가 발생했을 때 또는 금융기관으로부터 거래정지처분을 받았을 경우

2. 감독관청으로부터 영업취소, 정지 등의 처분을 받았을 경우

3. 제3자로부터 가압류, 가처분, 강제집행 등을 받아 계약이행이 곤란하다고 판단되는 경우

4. 파산 또는 회사의 정리절차를 법원에 개시신청한 경우

② 갑 또는 을은 다음 각 호의 사유가 발생하였을 때에는 서면으로 시정 또는 계약이행을 최고하고 1개월이 경과하여도 시정 또는 계약이 이행되지 않을 때에는 본 계약의 일부 또는 전부를 해제 또는 해지할 수 있다.

1. 갑 또는 을이 이 계약 및 부수협정과 개별계약을 위반하였을 경우

2. 갑이 발주품의 제작에 필요한 제반사항의 이행을 특별한 사유없이 지연함으로써 을의 작업에 상당기간동안 지장을 초래케 하거나 또는 을이 특별한 사유없이 발주품의 제작을 거부하거나 상당기간동안 착수를 지연하여 계약기간 내에 납품이 곤란하다고 인정되는 경우

제43조 【계약해제, 해지시의 조치】 ① 을은 제42조의 계약의 해제, 해지가 있을 경우에도 갑으로부터 제조, 가공, 수리 위탁받은 납기전의 목적물(작업중인 것도 포함됨. 이하 같은 뜻임)에 대해 갑의 납품요청이 있는 경우 지체없이 이에 응하여야 한다.

② 갑은 제42조에 따라 납품받은 납기 전의 목적물을 직접 완성시키기 위하여 그에 필요한 을소유의 재료, 기기, 도면, 치공구 등을 을로부터 양수하거나 사용할 권리를 갖는다.

③ 제42조에 관한 상세한 사항은 갑과 을이 협의하여 별도로 정한다.

제44조 【손해배상 청구권】 갑 또는 을은 다음 각 호의 1에 해당하는 이유에 의하여 손해를 받은 때에는 손해배상을 청구할 수 있다.

1. 갑 또는 을이 이 기본계약 또는 개별계약에 위반한 때

2. 갑 또는 을이 제42조에 정한 계약해제, 해지를 하였을 때

제45조 【공장출입의 주의】 갑과 을은 이 기본계약 및 개별계약에 의거하여 서로 상대방의 사업소에 출입할 때에는 상대방의 제규정을 준수하여 안전 및 질서의 유지에 협조하여야 한다.

제46조 【협의해결】 이 기본계약 및 개별계약에 정하지 않는 사항에 대하여는 민상법에 의하며, 민상법에 규정이 없을 때에는 일반 상관례에 의하여 해결하는 것 외에는 을과 협의하여 해결토록 한다.

제47조 【특약사항】 ① 이 기본계약은 이 기본계약 체결 이전부터 존속하는 개별계약에 대해서도 적용한다.

② 이 기본계약을 기초로 하여 이미 발생한 갑과 을간의 권리의무는 이 기본계약의 종료에 의하여 영향을 받지 않는다.

제48조 【합의관할】 이 기본계약에 관하여 소송의 필요가 생긴 때에는 상호 협의하여 정하는 지역의 법원을 관할법원으로 한다.

제49조 【유효기간】 이 기본계약의 유효기간은 이 계약이 체결된 날로부터 1년간으로 한다. 다만, 계약기간 만료 1개월 전까지 갑, 을 어느 일방으로부터 변경 또는 해약의 의사표시가 없을 때에는 1년씩 연장되는 것으로 한다.

제50조 【계약의 변경】 이 계약은 갑,을간의 서면합의에 의하여 변경할 수 있다.

이 계약의 성립을 증명키 위하여 계약서 2부를 작성하여 갑, 을 쌍방이 서명날인한 후 각각 1부씩 보관키로 한다.

19 년   월   일

갑) 회 사 명
주 소
대 표 자   인

을) 회 사 명
주 소
대 표 자   인

조선업종 자재거래 표준기본계약서

(1999. 1. 18.)

＿＿＿＿＿(이하 "갑"이라 칭함) ＿＿＿＿＿(이하 "을"이라 칭함)

갑과 을간의 자재거래에 관하여 상호 존중과 신의성실의 원칙에 입각하여 다음과 같이 자재거래기본계약(이하 "기본계약"이라 함)을 체결한다.

제1조 【기본계약과 개별계약】① 본 기본계약에 규정된 내용은 특약이 없는 한 갑을 간의 개개의 거래(이하 "개별계약"이라 함)에 적용된다.

② 개별계약은 기본계약에 규정된 조항의 일부 적용을 배제하거나 기본계약에 규정하지 않은 사항을 규정 보완하는 것으로 기본 계약에 대하여 우선적 효력을 가진다.

③ 갑을 간에 체결하는 기본계약외 모든 계약은 개별계약이라 한다.

④ 갑과 을은 이 계약의 이행에 있어 하도급거래공정화에관한법률, 독점규제및공정거래에관한법률 및 관련 법규의 제규정을 준수하여야 한다.

제2조 【개별계약의 내용, 성립】① 개별 계약의 내용에는 품명, 사양, 단가, 납기, 납품 장소, 검사의 시기 및 방법 등이 정해져야 하며, 갑은 개별계약서로 을에게 의사표시를 하고 을이 이에 대해 승낙을 함으로써 계약이 성립하는 것으로 한다. 다만, 을이 갑의 청약을 접수한 후 5일 이내에 갑에게 승낙거부의 통지를 문서로 하지 않는 한 계약이 성립되는 것으로 한다.

② 갑은 납기가 세분되어 개별계약서상에 주문자재의 납기를 분리 기재할 수 없을 때에는 납기를 분리 기재하지 않고 발주할 수 있으며 이 경우의 개별계약은 갑이 품명, 수량, 납기, 납품장소가 명시된 별도문서를 발행함으로써 성립되는 것으로 한다.

③ 기타의 개별 계약은 갑을 합의에 의하여 개별계약서(물품공급 계약서, 장기거래 계약서 등)를 작성함으로써 성립된다.

제3조 【개별계약의 변경, 해제, 해지】갑은 을의 서면동의를 얻어 개별계약의 내용을 변경하거나 해제 또는 해지할 수 있으며 이 경우 갑은 변경 내용 또는 해제, 해지의 사실을 기재한 서면을 을에게 교부하기로 한다. 다만, 이로 인한 가격의 증감, 손해 등에 관하여는 갑과 을이 협의하여 결정한다.

제4조 【가격】① 주문자재의 가격은 원칙적으로 을이 갑에게 제출하는 견적서 및 그의 부수 문서에 기준하여 갑을 간의 협의로서 결정하여 별도 약정한다.

② 전항의 가격은 개별계약에서 별개의 의사표시가 없는 한 을은 제조에 공여되는 제반 비용과 갑이 지정하는 인도 장소까지의 포장비, 운임(상차도), 보험료 등 일체의 비용을 포함한 것으로 한다.

③ 가격결정의 기초가 된 견적서 및 부수문서의 조건이 계약기간중 변경되는 경우에는 가격에 대하여 재협의할 수 있다.

④ 특별한 사유로 인하여 가격 결정이 지연될 경우 갑과 을이 협의하여 정한 임시가격을 적용하며, 임시가격과 확정가격의 차액은 확정가격 결정시 정산한다.

제5조 【발주계획의 제시】 갑은 을에 대하여 가능한 한 장기적인 발주 계획을 예고함과 아울러 발주상 필요한 정보를 제공토록 노력한다.

제6조 【사양서류 및 제작】 ① 을은 갑이 제공하는 사양서, 도면 등(이하 "사양서류"라 함)에 의거 물품을 제작하여야 하며 갑은 사양서류의 제공을 추가 또는 생략할 수 있다.

② 을은 갑으로부터 받은 사양서류나 기타의 지시에 관하여 분명하지 않거나 의문이 있을 경우 지체없이 갑에게 통지하여 사전승인을 득하여 제작하여야 한다.

③ 을은 갑으로부터 받은 사양서류에 대하여 이를 분실하거나 또는 그 내용을 제3자에게 누설하여서는 아니 된다.

④ 을은 개별계약이 해제 또는 해지되거나 이행 완료되었을 경우 갑으로부터 제공받은 사양서류를 반환하여야 한다.

제7조 【재료부품의 사급】 ① 갑은 을에게 위탁을 한 목적물의 품질의 유지, 개선이나 기타 정당한 사유가 있는 경우 갑과 을이 상호 협의하여 정한 바에 따라 제작에 사용될 재료, 부품, 반제품 등을 사양서에 의하여 지급(이하 "사급자재"라 함)할 수 있다. 이 경우 사급자재의 인도 장소는 특약이 없는 한 갑의 지정장소에서 하고 사급에 관한 절차는 갑이 정하는 바에 의한다.

② 사급자재는 갑의 선택에 따라 유상사급과 무상사급으로 구분하며 유상사급자재의 지급 및 그 가격, 변제조건 등에 대해 갑과 을이 별도 약정한다.

③ 을은 사급자재를 수령하는 경우 신속하게 이를 검사하여 품질, 수량 등을 확인하여야 하며 사급자재의 하자 또는 수량과 과부족 등의 이상을 발견하였을 경우 갑에게 서면으로 통지하고 갑의 지시를 받아야 한다.

④ 을이 갑의 공급업자로부터 사급자재를 직접 수령하는 경우 을은 신속히 전 ③항에 준하는 검사를 하고 그 내용을 갑에게 항시 서면으로 통지하여야 한다.

⑤ 을이 전 ③항 및 ④항의 검사를 태만히 하거나 또는 검사를 하여도 하자 또는 수량 부족을 을의 귀책사유로 인하여 간과하는 경우 사급자재는 정상으로 검사된 것으로 보고 을은 그후에 이를 이유로 보완, 보수, 보류 등의 요구를 할 수 없는 것으로 한다. 다만, 숨겨진 하자에 대하여는 이를 적용하지 않는다.

⑥ 사급자재의 소유권은 이에 대한 가공가격의 여하에 관계없이 무상사급의 경우는 갑이 보유하고 유상 사급의 경우는 을이 그 대금을 완제하였을 때 갑으로부터 을에게 이전되는 것으로 한다.

⑦ 을은 무상사급자재와 남은 자재 및 발생된 스크랩 등의 처리에 대하여 갑의 지시에 따라야 한다.

⑧ 을은 갑의 사급자재에 가공불량을 발생시킨 경우 그 책임은 을에게 있으며 신속히 갑과 협의하여 필요한 후속조치를 강구하여야 한다.

⑨ 을은 갑의 사급자재에 기인하여 주문 자재에 불량이 발생한 경우 신속히 갑에게 통지하여 그 대책 및 처리에 대하여 갑과 협의하여야 한다.

⑩ 갑은 을에게 무상사급을 할 경우 그에 상응하는 금액에 대하여 보동산 담보 설정 또는 지급보증을 요구할 수 있으며 금액설정은 갑을이 협의하여 결정하되, 서로의 이해가 상반될 경우 갑의 자재구매 가격으로 환산한다.

제8조 【사급자재 및 대여 또는 양도한 목금형 등의 취급】 ① 을은 갑의 사급자재 및 갑으로부터 대여 또는 양도받은 목금형 등을 선량한 관리자의 주의로서 유지, 관리하여야 한다.

② 을은 갑의 사급자재 및 대여 또는 대금완제시의 양도받은 목금형 등을 갑의 승인 없이 주문자재의 제작 이외에 사용하거나 담보, 대여 등 일체의 처분을 하여서는 아니된다

③ 을은 사급자재(특히 무상 사급자재) 및 대여 또는 대금완제전의 양도받은 목금형 등에 대하여 을의 자산과 명확하게 구분하여 관리하고 갑의 소유권을 명시하기 위한 적절한 조치를 하여야 한다.

④ 을은 강제집행, 파산선고 신청, 회사 정리의 신청 및 노동쟁의 등과 같은 이상사태의 발생으로 인하여 사급자재 및 대여 또는 양도받은 목금형 등에 대한 갑의 소유권 보전에 영향을 가져 올 우려가 있는 경우 항시 갑에게 통지하는 동시에 이들에 대하여 갑의 소유임을 설명하고 필요에 따라 보관장소를 이전하는 등 갑의 소유권이 침해되지 않도록 적절한 조치를 하여야 한다. 또한 갑은 갑의 자산보호가 위태롭거나 생산공급에 차질이 예상된다고 판단될 경우 을의 동의없이 사급자재 및 목금형 등의 보관장

소를 옮기는 등 필요한 처분을 할 수 있다.

⑤ 을은 자재 및 목금형 등을 유상으로 양도받아 그 대금을 변제한 경우에도 전 ④항과 같은 이상사태가 을에게 발생할 경우 항시 갑에게 통지하는 동시에 갑으로부터 주문받은 자재의 납품이 그 이상사태에 대한 영향을 받지 않도록 필요에 따라 보관장소를 이전하는 등의 조치를 하여야 한다.

⑥ 을의 책임하에 제작된 목금형 일지라도 갑의 생산을 위한 자재 제작용일 때는 을이 임의로 주문자재 제작외의 목적으로 사용하여서는 아니 된다.

제9조 【사급자재 및 목금형 등의 처리】 ① 기본 계약 및 개별 계약이 계약기간 만료 해제 또는 해지되었을 경우 갑은 갑의 선택으로 을 및 을의 외주선이 소유하는 갑의 사급자재 및 갑으로부터의 양도 여부에 관계없이 발주 자재의 제작을 위하여 사용되는 모든 목금형 등과 주문자재의 재고에 대하여 그의 일부 또는 전부의 양도를 청구할 수 있다. 이 경우 을은 즉시 갑이 신청한 물건을 갑에게 인도하여야 한다.

② 전 ①항의 양도대금의 금액 및 지불방법 등은 유상 사급자재는 사급가격을, 주문자재의 재고는 납품 가격을, 목금형 등은 당시까지 감가상각을 감한 가격을 각각 기준으로 하여 갑을이 협의하여 결정한다.

③ 갑의 장비 생산 중단 및 사양변경의 경우 목금형 보관에 대한 기간, 조건, 비용 등에 대해 갑과 을이 별도 약정하기로 한다.

④ 을은 계약 이행 불능의 경우 갑이 지급한 사급자재를 갑에게 반납하여야 하며, 제조과정에 을의 자재가 기 투입된 사급자재라도 원활한 공정 진행을 위하여 반납 후 을의 투입분에 대해 합의 정산한다.

제10조 【금형 및 목형의 소유권】 ① 을이 제작한 금형 또는 목형은 갑이 그 금액을 지불한 때에 소유권이 갑에게 귀속되고, 을은 관리, 보관의 책임이 있으며 갑의 승인없이 이를 사용, 폐기하지 못한다.

② 을은 갑 소유의 금형, 목형을 을이 제출한 목금형 보관 증서에 의거 보관 관리하며 을은 을 소정의 대장을 항시 비치 유지하여야 한다.

제11조 【공정 검사】 ① 을은 제작 착수전에 제작 공정표와 시제품(계약시 제출키로 협의된 경우)을 갑에게 제출하여 승인을 받은 후 양산에 착수하고, 갑은 제작 과정에 입회하여 공정을 검토하거나 필요한 경우 기술지도 등을 할 수 있다.

② 을은 갑이 요청할 경우 공정 파악 및 품질 관리상 필요한 제반 서류를 제출하여야 한다.

제12조 【자재 품질】 자재품질은 제6조 제①항의 사양서류, 갑과 을이 합의한 품질보증 협정서 및 검사기준에 합치되어야 한다.

제13조 【자재의 검사】 ① 갑에게 납품되는 주문자재의 합격·불합격 판정은 제12조의 절차에 따른다.

② 갑은 정당한 사유가 있는 경우를 제외하고는 물품을 수령한 날로부터 10일 이내에 검사 결과를 을에게 서면으로 통지하여야 한다. 이 기간 내에 통지하지 않는 경우에는 검사에 합격한 것으로 한다.

③ 갑은 검사 전의 주문 자재에 대하여 선량한 관리자의 주의를 다하여 관리하여야 한다.

④ 을은 갑의 검사결과 수량초과 또는 불합격된 주문자재에 대하여 갑의 지시에 따라 을의 비용 부담으로 지체없이 이를 인수하고 갑이 요구하는 지정납기까지 이의 대체자재를 납품하거나 보수 등의 조치를 하여야 한다. 다만, 이 경우도 을은 본래의 납기에 대한 지연 책임을 면하지 못한다.

⑤ 을이 전 ④항의 지시에 수량초과 또는 불합격된 주문자재를 갑이 지정하는 기일까지 인수하지 아니한 경우 갑은 해당 자재를 을과 협의하여 폐기, 매각 또는 기타 방법으로 처분할 수 있다.

⑥ 갑은 전항의 규정에 의한 불합격 자재에 대하여 성능상 지장이 없다고 인정되는 경우 을과 합의하에 조건부 합격으로 받아들일 수 있다.

⑦ 갑이 지정하는 검사기관 또는 공공기관의 검사를 필요로 하는 자재는 반드시 해당기관의 소정의 검사를 받아 그 검사증을 납품과 동시에 제출하여야 하며 갑의 검사원이 입회를 필요로 하는 경우에는 해당기관의 심사 일정을 갑에게 통보하여 갑의 직원이 동 검사에 입회할 수 있도록 하여야 한다.

⑧ 검사 또는 시험으로 인하여 변질 또는 소모된 물품 등의 비용은 을의 부담으로 하고 이는 납품수량에 가산하지 아니한다.

⑨ 갑은 갑의 필요에 따라 을의 공장(을의 가공, 제작, 시공 현장 포함)에서 검사를 시행할 수 있으며, 이의 경우에도 전 각항의 준수사항은 동일하게 적용된다.

제14조 【납기】 납기란 개별 계약에 명기된 주문 자재를 갑이 지정하는 장소에 납품하는 기일이며 개별계약마다 갑과 을이 협의하여 정한다.

제15조 【납기 변경】 ① 갑의 사양 변경, 제작 보류 등 갑의 귀책 사유로 인하여 을의 납품이 지연되었을 경우 납기는 갑과 을이 협의하여 정한다.

② 을은 납기 전에 목적물을 납품하고자 할 때는 미리 갑의 승낙을 얻어야 한다.

③ 을은 납기에 목적물을 납품할 수 없다고 인정할 때는 사전에 신속히 그 이유 및 납품 예정 등을 갑에게 알려 갑의 지시를 받아야 한다.

④ 갑은 납기를 변경하는 경우는 을과 협의하여야 한다.

제16조 【지연 배상】 ① 갑은 을이 납기에 납품하지 못하거나, 을은 갑이 납기에 수령하지 못할 경우 갑과 을은 납품 및 수령 지연에 대한 손해 배상을 청구할 수 있으며 배상 청구 범위에 대한 사항은 개별계약으로 정한다. 다만, 갑과 을이 사전에 합의하여 정한 경우에는 예외로 한다.

② 천재지변, 전쟁 및 전쟁에 준하는 사태에는 지연배상을 예외로 한다.

제17조 【납품 절차】 ① 을은 납품시 세금계산서, 거래명세서, 사양서에서 요구하는 검사성적서 및 기타 첨부서류를 구비하여 갑에게 제출하고 개별계약에서 정한 입고절차에 따라 납품한다.

② 갑은 을이 목적물을 납품한 경우 을에게 그 목적물에 대한 검사전이라도 즉시(내국신용장을 개설한 경우에는 검사완료 즉시) 수령증명서를 을에게 교부하여야 한다.

③ 을의 서류 미비로 인하여 발생하는 제반 문제에 대하여 갑은 일체의 책임을 지지 아니한다.

제18조 【서류 반환】 을은 갑으로부터 교부받은 사양서, 도면 등 일체의 서류를 납품시 갑에게 반환하여야 한다.

제19조 【소유권 이전】 자재의 소유권은 제10조에 규정된 경우를 제외하고는 제13조의 검사결과 합격된 시점에 을로부터 갑에게 이전한다.

제20조 【부당반품의 금지】 ① 갑은 을로부터 목적물을 수령 또는 인수한 때에는 을에게 책임을 돌릴 사유가 없음에도 불구하고 이를 을에게 반품하여서는 아니 된다.(이하 "부당반품"이라 한다)

② 다음 각 호의 1에 해당하는 갑의 행위는 제①항의 규정에 의한 부당반품으로 본다.

1. 거래 상대방으로부터의 발주 취소 또는 경제 상황의 변동 등을 이유로 목적물을 반품하는 행위

2. 검사의 기준 및 방법을 명확하게 정하지 아니하고도 부당하게 목적물을 불합격으로 판정하여 이를 반품하는 행위

3. 갑이 공급한 지급재 또는 대여품의 품질불량으로 인하여 목적물이 불합격으로 판정되었음에도 불구하고 이를 반품하는 행위

4. 갑의 지급재 공급지연에 따라 납품이 지연되었음에도 불구하고 이를 이유로 목적물을 반품하는 행위

제21조 【대금 지급】 ① 갑은 을에게 목적물수령일(납품이 빈번하여 갑과 을이 월 1회 이상 세금계산서의 발행일을 정한 경우에는 그 정한 날을 말한다)부터 60일 이내의 가능한 짧은 기한으로 정한 기일 이내에 납품대급을 지급하여야 한다.

② 대금지급기일이 정하여져 있지 않은 경우에는 목적물 수령일을, 목적물의 수령일로부터 60일을 초과하여 대금지급기일을 정한 경우에는 목적물의 수령일로부터 60일째 되는 날을 각각 대금지급기일로 본다.

③ 갑이 대금을 어음으로 지급하는 경우에 그 어음은 법률에 근거하여 설립된 금융기관에서 할인이 가능한 것이어야 하며, 어음을 교부한 날로부터 어음의 만기일까지의 기간에 대한 할인료를 어음을 교부하는 날에 을에게 지급하여야 한다. 다만, 목적물의 수령일로부터 60일 이내에 어음을 교부하는 경우에는 목적물의 수령일부터 60일을 초과한 날 이후 만기일까지의 기간에 대하여 공정거래위원회가 고시하는 할인 이자율을 적용한 할인료를 을에게 지급하여야 한다.

④ 을은 주문자재의 납품대금을 수령할 때에는 갑에게 미리 신고하여 등록한 인장이 날인된 영수증을 갑에게 제출하여야 하며 을이 이미 신고한 인장이나 수령증의 분실, 도난 및 기타 사고가 발생하였을 경우 을은 지체없이 갑에게 통지하여야 하며 이로 인하여 발생하는 모든 사고에 대한 책임은 전적으로 을이 진다.

⑤ 갑은 발주자로부터 선급금을 받은 때에는 그가 받은 선급금의 내용과 비율에 따라 선급금을 지급받은 날(계약 전에 선급금을 받은 경우에는 계약 체결일)로부터 15일 이내에 선급금을 지급하여야 한다.

⑥ 갑은 수출할 물품을 을에게 제조 위탁할 경우에 정당한 사유가 있는 경우를 제외하고는 위탁한 날로부터 15일 이내에 내국신용장을 을에게 개설하여 주어야 한다. 다만, 신용장에 의한 수출에 있어서 갑이 원신용장을 받기 전에 제조 위탁하는 경우에는 원신용장을 받은 날로부터 15일 이내에 내국신용장을 개설하여 주어야 하며, 을이 내국신용장에 의한 거래를 원하지 않을 경우에는 예외로 한다.

제22조 【상계】 갑은 유상으로 을에게 지급한 자재의 대금 및 기타 을로부터 지급받아야 할 확정된 채권이 있는 경우 갑과 을이 협의 후 이를 을의 납품대금에서 공제할 수 있으며 갑은 이 공제내역을 을에게 사전에 서면으로 통지하여야 한다.

제23조 【하자 보증】 ① 제 13조의 검사가 완료되었다 하더라도 을은 납품 완료일로부터 24개월간 또는 선박용은 선박 인도 후, 기타 공사용 기자재는 공사 완료 후 12개월간 하자보증 책임을 지며 선도래일을 기준으로 한다.

② 전 ①항의 기간 내에 을의 귀책 사유로 인한 하자가 발생하였을 경우 갑이 지정하는 기한 내에 을의 비용으로 수정, 보수 또는 대품교환 등을 하여야 하며 이를 이행하지 않거나 이행할 수 없다고 갑이 판단할 경우 갑은 을의 비용으로 시공할 수 있다.

③ 갑이 필요하다고 인정할 경우 을에게 하자보증금 예치를 요구할 수 있으며 예치금액, 예치방법, 예치기간은 갑을 상호 협의하여 정한다.

④ 전 ①항의 하자보증 기간중의 하자로 인한 갑의 피해에 대하여 을은 손해배상을 하여야 한다.

⑤ 하자에 대한 판단은 갑과 을이 상호 분석, 협의하여 결정한다.

제24조 【재하도급 금지】 ① 을은 갑의 서면상의 승인없이 계약이행의 일부 또는 전부를 제3자에게 인수시키거나 재하도급시킬 수 없다.

② 갑은 일단 승인한 재하도급 공사의 시공에 있어서 부적당하다고 판단하여 재하도급자의 교체를 요구할 경우, 을과 상호 협의하여야 한다.

③ 갑이 일단 승인한 재하도급 경우라도 계약에서 약정한 갑에 대한 을의 책임과 의무를 경감 또는 면제하는 것은 아니다.

제25조 【기밀의 유지】 ① 갑과 을은 계약에 따른 거래로서 알고 있는 사양, 자료, 공업소유권, 목금형 등에 대한 지식 및 기타 이에 관한 업무상 및 기술상의 기밀사항을 제3자에게 누설하여서는 아니 된다.

② 갑과 을은 계약기간중은 물론 계약의 이행완료 또는 계약 후에도 전 ①항의 의무를 가지며 이 규정에 위반하여 상대방에게 손해를 입힌 경우 일체의 손해를 배상하여야 한다.

③ 특히 방위산업용 자재의 기밀은 국가가 정한 관계법에 대하여 유지되어야 한다.

제26조 【공업소유권의 실시 및 출원】 ① 을은 주문자재에 대하여 갑으로부터 사용을 허락받은 특허권, 실용신안권, 의장권, 상표권 및 이들의 실시권(이하 "공업소유권"이라 함)과 노하우(Know-How)를 주문자재의 제작 이외에 사용하지 못한다. 또한 문서에 의한 갑의 승낙이 없는 한 제3자에게 그 공업소유권을 사용하게 할 수 없다.

② 을은 계약기간중은 물론 계약의 이행 완료 또는 계약 후에도 주문 자재에 관하여 갑과의 공동연구 또는 지도 및 아이디어의 제공에 의거 공업소유권을 획득하고자 할

경우 사전에 갑에게 문서로 통지하여 갑과 함께 공업소유권에 관하여 공동 출원하여야 한다.

제27조 【공업소유권 침해】 ① 을은 을의 사양에 따라서 주문 자재를 제작하는 경우 그 자재 및 자재의 제작 방법이 제3자의 공업소유권을 침해하지 않음을 보증하며 갑의 사양에 따라 주문자재를 제작하는 경우에도 갑이 그 제작방법을 지시하는 경우를 제외하고는 그 제작방법이 제3자의 공업소유권을 침해하지 않음을 보증하여야 한다.
② 을은 을의 귀책사유로 주문자재에 대하여 갑 또는 을과 제3자 사이에 공업소유권상의 분쟁 등이 발생할 우려가 있을 경우 또는 분쟁이 발생하였을 경우 지체없이 문서로서 갑에게 통지하고 을의 비용으로 그 일체를 처리하여 갑에게 손해가 최소가 되도록 노력하는 동시에 그 손해를 배상하여야 한다.

제28조 【권리의무의 양도 금지】 갑과 을은 상대방의 사전 승인 없이는 기본계약 및 개별계약서 등에 의하여 발생된 일체의 권리 의무(채권, 채무를 포함)의 일부 또는 전부를 양도하거나 담보에 제공할 수 없다.

제29조 【계약의 해제 또는 해지】 ① 갑 또는 을은 상대방이 다음 각 호의 1에 해당하는 때에 서면상으로 계약을 해제 또는 해지할 수 있다.
1. 재정상태 및 신용의 중대한 악화 등으로 더 이상 거래를 계속할 수 없다고 판단할 경우
2. 감독관청에 의하여 영업취소, 정지 등의 처분을 받은 경우
3. 해산, 영업의 양도를 결의하거나 또는 다른 회사와 합병될 경우
② 갑 또는 을은 다음 각 호의 1에 해당하는 사유가 발생하였을 때에는 상대방에게 서면으로 계약의 이행을 일 또는 월의 기간으로 정하여 최고한 후 동 기간 내에 계약이 이행되지 아니하는 때에는 이 계약 및 부수 협정과 개별 계약의 전부 또는 일부를 해제 또는 해지할 수 있다.
1. 갑 또는 을이 이 계약 및 부수협정과 개별계약을 위반하였을 경우
2. 갑이 발주품의 제작에 필요한 제반 사항의 이행을 특별한 사유없이 지연함으로써 을의 작업에 상당기간동안 지장을 초래케 하거나 또는 을이 특별한 사유없이 발주품의 제작을 거부하거나 상당기간동안 착수를 지연하여 계약 기간 내에 납품이 곤란하다고 인정되는 경우
3. 정당한 사유 없이 부당하게 물품 등의 가격을 인하, 인상하여 줄 것을 요구할 경우
③ 전 ①항의 계약해제 또는 해지로 인하여 손해가 발생하였을 때에는 그 손해를 상

대방에게 배상하여야 한다.

제30조 【안전관리】 을은 갑의 작업장소에서 작업기간중 재해의 미연방지를 위하여 갑의 안전관리규정 또는 기준을 준수하고 을은 자체 안전관리에 만반의 조치를 취하여야 한다. 또한, 제23조에 의거 갑의 승인하에 재하도급 시켰을 때에도 을은 안전관리에 대한 기본계약상의 의무를 수행하여야 한다.

제31조 【재해 및 손해배상 청구】 ① 갑 또는 을이 기본 계약 및 개별 계약을 위반함으로써 상대방에게 손해를 발생시켰을 경우 제16조의 경우를 제외하고는 객관적으로 산출한 근거에 따라 손해배상을 하여야 한다.

② 갑 또는 을이 제29조를 위반하여 발생된 손해, 재해, 상해 및 기타 비용의 지출은 위반한 측이 부담하여야 한다.

제32조 【위험부담】 목적물의 위험부담은 을이 해당 목적물을 갑에게 납품하여 갑의 검사완료 시점에서 을로부터 갑에게 이전된다.

제33조 【거래정지 등의 예고】 갑 또는 을은 장기 위탁이 체결되었거나 갑을이 공동 개발한 품목의 거래를 장기간 정지하고 또는 현저히 변경하는 경우는 6개월 이상의 유예기간을 두고 상대방에게 서면으로 통지하기로 한다.

제34조 【통지 의무】 갑 및 을은 다음 각 호의 1에 해당하는 사실이 생겼을 때는 신속히 상대방에게 통지하여야 한다.

1. 제28조 제①항 각 호의 1에 해당할 때
2. 갑 또는 을은 재해, 기타 부득이한 사유로 인하여 계약이행이 곤란하다고 인정할 때
3. 거래에 관련있는 영업을 양도 또는 양수할 때
4. 주소, 대표자, 상호 및 기타 거래상 중요한 변경이 생겼을 때

제35조 【잔존 의무】 갑 및 을은 이 기본 계약 및 개별 계약의 기간 만료 후 또는 해제, 해지 후에도 다음 각 호의 1에 관한 의무를 진다.

1. 제22조에 정하는 하자보증에 관한 사항
2. 제24조에 정하는 기밀유지에 관한 사항
3. 제25조에 정하는 공업소유권에 관한 사항

제36조 【이행보증】 기본 계약의 성실하고 확실성 있는 이행을 보장받기 위하여 갑은 을에게 공인기관의 이행보증의 제출을 요구할 수 있다.

제37조 【관할 법원】 갑을 간의 계약에 수반된 분쟁은 갑을이 협의하여 선정한 민사지방법원을 관할 법원으로 한다.

제38조 【비용 부담】 자재에 관한 세금 또는 세금에 상응하는 일체의 비용 등은 물론, 자재의 성질상 필요한 용기 또는 포장, 갑의 지정장소에 입고 완료시까지 지출되는 운임(상차도) 및 기타 일체의 비용은 을이 부담한다. 다만, 갑과 을의 별도의 협의가 있을 경우에는 예외로 한다.

제39조 【계약의 해석】 ① 기본계약에 명기되지 아니한 사항 또는 계약조항 해석에 이의가 있을 때에는 갑과 을이 협의하여 결정하고 협의가 이루어지지 않을 때에는 일반 상관례에 따른다.

② 갑을 간의 계약에 관하여 갑이 특별히 인정 또는 승인하는 사항은 문서상으로 한 것 만이 효력이 있다.

제40조 【유효기간】 ① 기본계약의 유효기간은 계약체결일로부터 만 1년으로 하며 기간완료일 2개월 전까지 상대방에게 대하여 계약의 해제 또는 해지의 서면통보가 없는 한 이 계약은 동일한 조건으로 1년간 연장되며 그 이후에도 계속 동일하다.

② 기본계약 기간이 완료되었을 경우에도 기간 완료 이전에 체결된 개별계약은 계속 유효하다.

본 기본계약의 성립을 증명하기 위하여 계약서 2통을 작성하여 갑을이 기명날인 후 각각 1부씩 보관한다.

체결일 :　　년　월　일

갑 :
　　　주　소
　　　상　호
　　　대표자

을 :
　　　주　소
　　　상　호
　　　대표자

엔지니어링 표준하도급계약서

(1999. 1. 18.)

◇ 엔지니어링사업명(하도급명) :
◇ 계약기간 :　　년　월　일부터　　년　월　일까지
◇ 계약금액 : 금　　　　　원정(₩　　　　)
　공급가액 : 금　　　　　원정(₩　　　　)
　부가가치세 : 금　　　　　원정(₩　　　　)

		금　액	지급기일	지급방법
선급금				
중도금	1차			
	2차			
잔　금				

◇ 납품일자(장소) :　　　　년　월　일(　　)
◇ 계약이행보증금률 :　　%
◇ 하자이행보증금률 :　　%, 하자이행기간 : 하도급 준공 후　　년
◇ 지체상금률 : 1일　　%, (단, 총 계약금액의　　%를 초과할 수 없음)

　상기의 엔지니어링업무에 대하여 원사업자 ＿＿＿와 수급사업자＿＿＿는(은) 본 계약문서에 의하여 계약을 체결하고 신의에 따라 성실히 계약상의 의무를 이행할 것을 확약하며, 이 계약의 증거로서 계약서를 작성하여 당사자가 기명날인한 후 각각 1통씩 보관한다.

년　　월　　일

원사업자(갑)　　　상호 또는 명칭 :　　　　　　　　　　전화번호 :
　　　　　　　　　주　소 :
　　　　　　　　　대표자 성명 :
　　　　　　　　　등록번호 또는 신고번호 :

> 수급사업자(을) 상호 또는 명칭 :   전화번호 :
>   주 소 :
>   대표자 성명 :
>   등록번호 또는 신고번호 :
>
>
> 첨 부 : 1. 계약일반조건
>   2. 과업범위
>   3. 산출내역서
>   4. 공정예정표
>   5. 특약사항

계약일반조건

제1조 【목적】본계약은 계약서에 명기한 하도급 사업을 원활하고 공정하게 수행함을 목적으로 한다.

제2조 【총칙】① 본 계약은 원사업자(이하 "갑"이라 한다)와 수급사업자(이하 "을"이라 한다)간의 엔지니어링활동에 관한 하도급거래에 대하여 적용하는 것을 원칙으로 한다.

② 갑과 을은 상호 협력하여 신의성실의 원칙에 따라 계약을 이행하여야 한다.

③ 갑과 을은 이 계약의 이행에 있어서 하도급거래공정화에관한법률 및 관련 법령의 제규정을 준수하여야 한다.

제3조 【정의】이 조건에서 사용하는 용어의 정의는 다음과 같다.

1. 하도급이라 함은 갑이 도급받은 과업중 일부 과업을 을의 책임과 부담으로 수행하게 하는 것을 말한다.

2. "엔지니어링사업"이라 함은 엔지니어링기술진흥법 제2조 제1호와 이에 준하는 사업을 말한다.

3. 발주자라 함은 원사업자에게 엔지니어링사업을 위탁한 자를 말한다.

4. 원사업자라 함은 발주자로부터 엔지니어링사업을 위탁받은 자를 말한다.

5. 수급사업자라 함은 원사업자로부터 엔지니어링사업을 위탁받은 자를 말한다.

6. 과업범위의 업무라 함은 수급사업자가 수행하여야 하는 업무로서 과업내용서에 기재된 업무를 말한다.

7. 추가업무라 함은 계약목적의 달성을 위한 과업범위의 업무외에 추가되는 업무를 말한다.

제4조 【계약의 성립】 본 계약의 성립은 원사업자가 제시한 제 조건을 을이 수락함으로써 성립하므로 갑은 기본계약체결 후 일방적으로 을에 대하여 발주를 하지 아니하거나 지연하여서는 아니 된다.

제5조 【엔지니어링사업의 착수】 갑은 을이 수행하여야 할 과업범위, 제출하여야 할 서류(이하 "성과품"이라 한다.) 및 제출시기 등을 구체적으로 명시하여야 한다.

제6조 【선급금】 ① 갑은 하도급거래공정화에관한 법률 제6조의 규정에 의거 발주자로부터 선급금을 받은 경우에는 받은 날 또는 본 계약체결일로부터 15일 이내에 받은 내용과 비율대로 을에게 선급금을 지급하여야 하며, 발주자로부터 선급금을 받지 않은 경우라도 과업의 원활한 수행을 위하여 당사자간 협의를 통해 선급금을 을에게 지급할 수 있다. 다만, 선급금에 대한 보증을 요구할 경우에는 국가를당사자로하는 계약에관한법률의 "기술용역계약일반조건" 제8조를 준용한다.

② 선급금은 계약목적 이외에 사용할 수 없으며 노임지급 및 자재구입에 우선적으로 사용하여야 한다.

제7조 【지체상금】 ① 을의 고의 또는 과실로 인하여 납기지연이 발생하였을 경우 을은 계약서에 명시된 지체상금을 갑에게 배상하여야 한다.

② 다음 각 호의 1에 해당되어 업무수행이 지체되었다고 인정할 때에는 그 해 당일 수를 제1항의 지체일수에 산입하지 아니한다.

1. 천재지변등 불가항력적인 사유에 의한 경우

2. 갑의 귀책사유로 업무착수가 지연되거나 중단되었을 경우

3. 기타 을의 책임에 속하지 않은 사유에 의한 경우

제8조 【계약의 변경】 갑과 을은 계약의 내용을 변경할 필요가 있는 경우에는 서로 협의하여 서면으로 계약을 변경하여야 한다.

제9조 【수령, 검사 및 인수】 ① 갑은 을이 성과품을 납품한 경우 을에게 그 성과품에 대한 검사전이라도 즉시 수령증명서를 교부함을 원칙으로 한다.

② 갑은 납품된 성과품을 수령한 날로부터 10일 이내에 검사결과를 을에게 서면으

로 통지하여야 하며, 이 기간 내에 통지하지 않을 경우에는 검사에 합격한 것으로 한다. 다만, 검사대상 성과품의 기술적 특수성 등으로 인하여 10일 이내에 검사를 완료할 수 없는 정당한 사유가 있는 경우에는 갑과 을이 협의하여 검사기간을 연장할 수 있다.

③ 을은 갑의 검사결과에 이의가 있을 때에는 재검사를 요청할 수 있다. 또한 기성부분에 대하여 대가를 지급받고자 할 때에도 같다.

④ 갑은 검사기간중의 성과품에 대하여 선량한 관리자의 주의를 가지고 관리하여야 한다. 검사기간중 갑의 귀책사유없이 발생한 손해에 대해서는 갑과 을이 협의하여 처리한다.

⑤ 을이 납품한 성과품에 대한 검사의 기준 및 방법은 갑과 을이 협의하여 정하되 이는 객관적이고 공정 타당하여야 한다.

⑥ 성과품이 검사에 합격한 경우에 있어서도 성과품이 인도되는 시점은 실제 수령 납품한 날이며, 수령시 검사를 하지 아니하는 것으로 정한 경우 역시 성과품의 수령 납품시점에 성과품이 인도된 것으로 본다.

⑦ 완제품 납품방식등 을의 책임하에 검사가 완료된 성과품에 불량 등이 발생하여 갑이 제3자에게 손해를 배상한 때에는 을에게 구상권을 행사할 수 있다. 단, 갑의 고의·과실이 있는 경우에는 그러하지 아니한다.

⑧ 검사비용은 갑이 부담함을 원칙으로 한다. 을이 갑의 지시에 따라 제3자에게 검사를 의뢰한 경우에도 또한 같다.

⑨ 갑은 검사에 의하여 성과품 완성을 확인한 후 을의 인도요청이 있을 때에는 즉시 당해 성과품을 인수하여야 한다.

제10조 【용역대가】 본 계약금액은 과업범위의 업무에 관해 산정한 것이므로 본 과업범위 외 추가로 발생되는 업무비는 상호 협의하여 정하여야 한다.

제11조 【용역대가의 조정】 ① '갑'이 '을'에게 엔지니어링사업을 위탁한 후에 발주자로부터 설계변경·용역기간의 연장 또는 경제상황의 변동 등을 이유로 용역대가를 조정받은 경우에는 '갑'은 하도급거래공정화에관한법률 제16조의 규정에 따라 용역대가를 조정해 주어야 한다.

② 발주자로부터 조정을 받지 않았다 하더라도 '갑'의 사유로 설계변경 등이 발생하는 경우에는 '갑'은 '을'과 협의하여 용역대가를 조정할 수 있다.

제12조 【용역대가의 지급】 ① 갑은 을에게 성과품 수령일(납품이 빈번하여 갑과 을이 월 1회 이상 세금계산서의 발행일을 정한 경우에는 그 정한 날을 말한다)부터

60일 이내의 가능한 짧은 기한으로 정한 기일내에 용역대가를 지급하여야 한다.

② 용역대가의 지급기일이 정하여져 있지 않은 경우에는 성과품 수령일을, 성과품의 수령일로부터 60일을 초과하여 용역대가의 지급기일을 정한 경우에는 성과품의 수령일로부터 60일째 되는 날을 각각 대금지급기일로 본다.

③ 갑은 발주자로부터 해당 용역대가 또는 준공 용역대가를 수령한 경우에는 그 수령한 날로부터 15일 이내 을에게 지급하기로 한다.

④ 갑이 제1항의 기일을 초과하여 대가의 일부 또는 전부를 지급한 경우에는 공정거래위원회의 고시에서 정하는 이자율에 의한 지연이자를 지급하여야 한다.

⑤ 갑이 용역대가를 어음으로 지급하는 경우에는 어음을 교부한 날로부터 어음의 만기일까지의 기간에 대한 할인료를 어음을 교부하는 날에 을에게 지급하여야 한다. 단, 성과품의 수령일부터 60일 이내에 어음을 교부하는 경우에는 성과품의 수령일부터 60일을 초과한 날 이후 만기일까지의 기간에 대한 할인료를 공정거래위원회에서 고시한 할인율에 의거 을에게 지급하여야 한다.

제13조 【용역대가의 직접지급】 원사업자가 발주자로부터 도급받아 하도급한 경우 다음 각 호의 1에 해당하는 경우에는 발주자가 수급사업자에게 용역대가를 직접 지급해도 이에 대하여 이의를 제기하지 아니한다.

1. 직접지급에 관한 법원의 확정판결이 있는 경우

2. 원사업자가 파산, 부도, 영업정지 및 면허취소 등으로 용역대가를 수급사업자에게 지급할 수 없게된 때

3. 기타 수급사업자의 보호를 위해 필요하다고 인정되는 경우

제14조 【부당반품의 금지】 ① 갑은 을로부터 성과품을 수령 또는 인수한 때에는 을에게 책임을 돌릴 사유가 없음에도 불구하고 이를 을에게 반품(이하 "부당반품"이라 한다.)하여서는 아니 된다.

② 다음 각 호의 1에 해당하는 갑의 행위는 제1항의 규정에 의한 부당반품으로 본다.

1. 본 하도급계약시 반품할 조건 등을 명시하지 아니하고 거래상대방으로부터의 발주취소 또는 경제상황의 변동 등을 이유로 성과품을 반품하는 행위

2. 검사의 기준 및 방법을 명확하게 정하지 아니하고도 부당하게 성과품을 불합격으로 판정하여 이를 반품하는 행위

3. 갑이 공급한 지급재 또는 대여품의 품질불량으로 인하여 성과품이 불합격품으로 판정되었음에도 불구하고 이를 반품하는 행위

4. 갑의 지급재 공급지연에 따라 납품이 지연되었음에도 불구하고 이를 이유로 성과품을 반품하는 행위

제15조 【부당한 용역대가의 감액금지】① 갑은 을에게 책임을 돌릴 사유가 없음에도 불구하고 부당하게 용역대가를 감액(이하 "부당감액"이라 한다.)하여서는 아니 된다. 그리고 을에게 책임을 돌릴 사유가 있어 용역대가를 감액하는 경우 감액범위, 감액방법 등에 대해서는 갑과 을이 별도로 정하도록 한다.
② 다음 각 호의 1에 해당하는 갑의 행위는 제1항의 규정에 의한 부당감액에 해당된다.
1. 본 하도급계약시 용역대가를 감액할 조건 등을 명시하지 아니하고 계약 후 협조요청 또는 거래상대방으로부터의 발주취소, 경제상황의 변동 등의 이유를 들어 대금을 감액하는 행위
2. 을과 단가인하에 대한 합의가 성립한 경우 성립 전에 위탁한 부분에 대하여도 일방적으로 이를 소급적용하는 방법으로 용역대가를 감액하는 행위
3. 용역대가를 현금으로 또는 지급기일 전에 지급함을 이유로 과다하게 대금을 감액하는 행위
4. 갑에 대한 손해발생에 실질적인 영향을 미치지 아니하는 경미한 을의 과오를 이유로 일방적으로 용역대가를 감액하는 행위
5. 성과품의 완성에 필요한 물품이나 장비 등을 갑이나 갑이 지정한 제3자로부터 사게하거나 사용하게 한 경우에 적정한 구매대금 또는 사용대가 이상의 금액을 용역대가에서 공제하는 행위

제16조 【소유권 이전】성과품의 소유권은 제9조에 따라 성과품이 인도된 시점에 갑에게 이전되는 것으로 한다.

제17조 【계약의 해제 · 해지】① '갑' 또는 '을'은 상대방에게 다음 각 호의 사유가 발생한 때에는 서면으로 계약의 일부 또는 전부를 해제하거나 해지 할 수 있다.
1. 관할 행정관청으로부터 받은 면허나 등록사항이 이 계약상 역무내용과 다른 경우
2. 관할 행정관청으로부터 받은 면허나 등록이 취소되거나 업무정지처분등을 받은 경우
3. 금치산 · 한정치산 · 파산선고를 받았을 때
4. 상대방의 동의없이 이 계약상의 권리 또는 의무를 양도한 경우
5. 사망, 실종, 질병 기타 사유로 계약이행이 불가능한 경우

② '갑' 또는 '을'은 다음 각 호의 사유가 발생한 때에는 상대방에게 서면으로 상당한 기간을 정하여 그 이행을 최고하고 그 기간 내에 이행하지 아니한 때에는 이 계약의 전부 또는 일부를 해제하거나 해지할 수 있다. 다만, 제4호의 경우에는 계약의 이행과 동시에 그 사유의 해소를 최고할 수 있다.

1. '갑'이 '을'의 업무수행상 필요한 자료를 제공하지 아니하여 '을'의 업무수행이 곤란하게 되거나 정당한 이유없이 약정한 착수기일을 경과하고도 업무수행에 착수하지 아니하여 약정기간 내에 성과품의 인도가 곤란하다고 인정되는 경우

2. 계약서상 과업수행기일내에 엔지니어링사업을 완료하지 못하거나 을의 귀책사유로 완료할 가능성이 없음이 명백하다고 인정될 경우

3. '갑'이 정당한 사유없이 '을'에게 업무수행에 대한 용역대가를 지불하지 않는 경우

4. 금융기관의 거래정지 처분, 어음 및 수표의 부도, 제3자에 의한 가압류·가처분·강제집행 또는 회사정리의 신청 등으로 계약이행이 곤란한 경우

5. 기타 계약조건을 위반하고 그 위반으로 인하여 계약의 목적을 달성할 수 없다고 인정될 경우

③ 천재지변 등 부득이한 사유로 계약이행이 곤란하게 된 경우에는 상대방과 협의하여 계약을 해제 또는 해지할 수 있다.

④ 갑 또는 을이 제1항과 제2항에 의하여 계약을 해제 또는 해지한 때에는 갑은 그때까지 완성한 성과를 을에게 즉시 제출토록 할 수 있으며 그때까지 비용과 쌍방의 손해배상에 대해서 청구할 수 있다.

제18조 【손해배상】 ① '갑'과 '을'은 상대방이 이 계약을 위반하거나 제17조의 규정에 의한 계약의 해제 또는 해지로 인하여 손해가 발생한 때에는 용역대가의 범위 내에서 상대방에게 손해배상을 청구할 수 있다.

② 계약성과품의 인수후 성과품의 하자로 인한 손해배상책임은 갑이 부담함을 원칙으로 한다. 여기서 계약성과품의 인수라 함은 수급사업자가 용역완료를 보고하고 원사업자가 용역이 완료되었음을 승인·통지하는 것을 말한다. 단, 을의 고의·과실 때문에 상기 하자가 발생했을 경우에는 그 손해배상액과 소송비용을 포함한 제반 비용에 대하여 을에게 구상권을 행사할 수 있다.

③ '을'이 '갑'에게 인도한 설계도서가 제3자의 저작권을 침해하여 '갑'에게 손해를 발생시킨 경우에는 제1항을 준용한다.

제19조 【하자담보책임】 성과품에 대한 을의 하자담보책임은 본 계약서에서 정

한 기간과 요율로 한다.

제20조 【권리·의무의 양도】 갑 또는 을은 상대방의 사전 서면승낙없이 본 계약 및 본 계약과 관련하여 생기는 권리 또는 의무의 전부 또는 일부를 제3자에게 양도 또는 이전하거나 담보로 제공할 수 없다.

제21조 【재하도급의 금지】 을은 갑의 승낙없이 재하도급을 할 수 없다.

제22조 【비밀엄수 유지】 갑과 을은 업무수행중 지득한 상대방의 업무상 비밀을 누설하여서는 아니 된다.

제23조 【분쟁조정】 ① 엔지니어링활동과 관련한 분쟁시 그 관할권이 불분명한 경우에는 공정거래위원회에 문의하여 정한다.

② 이 계약과 관련하여 발생하는 분쟁은 하도급거래공정화에관한법률 제24조에 의해 설립된 엔지니어링하도급분쟁조정협의회의 조정으로 해결함을 원칙으로 한다.

제24조 【준용규정】 일반조건에서 규정하고 있지 않은 사항에 관해서는 국가를 당사자로하는계약에관한법률에 의해서 정하고 있는 "기술용역계약일반조건"을 준용한다.

제25조 【법령 준수】 양당사자가 준수해야 할 법령은 특약으로 기재하여야 한다. 다만, 특약으로 기재하지 않아도 그 법령의 효력을 배제할 수 없는 경우에는 예외로 한다.

제26조 【특약】 갑과 을은 본 일반조건 이외에 당해 계약에 필요한 특약사항을 명시하여 계약을 체결할 수 있다.

하도급 관련 법령 및 지침

하도급거래공정화에관한법률

[제정 1984년 12월 31일
법률 제3779호]

개정 1990. 1. 13. 법률 제4198호	1991. 12. 14. 법률 제4419호
1992. 12. 8. 법률 제4514호	1995. 1. 5. 법률 제4860호
1995. 1. 5. 법률 제4890호	1996. 12. 30. 법률 제5234호
1997. 8. 28. 법률 제5386호	1998. 1. 13. 법률 제5507호
1999. 2. 5. 법률 제5816호	

제1조 【목적】 이 법은 공정한 하도급거래질서를 확립하여 원사업자와 수급사업자가 대등한 지위에서 상호보완적으로 균형있게 발전할 수 있도록 함으로써 국민경제의 건전한 발전에 이바지함을 목적으로 한다.

제2조 【정의】 ① 이 법에서 "하도급거래"라 함은 원사업자가 수급사업자에게 제조위탁(가공위탁을 포함한다. 이하 같다) · 수리위탁 또는 건설위탁을 하거나 원사업자가 다른 사업자로부터 제조위탁 · 수리위탁 또는 건설위탁을 받은 것을 수급사업자에게 다시 위탁하고, 이를 위탁(이하 "제조 등의 위탁"이라 한다)받은 수급사업자가 위탁받은 것(이하 "목적물"이라 한다)을 제조 또는 수리하거나 시공하여 이를 원사업자에게 납품 또는 인도(이하 "납품"이라 한다)하고 그 대가(이하 "하도급대금"이라 한다)를 수령하는 행위를 말한다.

② 이 법에서 "원사업자"라 함은 다음 각 호의 1에 해당하는 자를 말한다.

1. 중소기업자(중소기업기본법 제2조 제1항의 규정에 의한 자를 말하며, 중소기업협동조합법에 의한 중소기업협동조합을 포함한다. 이하 같다)가 아닌 사업자로서 중소기업자에게 제조 등의 위탁을 한 자 〈개정 1995. 1. 5.〉

2. 중소기업자 중 직전 사업연도의 연간매출액(관계 법률에 의하여 시공능력평가액의 적용을 받는 거래의 경우에는 당해연도의 시공능력평가액의 합계

액을, 연간 매출액이나 시공능력평가액이 없는 경우에는 자산총액을 말한다. 이하 이 호에서 같다) 또는 상시 고용종업원수가 제조 등의 위탁을 받은 다른 중소기업자의 연간 매출액 또는 상시 고용종업원수의 2배를 초과하는 중소기업자로서 그 다른 중소기업자에게 제조 등의 위탁을 한 자. 다만, 대통령령이 정하는 연간매출액 등에 해당하는 중소기업자를 제외한다. 〈개정 1999. 1. 5.〉

　3.~ 4. 〈삭제 1995. 1. 5.〉

　③ 이 법에서 "수급사업자"라 함은 제2항 각 호의 규정에 의한 원사업자로부터 제조 등의 위탁을 받은 중소기업자를 말한다. 〈개정 1995. 1. 5.〉

　④ 사업자가 독점규제및공정거래에관한법률 제2조(정의) 제3호의 규정에 의한 계열회사에 제조 등의 위탁을 하고 그 계열회사가 위탁받은 제조·수리 또는 시공행위의 전부 또는 상당부분을 제3자에게 재위탁한 경우 그 계열회사가 제2항 각 호의 1에 해당하지 아니하더라도 제3자가 그 계열회사에게 위탁을 한 사업자로부터 직접 제조 등의 위탁을 받은 것으로 하면 제3항에 해당하는 때에는 그 계열회사와 제3자를 각각 이 법에 의한 원사업자와 수급사업자로 본다. 〈개정 1995. 1. 5.〉

　⑤ 독점규제및공정거래에관한법률 제9조(상호출자의 금지 등) 제1항의 규정에 의한 대규모기업집단에 속하는 회사가 제조 등의 위탁을 하거나 받는 경우에는 다음 각 호의 규정에 의한다.

　1. 제조 등의 위탁을 한 회사가 제2항 각 호의 1에 해당하지 아니하더라도 이 법에 의한 원사업자로 본다.

　2. 제조 등의 위탁을 받은 회사가 제3항에 해당하더라도 이 법에 의한 수급사업자로 보지 아니한다. 〈개정 1995. 1. 5.〉

　⑥ 이 법에서 "제조위탁"이라 함은 다음 각 호의 1에 해당하는 행위를 업으로 하는 사업자가 그 업에 따른 물품의 제조를 다른 사업자에게 위탁하는 것을 말한다. 이 경우 그 업에 따른 물품의 범위는 공정거래위원회가 정하여 고시한다.

　1. 물품의 제조[소프트웨어개발촉진법 제2조(정의) 제3호의 규정에 의한 소

프트웨어 사업, 엔지니어링기술진흥법 제2조(정의)의 규정에 의한 엔지니어링 활동 및 건축사법 제2조(정의) 제3호의 규정에 의한 설계를 포함한다. 이하 같다] 〈개정 1996. 12. 30.〉

  2. 물품의 판매

  3. 물품의 수리

  4. 건설

  ⑦ 제6항의 규정에 불구하고 대통령령이 정하는 물품에 대하여는 대통령령이 정하는 특별시·광역시 등 지역에 한하여 동 항의 규정을 적용한다. 〈신설 1996. 12. 30.〉

  ⑧ 이 법에서 "수리위탁"이라 함은 사업자가 물품의 수리를 주문에 의하여 행하는 것을 업으로 하거나 자기가 사용하는 물품에 대한 수리를 업으로 하는 경우에 그 수리행위의 전부 또는 일부를 사업자에게 위탁하는 것을 말한다.

  ⑨ 이 법에서 "건설위탁"이라 함은 다음 각 호의 1에 해당하는 사업자(이하 "건설업자"라 한다)가 그 업에 따른 건설공사의 전부 또는 일부를 다른 건설업자에게 위탁하는 것과 건설업자가 대통령령이 정하는 건설공사를 다른 사업자에게 위탁하는 것을 말한다.

  1. 건설산업기본법 제2조(정의) 제5호의 규정에 의한 건설업자

  2. 전기공사업법 제2조(용어의 정의) 제3호의 규정에 의한 공사업자

  3. 정보통신공사업법 제2조(정의) 제4호의 규정에 의한 공사업자

  4. 소방법 제52조(소방설비공사업의 면허 등) 제1항의 규정에 의한 소방시설공사업의 면허를 받은 자

  5. 기타 대통령령이 정하는 사업자 〈개정 1995. 1. 5.〉

  ⑩ 이 법에서 "발주자"라 함은 제조, 수리 또는 시공을 원사업자에게 도급하는 자를 말한다. 다만, 재하도급의 경우에는 원사업자를 말한다.

  제3조 【서면의 교부 및 서류의 보존】 ① 원사업자는 수급사업자에게 제조 등의 위탁을 하는 경우에는 정당한 사유가 없는 한 일정한 사항을 기재한

서면을 사전(제조위탁의 경우에는 수급사업자가 목적물의 납품을 위한 작업에 착수하기 전을, 수리위탁의 경우에는 수급사업자가 계약이 체결된 수리행위에 착수하기 전을, 건설위탁의 경우에는 수급사업자가 계약공사를 착공하기 전을 말한다)에 수급사업자에게 교부하여야 한다.

② 제1항의 서면에는 하도급대금과 그 지급방법 등 대통령령으로 정하는 사항을 기재하고 원사업자와 수급사업자가 기명날인하여야 한다.

③ 원사업자와 수급사업자는 대통령령이 정하는 바에 의하여 하도급거래에 관한 서류를 보존하여야 한다.

제3조의 2 【표준하도급계약서의 작성 및 사용】 공정거래위원회는 이 법의 적용대상이 되는 사업자 또는 사업자단체에게 표준하도급계약서의 작성 및 사용을 권장할 수 있다. 〈신설 1995. 1. 5.〉

제4조 【부당한 하도급대금의 결정금지】 ① 원사업자는 수급사업자에게 제조 등의 위탁을 하는 경우에 부당한 방법을 이용하여 목적물과 동종 또는 유사한 것에 대하여 통상 지급되는 대가보다 현저하게 낮은 수준으로 하도급대금을 결정(이하 "부당한 하도급대금의 결정"이라 한다)하거나 하도급받도록 강요하여서는 아니 된다.

② 다음 각 호의 1에 해당하는 원사업자의 행위는 제1항의 규정에 의한 부당한 하도급대금의 결정으로 본다.

1. 정당한 이유없이 일률적인 비율로 단가를 인하하여 하도급대금을 결정하는 행위

2. 협조요청 등 명목여하를 불문하고 일방적으로 일정금액을 할당한 후 당해 금액을 감하여 하도급대금을 결정하는 행위

3. 정당한 이유없이 특정 수급사업자를 차별취급하여 하도급대금을 결정하는 행위

4. 수급사업자에게 발주량 등 거래조건에 대하여 착오를 일으키게 하거나 다른 사업자의 견적 또는 거짓 견적을 내보이는 등의 방법으로 수급사업자를 기

만하고 이를 이용하여 하도급대금을 결정하는 행위

　5. 원사업자가 일방적으로 부당하게 낮은 단가에 의하여 하도급대금을 결정하는 행위

　제5조 【물품 등의 구매강제 금지】 원사업자는 수급사업자에게 제조 등의 위탁을 하는 경우에 그 목적물의 품질의 유지·개선이나 기타 정당한 사유가 있는 경우를 제외하고는 그가 지정하는 물품·장비 등을 수급사업자에게 매입 또는 사용하도록 강요하여서는 아니 된다.

　제6조 【선급금의 지급】 ① 수급사업자에게 제조 등의 위탁을 한 원사업자가 발주자로부터 선급금을 받은 때에는 수급사업자가 제조·수리 또는 시공에 착수할 수 있도록 그가 받은 선급금의 내용과 비율에 따라 선급금을 지급받은 날(제조 등의 위탁을 하기 전에 선급금을 받은 경우에는 제조 등의 위탁을 한 날)로부터 15일 이내에 선급금을 수급사업자에게 지급하여야 한다.

　원사업자가 발주자로부터 받은 선급금을 제1항의 규정에 의한 기한을 초과하여 지급하는 경우에는 그 초과기간에 대하여 공정거래위원회가 정하여 고시하는 이자율에 의한 이자를 지급하여야 한다.

　③ 제13조(하도급대금의 지급 등) 제6항 및 제8항의 규정은 원사업자가 제1항의 규정에 의한 선급금을 어음으로 지급하는 경우의 어음할인료의 지급 및 할인율에 관하여 이를 준용한다. 이 경우 "목적물의 수령일부터 60일"은 "원사업자가 발주자로부터 선급금을 받은 날부터 15일"로 본다. 〈개정 1999. 2. 5.〉

　제7조 【내국신용장의 개설】 원사업자는 수출할 물품을 수급사업자에게 제조위탁한 경우에 정당안 사유가 있는 경우를 제외하고는 위탁한 날로부터 15일 이내에 내국신용장을 수급사업자에게 개설하여 주어야 한다. 다만, 신용장에 의한 수출에 있어서 원사업자가 원신용장을 받기 전에 제조위탁하는 경우에는 원신용장을 받은 날부터 15일 이내에 내국신용장을 개설하여 주어야 한다.

제8조 【부당한 수령거부의 금지 및 수령증의 교부】 ① 원사업자는 제조 등의 위탁을 임의로 취소 또는 변경하거나 목적물의 납품에 대한 수령 또는 인수를 거부 또는 지연하여서는 아니 된다. 다만, 수급사업자에게 책임을 돌릴 사유가 있는 경우에는 그러하지 아니하다.

② 원사업자는 목적물의 납품이 있는 때에는 그 목적물에 대한 검사 전이라도 즉시[제7조(내국신용장의 개설)의 규정에 의하여 내국신용장을 개설한 경우에는 검사완료 즉시] 수령증명서를 수급사업자에게 교부하여야 한다. 다만, 건설위탁의 경우에는 검사가 종료되는 즉시 당해 목적물을 인수하여야 한다.

③ 제1항에서 "수령"이라 함은 수급사업자가 납품한 목적물을 받아 사실상 원사업자의 지배아래 두게 되는 것을 말한다. 다만, 이전이 곤란한 목적물의 경우에는 검사를 개시한 때를 수령한 때로 본다.

제9조 【검사의 기준 · 방법 및 시기】 ① 수급사업자가 납품 또는 인도한 목적물에 대한 검사의 기준 및 방법은 원사업자와 수급사업자가 협의하여 정하되 이는 객관적이고 공정 · 타당하여야 한다.

② 원사업자는 정당한 사유가 있는 경우를 제외하고는 수급사업자로부터 목적물을 수령한 날(제조위탁의 경우에는 기성부분의 통지를 받은 날을 포함하고, 건설위탁의 경우에는 수급사업자로부터 공사의 준공 또는 기성부분의 통지를 받은 날을 말한다)부터 10일 이내에 검사결과를 수급사업자에게 서면으로 통지하여야 하며 이 기간 내에 통지하지 않는 경우에는 검사에 합격한 것으로 본다. 〈개정 1996. 12. 30.〉

제10조 【부당반품의 금지】 ① 원사업자는 수급사업자로부터 목적물을 수령 또는 인수한 때에는 수급사업자에게 책임을 돌릴 사유가 없음에도 불구하고 이를 수급사업자에게 반품(이하 "부당반품"이라 한다)하여서는 아니 된다.

② 다음 각 호의 1에 해당하는 원사업자의 행위는 제1항의 규정에 의한 부당반품으로 본다.

　1. 거래상대방으로부터의 발주취소 또는 경제상황의 변동 등을 이유로 목적
물을 반품하는 행위

　2. 검사의 기준 및 방법을 불명확하게 정함으로써 목적물을 부당하게 불합격
으로 판정하여 이를 반품하는 행위

　3. 원사업자가 공급한 원자재의 품질불량으로 인하여 목적물이 불합격으로
판정되었음에도 불구하고 이를 반품하는 행위

　4. 원사업자의 원자재공급지연에 의한 납기지연임에도 불구하고 이를 이유
로 목적물을 반품하는 행위

　제11조 【부당감액의 금지】 ① 원사업자는 수급사업자에게 책임을 돌릴
사유가 없음에도 불구하고 제조 등의 위탁을 할 때 정한 하도급대금을 부당하
게 감액(이하 "부당감액"이라 한다)하여서는 아니 된다.

　② 다음 각 호의 1에 해당하는 원사업자의 행위는 제1항의 규정에 의한 부당
감액으로 본다.

　1. 위탁할 때 하도급대금을 감액할 조건 등을 명시하지 아니하고 위탁 후 협
조요청 또는 거래상대방으로부터의 발주취소, 경제상황의 변동 등 불합리한
이유를 들어 하도급대금을 감액하는 행위

　2. 수급사업자와 단가인하에 관한 합의가 성립한 경우 당해 합의성립 전에
위탁한 부분에 대하여도 일방적으로 이를 소급적용하는 방법으로 하도급대금
을 감액하는 행위

　3. 하도급대금을 현금으로 또는 지급기일 전에 지급함을 이유로 과다하게 하
도급대금을 감액하는 행위

　4. 원사업자에 대한 손해발생에 실질적 영향을 미치지 아니하는 경미한 수급
사업자의 과오를 이유로 일방적으로 하도급대금을 감액하는 행위

　5. 목적물의 제조·수리 또는 시공에 필요한 물품 등을 자기로부터 사게 하
거나 자기의 장비 등을 사용하게 한 경우에 적정한 구매대금 또는 사용대가 이
상의 금액을 하도급대금에서 공제하는 행위

　③ 원사업자가 제1항의 규정에 의한 부당감액한 금액을 목적물의 수령일부

터 60일을 초과하여 지급하는 경우에는 그 초과기간에 대하여 공정거래위원회가 정하여 고시하는 이자율에 의한 이자를 지급하여야 한다. 〈개정 1998. 1. 13.〉

제12조 【물품대금 등의 부당결제청구의 금지】 원사업자는 수급사업자에게 목적물의 제조·수리 또는 시공에 필요한 물품 등을 자기로부터 사게 하거나 자기의 장비 등을 사용하게 한 경우에 정당한 이유없이 당해 목적물에 대한 하도급대금의 지급 기일에 앞서 구매대금이나 사용대가의 전부 또는 일부를 지급하게 하거나 자기가 구입·사용 또는 제3자에게 공급하는 조건보다 현저하게 불리한 조건으로 지급하게 하여서는 아니 된다.

제13조 【하도급대금의 지급 등】 ① 원사업자가 수급사업자에게 제조 등의 위탁을 하는 경우에는 목적물의 수령일(건설위탁의 경우에는 인수일을, 납품이 빈번하여 원사업자와 수급사업자가 월 1회 이상 세금계산서의 발행일을 정한 경우에는 그 정한 날을 말한다. 이하 같다)부터 60일 이내의 가능한 짧은 기한으로 정한 지급기일까지 하도급대금을 지급하여야 한다. 다만, 다음의 경우에는 그러하지 아니하다.

1. 원사업자와 수급사업자가 대등한 지위에서 지급기일을 정한 것으로 인정되는 경우

2. 당해 업종의 특수성과 경영여건에 비추어 그 지급기일을 정한 것으로 인정되는 경우

② 하도급대금의 지급기일이 정하여져 있지 않은 경우에는 목적물의 수령일을, 목적물의 수령일로부터 60일을 초과하여 하도급대금의 지급기일을 정한 경우(제1항 단서에 해당하는 경우를 제외한다)에는 목적물의 수령일로부터 60일째 되는 날을 각각 하도급대금의 지급기일로 본다.

③ 원사업자가 제조 등의 위탁을 한 경우에 원사업자가 발주자로부터 준공금을 받은 때에는 하도급대금을, 기성금을 받은 때에는 수급사업자가 시공한 분에 상당한 금액을 그 지급받은 날로부터 15일(하도급대금의 지급기일이 그

전에 도래하는 경우에는 지급기일) 이내에 수급사업자에게 지급하여야 한다. 〈개정 1999. 2. 5.〉

④ 원사업자가 수급사업자에게 하도급대금을 지급함에 있어서는 원사업자가 발주자로부터 당해 제조 등의 위탁과 관련하여 지급받은 현금비율 미만으로 지급하여서는 아니 된다. 〈신설 1999. 2. 5.〉

⑤ 원사업자가 하도급대금을 어음으로 지급하는 경우에는 당해 제조 등의 위탁과 관련하여 발주자로부터 원사업자가 교부받은 어음의 지급기간(발행일로부터 만기일까지)을 초과하는 어음을 교부하여서는 아니 된다. 〈신설 1999. 2. 5.〉

⑥ 원사업자가 하도급대금을 어음으로 지급하는 경우에 그 어음은 법률에 근거하여 설립된 금융기관에서 할인가능한 것이어야 하며, 어음을 교부한 날로부터 어음의 만기까지의 기간에 대한 할인료를 어음을 교부하는 날에 수급사업자에게 지급하여야 한다. 다만, 목적물의 수령일부터 60일(제1항 단서의 규정에 의하여 지급기일이 정하여진 때에는 그 지급기일을, 발주자로부터 준공금 또는 기성금을 받은 때에는 제3항에서 정한 기일을 말한다. 이하 이 조에서 같다)이내에 어음을 교부하는 경우에는 목적물의 수령일부터 60일 이내에 수급사업자에게 지급하여야 한다.

⑦ 원사업자가 하도급대금을 목적물의 수령일로부터 60일을 초과하여 지급하는 경우에는 그 초과기간에 대하여 공정거래위원회가 정하여 고시하는 이자율에 의한 이자를 지급하여야 한다.

⑧ 제6항에서 적용하는 할인율은 시중은행에서 적용되는 상업어음할인율을 참작하여 공정거래위원회가 정하여 고시한다.

제13조의 2 【건설하도급 계약이행 및 대금지급보증】 ① 건설위탁에 있어서 원사업자는 수급사업자에게 다음 각 호의 1의 구분에 따라 해당금액의 공사대금 지급을 보증하고, 수급사업자는 원사업자에게 계약금액의 100분의 10에 해당하는 금액의 계약이행을 보증하여야 한다. 다만, 원사업자의 재무구조·공사의 규모 등을 감안하여 보증을 요하지 아니하거나 보증이 적합하

지 아니하다고 인정되는 경우로서 대통령령이 정하는 경우에는 그러하지 아니하다.

1. 공사기간이 4월 이하인 경우에는 계약금액에서 선급금을 제외한 금액

2. 공사기간이 4월을 초과하는 경우로서 기성부분에 대한 대가의 지급주기가 2월 이내인 경우에는 다음의 산식에 의하여 산출한 금액

$$\text{보증금액} = \frac{\text{하도급계약금액} - \text{계약상 선급금}}{\text{공사기간(월수)}} \times 4$$

3. 공사기간이 4월을 초과하는 경우로서 기성부분에 대한 대가의 지급주기가 2월을 초과하는 경우에는 다음의 산식에 의하여 산출한 금액

$$\text{보증금액} = \frac{\text{하도급계약금액} - \text{계약상 선급금}}{\text{공사기간(월수)}} \times \text{기성부분에 대한 대가의 지급주기(월수)} \times 2$$

② 제1항의 규정에 의한 원사업자와 수급사업자간의 보증은 현금(체신관서 또는 은행법에 의한 금융기관이 발행한 자기앞수표를 포함한다) 또는 다음 각 호의 1의 기관이 발행하는 보증서의 교부에 의한다.

1. 건설공제조합법에 의한 건설공제조합과 전문건설공제조합법에 의한 전문건설공제조합 및 업종별공제조합

2. 보험업법에 의한 보험사업자

3. 신용보증기금법에 의한 신용보증기금

4. 은행법에 의한 금융기관

5. 기타 대통령령이 정하는 보증기관

③ 원사업자는 제2항의 규정에 의하여 지급보증서를 교부함에 있어서 그 공사기간중에 건설위탁하는 모든 공사에 대한 공사대금의 지급보증이나, 1회계연도에 건설위탁하는 모든 공사에 대한 공사대금의 지급보증을 하나의 지급보

증서에 의할 수 있다.

④ 제1항 내지 제3항에 규정한 것 외에 하도급계약이행보증 및 하도급대금
지급보증에 관하여 필요한 사항은 대통령령으로 정한다.
〈본조 신설 1996. 12. 30.〉

제14조 【하도급대금의 직접지급】 ① 발주자는 원사업자의 파산·부도
등의 이유로 원사업자가 하도급대금을 지급할 수 없는 명백한 사유가 있는 경
우 등 대통령령에서 정하는 사유가 발생한 때에는 수급사업자가 제조·수리
또는 시공한 부분에 상당하는 하도급대금을 해당 수급사업자에게 직접 지급하
여야 한다.

② 제1항의 규정에 의한 사유가 발생한 경우 발주자의 원사업자에 대한 대
금지급채무와 원사업자의 수급사업자에 대한 하도급대금지급채무는 그 범위
안에서 소멸한 것으로 본다.

③ 발주자는 제1항의 규정에 불구하고 원사업자가 당해 하도급계약과 관련
하여 수급사업자가 임금, 자재대금 등의 지급을 지체한 사실을 입증할 수 있는
서류를 첨부하여 당해 하도급대금의 직접지급중지를 요청한 경우에는 당해 하
도급대금을 직접 지급하지 않을 수 있다.
〈전문 개정 1999. 2. 5.〉

제15조 【관세 등 환급액의 지급】 ① 원사업자가 수출할 물품을 수급사
업자에게 제조위탁한 경우에 수출용원재료에대한관세등환급에관한특례법에
의하여 관세 등을 환급받은 때에는 그 받은 날로부터 15일 이내에 받은 내용에
따라 이를 수급사업자에게 지급하여야 한다.

② 제1항의 규정에 불구하고 수급사업자에 대한 관세 등 환급상당액의 지급
은 수급사업자에게 책임을 돌릴 수 없는 한 목적물의 수령일로부터 60일을 초
과할 수 없다.

③ 원사업자가 관세 등 환급상당액을 제1항 및 제2항의 규정에서 정한 기한
을 초과하여 지급하는 경우에는 그 초과기간에 대하여 공정거래위원회가 정하

여 고시하는 이자율을 지급하여야 한다.

제16조 【설계변경 등에 따른 하도급대금의 조정】 ① 원사업자는 제조 등의 위탁을 한 후에 발주자로부터 설계변경 또는 경제상황의 변동 등의 이유로 추가금액을 지급받는 경우 동일한 사유로 목적물의 완성에 추가비용이 소요되는 때에는 그가 받은 추가금액의 내용과 비율에 따라 하도급대금을 증액하여야 하며, 발주자로부터 감액을 받은 경우에는 그 내용과 비율에 따라 감액할 수 있다.

② 제1항의 규정에 의한 하도급대금의 증액 또는 감액은 원사업자가 발주자로부터 증액 또는 감액을 받은 날로부터 30일 이내에 하여야 한다. 〈본항 신설 1995. 1. 5.〉

③ 제13조(하도급대금의 지급 등) 제7항의 규정은 원사업자가 제1항의 추가금액을 지급받은 날로부터 15일을 초과하여 지급하는 경우의 이자에 관하여, 동 조 제6항 및 제8항의 규정은 추가금액을 어음으로 지급하는 경우의 어음할인료의 지급 및 할인율에 관하여 각각 이를 준용한다. 이 경우 "목적물의 수령일부터 60일"은 "추가금액을 지급받은 날부터 15"로 본다. 〈개정 1999. 2. 5.〉

제17조 【부당한 대물변제의 금지】 원사업자는 수급사업자의 의사에 반하여 하도급대금을 물품으로 지급하여서는 아니 된다.

제18조 【부당한 경영간섭의 금지】 원사업자는 하도급거래량을 조절하는 방법 등을 이용하여 수급사업자의 경영에 간섭하여서는 아니 된다.

제19조 【보복조치의 금지】 원사업자는 자기가 이 법을 위반하였음을 수급사업자가 관계 기관 등에 신고한 것을 이유로 당해 수급사업자에 대하여 수주기회를 제한하거나 거래의 정지, 기타 불이익을 주는 행위를 하여서는 아니 된다.

제20조 【탈법행위의 금지】 원사업자는 하도급거래와 관련하여 우회적인 방법에 의하여 실질적으로 이 법의 적용을 면탈하려는 행위를 하여서는 아

니 된다.

제21조 【수급사업자의 준수사항】 ① 수급사업자는 원사업자로부터 제조 등의 위탁을 받은 경우에는 그 위탁의 내용을 신의에 따라 성실하게 이행하여야 한다.

② 수급사업자는 원사업자의 이 법 위반행위에 협력하여서는 아니 된다.

③ 수급사업자는 이 법에 의한 신고를 한 경우에는 증거서류 등을 공정거래위원회에 신속히 제출하여야 한다.

제22조 【위반행위의 신고 등】 ① 누구든지 이 법에 위반되는 사실이 있다고 인정하는 때에는 그 사실을 공정거래위원회에 신고할 수 있다.

② 공정거래위원회는 제1항의 규정에 의한 신고가 있거나 이 법에 위반되는 사실이 있다고 인정하는 때에는 필요한 조사를 할 수 있다.

③ 수급사업자로부터 원사업자의 법위반행위에 관한 신고가 공정거래위원회에 접수되어 공정거래위원회가 이 사실을 원사업자에게 통지한 때에는 민법 제174조에 의한 최고가 있은 것으로 본다. 다만, 신고된 사건이 각하 또는 기각되거나 취하된 경우에는 그러하지 아니하다.

제23조 【조사대상거래의 제한】 제22조(위반행위의 신고) 제2항의 규정에 의하여 공정거래위원회의 조사개시대상이 되는 하도급거래는 그 거래가 종료된 날부터 3년을 경과하지 아니한 것에 한한다. 다만, 거래가 종료된 날부터 3년 이내에 신고된 하도급거래의 경우에는 거래가 종료된 날부터 3년이 경과한 경우에도 조사를 개시할 수 있다. 〈개정 1995. 1. 5.〉

제24조 【하도급분쟁조정협의회】 ① 대통령령이 정하는 사업자단체는 하도급분쟁조정협의회(이하 "협의회"라 한다)를 설치하여야 한다.

② 협의회는 공정거래위원회 또는 양 당사자가 요청하는 원사업자와 수급사업자간의 하도급거래에 관한 분쟁에 대하여 사실을 확인하거나 이를 조정한다. 〈개정 1996. 12. 30.〉

③ 협의회는 분쟁이 조정된 때에는 그 결과를, 조정이 이루어지지 아니한 경우에는 그 경위를 지체없이 공정거래위원회에 보고하여야 한다.

④ 협의회의 구성 및 운영 등에 관하여 필요한 사항은 대통령령으로 정한다.

제24조의 2 【자문위원】 ① 공정거래위원회는 이 법에 의한 하도급거래와 관련된 업무를 수행하기 위하여 필요하다고 인정하는 때에는 자문위원을 위촉할 수 있다.

② 제1항의 규정에 의한 자문위원의 위촉, 기타 필요한 사항은 대통령령으로 정한다.

〈본조 신설 1996. 12. 30.〉

제25조 【시정조치】 ① 공정거래위원회는 제3조(서면의 교부 및 서류의 보존)·제4조(부당한 하도급대금의 결정 금지) 내지 제20조(탈법행위의 금지)의 규정에 위반한 발주자 및 원사업자에 대하여 하도급대금 등의 지급, 법위반행위의 중지, 기타 당해 위반행위의 시정에 필요한 조치를 권고하거나 명할 수 있다. 〈개정 1999. 2. 5.〉

② 제24조(하도급분쟁조정협의회) 제2항의 규정에 의하여 협의회의 조정이 이루어진 경우에는 특별한 사유가 없는 한 협의회가 조정한 대로 공정거래위원회가 제1항의 규정에 의하여 시정에 필요한 조치를 한 것으로 본다.

③ 〈삭제 90. 1. 13.〉

④ 공정거래위원회는 제1항의 규정에 의하여 시정명령(제2항의 규정에 의한 시정명령을 제외한다. 이하 이 항에서 같다)을 한 경우에는 시정명령을 받은 원사업자에 대하여 시정명령을 받았다는 사실을 공표할 것을 명할 수 있다. 〈개정 1995. 1. 5.〉

제25조의 2 【공탁】 제25조(시정조치) 제1항 또는 제2항의 규정에 의한 시정조치를 받은 원사업자는 수급사업자가 변제를 받지 아니하거나 받을 수 없는 때에는 수급사업자를 위하여 변제의 목적물을 공탁하여 그 시정조치의 이행의무를 면할 수 있다. 원사업자가 과실 없이 수급사업자를 알 수 없는 경

우에도 또한 같다.

제25조의 3 【과징금】 ① 공정거래위원회는 다음 각 호의 1에 해당하는 발주자·원사업자 또는 수급사업자에 대하여 수급사업자에게 제조 등의 위탁을 한 하도급대금이나 원사업자로부터 제조 등의 위탁을 받은 하도급대금의 2배를 초과하지 아니하는 범위 안에서 과징금을 부과할 수 있다. 〈개정 1999. 2. 5.〉

1. 제3조(서면의 교부 및 서류의 보존) 제1항 및 제2항의 규정에 위반하여 서면을 교부하지 아니하거나 허위의 서면을 교부한 원사업자

2. 제3조(서면의 교부 및 서류의 보존) 제3항의 규정에 위반하여 서류를 보존하지 아니한 자, 또는 하도급거래에 관한 서류를 허위로 작성·교부한 원사업자나 수급사업자

3. 제4조(부당한 하도급대금의 결정 금지) 내지 제13조의 2(건설하도급 계약이행 및 대금지급보증)의 규정에 위반한 원사업자

4. 제14조(하도급대금의 직접지급)의 규정에 위반한 발주자 〈신설 1999. 2. 5.〉

5. 제15조(관세 등 환급액의 지급 등) 내지 제20조(탈법행위의 금지)의 규정에 위반한 원사업자

② 독점규제및공정거래에관한법률 제55조의 3(과징금부과) 내지 제55조의 5(과징금징수 및 체납처분)의 규정은 제1항의 과징금에 관하여 준용한다.
〈본조 신설 1996. 12. 30.〉

제26조 【관계 행정기관의 장의 협조】 ① 공정거래위원회는 이 법의 시행을 위하여 필요하다고 인정하는 때에는 관계 행정기관의 장의 의견을 듣거나 관계 행정기관의 장에 대하여 조사를 위한 인원의 지원 기타 필요한 조치를 취할 것을 요청할 수 있다.

② 공정거래위원회는 관계 행정기관의 장에게 이 법의 규정에 상습적으로 위반하는 원사업자 또는 수급사업자에 대하여 입찰참가자격의 제한, 건설업법

제50조 제1항 제5호의 규정에 의한 영업정지 기타 하도급거래의 공정화를 위하여 필요한 조치를 취할 것을 요청할 수 있다. 〈개정 1995. 1. 5.〉

제27조 【독점규제및공정거래에관한법률의 준용】 ① 이 법에 의한 공정거래위원회의 심의·의결에 관하여는 독점규제및공정거래에관한법률 제42조(회의의사 및 의결 정족수) 내지 제45조(위원의 기명·날인) 및 제52조(의견진술기회의 부여)의 규정을, 이 법에 의한 공정거래위원회의 처분에 대한 이의신청·소의 제기 및 불복의 소의 전속관할에 관하여는 동법제53조(이의신청) 내지 제55조의 2(사건처리절차 등) 규정을 각각 준용한다.

② 이 법의 위반행위에 대한 공정거래위원회의 조사·의견청취 및 시정권고 등에 관하여는 독점규제및공정거래에관한법률 제50조(위반행위의 조사 및 의견청취 등) 및 제51조(위반행위의 시정권고)의 규정을 준용한다.

③ 이 법에 의한 직무에 종사하거나 종사하였던 공정거래위원회의 위원, 공무원 또는 협의회에서 하도급거래에 관한 분쟁의 조정업무를 담당하거나 담당하였던 자에 대하여는 독점규제및공정거래에관한법률 제62조(비밀엄수의 의무)의 규정을 준용한다.

〈전문 개정 1995. 1. 5.〉

제28조 【독점규제및공정거래에관한법률과의관계】 하도급거래에 관하여 이 법의 적용을 받는 사항에 대하여는 독점규제및공정거래에관한법률 제23조(불공정거래행위의 금지)제1항 제4호의 규정을 적용하지 아니한다.

제29조 【벌칙】 제27조(독점규제및공정거래에관한법률의 준용) 제3항의 규정에 위반한 자는 2년 이하의 징역 또는 200만원 이하의 벌금에 처한다.

제30조 【벌칙】 ① 다음 각 호의 1에 해당하는 원사업자는 수급사업자에게 제조 등의 위탁을 한 하도급대금의 2배에 상당하는 금액 이하의 벌금에 처한다. 〈개정 1996. 12. 30.〉

1. 〈삭제 1996. 12. 30.〉
2. 〈삭제 1996. 12. 30.〉

  3. 제4조(부당한 하도급대금의 결정금지) 내지 제13조(하도급대금의 지급등)의 규정에 위반한 자

  4. 제15조(관세등 환급액의 지급) 내지 제17조(부당한 대물변제의 금지)의 규정에 위반한 자

  ② 다음 각 호의 1에 해당하는 자는 1억5천만원 이하의 벌금에 처한다. 〈개정 1992. 12. 8.〉

  1. 제18조(부당한 경영간섭의 금지) 내지 제20조(탈법행위의 금지)의 규정에 위반한 자

  2. 제25조(시정조치) 제1항·제2항 도는 제4항의 규정에 의한 명령에 따르지 아니한 자

  ③ 제27조(독점규제및공정거래에관한법률의 준용) 제2항의 규정에 의하여 준용되는 독점규제및공정거래에관한법률 제50조(위반행위의 조사 및 의견청취 등) 제1항 제2호의 규정에 위반하여 허위의 감정을 한 자는 3천만원 이하의 벌금에 처한다.

  제30조의 2 【과태료】 ① 다음 각 호의 1에 해당하는 자는 3천만원 이하의 과태료에처한다.

  1. 제27조(독점규제및공정거래에관한법률의 준용) 제2항의 규정에 의하여 준용되는 독점규제및공정거래에관한법률 제50조(위반행위의 조사 및 의견청취) 제1항 제1호의 규정에 위반하여 정당한 사유없이 출석하지 아니한 자

  2. 제27조(독점규제및공정거래에관한법률의 준용) 제2항의 규정에 의하여 준용되는 독점규제및공정거래에관한법률 제50조(위반행위의 조사 및 의견청취)제1항 제3호 또는 제3항의 규정에 의한 보고 또는 필요한 자료나 물건의 제출을 하지 아니하거나, 허위의 보고 또는 자료나 물건을 제출한 자

  3. 제27조(독점규제및공정거래에관한법률의준용)제2항의 규정에 의하여 준용되는 독점규제및공정거래에관한법률 제50조(위반행위의 조사 및 의견청취 등) 제2항의 규정에 의한 조사를 거부·방해 또는 기피한 자 〈개정 1995. 1. 5.〉

② 제27조(독점규제및공정거래에관한법률의 준용) 제1항의 규정에 의하여 준용되는 독점규제및공정거래에관한법률 제43조의 2(심판정의 질서유지)의 규정에 위반하여 질서유지의 명령을 따르지 아니한 자는 100만원 이하의 과태료에 처한다. 〈신설 1996. 12. 30.〉

③ 제1항 또는 제2항의 규정에 의한 과태료는 대통령령이 정하는 바에 의하여 공정거래위원회가 부과·징수한다.

④ 제3항의 규정에 의한 과태료처분에 불복이 있는 자는 그 처분의 고지를 받은 날로부터 30일 이내에 공정거래위원회에 이의를 제기할 수 있다.

⑤ 제3항의 규정에 의한 과태료처분을 받은 자가 제4항의 규정에 의하여 이의를 제기한 때에는 공정거래위원회는 지체없이 관할법원에 그 사실을 통보하여야 하며, 그 통보를 받은 관할법원은 비송사건절차법에 의한 과태료의 재판을 한다.

⑥ 제4항의 규정에 의한 기간 내에 이의를 제기하지 아니하고 과태료를 납부하지 아니한 때에는 국세체납처분의 예에 의하여 이를 징수한다.
〈본조 개정 1996. 12. 30.〉

제31조 【양벌규정】 법인의 대표자나 법인 또는 개인의 대리인·사용인 기타 종업원이 그 법인 또는 개인의 업무에 관하여 제30조(벌칙)의 규정에 해당하는 위반행위를 한 때에는 행위자를 벌하는 외에 그 법인 또는 개인에 대하여도 동 조 각항의 벌금형을 과한다.

제32조 【고발】 제30조(벌칙)의 죄는 공정거래위원회의 고발이 있어야 공소를 제기할 수 있다.

제33조 【과실상계】 원사업자의 이 법 위반행위에 관하여 수급사업자에게 책임이 있는 경우에는 이 법에 의한 시정조치·고발 또는 벌칙적용을 함에 있어서 이를 참작할 수 있다.

제34조 【다른 법률과의 관계】 중소기업의 사업영역보호및기업간협력

증진에관한법률 · 전기공사업법 · 건설업법 · 전기통신공사업법의 규정이 이 법에 저촉되는 경우에는 이 법에 의한다.

　제35조　【시행령】 이 법시행에 관하여 필요한 사항은 대통령령으로 정한다.

　　부　　칙 〈1984. 12. 31.〉
이 법은 공포 후 3월이 경과한 날로부터 시행한다.

　　부　　칙 〈1992. 12. 8.〉
① (시행일) 이 법은 1993년 4월 1일부터 시행한다.
② (경과조치) 이 법 시행 당시 이미 하도급계약이 체결된 하도급거래에 관하여는 제6조 · 제7조 · 제13조 · 및 제15조의 개정규정을 적용하지 아니한다.
③ (다른 법률의 개정) 중소기업계열화촉진법중 다음과 같이 개정한다. 제13조의 2중 "경제기획원장관"을 "공정거래위원회"로 하고, "독점규제및공정거래에관한법률 제15조 제4호의 불공정거래행위에"를 "하도급거래공정화에관한법률 제3조 내지 제13조 및 제15조 내지 제20조의 행위에"로 하며, "동법 제16조의 규정"을 "동법 제25조의 규정"으로 한다.

　　부　　칙 〈1995. 1. 5.〉
① (시행일) 이 법은 1995년 4월 1일부터 시행한다.
② (경과조치) 이 법 시행당시 이미 하도급계약이 체결딘 하도급거래에 대하여는 제2조 · 제13조 제4항 및 제16조 제2항의 개정규정에 불구하고 종전의 규정에 의한다.

부 칙 〈1996. 12. 30.〉

① (시행일) 이 법은 1997년 4월 1일부터 시행한다.

② (하도급계약이 체결된 하도급거래에 관한 경과조치) 이 법 시행당시 이미 하도급계약이 체결된 하도급거래에 관하여는 제13조의 2(건설하도급계약이행 및 대금지급 보증) 및 제25조의 3(과징금)의 개정규정에 불구하고 종전의 규정에 의한다.

부 칙 〈 1999. 2. 5.〉

① (시행일) 이 법은 1999년 4월 1일부터 시행한다.

② (하도급계약이 체결된 하도급거래에 관한 경과조치) 이 법 시행당시 이미 하도급계약이 체결된 하도급거래에 관하여는 제13조의 개정규정에 불구하고 종전의 규정에 의한다.

하도급거래공정화에관한법률시행령

[제정 1985년 4월 1일
 대통령령 제11676호]

개정 1990. 4. 14. 대통령령 제12979호   1993. 2. 20. 대통령령 제13844호
     1995. 4. 1. 대통령령 제14567호   1997. 3. 31. 대통령령 제15329호
     1999. 3. 31. 대통령령 제16222호

　제1조　【목적】이 영은 하도급거래공정화에관한법률에서 위임한 사항과 그 시행에 관하여 필요한 사항을 규정함을 목적으로 한다. 〈개정 1999. 3. 31.〉

　제1조의 2　【중소기업자의 범위 등】① 하도급거래공정화에관한법률 (이하 "법"이라 한다) 제2조(정의) 제2항 제2호 본문에서 "연간 매출액"이라 함은 하도급계약을 체결하는 사업연도의 직전 사업연도의 손익계산서에 표시된 매출액을 말한다. 다만, 직전 사업연도중에 사업을 개시한 경우에는 직전 사업연도의 매출액을 1년으로 환산한 금액을 말하며, 당해 사업연도에 사업을 개시한 경우에는 사업개시일부터 하도급계약체결일까지의 매출액을 1년으로 환산한 금액을 말한다. 〈개정 1999. 3. 31.〉

　② 법 제2조(정의) 제2항 제2호 본문에서 "자산총액"이라 함은 하도급계약을 체결하는 사업연도의 직전 사업연도 종료일 현재의 대차대조표에 표시된 자산총액을 말한다. 다만, 당해 사업연도에 사업을 개시한 경우에는 사업개시일 현재의 대차대조표에 표시된 자산총액을 말한다.

　③ 법 제2조(정의) 제2항 제2호 본문에서 "상시 고용종업원수"라 함은 하도급계약을 체결하는 사업연도의 직전 사업연도 종료일 현재 사업자가 상시 고용하고 있는 종업원수를 말한다. 다만, 직전 사업연도에 사업실적이 없거나 당해 사업연도에 사업이 개시된 경우에는 하도급계약체결일 현재 상시 고용하고

있는 종업원수를 말한다.

④ 법 제2조(정의) 제2항 제2호 단서에서 "대통령령이 정하는 연간 매출액에 해당하는 중소기업자"라 함은 제조업 및 도·소매업의 경우에는 연간 매출액이 20억원 미만인 중소기업자를, 건설업·엔지니어링활동업·소프트웨어사업 및 건축설계업의 경우에는 연간 매출액이 30억원 미만인 중소기업자를 말한다.

⑤ 법 제2조(정의) 제7항에서 "대통령령이 정하는 물품"이라 함은 레미콘을, "대통령령이 정하는 특별시, 광역시 등의 지역"이라 함은 수급사업자의 소재지를 기준으로 하여 광주광역시·강원도·충청북도·전라북도·전라남도·경상북도·경상남도 및 제주도를 말한다. 〈개정 1999. 3. 31.〉

⑥ 법 제2조(정의) 제9항 본문에서 "대통령령이 정하는 건설공사"라 함은 다음 각 호의 1에 해당하는 공사를 말한다.

1. 건설산업기본법시행령 제8조(경미한 건설공사 등)의 규정에 의한 경미한 공사 〈개정 1999. 3. 31.〉

2. 전기공사업법시행령 제5조(경미한 공사 등)의 규정에 의한 경미한 공사

⑦ 법 제2조(정의) 제9항 제5호에서 "기타 대통령령이 정하는 사업자"라 함은 다음 각 호의 1에 해당하는 사업자를 말한다. 〈신설 1995. 4. 1.〉

1. 주택건설촉진법 제6조(주택건설 사업자등의 등록)의 규정에 의한 등록업자

2. 수질환경보전법 제39조(방지시설업의 등록)의 규정에 의한 등록업자

3. 대기환경보전법 제44조(방지시설업의 등록)의 규정에 의한 등록업자

4. 소음·진동규제법 제43조(방지시설업의 등록)의 규정에 의한 등록업자

5. 폐기물관리법 제33조(폐기물처리시설의 설계·시공업)의 규정에 의한 등록업자

6. 오수·분뇨 및 축산폐수의처리에관한법률 제38조(분뇨처리시설 등의 설계·시공업)의 규정에 의한 등록업자

7. 에너지이용합리화법 제51조(특정 열사용기자재)의 규정에 의한 등록업자

〈개정 1999. 3. 31.〉

8. 도시가스산업법 제12조(가스시설의 시공·관리)의 규정에 의한 시공자 〈개정 1999. 3. 31.〉

9. 액화석유가스의안전및사업관리법 제15조(시설의 시공·관리)의 규정에 의한 시공자 〈개정 1999. 3. 31.〉

제2조 【서면기재사항】 법 제3조(서면의 교부 및 서류의 보존) 제2항에서 "대통령령으로 정하는 사항"이라 함은 다음 사항을 말한다.

1. 위탁일과 수급사업자가 위탁받은 것(이하 '목적물'이라 한다)의 내용

2. 목적물을 원사업자에게 납품 또는 인도(이하 '납품'이라 한다)하는 시기 및 장소

3. 목적물의 검사의 방법 및 시기

4. 하도급대금(선급금, 기성금 및 법 제16조의 규정에 의한 설계변경 등에 따른 하도급대금의 조정이 있는 경우에는 조정된 금액을 포함한다. 이하 같다)과 그 지급방법 및 지급기일

5. 원사업자가 수급사업자에게 목적물의 제조·수리 또는 시공에 소요되는 원재료 등을 제공하고자 하는 경우에는 그 원자재 등의 품명·수량·제공일·대가 및 대가의 지급방법과 지급기일

제3조 【서류의 보존】 ① 법 제3조(서면의 교부 및 서류의 보존) 제3항의 규정에 의하여 보존하여야 하는 하도급거래에 관한 서류는 법 제3조(서면의 교부 및 서류의 보존) 제1항의 서면과 다음의 서류 또는 사항이 기재된 서류(컴퓨터등 정보처리능력을 가진 장치에 의하여 전자적인 형태로 작성, 송·수신 또는 저장된 것을 포함한다. 이하 이 조에서 같다)를 말한다. 〈개정 1999. 3. 31.〉

1. 법 제8조(부당한 수령거부의 금지 및 수령증의 교부)의 규정에 의한 수령증명서

2. 법 제9조(검사의 기준·방법 및 시기)의 규정에 의한 목적물의 검사결과,

검사종료일

3. 하도급대금의 지급일 · 지급금액 및 지급수단(어음으로 하도급대금을 지급하는 경우에는 어음의 교부일 · 금액 및 만기일을 포함한다)

4. 법 제6조(선급금의 지급)의 규정에 의한 선급금 및 지연이자, 법 제13조(하도급대금의 지급 등) 제6항 내지 제8항의 규정에 의한 어음할인료 및 지연이자, 법 제15조(관세 등 환급액의 지급)의 규정에 의한 관세 등 환급액 및 지연이자를 지급한 경우에는 그 지급일과 지급금액 〈개정 1999. 3. 31.〉

5. 원사업자가 수급사업자에게 목적물의 제조 · 수리 또는 시공에 소요되는 원재료 등을 제공하고 그 대가를 하도급대금에서 공제한 경우에는 그 원재료 등의 내용과 공제일 · 공제금액 및 공제 사유

6. 법 제16조(설계변경 등에 따른 하도급대금의 조정)의 규정에 의하여 하도급대금을 조정한 경우에는 그 조정금액 및 조정사유

② 제1항의 규정에 의한 서류는 제6조의 규정에 의한 '거래가 종료된 날'부터 3년간 보존하여야 한다. 〈개정 1993. 2. 20.〉

제3조의 2 【건설하도급 계약이행 및 대금지급보증】 ① 법 제13조의 2(건설하도급 계약이행 및 대금지급 보증) 제1항 단서에서 "대통령령이 정하는 경우"라 함은 다음 각 호의 1에 해당하는 경우를 말한다.

1. 원사업자가 수급사업자에게 건설위탁을 하는 경우로서 1건 공사의 공사금액이 3천만원 이하인 경우

2. 원사업자가 다음 각목의 1에 해당하는 기관이 실시하는 재산상태 등에 대한 평가에서 공정거래위원회가 정하여 고시하는 기준 이상의 등급을 받은 경우

가. 법 제13조의 2(건설하도급 계약이행 및 대금지급 보증) 제2항 제1호의 규정에 의한 건설공제조합 · 전문건설공제조합 및 전기통신공제조합

나. 제2항의 규정에 의한 전기공사공제조합 및 전기통신공제조합

다. 기타 공정거래위원회가 지정 · 고시하는 신용평가 업무를 수행하는 기관

3. 제4조 제1항 제2호의 각 규정에 의하여 발주자가 하도급대금을 직접 지급

하여야 하는 경우 〈신설 1993. 3. 31.〉

② 법 제13조의 2(건설하도급 계약이행 및 대금지급 보증) 제2항 제5호에서 "대통령령이 정하는 보증기관"이라 함은 전기공사공제조합법에 의한 전기공사공제조합 및 전기통신공사업법에 의한 전기통신공제조합을 말한다.
〈본조 신설 1997. 3. 31.〉

제4조 【하도급대금의 직접 지급】① 법 제14조(하도급대금의 직접 지급) 제1항의 규정에 의하여 발주자가 수급사업자에게 하도급대금을 직접 지급하여야 하는 때는 다음과 같다.

1. 원사업자의 파산·부도가 있거나 사업에 관한 허가·인가·면허·등록 등이 취소되어 원사업자가 하도급대금을 지급할 수 없게 된 경우로서 수급사업자가 하도급대금의 직접 지급을 요청한 때

2. 발주자가 하도급대금을 직접 수급사업자에게 지급한다는 뜻과 그 지급방법 및 절차에 관하여 발주자·원사업자 및 수급사업자가 합의한 때

3. 원사업자가 법 제13조의 2(건설하도급 계약이행 및 대금지급보증) 제1항의 규정에 의한 하도급대금 지급보증의무를 이행하지 아니하고 법 제13조(하도급대금의 지급 등) 제1항 또는 제3항의 규정에 의하여 지급하여야 할 하도급대금의 2회분 이상을 지급하지 아니한 경우로서 수급사업자가 하도급대금의 직접 지급을 요청한 때

② 법 제14조(하도급대금의 직접 지급) 제1항의 규정에 의하여 발주자가 해당 수급사업자에게 하도급대금을 직접 지급함에 있어서 발주자가 원사업자에게 이미 지급한 하도급금액은 이를 제외한다.
〈전문 개정 1999. 3. 31.〉

제5조 【위반행위의 신고 및 통지】① 법 제22조(위반행위의 신고 등) 제1항의 규정에 의하여 신고를 하고자 하는 자는 다음 사항을 명백히 하여야 한다.

1. 신고장의 성명·주소

2. 피신고자의 성명 또는 명칭(법인인 경우에는 그 대표자의 성명을 포함한다)

3. 위반행위의 내용과 이를 입증할 수 있는 자료

② 공정거래위원회가 법 제22조(위반행위의 신고 등) 제3항의 규정에 의하여 원사업자에게 수급사업자로부터 원사업자의 법 위반행위에 관한 신고가 접수된 사실을 통지할 때에는 접수된 날부터 14일 이내에 신고자 및 신고내용을 명시한 서면으로 하여야 한다. 〈개정 1995. 4. 1.〉

제6조 【조사대상거래의 제한】 법 제23조(조사대상거래의 제한)에서 "거래가 종료된 날"이라 함은 제조위탁 및 수리위탁의 경우에는 수급자가 원사업자에게 위탁받은 목적물을 납품한 날을 말하여, 건설위탁의 경우에는 원사업자가 수급사업자에게 건설 위탁한 공사가 완공된 날을 말한다. 다만, 하도급계약이 중도에 해지되거나 하도급거래가 중지된 경우에는 해지 또는 중지된 날을 말한다. 〈개정 1997. 3. 31.〉

제7조 【하도급분쟁조정협의회의 설치단체】 ①법 제24조(하도급분쟁조정협의회) 제1항의 규정에 의하여 하도급분쟁조정협의회(이하 "협의회"라 한다)를 설치하여야 하는 사업자 단체와 각 사업자단체에 설치한 협의회가 분장하는 하도급거래의 분야는 다음과 같다. 〈개정 1999. 3. 31.〉

사업자 단체	하도급거래 분야
1. 중소기업협동조합법에 의한 중소기업 협동조합 중앙회	제조위탁 및 수리위탁(다만, 소프트웨어 개발업·엔지니어링활동업·건축설계업 및 건설업에 있어서의 제조위탁을 제외한다)
2. 건설산업기본법에 의한 건설협회 및 전문건설협회(공동설치)	법 제2조(정의)제9항 제1호 및 제5호의 규정에 의한 건설업자의 건설위탁과 제조 위탁
3. 전기공사업법에 의한 한국전기공사협회	건설위탁중 전기공사업법에 의한 전기공사의 위탁
4. 정보통신공사업법에 의한 전기통신공사협회	건설위탁중 정보통신공사업법에 의한 정보통신공사의 위탁
5. 소방법에 의한 한국소방안전협회	건설위탁중 소방법에의한 소방시설공사의 위탁
6. 한국엔지니어링진흥협회	엔지니어링활동의 위탁
7. 한국소프트웨어산업협회	소프트웨어사업의 위탁
8. 대한건축사협회	건설설계 위탁
9. 민법 제32조의 규정에 의하여 설립된 사단법인 한국공정경쟁협회	제조위탁·수리위탁 및 건설위탁

② 제1항의 사업자단체는 공동으로 협의회를 설치할 수 있다. 이 경우에는 공정거래위원회의 승인을 얻어야 한다. 다만, 건설산업기본법에 의한 건설협회와 전문건설협회의 경우에는 승인을 요하지 아니한다.

③ 건설산업기본법에 의한 업종별 공사업협회는 건설협회와 전문건설협회가 공동으로 설치한 건설하도급분쟁조정협의회의 운영에 필요한 경비의 일부를 부담할 수 있다. 〈신설 1997. 3. 31.〉

제8조 【협의회의 구성】 ① 협의회는 위원장 1인을 포함하여 9인 이내의 위원으로 구성하되 공익을 대표하는 위원, 원사업자를 대표하는 위원 및 수급사업자를 대표하는 위원이 각각 동수가 되도록 한다.

② 위원장은 공익을 대표하는 위원중에서 협의회가 선출하며, 당해 협의회를 대표한다.

③ 위원의 임기는 2년으로 하되 연임할 수 있다.

제9조 【위원의 위촉】 협의회의 위원은 제7조(하도급분쟁조정협의회의 설치단체) 제1항의 각 사업자단체의 장이 위촉하되 미리 공정거래위원회에 보고하여야 한다. 다만, 사업자단체가 공동으로 협의회를 설치하고자 하는 경우에는 당해 사업자단체의 장이 공동으로 위촉한다.

제10조 【공익을 대표하는 위원의 자격】 공익을 대표하는 위원은 하도급거래에 관한 학식과 경험이 풍부한 자 중에서 위촉하되 당해 위원이 소속되는 협의회가 분장하는 하도급거래분야의 업종에 속하는 사업체의 임직원은 공익을 대표하는 위원이 될 수 없다.

제11조 【협의회의 회의】 ① 위원장은 협의회의 회의를 소집하고 그 의장이 된다.

② 회의는 재적위원 과반수의 출석으로 개의한다.

③ 위원장이 사고가 있을 때에는 위원장이 공익을 대표하는 위원 중에서 지명하는 위원이 그 직무를 대행한다.

제12조 【분쟁의 조정 등】 ① 협의회는 법 제24조(하도급분쟁조정협의회) 제2항의 규정에 의하여 당사자로부터 분쟁조정을 요청받은 때에는 즉시 그 내용을 공정거래위원회에 보고하여야 한다. 〈신설 1997. 3. 31.〉

② 공정거래위원회는 제1항의 규정에 의하여 보고를 받은 경우 당해 분쟁에 대한 조정절차가 종료될 때까지는 당해 분쟁의 당사자인 원사업자에 대하여 법 제25조(시정조치) 제1항의 수정에 의한 시정조치를 권고하거나 명하여서는 아니 된다. 다만, 공정거래위원회가 이미 법 제22조(위반행위의 신고 등) 제2항의 규정에 의하여 조사중인 사건에 대하여는 그러하지 아니하다. 〈신설 1997. 3. 31.〉

③ 협의회는 법 제24조(하도급분쟁조정협의회)의 규정에 의한 조정이 성립된 경우에는 조정에 참가한 위원과 분쟁당사자가 기명날인한 조정서를 작성한

후 그 사본을 첨부하여 조정결과를 공정거래위원회에 보고하여야 한다.

④ 협의회는 조정의 요청을 받은 날로부터 60일 이내에 조정이 성립되지 아니한 경우에는 조정경위와 관계 서류를 첨부하여 공정거래위원회에 보고하여야 한다. 〈개정 1999. 3. 31.〉

⑤ 협의회는 조정을 하기 위하여 필요한 경우에는 당해 분쟁사실의 확인에 필요한 범위 안에서 조사를 하거나 분쟁당사자에 대하여 관계서류의 제출이나 출석을 요구할 수 있으며, 분쟁당사자는 협의회의 회의에 출석하여 의견을 진술하거나 관계자료를 제출할 수 있다.

제13조 【협의회의 운영세칙】 이 영에 규정된 것 외에 협의회의 운영 및 조직에 관하여 필요한 사항은 공정거래위원회의 승인을 얻어 협의회가 정한다.

제13조의 2 【자문위원】 ① 법 제24조의 2(자문위원)의 규정에 의하여 공정거래위원회는 하도급분야에 관하여 학식과 경험이 풍부한 자를 자문위원으로 위촉할 수 있다.

② 자문위원은 공정거래위원회의 요청을 받아 하도급거래공정화에관한법률의 운용등에 관하여 의견을 진술하거나 서면으로 의견을 제출할 수 있다.

③ 자문위원으로 위촉된 자에 대하여는 예산의 범위 안에서 수당 및 필요한 경비를 지급할 수 있다.

④ 이 영에 규정한 것외에 자문위원에 관하여 필요한 사항은 공정거래위원회가 정한다.
〈본조 신설 1997. 3. 31.〉

제14조 【공탁사실의 보고】 법 제25조의 2(공탁)의 규정에 의하여 공탁을 한 원사업자는 지체없이 공정거래위원회에 공탁한 사실을 서면으로 보고하여야 한다. 〈신설 1993. 2. 20.〉

제14조의 2 【과징금 부과기준】 ① 법 제25조의 3(과징금)의 규정에 의

한 과징금의 금액은 별표의 기준을 적용하여 산정한다.

② 공정거래위원회가 과징금을 부과함에 있어서는 사업자의 사업규모 및 납부능력, 위반행위의 정도 및 횟수 등을 참작하여 제1항의 규정에 의한 과징금의 금액을 감면할 수 있다.

③ 이 영에 규정된 것외에 과징금의 부과에 관하여 필요한 사항은 공정거래위원회가 정한다.

〈본조 신설 1999. 3. 31.〉

제14조의 3 【준용】독점규제및공정거래에관한법률시행령 제61조의 2(과징금의 징수 및 가산금) 내지 제64조의 3(체납처분의 위탁)의 규정은 법 제25조의 3(과징금)의 규정에 의한 과징금의 부과·납부·징수 및 체납처분 등에 관하여 이를 준용한다.

〈전문 개정 1999. 3. 31.〉

제15조 【과태료의 부과】① 공정거래위원회는 법 제30조의 2(과태료) 제2항의 규정에 의하여 과태료를 부과할 때에는 당해 위반행위를 조사·확인한 후 위반사실·이의방법·이의기간 및 과태료의 금액을 서면으로 명시하여 이를 납부할 것을 과태료처분대상자에게 통지하여야 한다.

② 공정거래위원회는 제1항의 규정에 의하여 과태료를 부과하고자 할 때에는 10일 이상의 기간을 정하여 과태료 처분대상자에게 구술 또는 서면에 의한 의견진술의 기회를 주어야 한다. 이 경우 지정된 기일까지 의견진술이 없는 경우에는 의견이 없는 것으로 본다.

③ 공정거래위원회는 과태료의 금액을 정함에 있어서는 당해 위반행위의 동기와 그 결과 등을 참작하여야 한다.

〈본조 신설 1993. 2. 20.〉

부   칙〈1985. 4. 1.〉

① (시행일) 이 영은 공포한 날로부터 시행한다.

② (경과조치) 제7조의 전문건설협회가 이 영에 의하여 수행할 사항은 전문건설협회의 설립일까지 건설업법에 의한 건설협회에 설치된 전문위원전국협의회가 이를 시행한다.

부   칙〈1993. 2. 20.〉

① (시행일) 이 영은 1993년 4월 1일부터 시행한다.

② (경과조치) 이 영 시행당시 이미 하도급계약이 체결된 하도급거래에 관하여는 제1조의 2의 개정규정을 적용하지 아니한다.

부   칙〈1995. 4. 1.〉

① (시행일) 이 영은 공포한 날로부터 시행한다.

② (경과조치) 이 영 시행당시 이미 하도급계약이 체결된 하도급거래에 관하여는 제1조의 2·제2조 제4호·제5조 제2항의 개정규정을 적용하지 아니한다.

부   칙〈1997. 3. 31.〉

① (시행일) 이 영은 1997년 4월 1일부터 시행한다. 다만, 제7조(하도급분쟁조정협의회의 설치단체) 제1항 별표 제2호, 동 조 제2항 단서 및 동 조 제3항의 개정규정은 1997년 7월 1일부터 시행한다.

② (하도급계약이 체결된 하도급거래에 관한 적용례) 이 영 시행당시 이미 하도급계약이 체결된 하도급거래에 관하여는 제1조의 2(중소기업자의 범위 등) 제4항 및 제5항, 제3조의 2(건설하도급 계약이행 및 대금지급 보증)와 제14조의 2(준용)의 개정규정에 불구하고 종전의 규정에 의한다.

부   칙〈1999. 3. 31.〉

이 영은 1999년 4월 1일부터 시행한다.

하도급거래 공정화지침

[제정 1987년 9월 9일]

개정 1988. 8. 17.　　　　1990. 6. 13.　　　　1993. 3. 17.
　　　1995. 6. 30.　　　　1999. 6.

Ⅰ. 목 적

이 지침은 하도급거래공정화에관한법률(이하 "법"이라 함) 및 동법 시행령에서 정한 하도급거래상 원사업자와 수급사업자의 구체적인 준수사항을 제시하여 법위반행위를 예방하고, 법집행기준을 명확히 하여 위반사건을 신속·공정하게 처리하도록 함으로써 공정한 하도급거래질서 확립에 이바지하는 데 그 목적이 있다.

Ⅱ. 용어의 정의

1. 상시 고용종업원수, 연간매출액, 시공능력평가액(또는 도급한도액), 자산총액

가. "상시 고용종업원수"라 함은 사업자가 상시 고용하고 있는 하도급계약 체결시점의 직전 사업연도말의 종업원수를 상시 고용종업원수라고 한다. 이의 판단은 사업자가 관할세무서장에게 신고한 "원천징수이행상황신고서"(1997

년도까지는 "소득세징수액집계표")상의 12월말 월급여 간이세율(AO1)의 총 인원을 기준으로 한다.

나. "연간 매출액(이하 "매출액"이라 한다)"이라 함은 사업자의 하도급계약 체결 시점의 직전 사업연도의 매출총액을 말하며 이의 판단은 「주식회사의외 부감사에관한법률」에 의거 작성된 감사보고서 또는 관할 세무서장이 확인·발급하는 "재무제표증명원"의 손익계산서상의 매출액을 원칙으로 하나, 불가 피한 경우 "부가가치세 과세표준증명원"상의 매출과세표준의 합계금액으로 할 수 있다.

다. "시공능력평가액(또는 도급한도액)이라 함은 사업자의 하도급계약체결 시점에 적용되는 시공능력평가액(도급한도액)을 말하며 여러 개 공종의 면허 를 소지하고 있는 경우에는 이를 합산한다.

라. "자산총액"이라 함은 사업자의 하도급계약체결시점의 직전 사업연도의 자산총액을 말하며 이의 판단은 「주식회사의외부감사에관한법률」에 의거 작 성된 감사보고서 또는 관할세무서장이 확인·발급하는 "재무제표증명원"의 대차대조표상의 자산총액으로 한다.

마. 신규사업자로서 하도급계약시점의 직전 연도의 자산총액, 상시 고용 종 업원수, 매출액을 정할 수 없을 경우 "자산총액"은 사업개시일 현재의 대차대 조표상에 표시된 자산총액, "상시 고용종업원수"는 하도급계약체결일 현재 상 시 고용하고 있는 종업원수, 매출액은 사업개시일부터 하도급계약체결일까지 의 매출액을 1년으로 환산한 금액을 각각 적용한다.

바. 1개 사업자가 2개 이상의 업종(예 : 건설, 제조)을 영위할 경우 그 사업자 의 매출액, 자산총액, 상시 고용종업원수를 업종별로 구분하지 않고 합산하여 산출한다.

2. 할인가능 어음

'할인가능한 어음' 이라 함은 다음의 금융기관에 의하여 어음할인 대상업체로 선정된 사업자가 발행·배서한 어음 또는 신용보증기금 및 기술신용보증기금이 보증한 어음을 말한다.

　가. 은행법 및 관련 특별법에 의하여 설립된 은행

　나. 종합금융회사에관한법률에 의하여 설립된 종합금융회사

　다. 보험업법에 의하여 설립된 생명보험회사

　라. 상호신용금고법에 의하여 설립된 상호신용금고

　마. 여신전문금융업법에 의하여 설립된 여신전문금융회사

　바. 새마을금고법에 의하여 설립된 새마을 금고

　사. 상법에 의하여 설립된 팩토링업무 취급기관

3. 기간 계산

법에서의 기간계산은 민법의 일반원칙에 따라 초일을 산입하지 아니하고 당해 기간 말일이 공휴일에 해당하는 때에는 기간은 그 익일에 만료한다.

4. 하도급거래 승계

　가. 사업자가 합병, 영업양수, 상속 등을 통하여 권리의무를 포괄적으로 승계하는 경우에는 하도급거래에 따른 전사업자의 제반 권리의무를 승계한 것으로 본다.

　나. 권리의무를 승계한 사업자는 승계한 시점에서 당사자의 요건을 충족하지 아니하더라도 기 성립한 하도급거래에 따른 당사자로 본다.

　다. 건설관계법령 〈"건설산업기본법", "전기공사업법", "정보통신공사업법", "소방법", 및 하도급법시행령 제1조의 2(중소기업자의 범위) 제3항에서

열거한 법을 포함함. 이하 같음)에 의하여 면허 · 등록 · 지정을 받은 권한을 양수한 자는 양수이전(양수시점에서 이미 시공 완료된 공사는 제외)의 공사부분에 대하여도 하도급거래 당사자로 본다.

라. 건설관계법령의 규정에 의하여 영업정지, 면허나 등록의 취소, 시공자의 지위상실 및 기타의 사유로 자격을 상실한 사업자 또는 그 포괄승계인이 동 처분전의 공사를 계속 시공할 경우에는 동 처분이전의 공사부분에 대해서는 물론 처분이후의 공사부분에 대하여도 하도급거래 당사자로 본다.

5. 회사 임직원의 행위

회사의 임직원이 그의 업무와 관련하여 행한 행위는 회사의 행위로 본다.

6. 과실상계

법제33조의 규정에 의하여 원사업자에게 시정조치를 함에 있어서 수급사업자에게 책임이 있는 이유로 참작할 수 있는 경우를 예시하면 다음과 같다.

가. 하도급대금에 관한 분쟁이 있어 의견이 일치된 부분의 대금에 대하여 원사업자가 수급사업자에게 지불하거나 공탁한 경우

나. 원사업자가 수급사업자에게 선급금에 대한 정당한 보증을 요구하였으나 이에 응하지 않거나 지연되어, 선급금을 지급하지 않거나 지연지급하는 경우

다. 목적물을 납품 · 인도한 후 원사업자가 정당하게 수급사업자에게 요구한 하자보증의무 등을 수급사업자가 이행하지 않아 대금지급이 지연된 경우

라. 목적물의 시공 및 제조 수급사업자의 부실시공 등 수급사업자에게 책임을 돌릴 수 있는 명백하고 객관적인 증거(예 : 재판의 결과 또는 수급사업자스스로 인정 등으로 확인 된 경우)에 의하여 동 수급사업자의 귀책부분에 대하여 하도급대금을 공제 또는 지연지급하는 경우

Ⅲ. 공정화 지침

1. 법적용 대상이 되는 제조 · 수리 · 및 건설위탁의 범위

가. 제조위탁의 범위〈법제2조(정의) 제6항〉

법적용 대상이 되는 제조위탁을 예시하면 다음과 같다.

(1) 사업자가 물품의 제조 · 판매 · 수리를 업으로 하는 경우
(가) 제조 · 수리 · 판매의 대상이 있는 완제품(OEM방식 제조 포함)을 제조위탁하는 경우

예시

① 자기 소비용의 단순한 일반사무용품의 구매나 물품의 생산을 위한 기계 · 설비 등을 단순히 제조위탁하는 경우
② 위탁받은 목적물을 제3자에게 제조위탁하지 않고 단순 구매하여 납품한 경우는 해당되지 않음
③ 위탁받은 사업자가 자체 개발한 신제품을 위탁한 사업자의 승인하에 제조하는 경우는 법적용 대상의 제조위탁에 해당됨
(나) 물품의 제조 · 수리과정에서 투입되는 중간재(원자재, 부품, 반제품)를 규격 또는 품질 등을 지정하여 제조위탁하는 경우

예시

① 자동차 · 기계 · 전자제품제조업자 등이 부품제조를 의뢰하거나 부품의 조립 등 임가공을 위탁하는 경우
② 섬유 · 의류제조업자가 원단의 제조를 위탁하거나 염색 또는 봉제 등 임

가공을 위탁하는 경우

(다) 물품의 제조에 필요한 금형, 사형, 목형 등을 제조위탁하는 경우

(라) 물품의 제조과정에서 도장, 가공, 조립, 주단조, 도금 등을 위탁하는 경우

(마) 수리업자가 물품의 수리에 필요한 부품 등의 제조를 위탁하는 경우

예시

① 차량수리업자가 차량의 수리에 필요한 핸들, 브레이크카바 등 자동차부품을 제조위탁한 경우

② 선박수리업자가 선박의 수리에 필요한 부품 · 선박제조 및 도장, 용접 등을 위탁한 경우

③ 발전기수리업자가 발전기의 수리에 필요한 부품 등을 제조위탁한 경우

(바) 물품의 제조나 판매에 부수되는 포장용기, 라벨, 견본품, 사용 안내서 등을 제조위탁하는 경우

(사) 위 (가)부터 (바)까지 관련하여 위탁받은 사업자가 제조설비를 가지고 있지 않더라도 위탁받은 물품의 제조에 대하여 전 책임을 지고 있는 경우에는 제조위탁을 받은 것으로 본다. 다만, 무역업자가 제조업자의 요청으로 단순히 수출을 대행하는 경우에는 제조위탁으로 보지 아니한다.

(2) 사업자가 건설을 업으로 하는 경우

(가) 건설공사에 소요되는 시설물을 제조위탁하는 경우로서, 규격 또는 성능 등을 지정한 도면이나 설계도, 시방서 등에 의하여 주문 제작한 것 : 갑문, 수문, 가드레일, 표지판, 주차기, 엘리베이터 등

(나) 건축공사에 설치되는 부속시설물로서 규격 등을 지정한 도면이나 시방서 및 사양서 등에 의하여 제조를 위탁하는 경우 : 신발장, 거실장, 창틀 등

(다) 건설자재 · 부품에 대하여 규격 등을 지정한 도면, 시방서 및 사양서 등에 의하여 주문한 것

예시

① 거래관행상 성능, 품질, 규격 등을 지정한 주문서가 없더라도 지정된 시간과 장소에 납품하도록 제조를 위탁하는 것은 해당됨 : 레미콘, 아스콘 등

② 규격·표준화된 자재라 하더라도 특별히 사양서, 도면, 시방서 등을 첨부하여 제조위탁하는 경우에는 포함됨

③ 단순한 건설자재인 시멘트, 자갈, 모래는 제외되나 규격·품질 등을 지정하여 골재 등을 제조위탁하거나 석산 등을 제공하여 임가공위탁하는 경우는 해당됨

(3) 사업자가 소프트웨어개발, 엔지니어링활동, 건축설계를 업으로 하는 경우

(가) 소프트웨어개발업의 법적용 예시

① 소프트웨어 개발을 위한 컨설팅(업무분석, 기능설정 등이 기록된 제안서, 마스터플랜형태로 나타남)을 다른 사람에게 위탁하는 경우

② 시스템구축관련설계(하드웨어, 소프트웨어, 네트워크설계 등)를 다른 사람에게 위탁하는 경우

③ 시스템개발(소프트웨어개발, 하드웨어개발, 네트워크설치 등) 및 시스템운영과 이에 따른 자료입력, 도면입력. DB구축을 다른 사업자에게 위탁하는 경우

④ 기타 시스템개발과 관련된 유지보수를 다른 사업자에게 위탁하는 경우

(나) 엔지니어링활동업의 법적용 예시

① 공장 및 토목공사에 대한 타당성 조사, 설계, 구조계산을 다른 사업자에게 위탁하는 경우

② 시험, 감리를 다른 사업자에게 위탁하는 경우

③ 시설물의 유지관리를 다른 사업자에게 위탁하는 경우

(다) 건축 설계업의 법적용 예시

① 건축사가 건축설계용역과 관련 설계도서(공사용 도면, 시방서)작성을 다

른 사업자에게 위탁하는 경우

② 건축사가 건축법시행령 제32조 제1항 및 제91조의 3 제1항에 의한 구조계산을 다른 사업자에게 위탁하는 경우

③ 건축사가 건축법시행령 제91조의 3 제2항의 규정에 의한 건축설비의 설계를 다른 사업자에게 위탁하는 경우

나. 수리위탁의 범위〈법제2조 (정의) 제8항〉

수리업자가 그 수리행위의 전부 또는 일부를 다른 수리업자에게 위탁하는 경우

예시

① 차량수리업자가 차량의 수리를 다른 사업자에게 위탁하는 경우

② 선박수리업자가 선박의 수리를 다른 사업자에게 위탁하는 경우

③ 발전기 수리업자가 발전기의 수리를 다른 사업자에게 위탁하는 경우

다. 건설위탁의 범위〈법제2조(정의) 제9항, 시행령 제1조의 2(중소기업자의 범위 등)〉

법적용대상이 되는 건설위탁을 예시하면 다음과 같다.

(1) 건설산업기본법상 건설업자의 건설위탁

(가) 건설산업기본법 제9조(건설업의 등록 등)에 의해 일반건설업 또는 전문건설업을 등록한 건설업자가 시공자격이 있는 공종에 대하여 당해 공종의 시공자격을 가진 다른 등록업자에게 시공위탁한 경우

(나) 건설업자가 시공자격이 없는 공종을 부대공사로 도급받아 동 공종에 대한 시공자격이 있는 다른 업자에게 시공위탁한 경우

예시

① 전기공사면허를 소지하지 아니한 일반건설업자가 전기공사가 주인 공사

를 전기공사업 면허를 소지한 사업자에게 전기공사를 시공하도록 의뢰한 경우
는 시공을 위탁한 일반건설업자가 전기공사업면허를 소지하지 아니하였으므
로 이는 "건설위탁"으로 보지 않는다. 다만, 전기공사가 부대적인 공사인 경우
에는 "건설위탁"으로 본다.

② 토공사업에만 등록한 전문건설업자가 미장공사업에 등록한 전문건설
업자에게 미장공사를 시공의뢰한 경우에는 건설위탁으로 보지 않는다.

(2) 전기공사업자의 건설위탁

전기공사업법 제2조 제3호의 규정에 의한 공사업자가 도급받은 전기공사의
전부 또는 일부를 전기공사업 면허를 소지한 다른 사업자에게 시공위탁한 경
우

(3) 정보통신공사업자의 건설위탁

정보통신공사업법 제2조 제4호의 규정에 의한 공사업자가 도급받은 정보통
신공사의 전부 또는 일부를 정보통신공사업 허가를 받은 다른 사업자에게 시
공위탁한 경우

(4) 소방시설공사업자의 건설위탁

소방법 제52조 제1항에 의해 소방시설공사업 면허를 취득한 사업자가 도급
받은 소방시설공사의 전부 또는 일부를 소방시설공사업 면허를 소지한 다른
사업자에게 시공위탁한 경우

(5) 주택건설 등록업자의 건설위탁

주택건설촉진법 제6조의 규정에 의한 등록업자가 그 업에 따른 주택건설공
사의 전부 또는 일부를 시공자격이 있는 다른 사업자에게 시공위탁한 경우

(6) 환경관련 시설업자의 건설위탁

수질환경보전법 제39조, 대기환경보전법 제44조, 소음진동법 제43조, 폐기물관리법 제33조, 오수·분뇨및축산폐수처리에관한법률 제38조에 의한 등록업자가 그 업에 따른 해당 환경관련 시설공사의 전부 또는 일부를 시공자격이 있는 다른 사업자에게 시공위탁한 경우

(7) 에너지관련 건설업자의 건설위탁

에너지이용합리화법 제51조에 의한 등록업자, 도시가스사업법 제12조, 액화석유가스의안전및사업관리법 제15조에 의한 시공자가 그 업에 따른 해당 에너지 관련 시설공사를 시공자격이 있는 다른 사업자에게 시공위탁한 경우

(8) 경미한 공사의 건설위탁

건설산업기본법상의 건설업자 및 전기공사업법상의 공사업자가 건설산업기본법시행령 제8조 및 전기공사업법시행령 제3조의 규정에 의한 경미한 공사를 상기 법령에 의한 등록을 하지 아니하거나 면허를 소지하지 아니한 사업자에게 위탁한 경우

(9) 자체 발주공사의 건설위탁

건설업을 영위하는 사업자가 아파트 신축공사 등 건설공사를 자기가 발주하여 다른 건설업자에게 공사의 전부 또는 일부를 위탁한 경우

(10) 형식적 하도급관계와 사실적 하도급관계

형식적 하도급관계와 사실상의 하도급관계가 다를 경우에는 사실상의 하도급거래를 적용대상으로 한다. 이를 예시하면 다음과 같다.

(가) 원사업자(A)가 사실상의 수급업자(B)와 하도급관계를 맺고 있으면서 형식상으로는 A가 직영하는 것으로 되어 있을 경우 다음에 예시하는 바와 같은 사실에 의해서 사실상의 관계가 입증되면 A와 B사이에 하도급관계가 있다

고 본다.

① B가 A에 대하여 당해 공사에 관하여 계약보증금을 지급한 사실 또는 담보책임을 부담한 사실

② B가 당해 공사와 관련된 인부의 산재보험료를 부담한 사실

③ 형식상으로는 B가 당해 공사에 전혀 관련이 없는 자로 되어 있으나 당해 공사를 시공함에 있어 공사일지, 장비가동일보, 출력일보, 유류사용대장 등에 B의 책임하에 장비, 인부 등을 조달하여 당해 공사를 시공한 것이 확인되는 경우

④ 형식상으로는 B가 A의 소장으로 되어 있으나 B가 동공사기간중 A로부터 봉급을 받지 않은 사실

⑤ 총포 · 도검 · 화약류등단속법 등 관계 법령에 따라 B가 직접 허가를 받아 시공한 경우

(나) 원사업자(A)와 수급사업자(B)가 하도급계약을 맺었으나 실제 공사는 B로부터 면허를 대여받은 무면허건설업자(C)가 시공했을 경우 C는 무면허사업자이므로 하도급법 적용대상으로 보지 않는다.

2. 법 적용대상이 되는 사업자

가. 제조업, 도소매업의 경우

(1) 대기업자와 중소기업자(중소기업기본법 제2조 제1항에 의한 사업자)간의 하도급거래인 경우에는 당연히 법적용대상이 된다. 다만, 30대 대규모기업집단에 속하는 중소기업자는 대기업자로 본다.

(2) 원사업자와 수급사업자가 중소기업인 경우의 예시

(단위 : 명, 억원)

사 례	원사업자		수급사업자		법 적 용 해당여부
	종업원수	매출액등	종업원수	매출액등	
① 매출액, 종업원 수가 2배	100	250	45	120	O
② 매출액이 2배	60 19	80 19	40 10	35 8	O × 1」
③ 종업원수가 2배	40 30	150 18	18 13	80 14	O × 1」

주1」 원사업자의 직전 사업연도 매출액(또는 자산총액)이 20억원 미만인 경우는 하도급법 적용 대상이 아니다(하도급법시행령 제1조의 2 제4항)

나. 건설업, 엔지니어링활동업, 소프트웨어개발업, 건축설계업의 경우

(1) 대기업자와 중소기업자(중소기업기본법 제2조 제1항에 의한 사업자)간의 하도급거래는 당연히 법적용대상이 된다. 다만, 30대 대규모기업집단에 속하는 중소기업자는 대기업자로 본다.

(2) 원사업자와 수급사업자가 중소기업자인 경우의 예시

(단위 : 명, 억원)

사 례	원사업자		수급사업자		법 적 용 해당여부
	종업원수	매출액등	종업원수	매출액등	
① 매출액, 종업원 수가 2배	200	500	90	230	O
② 매출액이 2배	120 29	400 28	70 20	35 12	O × 1」
③ 종업원수가 2배	90 46	310 28	40 21	160 14	O × 1」

주1」 원사업자의 직전 사업연도 매출액(또는 자산총액)이 30억원 미만인 경우는 하도급법 적용 대상이 아님(하도급법시행령 제1조의 2 제4항)

3. 서면의 교부(법 제3조, 시행령 제1조의 2 제4항)

적법한 서면교부 여부에 관한 판단기준을 예시하면 다음과 같다.

(1) 기본계약서 또는 개별계약서에 위탁일, 품명, 수량, 단가, 하도급대금, 납기등
하도급법에서 규정하고 있는 중요기재사항을 담은 서면을 교부한 경우는 적법한 서면교부로 본다.

(2) 빈번한 거래에 있어 계약서에 법정기재사항의 일부가 누락되어 있으나 건별 발주시 제공한 물량표 등으로 누락사항의 파악이 가능한 경우는 적법한 서면교부로 본다.

(3) 법정기재사항의 일부분이 누락되었으나 업종의 특성이나 현실에 비추어 볼 때 거래에 큰 문제가 없다고 판단되는 경우는 적법한 서면교부로 본다.

(4) 빈번한 거래에 있어 기본계약서를 교부한 후 일정기간 동안의 거래분에 대해 정산하여 정산서를 교부한 경우는 적법한 서면교부로 본다.

(5) 기본계약서를 교부하고 FAX, VAN 또는 전산 등에 의해 발주한 것으로 발주내용이 객관적으로 명백하다고 판단되는 경우 적법한 서면교부로 본다.

(6) 기본계약서를 교부하고 수출용 물품을 제조위탁하는 경우 수급사업자가 원사업자에게 제출한 물품매도확약서(offer sheet)를 개별계약서로 갈음할 수 있다.

(7) 양당사자의 기명날인이 없는 서면을 교부한 경우는 서면 미교부로 본다.

(8) 실제의 하도급거래관계와 상이한 서면을 교부한 경우는 허위서면교부로 본다.

(9) 1건의 하도급공사에 대하여 2종이상의 계약서(계약서로 간주될 수 있는 서류 포함)가 존재할 때는 실제의 하도급거래관계에 입각한 서면을 적법한 것으로 본다. 다만, 실제의 거래관계를 구체적으로 입증하지 못하는 경우에는 계약의 요건을 보다 충실하게 갖춘 서면(예; 발주처에 통보한 서면 등)을 적법한

서면으로 본다.

(10) 추가공사의 위탁과 관련한 경우

(가) 경미하고 빈번한 추가작업으로 인해 물량변동이 명백히 예상되는 공종에 대해 시공완료 후 즉시 정산합의서로 계약서를 대체한 경우는 적법한 서면교부로 본다.

(나) 추가공사 범위가 구분되고 금액이 상당함에도 불구하고 이에 대한 구체적인 추가계약서나 작업지시서 등을 교부하지 아니한 경우는 서면 미교부로 본다.

(다) 시공과정에서 추가 또는 변경된 공사물량이 입증되었으나 당사자간의 정산에 다툼이 있어 변경계약서 또는 정산서를 교부하지 아니한 경우는 원사업자가 구체적으로 적시하지 않은 책임이 있는 것으로 보아 서면 미교부로 본다.

(라) 구체적인 계약서 형태를 갖추지 않았으나 원사업자의 현장관리자가 추가공사에 대한 금액산정이 가능한 약식서류 등을 제공한 경우는 불완전한 서면교부로 본다.

4. 부당한 하도급대금의 결정(법 제4조)

가. 원사업자의 부당한 하도급대금의 결정행위를 예시하면 다음과 같다.

(1) 자재(원부자재 포함)의 가격하락 및 노임하락 등 객관적으로 타당한 단가인하 사유가 없이 일률적으로 단가를 인하하여 하도급대금을 결정하는 행위

(2) 대금지급조건, 거래수량, 작업의 난이도 등의 차이가 없음에도 특정 수급사업자를 차별취급하여 하도급대금을 낮게 결정하는 행위

(3) 다량발주를 전제로 하여 수급사업자에게 견적토록 한 후, 실제로는 소량발주하면서 그 견적가격을 기준으로 하도급대금을 결정하는 행위

(4) 하도급대금을 정하지 않은 채 제조 등의 위탁을 한 후 수급사업자와 협

의를 거치지 않고 통상 지급되는 대가를 하회하여 하도급대금을 결정하는 행위

(5) 수출, 할인판매, 경품류, 견본용 등을 이유로 통상 지급되는 대가보다 현저하게 하회하여 하도급대금을 결정하는 행위

(6) 원사업자가 원도급대금에 비하여 현저히 낮은 실행예산을 작성하여 동 실행예산범위 내로 시공하여야 함을 이유로 하도급대금을 낮게 결정하는 행위

(7) 수의계약방식에 의하여 하도급계약을 체결하는 경우, 정당한 이유없이 원사업자의 도급내역서상 직접공사비 수준을 현저히 하회하는 금액으로 하도급대금을 결정하는 경우

*직접공사비라 함은 원사업자의 도급내역을 기준으로 한 재료비, 직접 노무비, 경비의 합계로 하되, 경비중 당사자간의 합의에 의하여 원사업자가 부담키로 한 비목(예시 : 전력비, 수도 광열비 등)과 원사업자가 부담하게 되는 법정경비(예시 : 산재보험료, 고용보험료 등)는 제외한다.

(8) 경쟁입찰 또는 부대입찰의 경우 당초 낙찰된 금액보다 낮은 금액으로 하도급계약금액을 부당하게 결정하는 행위

나. "통상 지급되는 대가"라 함은 당해 목적물과 동종 또는 유사한 것에 대하여 동일 거래지역에 있어서 일반적으로 지급되는 가격을 말하며, 계속적인 거래에 있어서는 종래 적용하던 가격을 통상지급되는 대가로 볼 수 있다.

5. 물품의 구매강제 금지(법 제5조)

발주자나 고객이 목적물제조 또는 시공의뢰시 특정물품 및 장비 등을 사용하도록 요구하는 경우에는 부당한 물품의 구매강제행위에 해당되지 아니한다.

6. 선급금의 지급

가. 선급금의 지연지급에 대한 지연이자의 계산은 다음과 같다.

(1) 법정지급기일(원사업자가 발주자로부터 선급금을 지급받은 날로부터 15일, 제조 등의 위탁을 하기 전에 선급금을 받은 경우에는 제조위탁한 날로부터 15일)을 초과하여 선급금을 지급한 경우에는 법정지급기일을 초과한 날로부터 지급기일까지의 기간일수를 산정하여 이자를 부과한다. 다만, 원사업자가 발주자로 부터 선급금을 지급받은 후 수급사업자에게 선급금지급보증서 제출을 요청한 날로부터 수급사업자가 선급금지급보증서를 제출한 날까지의 기간일수는 지연이자 계산시 공제할 수 있다.

예시

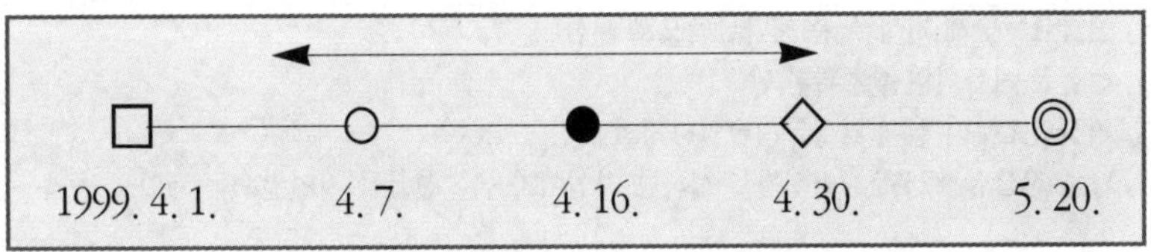

— 이자부과 일수계산 예

법정지급기일을 초과하여 지급한 일수(34일)−지급보증서를 요청한 날로부터 제출한 날까지 일수(23일)＝11일

(2) 선급금을 지급하지 않은 상태에서 기성금을 지급하는 경우 선급금 일부가 당해 기성금에 포함된 것으로 간주하여 지급기일을 초과한 날로부터 당해 기성금지급일까지의 기간에 대한 이자를 부과한다.

예시 선급금을 미지급한 경우

총 계약금액 : 5,000만원

선급금 : 1,000만원(공사금액의 20%)

선급금지급기일 : 1998. 4. 1. 1」

(단위 : 만원)

구 분	기성금액		당 해 선급금 2」	선급금 기산일 3」	선급금 지연일수 4」	지연 이자 5」
	일자	금액				
1회기성	1998. 4. 30.	1,000	200	1998. 4. 2.	29	4
2회기성	5. 31.	1,000	200	4. 2.	60	8
3회기성	6. 30.	1,000	200	4. 2.	90	12
4회기성	7. 31.	1,000	200	4. 2.	121	17
5회기성	8. 31.	1,000	200	4. 2.	152	21
계		5,000	1,000			62

주1」 발주자로부터 선급금을 지급받은 날(또는 하도급계약을 체결한 날)부터 15일째 되는 날
주2」 선급금×당해 기성금/총 계약금액으로 계산
주3」 선급금 지급기일을 초과한 날
주4」 기산일로부터 실제 기성금지급일까지의 기간
주5」 당해 선급금×25%(공정위가 고시하는 지연이자율)×선급금 지연일수/ 365일

예시 선급금을 일부만 지급하면서 지연지급한 경우

총 계약금액 : 10,000만원

선급금 : 2,000만원(공사금액의 20%)

선급금 지급기일 : 1998. 4. 30.

선급금 지급금액 : 1,000만원(1998. 5. 10. 현금 지급)

⇒ 지급지연일수 : 10일

● 선급금중 1,000만원(공사금액의 10%)의 지연지급에 따른 지연이자 : 6.8만원
  －1,000만원×25%(공정위가 고시하는 지연이자율)×10(지급기일을 초과한 날로부터 실제 지급일까지의 기간)/365 = 6.8만원

● 선급금중 1,000만원을 미지급함에 따라 발생한 지연이자 : 60.8만원

(단위 : 만원)

구 분	기성금액		당 해 선급금	선급금 기산일	선급금 지연일수	지연 이자
	일자	금액				
1회기성	1998. 5. 31.	2,000	200	1998. 5. 1.	31	4.2
2회기성	6. 30.	3,000	300	5. 1.	61	12.5
3회기성	7. 31.	1,000	100	5. 1.	92	6.3
4회기성	8. 31.	2,000	200	5. 1.	123	16.8
5회기성	9. 31.	2,000	200	5. 1.	153	21.0
계		10,000	1,000			60.8

※ 당해 선급급 = 미지급한 선급금×당해 기성금/총 계약금액
※ 선급금기산일 = 선급금 지급기일을 초과한 날
※ 선급금지연일수 = 기산일로부터 실제 기성금 지급일까지의 기간
※ 지연이자 = 당해 선급금×25%(공정위가 고시하는 지연이자율)×선급금 지연일수/365일

(3) 선급금 지급에 대한 지연이자 등의 지급기준

(가) 선급금의 "법정지급기일"이라 함은 발주자로부터 선급금을 받은 날(또는 원사업자가 제조 등의 위탁을 한 날)로부터 15일째 되는 날(이하 같음)을 말한다.

① 수급사업자가 법정지급기일을 초과하여 현금으로 지급하는 경우 : 법정지급기일을 초과한 날로부터 지급일까지의 기간에 대한 지연이자 부과

② 수급사업자에게 법정지급기일 내에 어음 등으로 지급하는 경우 : 법정지급 기일을 초과한 날로부터 어음만기일까지의 기간에 대한 할인료 부과

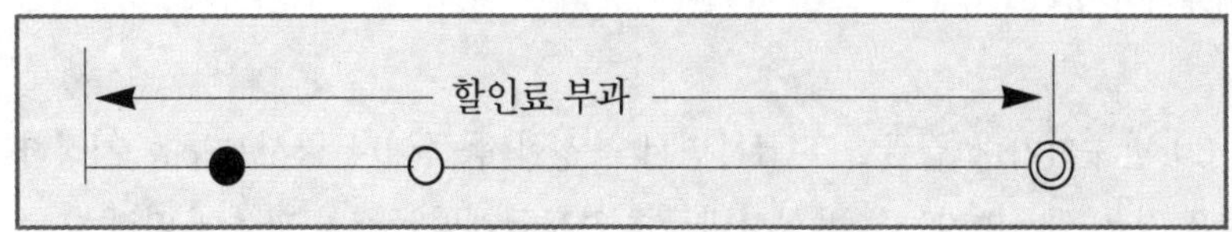

③ 수급사업자에게 법정지급기일을 초과하여 어음 등으로 지급하는 경우 : 법정지급기일을 초과한 날로부터 어음교부일까지의 기간에 대한 지연이자 부과 및 어음교부일로 부터 만기일까지의 기간에 대한 할인료 부과

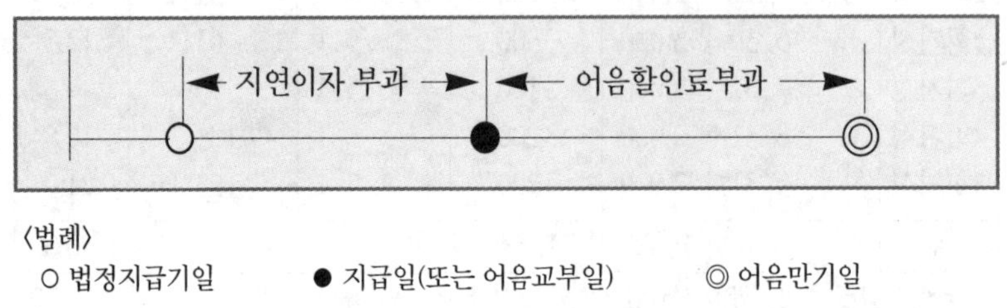

나. 원사업자가 발주자로부터 받은 선급금의 내용과 비율에 따른 판단 기준

(1) 발주자가 선급금을 지급하면서 특정한 공사나 품목을 지정하여 선급금을 지급하는 경우에는 발주자가 지정하는 용도에 한정하여 원사업자는 수급사업자에게 선급금을 지급하면 된다.

예시

A라는 토목건축공사에 토공사, 철근콘크리트공사, 조경석재공사, 승강기설치공사 등 4개의 전문건설공사가 있다고 가정할 경우, 선급금을 지급하면서 토공사와 철근콘크리트공사에만 사용하도록 공사부문을 지정하였다면 토공사와 철근콘크리트공사부문 수급사업자에게만 선급금을 지급하여야 하고, 철근자재 구입에만 사용하도록 품목을 지정하였다면 철근자재를 사용하는 공사부문 수급사업자에게만 선급금을 지급하여야 하며, 선급금지급대상 공사 또는 품목전체에서 해당 공사가 차지하는 금액비율로 수급사업자에게 선급금을 지급하여야 한다.

(2) 발주자가 선급금을 지급하면서 특정한 품목이나 공사부문을 지정하지 않은 경우 원사업자는 전체공사대금중 하도급계약금액의 비율에 따라 수급사

업자에게 해당 선급금을 지급하여야 한다.

7. 내국신용장의 개설(법 제7조)

가. 원사업자가 수출물품을 수급사업자에게 제조위탁하면서 내국신용장을 미개설하더라도 다음의 경우는 정당한 사유가 있는 것으로 본다.
 (1) 수급사업자가 내국신용장의 개설을 명백하게 원하지 아니한 사실이 명백한 경우
 (2) 원사업자가 내국신용장개설 은행에 연체 및 대지급 당한 상태에 있거나 개설한도 부족 등으로 인하여 내국신용장 개설이 불가능한 경우

나. 수급사업자가 제조위탁을 받은 날로부터 15일을 초과하여 물품매도확약서를 제출하는 경우 원사업자가 물품매도확약서를 제출받은 후 지체없이 내국신용장을 개설한 경우에는 위법한 것으로 보지 않는다.

8. 부당한 수령거부의 금지(법 제8조)

원사업자의 부당한 수령거부행위를 예시하면 다음과 같다.

가. 위탁내용이 불명확하여 수급사업자가 납품·시공한 목적물의 내용이 위탁내용과 상이한지 판단이 곤란함에도 불구하고 수령을 거부하는 행위
나. 검사기준을 정하지 아니하고 통상의 기준보다 높은 기준을 적용하거나, 검사기준을 정하였다고 하더라도 내용이 불분명하거나 당초 계약에서 정한 검사기준보다 높은 기준을 적용하여 수령을 거부하는 행위
다. 위탁시 납기를 정하지 아니하거나 납기를 변경할 경우 이를 명확히 하지 아니하고 납기지연을 이유로 수령을 거부하는 행위
라. 원사업자가 공급하기로 되어 있는 원자재 또는 건축자재 등을 늦게 공급

함으로써 납기 · 공기내 납품 또는 시공이 불가능함에도 납기지연을 이유로 수령을 거부하는 행위

　마. 원사업자가 발주자 · 외국수입업자 · 고객의 클레임, 판매부진 등을 이유로 이미 위탁한 물품의 수령을 거부하는 행위

　바. 원사업자가 수급사업자로부터 납품의 수령요구가 있었음에도 보관장소 부족 등 정당한 이유없이 수령을 거부하는 행위

　사. 원사업자가 수급사업자의 부도 등에 따라 안정적인 공급이 어렵다고 판단해서 이미 발주한 물품의 수령을 임의로 거부하는 행위

　아. 원사업자가 다품목을 제조위탁하고 일부 품목의 불량을 이유로 다른 품목에 대하여도 수령을 거부하는 행위

　자. 발주자의 발주취소 또는 발주중단 등을 이유로 수령을 거부하는 행위 등을 들 수 있다.

9. 부당반품의 금지(법 제10조)

원사업자의 부당 반품행위를 예시하면 다음과 같다.

　가. 원사업자가 이미 수령한 물품을 발주자 · 외국의 수입업자 · 고객의 클레임 · 판매부진 등을 이유로 반품하는 행위

　나. 원사업자가 수급사업자 이외의 제3자에게 검사를 위탁한 경우로서 수급사업자가 제3자의 검사를 필하여 납품하였음에도 불구하고 이를 반품하는 행위

　다. 수급사업자의 납기 · 공기지연이 있었으나 이를 용인한 객관적 사실이 있었음에도 불구하고 이를 수령한 후 납기 · 공기지연을 이유로 반품하는 행위

　라. 거래상대방으로부터의 발주취소 또는 경제상황의 변동 등을 이유로 목적물을 반품하는 행위

　마. 검사기준 및 방법을 불명확하게 정함으로써 목적물을 불합격판정하여 이를 반품하는 행위

바. 원사업자가 공급한 원자재의 품질불량으로 인하여 목적물이 불합격품으로 판정되었음에도 불구하고 이를 반품하는 행위

사. 원사업자의 원자재 공급지연에 의한 납기지연임에도 불구하고 이를 이유로 목적물을 반품하는 행위

10. 부당감액의 금지(법 제11조)

원사업자의 부당감액 행위를 예시하면 다음과 같다.

가. 하도급대금의 총액은 그대로 두고 납품 수량을 증가시키는 행위

나. 하도급계약 후 추가 위탁이 있었음에도 불구하고 동 추가 하도급대금이 경미함을 이유로 이를 감액하여 원계약금액만을 지급하는 행위

다. 원사업자가 자재 및 장비 등을 공급하기로 한 경우, 이를 지연 지급하거나 사실상 무리한 납기·공기를 정해 놓고 이 기간 내에 납품 또는 준공하지 못함을 이유로 감액하는 행위

라. 계속적 발주를 이유로 이미 학정된 하도급대금을 감액하는 행위

마. 총액으로 계약한 후 제조 또는 공사의 구체적 내역을 이유로 감액하는 행위

바. 당초 계약 내용과 다르게 간접 노무비, 일반 관리비, 이윤 부가가치세 등을 감액하는 행위

사. 하도급대금 지급시점의 일반물가 및 시공에 소요되는 자재가격 등이 계약시점보다 낮아진 것을 이유로 하도급대금을 감액하는 행위

아. 목적물을 저가로 수주하였다는 등의 이유로 당초 계약과 다르게 하도급대금을 감액하는 행위

자. 위탁내용 및 조건에는 변함이 없음에도 계약을 변경하는 등 결과적으로 하도급대금을 감액하는 행위

차. 수출용품의 하도급거래에 있어서 원사업자가 환차손 등을 수급사업자에

게 당초 계약조건과 다르게 전가시킨 경우

　타. 목적물의 제조·수리 또는 시공에 필요한 물품 등을 자기로부터 사게 하거나 자기의 장비 등을 사용하게 한 경우에 적정한 구매대금 또는 사용대가 이상의 금액을 하도급대금에서 공제하는 행위

　파. 수급업자에게 무상으로 장비를 사용할 수 있도록 한 후 사전협의 없이 하도급대금에서 장비사용료를 공제하는 행위

　하. 고용보험법, 산업안전보건법 등 법령에 의하여 원사업자가 일정부분을 부담하도록 되어 있는 고용보험료, 표준안전관리비 등을 수급사업자에게 전가시키는 행위

11. 하도급대금의 지급(법 제 13조)

　가. 하도급대금을 목적물 수령일로부터 60일 이내에 어음으로 지급하면서 목적물수령일로부터 60일을 초과한 날 이후 만기일까지의 할인료를 목적물수령일로부터 60일 이내에 지급하는 경우에는 적법한 것으로 본다.

　나. 하도급대금을 어음으로 지급하였으나 동 어음이 부도처리된 경우에는 하도급대금을 지급하지 아니한 것으로 본다.

　다. 어음할인료에 변경이 있을 경우에는 어음교부일 당시 공정거래위원회의 고시에서 정하는 할인율을 적용한다.

　라. 하도급대금 지급시 기산점이 되는 목적물의 수령일은 제조·수리위탁의 경우에는 원사업자가 수급사업자로부터 목적물의 납품을 받은 날, 건설위탁의 경우에는 원사업자가 수급사업자로부터 준공 또는 기성부분의 통지를 받고 검사를 완료한 날(법 제8조 제2항 단서의 규정에 의한 목적물의 인수일)을 말한다. 다만, 납품이 빈번하여 상호 합의하에 월 1회 이상 세금계산서를 발행하도록 정하고 있는 경우에는 일괄 마감하는 날(세금계산서 발행일)을 말한다.

12. 현금비율유지 적용기준(법 제 13조 제4항)

가. 원사업자가 발주자로부터 당해 제조 등의 위탁과 관련하여 지급받은 현금비율이 일정하지 아니한 경우 수급사업자에게 하도급대금을 지급함에 있어서는 하도급대금을 지급하기 직전에 원사업자가 발주자로부터 지급받은 현금비율 이상으로 지급하여야 한다. 원사업자가 발주자로부터 제1회 도급대금을 지급받기 전까지 수급사업자에게 하도급대금을 지급하는 경우에는 예외로 할 수 있다.

다만, 원사업자가 수급사업자에게 금회 하도급대금을 지급한 후 차회 하도급대금을 지급하기 전까지 발주자로부터 2회 이상 도급대금을 지급받은 경우에는 각각의 현금비율을 산술 평균한 비율 이상으로 지급하여야 한다.

〈적용기준 예시〉

도급대금 수령		하도급대금 수령	
수령일자	결제비율 (현금 : 어음)	지급일자	현금결제비율
2. 1.	50:50	1. 8.	예외 가능
		3. 5.	50% 이상
		4. 5.	50% 이상
5. 1.	50 : 50		
5. 15.	60 : 40		
6. 1.	20 : 80		
		7. 1.	43% 이상
8. 1.	4.0 : 60		
		9. 1.	40% 이상

* 원사업자가 발주자로부터 5. 1., 5. 15., 6. 1. 지급받은 것을 산술 평균한 비율
  [(50＋60＋20)／3]

※ 현금비율은 다음과 같이 산정한다.
● 원사업자가 발주자로부터 지급받은 현금비율 : 현금수령액/도급대금수령액
● 원사업자가 수급사업자에게 지급하는 현금비율 : 현금지급액/하도급대금 지급액
● 금액단위는 천원으로 하고 소수점 이하 첫째자리에서 반올림한다.

나. 원사업자가 다수의 발주자에게 납품하는 물품을 다수의 수급사업자에게 제조 등 위탁하는 경우에 특정 수급사업자가 납품한 물품이 공급되는 발주자가 명확한 경우에는 당해 발주자로부터 원사업자가 받은 현금비율을 적용하고, 불명확할 경우에는 원사업자가 다수의 발주자로부터 받은 현금비율을 산술 평균하여 적용한다.

다. 원사업자가 발주자로부터 선급금을 받은 때에도 그 지급받은 현금비율 이상으로 수급사업자에게 지급하여야 한다.

라. 법 제13조 제4항에 의한 현금비율 유지 및 제13조 제5항에 의한 어음만기일 유지는 1999. 4. 1. 이후 하도급계약이 체결된 하도급거래에 적용한다. 하도급계약의 체결시점을 판단하는 데 있어서 제조위탁의 경우 기본계약이 아니라 발주서 등에 의한 개별계약의 체결시점을 기준으로 하며, 건설위탁의 경우 원칙적으로 당초 하도급계약 체결시점을 기준으로 한다.

13. 어음만기일 적용기준(법 제13조 제5항)

14. 건설하도급 대금지급보증(법 제 13조의 2)

원사업자의 하도급대금지급 보증과 관련한 공정화지침상의 위법성판단기준을 예시하면 다음과 같다.

가. 원사업자는 수급사업자에게 정당한 사유가 없는 한 수급사업자가 계약

공사를 착공하기 전까지 해당 공사대금의 지급을 보증하여야 한다.

나. 원사업자는 하도급대금이나 공사기간이 조정되어 그에 따른 지급보증 변경이 필요한 경우 그 조정 시점에서 변경된 내용에 따라 수급사업자에게 추가로 대금지급을 보증하여야 한다. 다만, 추가공사의 공사금액이 3,000만원 이하의 경미한 공사인 경우에는 예외로 한다.

다. 하도급대금의 지급을 이미 보증한 사업자와 합병을 하거나 상속, 영업양수 등을 통하여 그 지위를 승계한 원사업자는 수급사업자에게 동 하도급대금에 대하여 별도의 지급보증을 하지 않아도 된다. 다만, 대금지급보증의무 대상 사업자가 대금지급보증면제대상 사업자의 원사업자 지위를 승계한 경우에는 수급사업자에게 승계 당시 남은 공사에 대하여 하도급대금의 지급을 보증하여야 한다.

라. 원사업자가 가입한 공제조합들이 원사업자의 재산상태 등에 관하여 각기 다른 평가를 한 경우에는 당해 위탁 하도급공사와 직접 관련이 있는 공제조합이 평가한 결과에 따라 원사업자의 대금지급보증대상 여부를 판단한다.

15. 관세 등의 환급(법 제15조)

관세 등 환급액의 지급지연에 해당되지 않는 경우를 예시하면 다음과 같다.

가. 수급사업자가 기초원재료 납세증명서 등 관세환급에 필요한 서류를 원사업자에게 인도하지 아니하거나 지연하여 인도한 경우

나. 기초원재료납세증명서 등 관세환급에 필요한 서류상의 기재내용이 실거래와 상이하여 관세환급을 받을 수 없는 경우

다. 수급사업자가 직접 관세 등을 환급받는 경우에는 수급사업자로부터 관세 등 환급에 필요한 환급 위임장의 발급요청을 받았을 때 원사업자가 이를 지체없이 발급해 준 경우

16. 설계변경 등에 따른 하도급대금의 조정(법 제16조)

가. 원사업자가 발주자로부터 설계변경 등에 따른 하도급대금의 조정을 받은 경우 추가 금액의 내용과 비율이 명확한 경우에는 그 내용과 비율에 따라 수급사업자에게 지급하여야 하고, 내용이 불명확한 경우에는 발주자가 지급한 평균비율을 적용 지급하여야 한다.

나. 원사업자가 발주자로부터 물가변동 등 경제상황의 변동에 따른 하도급대금의 조정을 받은 경우 하도급계약이 발주자로부터 조정 받기 이전에 체결되었다 하더라도 발주자로부터 조정받은 기준시점 이후 남은 공사에 대하여 수급사업자에게 대금을 조정해 준 경우에는 적법한 것으로 본다.

다. 발주자로부터 조정받은 기준시점 이후에 체결된 하도급계약분에 대하여는 수급사업자에게 대금을 조정해 주지 않아도 적법하다. 다만, 조정기준시점 이전에 이미 선시공 등 사실상 하도급거래가 있었다는 객관적인 사실이 입증되는 경우에는 위 1)항에 따라 적용한다.

라. 원사업자가 발주자로부터 물가변동과 관련 추가금액을 지급받고도 원사업자와 수급사업자간 약정이나 국가를당사자로하는계약에관한법률시행령 제64조(계약을 체결한 날로부터 60일을 경과하지 않거나, 물가변동조정률이 5% 미만인 경우에는 계약금액을 조정할 수 없음)를 이유로 조정해 주지 않은 경우에는 법 위반행위로 본다.

마. 원사업자가 발주자로부터 물가변동에 따른 추가금액을 증액받아 하도급대금을 조정함에 있어서 원도급계약시점부터 하도급계약시점까지의 물가상승률을 입증할 수 있다면 이를 공제하여 조정할 수 있다.

바. 물가변동과 관련 발주자로부터 조정받은 추가금액을 수급사업자에게 조정해주는데 있어서 물가변동조정 기준시점이전에 지급한 선급금은 물가변동조정 대상금액에서 제외할 수 있다.

사. 원사업자가 발주자로부터 물가변동 등의 이유로 추가금액을 지급받은 때, 일부 공종에 있어 하도급금액이 원도급금액을 상회한 경우에도 하도급금

액을 기준으로 증액하여 주어야 한다.

17. 하도급분쟁조정협의회 조정요청 범위(법 제24조, 시행령 제7조 내지 제13조)

가. 하도급분재조정협의회에 조정을 의뢰할 수 있는 분쟁사건의 범위는 다음과 같다.

(1) 제조위탁의 경우

(가) 제조업부문 사건인 경우 하도급계약체결시점의 직전 사업연도 매출액이 500억원 미만인 경우의 분쟁

(나) 엔지니어링활동업, 소프트웨어개발업, 건축설계업에 대한 분쟁

(다) 건설업자의 제조위탁에 따른 사건중 건설업자의 하도급계약체결시점의 직전 사업연도 매출액이 500억원 미만인 경우의 분쟁

(2) 건설위탁의 경우

(가) 건설산업기본법에 의한 공사에 대한 분쟁인 경우

① 원사업자가 일반건설업자로서

하도급계약 체결시점의 토건 시공능력평가액(또는 토건도급한도액) 순위 150위 미만인 사업자의 경우 토목 · 건축면허만을 소지한 사업자의 경우

② 원사업자가 전문건설업자인 경우

(나) 전기공사업법, 정보통신공사업법, 소방법에 의한 공사에 대한 분쟁

(다) 법 제2조(정의) 제9항 제5호에 의한 건설업자가 다른 건설업자에게 위탁한 사업중 원사업자의 하도급계약시점의 직전 사업년도 매출액이 500억원 미만인 경우의 분쟁

(라) 건설업자가 하도급시행령 제1조의 2(중소기업의 범위 등) 제6항의 경미한 공사를 다른 사업자에게 위탁한 경우의 분쟁

나. "가"에 해당되더라도 다음의 경우에는 공정거래위원회가 직접 처리할 수 있다.

(1) 원사업자가 대기업 또는 대규모기업집단 소속 계열회사인 경우

(2) 원사업자의 중대한 법위반사항이 있는 사건

(3) 당사자간 조정이 성립될 가능성이 없다고 판단되는 사건

(4) 피조사인 법위반횟수가 과거(신고접수일 기준) 1년간 3회 이상인 경우

(5) 기타 공정거래위원회가 직접 처리할 필요성이 있다고 판단되는 사건

다. 하도급분쟁조정협의회에 직접 신고된 사건은 협의회로부터 조정결과를 통보받은 시점을 인지일로 하여 사건심사착수보고를 한다.

18. 제3자의 신고사건 처리기준(법 제22조)

가. 이해관계가 있는 제3자 신고건

(1) 신고내용이 하도급법 적용대상이 아닌 경우 : 심사절차 불개시

(2) 신고내용에 법위반 혐의가 있는 경우 : 신고인에게 보완자료를 요구하여 사실조사 및 조치

나. 이해관계가 없는 제3자 신고건

(1) 특정거래에 대하여 구체적인 법위반사실을 적시하고, 객관적인 입증자료를 첨부하여 신고한 경우 : 일반 신고사건과 동일하게 처리

〈입증자료 예시〉

① 하도급대금 미지급행위, 어음할인료 미지급행위의 경우 : 지급되어야 할 금액 근거와 이미 수령한 하도급대금의 구체적 내역(세금계산서, 어음으로 수령한 경우 그 금액, 수령일, 만기일 등)

② 선급금 미지급행위의 경우 : 발주자가 지급한 선급금지급대상 공사명, 선급금지급비율, 해당 하도급공사계약서 등

(2) 구체적인 법위반사항을 적시하지 않고 전반적인 거래내용에 대하여 직권조사를 요구한 경우 : 심사절차 불개시

19. 하도급법 위반사업자에 대한 조치(법 제25조)

가. 시정조치유형별 점수관리

하도급법 위반사업자에 대하여 시정조치유형별로 다음과 같이 점수를 부과하여 관리한다.

〈시정조치유형별 부과점수〉

유 형	조 정	경 고	시정권고	시정명령	과징금	기 타
점 수	0.5	1.0	1.5	2.0	2.0	2.5

※ 같은 내용에 대하여 다수의 수급사업자가 다른 시기에 신고하여 처리한 경우는 1개의 사건으로 보며, 1개 사건에 대하여 2가지 유형 이상의 시정조치가 병과된 경우에는 최상의 조치유형의 점수만 반영한다.

나. 법위반사실 공표

(1) 요 건

(가) 시정명령 대상으로서 다음 하나에 해당되는 경우 최종사건처리 당시 법위반사실의 내용 및 정도, 법위반동기 등을 종합 감안하여 결정

① 과거 1년간 당해 업체가 받은 시정조치 유형별 부과점수 누계가 4점이상이 되는 경우

② 과거 3년간 당해 업체가 받은 시정조치 유형별 부과점수 누계가 6점 이상이 되는 경우

③ 과거 3년간 당해 업체가 받은 시정조치 유형별 부과점수 누계가 4점 이상

이 되는 업체로서 공정거래법상 대규모기업집단 계열회사

(나) 상기 요건에 해당되지 않더라도 최종사건처리 당시 다음에 열거된 법위반사실이 있는 경우로서 법위반정도가 중대하고 법위반동기가 고의적이라고 판단될 때

보복조치행위, 탈법행위, 최초서면 미교부행위, 부당한 하도급대금의 결정행위, 부당감액행위, 건설하도급대금지급 미보증행위, 물품 등의 구매강제행위, 부당한 경영간섭행위

(2) 공표방법

공정거래위원회가 제정한 "법위반사실의 공표에 관한 운영지침"을 준용한다.

다. 고발요건 및 절차(법 제32조)

(1) 시정명령을 불이행하거나, 탈법행위 또는 보복조치를 한 업체로서 법위반정도가 중대하거나 법위반동기가 고의적이라고 판단되는 경우에 고발조치한다.

(2) 시정명령을 받은 사업자가 이의신청을 하지 않은 경우 이의신청기간이 경과한 날부터 30일 이내의 기간을 정하여 1차 독촉하고, 1차 독촉기한이 경과한 후에도 이행하지 않은 경우 30일 이내의 기간을 정하여 2차 독촉을 하고 불이행시 고발조치한다.

(3) 시정명령을 받은 사업자가 이의신청을 한 경우에는 이에 대한 재결서의 정본을 송달받은 날부터 30일 이내에 이행하도록 통보한 후 이행하지 않을 경우 고발조치한다.

라. 입찰참가자격제한 및 영업정지 요청

(1) 요 건

(가) 원사업자가 하도급법위반으로 공정거래위원회로부터 조치받은 유형별

점수의 합계가 과거 3년간 15점(시정명령 3회 이상 포함) 이상인 경우에는 입찰참가자격제한요청 조치를 할 수 있다.

다만, 위 요건에 해당되지 않더라도 보복조치, 탈법행위 등 고의적으로 법위반행위를 하는 경우로서, 과거 1년간 법위반 횟수가 3회 이상인 경우에도 위와 같은 조치를 할 수 있다.

(나) 입찰참가자격제한 요청은 당해 위반행위가 국가 또는 지방자치단체에서 발주한 공사와 관련하여 발생한 경우에 할 수 있다.

(다) 과거 3년간 당해 업체가 받은 시정조치유형별 부과점수의 누계가 20점(시정명령 5회 이상 포함) 이상인 경우에는 영업정지요청 조치를 할 수 있다.

(2) 제외 대상

위의 요건에 해당되더라도 다음 경우에는 제외할 수 있다.

과거 1년간 법위반사실이 없는 경우

당해 업체가 처한 경제여건 등을 고려하여 적절하지 않다고 판단되는 경우

마. 법위반행위의 사전예방을 위한 인센티브제도

(1) 하도급법 위반사건에 대한 조치를 함에 있어서 아래와 같이 당해 위반사업자의 시정조치유형별 부과점수 누계에서 감점 처리할 수 있다.

(가) 감점 대상

(i) 하도급거래공정화와 관련 중앙관서의 장 이상으로부터 우수업체 표창을 수상한 경우

(ii) 하도급관련업무 담당임원이 공정거래위원회가 인정하는 교육을 이수한 경우

(나) 감점 방법

하도급법 위반사건에 대한 조치시 과거(신고서 접수일 또는 직권조사계획발표일 기준, 이하 같다) 3년간 위의 표창을 수상했거나 교육을 이수한 사실이 있는 경우 각각 2점을 감점 처리

(다) 공정거래위원회가 인정하는 교육

한국공정거래협회, 한국생산성본부, 대한건설협회, 중소기업협동조합중앙회가 실시하는 3시간 이상의 하도급관련 특별교육

(2) 원사업자가 모든 하도급거래에 있어서 법 제3조의 2(표준하도급계약서의 작성 및 사용)의 규정에 따라 공정거래위원회가 권장한 표준하도급계약서를 사용하고 있는 경우에는 하도급법 위반사건 조치시 과거 3년간 법위반점수 누계에서 1점을 감점 처리할 수 있다.

바. 기타 시정조치에 관하여 필요한 기준은 공정거래위원회가 제정한 「공정거래위원회회의운영및사건절차등에 관한 규칙」에 의한다.

20. 과태료의 부과방법(법 제30조의 2 제1항)

과태료는 총거래금액중 법위반금액 비율, 기업규모, 고의성 여부 및 과거 법위반실적 등을 감안하여 부과한다.

부   칙

① 이 지침은 1999년 6월 1일부터 시행한다.

② 이 지침 시행과 동시에 제3자 하도급신고사건에대한처리기준, 하도급법상서면교부의무에대한심사기준, 하도급위반사업자에대한심사기준, 하도급법위반사건의시정명령이행확인및고발절차기준, 하도급법상습위반자에대한정부입찰참가자격제한및영업정지요청기준, 하도급분쟁조정협의회를경유한사건관리방안은 이를 폐지한다.

법위반사실의공표에관한운영지침

[제정 1993년 6월 9일]

개정	1993. 6. 16.	1994. 7. 1.	1995. 7. 1.
	1996. 1. 1.	1996. 11. 26.	1997. 1. 14.
	1997. 3. 25.	1998. 12. 31. 공정거래위원회 예규 제1998-3호	

1. 목 적

이 지침은 독점규제및공정거래에관한법률(이하 "공정거래법"이라 한다) 및 하도급거래공정화에관한법률(이하 "하도급법"이라 한다)에서 정한 법위반사실의 공표를 명함에 있어 이에 관한 세부집행 기준을 정함으로써 법위반사실에 대한 공표제도의 효율적인 운영과 공표 효과를 제고하는데 그 목적이 있다. 〈개정 1996. 11. 26.〉

2. 용어의 정의

가. 중앙일간지

이 지침에서 "중앙일간지"라 함은 정기간행물의등록등에관한법률 제2조(용어의 정의) 제2호 및 제3호에서 정한 일간신문 중 수도권 지역에 발행소를 두고 전국을 대상으로 발행되는 신문을 말한다. 〈개정 1998. 12. 31.〉

나. 지방일간지

이 지침에서 "지방일간지"라 함은 일간신문 중 수도권지역을 제외한 특정지역에 발행소를 두고 특정지역을 대상으로 발행되는 신문을 말한다.

다. 잡지

이 지침에서 "잡지"라 함은 정기간행물의등록등에관한법률 제2조(용어의 정의) 제8호에서 정한 동일한 제호로 월 1회 이하 정기적으로 발행하는 제책된 간행물을 말한다.

라. 법위반 횟수

이 지침에서 "법위반 횟수"라 함은 당해 사건의 신고일 또는 직권인지일의 전일로부터 최근 3년간 경고(조정을 포함한다. 이하 같다) 이상의 조치를 받은 경우 중 당해 법위반 행위와 동일한 법률의 위반 횟수를 말한다. 다만, 법위반 횟수를 산정함에 있어 경고의 경우는 2회를 1회로 본다. 〈신설 1998. 12. 31.〉

3. 적용범위

이 지침은 공정거래법 제5조(시정조치), 제16조(시정조치), 제21조(시정조치), 제24조(시정조치), 제27조(시정조치), 제31조(시정조치) 및 하도급법 제25조(시정조치) 등에서 규정된 법위반사실의 공표조치에 대하여 적용한다. 〈개정 1996. 11. 26.〉

4. 공표에 관한 운영지침

가. 공표방법

(1) 공정거래위원회(이하 "위원회"라 한다)는 피심인에 대하여 시정명령을 받은 날로부터 30일 이내에 당해 법위반사실 등을 신문 또는 사업장에 공표하도록 한다. 다만, 피심인의 법위반 정도, 과거 법위반 횟수, 공표의 실효성 등을 감안하여 신문 또는 사업장에 공표하도록 할 수 있으며, 법위반사실의 조속한 공표 필요성 등을 감안하여 위 기간을 조정할 수 있다. 〈개정 1996. 11. 26.〉

(2) 위원회는 피심인별로 공표하도록 하되, 필요하다고 인정하는 경우에는 연명으로 공표하도록 할 수 있다. 〈개정 1998. 12. 31.〉

(3) 위원회는 피심인이 법위반사실의 공표내용을 위원회와 미리 협의함에 있어서 문서로 협의하도록 한다. 〈개정 1996. 11. 26.〉

나. 간행물공표 〈개정 1998. 12. 31.〉

(1) 매체선정

위원회는 법위반으로 인한 파급효과를 감안하여 법위반사실 등을 중앙일간지(전판)나 지방일간지(전판) 또는 잡지, 기타 간행물에 게재하도록 한다. 다만, 법위반사실이 일간지, 잡지, 기타 간행물 광고를 통하여 이루어진 경우에는 당해 일간지(전판), 잡지, 기타 간행물에 게재하도록 한다. 〈개정 1998. 12. 31.〉

(가) 법위반으로 인한 파급효과가 전국적인 사건

1) 최근 1년간 피심인이 사업활동과 관련하여 중앙일간지에 광고한 실적이 있는 경우에는 광고횟수 또는 광고비가 많은 순으로 당해 중앙일간지(전판)에 게재하도록 한다. 다만, 최근 1년간 광고실적이 없는 경우에는 중앙일반일간지(전판)에 게재하도록 할 수 있다. 〈개정 1996. 11. 26, 1998. 12. 31.〉

2) 제1)호의 규정에도 불구하고 법위반행위가 부당광고에 해당되는 경우에는 당해 광고를 많이 한 매체순으로 게재하도록 할 수 있다.
〈개정 1996. 11. 26., 1998. 12. 31.〉

3) 법위반의 정도가 크고 소비자 오인성이 심한 경우에는 제1)호 및 제2)호의 규정에도 불구하고 특정 일간지를 지정하여 게재하도록 할 수 있다.
〈개정 1996. 11. 26., 1998. 12. 31.〉

(나) 법위반으로 인한 파급효과가 특정 지역에 국한되는 사건

1) 법위반을 한 피심인의 소재지를 발행 대상지역으로 하는 지방일간지(전판)에 게재하도록 하되 위 (가)항 제1)호 또는 제2)호를 준용할 수 있다.
〈개정 1996. 11. 26., 1995. 12. 31.〉

2) 법위반의 정도가 크고 소비자 오인성이 심한 경우에는 (가)항 제3)호를 적용할 수 있다. 〈개정 1996. 11. 26., 1998. 12. 31.〉

(다) 기업의 법위반행위의 특성상 특수지, 전문지(예 : 농민 · 축산신문 등)에 게재하는 것이 더 효과적이라고 판단되는 경우에는 해당 특수지, 전문지 등에 게재하도록 할 수 있다. 〈개정 1998. 12. 31.〉

(2) 공표일

위원회는 법위반 사실 등을 토요일, 일요일, 공휴일을 제외한 평일에 게재하도록 한다. 〈개정 1997. 1. 14., 1998. 12. 31.〉

(3) 게재면

(가) 위원회는 신문의 게재면을 2면, 3면, 사회면, 경제면 중에서 택일하도록 하되, 법위반 횟수가 3회 이상인 경우에는 사회면 또는 경제면 중에서 택일하도록 한다. 〈개정 1996. 11. 26., 1998. 12. 31.〉

(나) 스포츠신문인 경우에는 2면, 3면 또는 사회면 중에서 택일하도록 한다. 부득이한 경우 게재면을 위원회와 협의하여 조정할 수 있다. 〈개정 1996. 11. 26., 1998. 12. 31.〉

(4) 공표문안 및 활자 크기

위원회는 원칙적으로 공표문안, 활자 크기 및 테두리의 모양을 〈별지〉 표준

공표양식에 따르도록 한다. 〈개정 1998. 12. 31.〉

(가) 공표서문에는 위원회의 공표명령에 따른 것임을 명학하게 표시하여야 한다. 〈개정 1996. 11. 26., 1998. 12. 31.〉

예시

이 광고는 공정거래위원회의 공표명령에 따른 것입니다. 〈개정 1998. 12. 31.〉

(나) 공표내용에는 일반 소비자에게 날리 알려진 법위반사업자의 사업장명이 따로 있는 경우 병기하고, 당해 행위사실 및 수명사실을 원칙적으로 6하원칙에 따라 구체적으로 기재하여야 한다. 〈개정 1996. 11. 26., 1998. 12. 31.〉

〈예시〉 저희 (주)○○(△△백화점)는 ……. 〈신설 1998. 12. 31.〉

(다) 공표서문, 피심인의 회사명 및 대표자, 법위반행위, 공정거래위원회, 시정명령의 표시는 선명하게 부각되도록 활자를 고딕체로 하여 색도를 진하게 하여야 한다. 〈개정 1998. 12. 31.〉

(라) 공표문을 둘러싸는 겹테두리를 사각형으로 표시하되 겹테두리의 가운데 여백은 1㎜, 바깥쪽과 안쪽 테두리의 두께는 각각 0.5㎜의 규격으로 검게 표시하여야 한다. 〈신설 1998. 12. 31.〉

(5) 공표크기 및 매체수

(가) 원칙

공표크기, 매체수 및 게재횟수는 법위반 횟수에 따라 다음과 같다.

법위반 횟수	공표크기	매체수	게재횟수
3회 미만	3단×10㎝	1개	1회
3회 이상 ~ 5회 미만	4단×15㎝	1개	1회
5회 이상 ~ 7회 미만	4단×18.5㎝	1개	1회
7회 이상	5단×18.5㎝	1개	1회

(나) 예외

1) 경쟁저해성의 정도가 크거나 소비자 오인 정도가 심하다고 인정되는 법

위반행위 또는 상습·악질적이라고 인정되는 법위반사업자에 대해서는 공표 크기의 경우 5단×37㎝까지, 매체수 및 게재횟수의 경우 각각 기준의 3배까지 확대 조정할 수 있다.

  2) 아래 각 호의 1에 해당하는 경우에는 위 (가)의 원칙에도 불구하고 감경 조정할 수 있다.

  가) 경쟁저해성 또는 소비자 오인성의 정도가 현저히 낮다고 인정되는 경우 실제 법위반횟수의 2분의 1로 정한 횟수에 따른 기준

  나) 일반소비자, 대리점 등 다수의 거래상대방이 존재하는 업종에 속한다고 인정되는 사업자 또는 다수의 지사·지점·영업소 등이 전국에 걸쳐 있는 사업자 등으로서 법위반행위의 현출가능성이 다른 업종 또는 사업자에 비해 현저히 높아 실제 그대로 산입할 경우 형평성에 문제가 있다고 인정되는 경우 법위반 횟수의 2분의 1로 정한 횟수에 따른 기준

  [전문 개정 1998. 12. 31.]

  다. 사업장 공표

  (1) 공표대상 및 장소
  (가) 위원회는 피심인의 당해 법위반행위가 소비자에게 직접 영향을 주는 경우에는 피심인의 사업장에 공표하도록 할 수 있다.
  (나) 공표장소는 피심인의 사업장의 정문출입구, 승강기입구, 게시판 등 소비자들이 출입하는 곳 중에서 공표사실을 가장 쉽게 볼 수 있는 곳으로 한다.
  (2) 공표문안 및 활자크기
  원칙적으로 〈별지〉의 표준공표 양식을 적용한다.
  (3) 공표기간 및 공표크기
  위원회는 공표기간 및 공표크기에 대하여 원칙적으로 다음과 같이 정하되, 경쟁저해성·소비자 오인성 또는 법위반의 상습·악질성 등을 감안하여 이를 조정할 수 있다.

(가) 공표기간은 최근 3년간 법위반 횟수를 감안하여 3종류(7일~15일)로 차등을 둔다.

(나) 공표크기는 전지규격(78.8cm×109cm)으로 한다. 〈표 개정 1997. 3. 25.〉

법위반 횟수	공표기간 1」	공표 크기
3회 미만	7일	전판(78.8cm×109cm)
3회 이상 ~ 6회 미만	10일	전판(78.8cm×109cm)
6회 이상	15일	전판(78.8cm×109cm)

주 1」 휴업일 제외

(4) 사업장공표의 시행

(가) 위원회는 당해 공표장소에 공표문을 부착 또는 게시 등의 형태로 공표하도록 하되, 위원회의 관인이 날인된 스티커를 공표문에 부착하도록 한다. 〈개정 1996. 11. 26.〉

(나) 위원회는 피심인에게 공표문의 무단훼손, 공표장소의 무단변경시 시정명령불이행으로 처벌될 수 있음을 의결내용과 함께 통지한다.

(다) 위원회는 공표기간 중 1회 이상 현장 점검을 통해 이행 여부를 확인하여야 한다. 〈개정 1998. 11. 26., 1998. 12. 31.〉

5. 이행확보 관련사항

가. 이행기한의 만료 후 10일 이내에 이행 여부를 확인하고, 불이행시는 다시 10일 이내 시행할 것을 촉구하되 계속 불이행시는 정당한 사유가 없는 한 고발한다.

다만, 고발의결 때까지 이행을 완료한 경우에는 고발하지 아니한다.

나. 이행한 내용이 주문취지 및 협의한 내용과 완전히 일치하지 아니함에 따라 그 이행 여부에 대한 판단이 불분명한 경우에는 심사조정회의에 부의할 수 있다. 〈신설 1998. 12. 31.〉

부   칙

이 지침은 1998년 12월 31일부터 시행한다.

〈별지〉 표준공표 양식

1. 표준공표문안 〈개정 1998. 12. 31.〉

이 광고는 공정거래위원회의 공표명령에 따른 것입니다.

저희 회사(△백화점, ○협회)는 ○○기간 중 ○○에 대하여 ○○방식으로 ○○행위를 하여 공정거래법을 위반함으로써 공정거래위원회로부터 시정명령을 받았습니다.

○○○○년 ○월 ○일
○○주식회사
대표(이사) ○○○

---

2. 활자(또는 글자) 크기

활자크기 구 분	공표서문	공표내용	공표자
신문공표 5단×37㎝	62급 이상	32급 이상	44급 이상
5단×18.5㎝	44급 이상	20급 이상	32급 이상
4단×18.5㎝	38급 이상	18급 이상	28급 이상
4단×15㎝	32급 이상	16급 이상	24급 이상
3단×10㎝	28급 이상	16급 이상	20급 이상
사업장 공표 전판 크기 (78.8㎝×109㎝)	3.0㎝×4.5㎝ 이상	2.5㎝×3.5㎝ 이상	3.0㎝×4.5㎝ 이상

공정거래위원회회의운영및사건절차등에관한규칙

[제정 1997년 12월 1일
공정거래위원회 고시
제1997-28호]

개정 1998. 4. 23. 공정거래위원회 고시 제1998- 2호
1998. 8.   1. 공정거래위원회 고시 제1998- 8호
1998. 10.   1. 공정거래위원회 고시 제1998-10호
1998. 12.   31. 공정거래위원회 고시 제1998-12호

독점규제및공정거래에관한법률 제48조(조직에 관한 규정) 제2항의 규정에 의하여 공정거래위원회의 운영에 관하여 필요한 사항을 정하고, 독점규제및공정거래에관한법률·하도급거래공정화에관한법률 및 약관의규제에관한법률을 위반한 사건에 대한 처리절차 등을 정하기 위하여 공정거래위원회회의운영및사건절차등에관한규칙(공정거래위원회 고시 제1998-10호)을 다음과 같이 개정하여 고시한다.

1998년 12월 31일
공정거래위원회

공정거래위원회회의운영및사건절차등에관한규칙

제 1 장 총 칙

제1조 【목적】 이 규칙은 독점규제및공정거래에관한법률(이하 "공정거래법"이라 한다) 제48조(조직에 관한 규정) 제2항 및 제55조의 2(사건처리절차 등)의 규정, 하도급거래공정화에관한법률(이하 "하도급법"이라 한다) 제27조

(독점규제및공정거래에관한법률의 준용)의 규정, 약관의규제에관한법률(이하 "약관법"이라 한다) 제19조(약관의 심사청구 등) 내지 제22조(의견진술)·제30조의 2(독점규제및공정거래에관한법률의 준용) 및 동법시행령 제13조(공정거래위원회의 심의·의결절차 등)의 규정에 의하여 공정거래위원회(이하 "위원회"라 한다)의 회의 및 그 운영과 사건의 조사·심사, 심의·결정·의결 및 그 처리절차에 관한 세부사항 등을 정함을 목적으로 한다.

제2조 【적용범위】 ① 이 규칙은 공정거래법, 하도급법, 약관법 관련사항에 대하여 적용한다.

② 이 규칙에서 명시적으로 규정되지 아니한 하도급법 및 약관법상의 근거규정은 특별한 사정이 없는 한 공정거래법상의 해당 법조만을 규정함으로써 이에 갈음한다.

제3조 【기간의 계산】 기간의 계산은 민법의 규정에 따른다.

제2장 전원회의 및 소회의 운영

제4조 【전원회의의 심의 및 결정·의결사항】 ① 전원회의는 다음 각 호의 1에 해당하는 사항에 대하여 심의 및 결정·의결할 수 있다.

1. 공정거래법 제3조(독과점적 시장구조의 개선 등)의 규정에 의한 독점규제 및 공정거래에 관한 주요정책 및 주요 업무계획의 수립·시행에 관한 사항

2. 다음 각목의 1에 해당하는 유형 및 기준의 제정·고시에 관한 사항

가. 공정거래법 제3조의 2(시장지배적 지위의 남용금지) 제2항의 규정에 의한 남용행위의 유형 및 기준

나. 공정거래법 제32조(부당한 국제계약의 체결제한) 제2항의 규정에 의한 국제계약상 부당한 공동행위, 불공정거래행위 및 재판매가격유지행위의 유형 및 기준

3. 다음 각목의 1에 해당하는 지정·고시에 관한 사항

가. 공정거래법 제4조(시장지배적 사업자의 지정·고시)의 규정에 의한 시장지배적 사업자의 지정·고시

나. 공정거래법 제7조(기업결합의 제한) 제5항의 규정에 의한 기업결합기준의 지정·고시

다. 공정거래법 제29조(재판매가격 유지행위의 제한) 제4항의 규정에 의한 재판매가격 유지행위를 할 수 있는 상품의 지정·고시

라. 하도급법 제2조(정의) 제6항의 규정에 의한 업에 따른 물품범위의 지정·고시

4. 다음 각목의 1에 해당하는 지침의 제정·고시에 관한 사항

가. 공정거래법 제23조(불공정거래행위의 금지) 제3항의 규정에 의한 불공정거래행위 예방을 위한 지침

나. 공정거래법 제26조(사업자단체의 금지행위) 제3항의 규정에 의한 사업자단체가 준수하여야 할 지침

5. 다음 각목의 1에 해당하는 지정 또는 고시 등에 관한 사항

가. 공정거래법 제14조(대규모기업집단의 지정 등)의 규정에 의한 대규모기업집단 및 채무보증제한 대규모기업집단의 지정

나. 하도급법 제11조(부당감액의 금지) 제3항 및 제13조(하도급대금의 지급 등) 제5항의 규정에 의한 이자율 및 제13조(하도급대금의 지급 등) 제6항의 규정에 의한 할인율 고시

6. 다음 각목의 1에 해당하는 제정 또는 개정에 관한 사항

가. 하도급법시행령 제3조의 2(건설하도급 계약이행 및 대금지급 보증) 제1항 제2호의 규정에 의한 건설하도급대금지급보증의 면제범위와 관련한 고시의 제정 또는 개정

나. 공정거래법 제48조(조직에 관한 규정) 제2항의 규정에 의한 규칙의 제정 또는 개정

다. 공정거래법 제55조의 2(사건처리절차 등)의 규정에 의한 사건 절차 등의

제정 또는 개정

7. 공정거래법 제53조(이의신청) 제2항의 규정에 의한 이의신청에 대한 재결

② 법 제37조의 3(전원회의 및 소회의 관장사항) 제1항 제5호의 규정에 의한 경제적 파급효과가 중대한 사항이라 함은 다음 각 호의 1에 해당하는 경우를 말한다.

1. 공정거래법 제3조의 2(시장지배적 지위의 남용금지) 제1항 각 호의 1에 해당하는 경우

2. 시장지배적 사업자 또는 대규모 회사(자산총액 또는 매출액의 규모가 2조원 이상)가 공정거래법 제7조(기업결합의 제한) 제1항의 규정에 위반하여 경쟁을 실질적으로 제한하거나 제한할 우려가 있는 기업결합을 한 경우

3. 공정거래법 제9조(상호출자의 금지 등), 제10조의 2(계열회사에 대한 신규채무보증의 금지) 및 제10조의 3(기존 채무보증의 해소)의 규정을 위반한 대규모기업집단 소속회사에 대한 시정조치 및 과징금부과 등에 관한 사항

4. 다음 각목의 1에 해당하는 사업자가 공정거래법 제19조(부당한 공동행위의 금지) 제1항 각 호의 1에 해당하는 행위를 한 경우

가. 동종 업종에서의 시장규모가 1천억원 이상인 시장에서 공동행위에 참가하 사업자의 시장점유율이 50% 이상

나. 시장지배적 사업자가 관여한 공동행위

다. 입찰담합의 경우 계약금액 500억원 이상

5. 공정거래법 제19조(부당한 공동행위의 금지) 제2항의 규정에 의한 공동행위의 인가에 관한 사항

6. 다음 각목에 해당하는 사업자단체가 공정거래법 제26조(사업자단체의 금지행위) 제1항 각 호의 1에 해당하는 행위를 한 경우

가. 지회 등이 4개 광역시 · 도 이상의 지역에 분포된 사업자단체로서 본회가 주도한 경우

나. 구성사업자의 업종시장규모가 1조원 이상

7. 공정거래법 제26조(사업자단체의 금지행위) 제2항 및 동법 시행령 제40

조(사업자단체의 경쟁제한행위인가 등)의 규정에 의한 사업자단체의 경쟁제한행위 인가에 관한 사항

8. 대규모기업집단소속 사업자가 계열회사에 대하여 공정거래법 제23조(불공정거래해위의 금지) 제1항 제1호 및 제7호에서 규정하고 있는 다음 각목의 1에 해당하는 불공정거래행위를 한 경우

가. 상품·용역거래의 경우 시가차액의 1억원 이상 지원

나. 자금·자산지원의 경우 부당한 지원행위의 심사지침 기준의 2배 이상 지원

9. 다음 각목의 1에 해당하는 사업자의 법위반행위 중 당해 위반행위와 관련된 거래금액이 100억원 이상이거나 심사관의 조치의견이 시정조치와 함께 과징금을 부과하는 경우

가. 정부조직법 및 기업예산회계법의 적용을 받는 정부기업

나. 정부투자기관관리기본법의 적용을 받는 정부투자기관

다. 정부투자기관이 대주주인 정부투자기관의 출자회사

라. 정부출자기관

마. 기타 특별법에 설립근거를 두고 있는 사업자

10. 모기업이 외국에 소재하는 사업자의 법위반행위 중 당해 위반행위와 관련된 거래금액이 10억원 이상이거나 통상마찰 등의 우려되는 경우

11. 공정거래법 제71조(고발) 제3항의 규정에 의하여 검찰총장이 고발요청을 한 사항 중 사안이 중요하다고 인정되는 경우

③ 제1항 및 제2항의 규정에 불구하고 심사조정회의 또는 소회의가 필요하다고 인정하는 경우에는 당해 사건 등을 전원회의에 부의할 수 있다.

제5조 【소회의의 심의 및 결정·의결사항】 ① 소회의는 다음 각 호의 1에 해당하는 사항에 대하여 심의 및 결정·의결할 수 있다.

1. 다음 각목의 1의 규정에 따라 시정에 필요한 조치 등을 명하는 사항

가. 공정거래법 제5조(시정조치), 제16조(시정조치), 제21조(시정조치), 제24조(시정조치), 제27조(시정조치), 제30조(재판매가격유지계약의 신고) 제2항, 제31조(시정조치), 제34조(시정조치)

나. 하도급법 제25조(시정조치)

다. 약관법 제17조의 2(시정조치)

2. 다음 각목의 1의 규정에 따라 과징금의 부과 및 납부 등을 명하는 사항

가. 공정거래법 제6조(과징금), 제17조(과징금), 제22조(과징금), 제24조의 2(과징금), 제28조(과징금), 제31조의 2(과징금), 제34조의 2(과징금)

나. 공정거래법 제55조의 4(과징금 납부기한의 연장 및 분할납부) 제1항 및 제3항의 규정에 의한 과징금 납부기한의 연장 결정 및 분할납부 결정 또는 그 취소

다. 하도급법 제25조의 3(과징금)

3. 다음 각목의 1에 해당하는 인정·승인 등에 관한 사항

가. 공정거래법 제7조(기업결합의 제한) 제1항 단서의 규정에 의한 기업결합 인정

나. 공정거래법 제8조(지주회사의 설립금지 등) 제2항 제2호의 규정에 의한 외국인투자사업 영위를 위한 지주회사 설립 승인

다. 공정거래법 제10조의 3(기존채무보증의 해소) 제1항 단서규정에 의한 해소시한의 연장

4. 공정거래법 제16조(시정조치) 제2항의 규정에 의한 회사의 합병 또는 설립무효의 소의 제기에 관한 사항

5. 공정거래법 제23조(불공정거래행위의 금지) 제5항의 규정에 의한 공정경쟁규약심사에 관한 사항

6. 공정거래법 제53조의 2(시정조치명령의 집행정지) 제1항의 규정에 의한 집행정지의 결정 및 동 조 제2항의 규정에 의한 취소에 관한 명령

7. 공정거래법 제53조(이의신청)의 규정에 의한 이의신청에 대한 재결기간의 연장 결정에 관한 사항

8. 다음 각목의 1에 해당하는 과태료의 부과 및 납부 등을 명하는 사항

가. 공정거래법 제69조의 2(과태료)

나. 하도급법 제30조의 3(과태료)

다. 약관법 제34조(과태료)

9. 다음 각목의 1의 규정에 해당하여 관계 행정기관 등에 협조를 의뢰하는 사항

가. 공정거래법 제64조(관계 기관 등의 장의 협조) 제3항의 규정에 의한 필요한 협조의 의뢰·요청 등에 관한 사항

나. 공정거래법 제66조(벌칙) 내지 제68조(벌칙)의 규정을 위반한 자에 대한 고발

다. 하도급법 제26조(관계 행정기관의 장의 협조) 제2항의 규정에 의한 입찰참가 자격제한 및 영업정지요청 등에 관한 사항과 제30조(벌칙)의 규정을 위반한 자에 대한 고발

라. 약관법 제32조(벌칙)의 규정을 위반한 자에 대한 고발 및 약관법 제18조(관청인가약관 등)의 규정에 의한 시정요청 또는 시정권고

10. 약관법 제19조의 2(표준약관의 심사청구)의 규정에 의한 표준약관의 심사에 관한 사항

② 제1항의 규정에 불구하고 심사조정회의가 필요하다고 인정하는 경우에는 당해 사건 등을 소회의에 부의할 수 있다.

제6조 【의사 및 의결정족수】 ① 전원회의의 의사는 공정거래위원회 위원(이하 "위원"이라 한다) 중 위원장(이하 "위원장"이라 한다), 부위원장 및 선임상임위원의 순으로 주재(이하 회의 주재자를 "의장"이라 한다)하며 재적위원 과반수의 찬성으로 결정 또는 의결한다.

② 소회의의 의사는 상임위원 중 위원장이 지정하는 위원이 주재하며 재적위원 전원의 찬성으로 결정 또는 의결한다.

③ 소회의에 있어 공정거래법 제44조(위원의 제척·기피·회피)에 규정한 제척·기피·회피사유에 해당하는 위원이 있는 경우 위원장은 당해 안건을 다른 소회의에서 심의하도록 하거나 당해 안건에 한하여 다른 소회의 위원을 그 소회의의 위원으로 지정할 수 있다.

④ 위원장은 긴급을 요하는 경우 즉시 전원회의 및 소회의를 소집할 수 있다.

제7조 【간사 등】 ① 전원회의 및 소회의(이하 "각 회의"라 한다)에 상정할 안건의 정리·배부 등의 업무를 처리하기 위하여 간사 1인을 둔다.

② 간사는 사무처 심판관리관실 소속 서기관이 된다.

③ 간사는 회의개최의 예정을 명확하게 하기 위하여 의사일정표를 작성하고 위원장의 결재를 받아 이를 각 위원 및 사무처 각 해당과에 배포한다.

④ 간사는 회의록을 작성하여야 하며, 부득이한 경우를 제외하고는 차기 각 회의에 보고한 후 비치하여야 한다. 다만, 회의록은 각 회의에 대한 녹음으로 이를 갈음할 수 있다.

⑤ 심판관리관은 각 회의에 참여하여 의안과 관련한 법리 등 기타 의견을 진술할 수 있다.

제8조 【의안의 구분】 ① 간사는 각 회의의 의장과 협의하여 의안을 결정사항, 의결사항, 보고사항 또는 토의사항으로 구분하여 준비한다.

② 제1항에서 결정 또는 의결사항이라 함은 각 회의의 결정 또는 의결을 구하는 의안을 말한다. 다만, 이 결정 또는 의결사항에는 피심인이 있는 사건의 안과 정책결정 등과 같은 정책의안이 포함된다.

③ 제1항에서 보고사항이라 함은 각 회의의 토의를 필요로 하지 아니하는 사무처의 보고를 위한 안건을 말한다.

④ 제1항에서 토의사항이라 함은 각 회의의 결정 또는 의결 이전에 각 위원이 자유로운 토론을 통해 결론을 도출할 필요가 있는 사안을 말하며 각 회의의 의장은 회의진행과정에서 결론이 도출되고 결정 또는 의결을 하는 것이 적당하다고 인정하는 경우에는 이를 결정 또는 의결사항으로 변경하여 처리할 수 있다.

제9조 【사건처리절차의 준용】 각 회의는 제4조(전원회의의 심의 및 결정·의결사항) 및 제5조(소회의의 심의 및 결정·의결사항)에 규정된 사항을 심의 및 결정·의결하는데 있어서 필요한 경우 제3장(사건처리절차)의 각 규정 등을 준용할 수 있다.

제3장 사건처리절차

제1절 조사 및 심사절차

제10조 【심사절차의 개시】① 사무처장은 공정거래법 제49조(위반행위의 인지·신고 등), 하도급법 제22조(위반행위의 신고 등) 또는 약관법 제19조(약관의 심사청구 등)의 규정에 의하여 공정거래법, 하도급법 또는 약관법의 규정에 위반한 혐의가 있는 사실을 인지하거나 신고(상담, 공정거래모니터요원·공정거래대민정보서비스 시스템의 제보망 및 물가관련불공정거래신고센터를 통한 제보 등은 제외) 또는 심사청구를 받은 때에는 이를 심사할 공무원(이하 "심사관"이라 한다)으로 하여금 사실에 대한 조사와 사전심사를 하도록 하여야 한다.

② 제1항의 심사관은 공정거래위원회직제(이하 "직제"라 한다)의 규정에 의하여 당해 사건이 속하는 업무를 관장하는 국장 또는 지방사무소장이 된다.

③ 사무처장은 당해 사건이 속하는 업무의 소관이 분명하지 아니하거나 제2항의 규정에 의한 심사관이 당해 사건의 심사에 적합하지 아니하다고 인정하는 경우에는 공정거래위원회 소속인 4급 이상 공무원 중에서 심사관을 지정할 수 있다.

④ 심사관은 사전심사를 한 후 당해 사건이 제11조(심사절차를 개시하지 아니할 수 있는 경우) 각 호의 사유에 명백하게 해당되는 경우를 제외하고는 위원장에게 다음 각 호의 사항을 서면 또는 전산망을 이용하여 보고(이하 "사전심사착수보고"라 한다)하여야 한다.

1. 사건명
2. 사건의 단서
3. 사건의 개요
4. 관계법조

⑤ 심사관 또는 조사공무원은 신고사건 중 제4항의 규정에 의거 사건을 심사착수보고한 경우에는 이를 신고인에게 통지할 수 있다.

제11조 【심사절차를 개시하지 아니할 수 있는 경우】 심사관은 사전심사를 마친 후 제10조(심사절차의 개시) 제1항의 사실이 다음 각 호의 1에 명백하게 해당하는 경우에는 심사절차를 개시하지 아니한다는 결정을 할 수 있고 이 경우 결정일로부터 15일 이내에 신고인 또는 심사청구인(이하 "신고인 등"이라 한다)에게 그 결정 내용을 통지(제9호의 무기명·가명의 경우는 제외)하여야 한다. 다만, 심사관이 필요하다고 인정하는 경우에는 이해관계인 등에게도 통지할 수 있다.

1. 공정거래법 제2조(정의) 제1호의 규정에 의한 "사업자" 요건을 충족하지 아니하는 경우

2. 공정거래법 제12장(적용 제외) 각조의 규정에 해당하는 경우

3. 공정거래법 제49조(위반행위의 인지·신고 등) 제4항의 규정에 의한 기간이 경과된 경우

4. 하도급법 제2조(정의) 제1항 내지 제3항의 규정에 의한 "하도급거래", "원사업자", "수급사업자" 요건을 충족하지 아니하는 경우

5. 하도급법 제23조(조사대상거래의 제한)의 규정에 의한 기관이 경과된 경우

6. 약관법 제2조(정의) 제1항, 제2항의 규정에 의한 "약관", "사업자" 요건을 충족하지 아니하는 경우

7. 약관법 제19조(약관의 심사청구 등)의 규정에 의하여 심사청구인이 약관조항의 심사를 청구하였으나 이미 해당 약관조항이 시정된 경우

8. 약관법 제30조(적용범위)의 규정의 "약관"에 해당하는 경우

9. 무기명, 가명, 또는 내용이 분명하지 아니한 신고로서 심사관이 보완요청을 할 수 없는 경우, 기간을 정한 보완요청을 받고도 이에 응하지 아니한 경우 또는 보완내용이 분명하지 아니하거나 허위로 기재된 경우

10. 사망, 해산 또는 이에 준하는 사유가 발생한 사업자를 신고한 경우

11. 기타 공정거래법, 하도급법 또는 약관법의 적용 대상이 아니라고 명백히

인정되는 경우

제12조 【재신고 등의 경우】 ① 심사관은 신고인이 2회 이상 동일한 내용의 신고를 반복하여 행하는 경우 2회 이후의 신고에 대하여는 사무처장의 결재를 받아 종결할 수 있다.

② 심사관은 2회 이상 신고의 내용에 제45조(재심사명령) 각 호의 1에 준하는 사유가 있다고 인정되는 경우에는 위원장에게 제10조(심사절차의 개시) 제4항의 규정에 의한 사건심사착수보고를 하여야 하며, 이 경우에는 사건의 단서란에 "재신고" 또는 "재재신고"라고 명시하여야 한다.

제13조 【출석요구서】 심사관 또는 조사공무원이 공정거래법 제50조(위반행위의 조사 및 의견 청취 등) 제1항 제1호 및 동법시행령 제55조(공정거래위원회의 조사 등) 제1항의 규정에 의하여 당사자·이해관계인 또는 참고인의 의견을 듣고자 할 때 또는 동법 제50조(위반행위의 조사 및 의견청취 등) 제2항 및 동법시행령 제56조(소속공무원의 조사 등) 제1항의 규정에 의하여 사무소 또는 사업장 이외의 장소에서 진술을 듣고자 할 때에는 다음 각 호의 사항을 기재한 출석요구서를 발부하여야 한다.
 1. 사건명
 2. 상대방의 성명
 3. 출석일시 및 장소
 4. 불응하는 경우의 법률상의 제재내용

제14조 【진술조서】 ① 심사관 또는 조사공무원이 공정거래법 제50조(위반행위의 조사 및 의견청취 등) 제1항 제1호 및 제2항의 규정에 의하여 당사자, 이해관계인 또는 참고인의 의견을 들은 때에는 필요한 경우 진술조서를 작성하여야 한다.

② 제1항의 진술조서에는 진술자의 성명, 전화번호, 진술일시, 진술장소 및 진술내용을 기재하여야 하고, 이를 진술자에게 읽어주거나 열람하게 하여 기재내용의 정확 여부를 묻고 진술자가 증감·변경의 청구를 하였을 때에는 그

진술을 조서에 기재하여야 하며, 오기가 없음을 진술할 때에는 진술자로 하여
금 서명·날인하게 하고 조사공무원이 서명·날인한다. 다만, 진술자가 서
명·날인을 거부한 때에는 그 내용을 진술조서에 기재하여야 한다.

제15조 【보고·제출명령서】 심사관 또는 조사공무원이 공정거래법 제
50조(위반행위의 조사 및 의견청취 등) 제1항 제3호 및 동법시행령 제55조(공
정거래위원회의 조사 등) 제3항의 규정에 의하여 사업자 또는 사업자단체 등
에 대하여 보고 기타 필요한 자료나 물건의 제출을 명하기 위하여 교부하는 서
면에는 다음 각 호의 사항을 명시하여야 한다.

 1. 사건명
 2. 보고 또는 제출할 일시와 장소
 3. 보고 또는 제출할 자료 및 물건
 4. 명령에 응하지 아니하는 경우의 법률상의 제재내용

제16조 【영치조서의 작성·교부】 ① 심사관 또는 조사공무원이 공정
거래법 제50조(위반행위의 조사 및 의견청취 등) 제1항 제3호 및 제3항의 규정
에 의하여 사업자 또는 사업자단체 등이 제출한 자료나 물건을 영치하고자 할
때에는 영치조서를 작성·교부하여야 한다.

 ② 제1항의 영치조서에는 사건명, 영치물의 내역, 영치일자, 소유자 또는 제
출자의 성명과 주소를 기재하여야 한다.

 ③ 심사관 또는 조사공무원은 영치한 자료나 물건이 더 이상 영치할 필요가
없게 된 때에는 이를 즉시 소유자 또는 제출자에게 반환하여야 한다. 다만, 소
유자 또는 제출자의 소재를 파악하기가 곤란하거나 기타 부득이한 사유가 있
는 경우에는 그러하지 아니하다.

 ④ 영치물은 소유자 또는 제출자의 청구에 따라 가환부할 수 있다.

제17조 【감정인의 지정 및 감정위촉】 ① 심사관은 공정거래법 제50조
(위반행위의 조사 및 의견청취 등) 제1항 제2호 및 동법시행령 제55조(공정거
래위원회의 조사 등) 제2항의 규정에 의하여 당해 사건의 심사를 위하여 전문

적인 지식이나 경험이 있는 개인 또는 단체를 감정인으로 지정하고자 하는 경우에는 사무처장의 결재를 받아 다음 각 호의 사항을 기재한 서면으로 하여야 한다.

　1. 사건명

　2. 감정인의 성명 또는 명칭

　3. 감정기간

　4. 감정의 목적 및 내용

　5. 허위감정서의 법률상의 제재내용

　② 심사관은 공정거래법 제44조(위원의 제척·기피·회피) 제1항 각 호의 1에 해당하는 자를 감정인으로 지정하여서는 아니 되며, 이미 지정된 경우에는 이를 취소하여야 한다.

　③ 제1항 및 제2항의 규정은 피조사인 등의 요청에 의하여 감정인을 지정하는 경우에 이를 준용한다.

　제18조 【조사조서】 ① 조사공무원이 공정거래법 제50조(위반행위의 조사 및 의견청취 등) 제2항의 규정에 의하여 사업자 또는 사업자단체의 사무소, 사업장 또는 출석요구서에 지정된 장소에서 조사를 행한 경우에는 조사조서를 작성하여야 한다.

　② 제1항의 조사조서에는 사건명, 조사장소, 조사일시, 조사내용, 조사공무원 및 조사에 입회한 자의 성명을 기재하여 조사공무원 및 입회자가 서명·날인하여야 한다.

　제19조 【조사공무원의 증표】 조사공무원이 공정거래법 제50조(위반행위의 조사 및 의견청취 등) 제4항의 규정에 의하여 관계인에게 제시하는 증표는 다음 각 호의 사항을 기재 또는 부착한 것이어야 한다.

　1. 조사공무원의 성명·소속·직급

　2. 조사공무원의 사진

　3. 조사를 거부·방해 또는 기피하는 경우의 법률상의 제재내용

제2절 심사조정회의

제20조 【설치】 다음 각 호의 사항을 검토하여 심사관의 조치의견을 조정할 수 있도록 공정거래위원회에 심사조정회의(이하 "조정회의"라 한다)를 둔다.

1. 행위사실 인정의 타당성 여부
2. 법이론 구성의 적합성 여부
3. 법령적용의 정확성 여부
4. 조치의견의 적정성 여부
5. 조치내용 또는 수준의 심사관간·사건간 형평성 유지
6. 기타 제1호 내지 제5호에 준하는 사항

제21조 【구성 및 회의주재】 ① 조정회의는 부위원장 및 상임위원 3인으로 구성한다.

② 조정회의의 의장은 부위원장으로 하고 회의를 주재하며 의장이 회의를 주재할 수 없을 때에는 선임상임위원이 주재한다.

③ 회의는 구성위원 과반수의 출석과 출석위원 전원의 잔성으로 결정한다.

제22조 【조정사항】 ① 조정회의는 다음 각 호의 1에 해당하는 경우를 제외한 나머지 사건 및 재신고 사건에 대한 심사관의 조치의견을 조정할 수 있다.

1. 공정거래법 제67조(벌칙) 제6호 또는 하도급법 제30조(벌칙) 제2항 제2호에 해당되는 사건
2. 사안이 단순·명료하고 선례가 있는 전형적인 사건
3. 위원장이 조정회의를 거칠 필요가 없다고 인정하는 사건

② 제45조(재심사명령) 내지 제52조(시정권고)의 규정은 조정회의의 심의·결정에 준용한다. 이 경우에 "피심인"은 "피조사인"으로 본다.

③ 심사관은 제1항의 규정에 해당하는 사건인 경우에는 제28조(심사보고서의 제출) 제1항 제1호 내지 제5호 및 그 서두에 부의사유를 기재한 심사의견서

를 조정회의에 제출하여야 한다. 다만, 제46조(심의절차 종료) 내지 제50조(주의촉구)에서 규정한 사유에 명백하게 해당된다고 인정하는 경우에는 전결하고 심사의견서를 제출하지 아니할 수 있다.

④ 제3항의 심사의견서에 대하여는 제28조(심사보고서의 제출) 제2항 내지 제6항의 규정을 준용한다. 다만, 심사관은 필요한 경우 제28조(심사보고서의 제출) 제1항 제1호 내지 제4호에 해당하는 사항을 간략하게 기재하거나 생략할 수 있다.

제23조 【조정회의 간사】 간사는 심판관리관실 소속 서기관이 되며, 조정회의에 상정할 안건의 정리 등의 업무를 담당한다.

제24조 【배석 및 의견청취】 조정회의는 삼판관리관을 배석시키며, 필요시 당해 사건 담당심사관 또는 자문위원으로부터 의안에 대한 설명 또는 의견을 청취할 수 있다.

제25조 【전원회의 등에의 상정】 조정회의는 사건에 다음 각 호의 1에 해당되는 사유가 있다고 인정할 때에는 각 회의에 상정하는 내용의 결정을 한다.

1. 시정명령이 필요하다고 판단되는 사건

2. 과징금납부명령이 필요하다고 판단되는 사건

3. 고발, 입찰참가자격제한요청 또는 영업정지요청이 필요하다고 판단되는 사건

4. 기타 각 회의의 심의 및 결정·의결이 필요하다고 판단되는 사건

제26조 【심사관의 조치】 ① 심사관은 특별한 사정이 없는 한 조정회의의 결정에 따라 조치하여야 한다.

② 심사관이 제22조(조정사항) 제3항 단서 규정에 의한 전결을 하거나 조정회의의 결정사항에 대한 통보를 받은 경우 15일 이내에 피조사인 및 신고인 등에게 그 조치내용을 통지하여야 하며, 필요하다고 인정되는 경우에는 이해관계인 등에게도 통지할 수 있다. 다만, 종결처리 또는 조사중지의 경우에는 피조사인 등에게 통지하지 아니할 수 있다.

③ 심사관은 제2항의 규정에 불구하고 동일한 사건 중, 일부의 법위반 행위에 대하여는 조정회의의 결정이 있고, 나머지 법위반 행위에 대하여는 각 회의의 심의 및 결정·의결이 있는 경우에는 제57조(의결등의 조치 및 통지) 제2항의 규정에 의한 통지시에 피심인 또는 신고인 등에게 조정회의의 결정에 따른 조치내용을 함께 통지할 수 있다.

제3절 전원회의 및 소회의

제27조 【심사보고서의 사전 송부】 ① 심사관은 당해 사건이 제5조(소회의의 심의 및 결정·의결사항)의 규정에 의한 소회의 소관사항인 경우 피조사인에게 심사보고서상의 행위 사실 및 심사관의 조치의견을 수락하는지 여부에 대하여 문서로 의견을 구하여야 한다. 다만, 심사관의 조치의견이 고발인 경우 및 의장의 승인이 있는 경우에는 그러하지 아니하다.

② 제1항의 심사관의 조치의견은 별지로 작성하고 "이는 심사관의 조치의견으로서 위원회를 기속하지 아니한다" 라는 문구를 명백히 기재하여야 한다.

제28조 【심사보고서의 제출】 ① 심사관은 제25조(전원회의 등에의 상정) 각 호의 1에 해당하는 의안에 대하여는 다음 각 호의 사항을 기재한 심사보고서를 작성하여 각회의에 제출하여야 한다. 다만, 공정거래법 제55조의 4(과징금납부기한의 연장 및 분할납부) 제2항 및 하도급법 제25조의 3(과징금) 제2항의 규정에 의거 과징금 납부기한의 연장 및 분할납부의 신청사건의 경우에는 신청취지 및 이유, 신청에 대한 심사관의 의견을 기재함으로써 다음 각 호 사항의 기재에 갈음한다.

1. 사건의 개요
2. 시장구조 및 실태
3. 사실의 인정
4. 위법성 판단 및 법령의 적용
5. 심사관의 조치의견

6. 피심인 수락 여부

② 제1항 제1호의 사건의 개요에는 사건의 단소, 신고 또는 인지 내용 및 심사경위 등을 기재한다.

③ 제1항 제2호의 시장구조 및 실태에는 피심인의 일반현황, 피심인과 거래처와의 거래의존도, 관련시장(객체별·단계별 또는 지역별 등)의 존재 및 범위, 동종 및 유사사업자의 수·매출액·시장점유율, 시장에 대한 법령상의 규제 등에 관한 사항의 전부 또는 일부를 기재한다.

④ 제1항 제3호의 사실의 인정에는 행위사실 및 그 사실인정을 뒷받침할 수 있는 증거자료 등을 특정하여 기재한다.

⑤ 제1항 제4호의 위법성 판단 및 법령의 적용에는 법위반 성립요건별로 구분하여 기재한다.

⑥ 제1항 제5호의 심사관의 조치의견에는 당해 사건 심사결과 필요하다고 인정되는 심사관의 조치의견을 기재한다.

⑦ 심사관은 심사보고서를 각 회의에 제출하기 전에 피심인에게 심사보고서(사건의 단서, 신고인 명, 심사경위, 심사관의 조치의견 및 첨부자료는 제외)를 송부하고, 상당한 기간을 정하여 삼판관리관에게 이에 대한 의견을 문서로 제출할 것을 통지하여야 한다.

⑧ 심사관이 심사보고서를 각 회의에 제출할 때에는 제7항의 규정에 의한 의견서 제출기한을 심판관리관에게 통보하여야 한다.

제29조 【주심위원의 지정 및 임무】 ① 전원회의의 의장은 심사보고서를 제출받은 경우 상임위원 1인을 당해 사건의 주심위원으로 지정한다.

② 지정된 주심위원은 사건의 상정가능 여부를 사전 검토하고 미비점 발견시 담당심사관에게 보완하도록 지시할 수 있다.

③ 상정일자는 주심위원이 직접 또는 간사를 통해 의장과 협의하여 결정한다.

제30조 【심의부의】 각회의의 의장(이하 "의장"이라 한다)은 제28조(심사보고서의 제출) 제7항의 규정에 의한 피심인의 의견서가 제출된 날부터, 의

견서가 제출되지 아니한 경우에는 그 정한 기간이 경과한 날부터 30일 이내에 당해 사건을 심의에 부의하여야 한다. 다만, 제29조(주심위원의 지정 및 임무) 제3항의 경우에는 그러하지 아니하다.

제31조 【심의부의의 연기·철회】 의장은 사정변경이 있는 경우 심사관의 요청 또는 직권으로 심의부의의 연기·철회를 할 수 있다.

제32조 【회의개최 통지】 ① 의장은 회의 개최 5일 전까지 당해 회의 구성위원 및 피심인에게 각 회의 개최의 일시, 장소 및 사건명을 서면("전송"을 포함한다)으로 총지하여야 한다. 다만, 긴급을 요하는 등 기타 부득이 한 경우에는 그러하지 아니하다.

② 의장은 제1항의 규정에 의하여 각 위원에게 회의의 개최를 통지할 경우 당해 회의에 상정할 회의안건을 송부하되 대외적으로 기밀을 요하는 사항이나 기타 부득이 한 사유가 있는 경우 그 요지를 전신·전화 또는 구두로 미리 알리는 것으로 이를 갈음할 수 있다.

③ 제1항의 규정에 의하여 통지를 받은 피심인은 통지된 각 회의의 개최일시에 부득이한 사유로 출석할 수 없을 때에는 그 사유를 명시하여 개최일시를 변경하여 줄 것을 신청할 수 있고 의장은 지체없이 그 허가 여부를 통지하여야 한다.

④ 의장은 당해 사건의 신고인 또는 이해관계인 등에게 회의의 개최일시, 장소 및 사건명을 통지하여 심의에 참가하도록 할 수 있다. 이 경우 필요하다고 인정할 때에는 심사보고서(사건의 단서, 심사경위, 심사관의 조치의견 및 첨부자료는 제외)를 송부할 수 있다.

제33조 【심사관 및 피심인의 회의출석】 ① 각 회의에는 당해 사건의 심사관 및 피심인이 출석한다.

② 피심인이 제32조(회의개최 통지) 제1항의 규정에 의한 통지를 받고도 정당한 이유없이 출석하지 아니한 경우에는 제1항의 규정에 불구하고 피심인의 출석없이 개의할 수 있다.

③ 심사관은 피심인의 폐업, 소재불명 등으로 제32조(회의개최 통지) 제1항의 규정에 의한 통지를 할 수 없는 경우에는 각 회의에 그 사실 및 사유를 보고하여야 한다. 이 경우 각 회의는 심사관에게 피심인의 소재를 탐지하도록 하거나 그 실익이 없다고 인정하는 경우에는 피심인에 대한 통지없이 심사보고서를 각 회의에 제출하도록 지시할 수 있다.

④ 제3항의 규정에 의하여 각 회의가 피심인에 대한 통지없이 심사보고서를 각 회의에 제출하도록 지시한 경우에는 제1항 및 제2항의 규정에도 불구하고 피심인의 출석없이 개의할 수 있다.

제34조 【인정신문】 의장은 피심인 또는 참가인에 대하여 본인임을 확인하기 위한 인정신문을 한다.

제35조 【대리인】 ① 피심인은 다음 각 호의 1에 해당하는 자를 피심인의 대리인으로 선임할 수 있다.

1. 변호사
2. 피심인인 법인의 임원
3. 기타 각 회의의 허가를 얻은 자

② 대리인은 대리권의 범위와 자기가 대리인임을 명백히 표시하는 위임장을 각 회의의 심의개시 전까지 제출하여야 한다.

③ 의장은 피심인의 책임있는 답변이나 법위반 재발방지 등을 위한 의견청취가 필요한 때에는 피심인 본인(피심인이 법인인 경우에는 그 대표자)에게 심의에 출석할 것을 요구할 수 있다.

제36조 【심의참가】 각 회의는 신청 또는 직권으로 심의결과에 대한 이해관계인, 참고인, 자문위원, 관계 행정기관, 공공기관·단체, 전문적인 지식이나 경험이 있는 개인이나 단체 또는 의안의 상정자를 제외한 위원회 사무처 직원 등을 심의에 참가시켜 의안에 대한 설명 또는 의견을 들을 수 있다.

제37조 【모두절차】 ① 의장은 심사관으로 하여금 심사보고서에 의하여

심사결과의 요지를 진술하게 할 수 있다.

② 의장은 제1항의 규정에 의한 심사관의 진술이 끝난 뒤 피심인 또는 그의 대리인(이하 "피심인 등"이라 한다)에게 의견을 진술하게 할 수 있다.

③ 의장은 피심인 등이 제28조(심사고보서의 제출) 제7항의 규정에 의하여 제출한 의견서의 내용과 중복된 의견을 진술하는 경우에는 이를 제한할 수 있다.

제38조 【석명권, 질문권】 ① 위원은 의장의 허락을 얻어 사실의 인정 또는 법률의 적용에 관계되는 사항에 관하여 심사관 또는 피심인 등에게 질문할 수 있다.

② 심사관 또는 피심인 등은 상대방의 진술의 취지가 명백하지 아니할 때에는 의장의 허락을 얻어 직접 상대방에게 질문할 수 있다.

제39조 【진술의 제한】 의장은 심사관 또는 피심인 등이 행하는 질문이나 진술이 이미 행한 질문 또는 진술과 중복되거나 당해 사건과 관계가 없다고 인정할 때에는 이를 제한 할 수 있다.

제40조 【증거조사의 신청】 ① 피심인 등은 각 회의에 증거조사를 신청할 수 있다.

② 제1항의 규정에 의한 증거조사를 신청함에 있어서는 증거방법 및 그에 의하여 증명하려고 하는 사항을 명백히 밝혀 이를 행하고, 참고인신문을 신청하고자 하는 경우에는 참고인의 성명·주소·직업 및 신문사항을 명백히 하여 이를 행하여야 한다.

③ 의장은 피심인 등의 증거조사신청을 채택하지 아니할 때에는 그 이유를 고지하여야 한다.

제41조 【감정인의 출석】 의장은 필요한 경우 감정인을 출석시켜 의견을 들을 수 있다.

제42조 【심사관 등의 의견진술】 ① 의장은 심의를 종결하기 전에 심사관에게 시정조치의 종류 및 내용 등에 관한 의견을 진술하게 하여야 한다.

② 의장은 피심인 등에게 마지막으로 진술할 기회를 주어야 한다.

제43조 【심의조서】 ① 각 회의는 사건에 대한 심의를 종결할 때에는 심의조서를 작성한다.

② 제1항의 규정에 의한 심의조서에는 다음 사항을 기재하여야 한다.

1. 심의일자

2. 심의에 참여한 위원·심사관·사건의 당사자 또는 대리인·이해관계인·참고인 기타 참여자의 이름

3. 피심인 등이 출석하지 아니한 경우의 그 내용 및 이유

4. 증거조사 및 기타의 신청

5. 심의에 참여한 각 위원의 발언요지, 심사관의 의견요지, 사건의 당사자, 이해관계인 기타 참여자의 진술요지

6. 의장이 행한 결정 및 기타의 지시사항

7. 기타 의장이 기록을 명한 사항

③ 제1항의 심의조서는 각 회의 심의에 대한 회의록이나 녹음으로 이를 갈음할 수 있다.

제44조 【심의의 분리·병합 및 재개】 의장은 필요하다고 인정할 때에는 신청 또는 직권으로 심의절차의 분리·병합 및 그 취소 또는 종결된 심의절차의 재개를 명할 수 있다.

제45조 【재심사명령】 각 회의는 다음 각 호의 1에 해당되는 사유가 있는 경우에는 심사관에게 당해 사건에 대한 재심사를 명할 수 있다.

1. 사실의 오인이 있는 경우

2. 법령의 해석 또는 적용에 착오가 있는 경우

3. 심사관의 심사종결이 있은 후 심사종결사유와 관련이 있는 새로운 사실 또는 증거가 발견된 경우

4. 기타 제1호 내지 제3호에 준하는 사유가 있는 경우

제46조 【심의절차 종료】 각 회의는 다음 각 호의 1에 해당하는 경우에는 심의절차의 종료를 의결할 수 있다.

1. 제11조(심사절차를 개시하지 아니할 수 있는 경우) 제1항 각 호의 1에 해당하는 경우

2. 약관법 위반행위를 한 피심인이 사건의 조사 또는 심사과정에서 당해 위반 약관을 스스로 시정하여 시정조치의 실익이 없다고 인정하는 경우

3. 재신고 사건으로 원사건에 대한 조치와 같은 내용의 조치를 하는 경우

제47조 【무혐의】 각 회의는 피심인의 행위가 공정거래법, 하도급법 또는 약관법 위반 행위로 인정되지 아니하거나 위반행위에 대한 증거가 없는 경우에는 무혐의를 의결할 수 있다.

제48조 【종결처리】 ① 각 회의는 다음 각 호의 1에 해당하는 경우에는 종결처리를 의결할 수 있다.

1. 피심인에게 사망·해산·파산·폐업 또는 이에 준하는 사유가 발생함으로써 시정조치 등의 이행을 확보하기가 사실상 불가능하다고 인정될 경우

2. 회사정리법(화의법)에 의한 정리채권(화의채권)에 관한 사건으로서 피심인이 회사정리법(화의법)에 의하여 보전처분 또는 정리절차개시결정(화의개시 결정)을 받은 경우

② 각 회의는 제1항 제2호에 의하여 종결처리된 사건에 있어서 피심인이 회사정리법(화의법)에 의하지 아니한 방법으로 정상적인 사업활동을 영위하는 경우에는 사건절차를 재개할 수 있다.

제49조 【조사 등 중지】 ① 각 회의는 피심인, 신고인 또는 이해관계인 등에게 다음 각 호의 1에 해당하는 사유가 발생하여 조사 등을 계속하기가 곤란한 경우에는 그 사유가 해소될 때까지 조사 등의 중지를 의결할 수 있다.

1. 부도 등으로 인한 영업중단

2. 일시적 폐업이라고 인정되는 경우

3. 법인의 실체가 없는 경우

4. 도피 등에 의한 소재불명

5. 국외에 소재하는 외국인 사업자를 신고한 경우로서 조사 등이 현저히 곤란한 경우

6. 기타 제1호 내지 제5호에 준하는 경우

② 당해 사건 심사관은 제1항의 규정에 의하여 조사 등 중지가 의결된 때에는 조사 등 중지자명부에 해당 사항을 기재하고 점검 · 관리하여야 한다. 다만, 제1항 제1호 내지 제5호 및 기타 이에 준하는 경우에 의하여 조사 등 중지가 의결된 사건은 의결된 날부터 6개월 경과 후 종결처리할 수 있다.

③ 당해 사건 심사관이 제2항 단서의 규정에 의하여 종결처리한 때에는 다음 각 호의 사항을 신고인 등에게 통지하여야 한다.

1. 종결처리된 사실

2. 피심인이 영업재개 등 심사개시사유가 발생한 때에는 재신고할 수 있다는 사실

제50조 【주의촉구】 각 회의는 피심인의 행위가 공정거래법 또는 하도급법에 위반되지 아니하더라도 장래의 법위반 예방 등 필요한 경우에는 주의촉구를 의결할 수 있다.

제51조 【경고】 각 회의는 다음 각 호의 1에 해당하는 경우에는 경고를 의결할 수 있다.

1. 공정거래법, 하도급법 또는 약관법 위반의 정도가 경미한 경우

2. 공정거래법 또는 하도급법 위반행위를 한 피심인이 사건의 조사 또는 심사과정에서 당해 위반행위를 스스로 시정하여 시정조치의 실익이 없다고 인정하는 경우

제52조 【시정권고】 ① 각 회의는 심의 및 결정 · 의결을 거쳐 공정거래법 · 하도급법 위반행위를 시정할 시간적 여유가 없다고 인정하는 경우에는 피심인에게 시정방안을 정하여 이에 따를 것을 권고하는 내용의 의결을 할 수 있다.

② 각 회의는 약관법 위반사건이 약관법 제17조의 2(시정조치) 제2항 및 제3항에 해당하는 경우에는 피심인 또는 피심인과 동종의 사업을 영위하는 다른 사업자에게 시정방안을 정하여 이에 따를 것을 권고하는 내용의 의결을 할 수 있다.

③ 제1항 또는 제2항의 규정에 의한 권고는 다음 각 호의 1에 해당하는 경우 당해 각목의 사항을 기재한 서면으로 하여야 한다.

1. 공정거래법 · 하도급법 위반사건의 경우

가. 사건번호, 사건명, 피심인명

나. 시정권고 사항

다. 법위반 내용

라. 적용법조

마. 시정기한

바. 수락 여부 통지기한

사. 수락거부시 조치방침

2. 약관법 위반사건의 경우

가. 사건번호, 사건명, 피심인명

나. 시정권고 사항(시정기한 포함)

다. 시정권고 이유

라. 적용법조

④ 심사관은 권고를 받은 자가 수락하지 아니하기로 통지하거나, 시정권고를 통지받은 날부터 10일 이내에 그 수락 여부를 서면으로 통지하지 아니한 경우에는 당해 사건에 대한 심사보고서를 작성하여 각 회의에 제출하여야 한다. 다만, 약관법 위반사건의 경우에는 그러하지 아니하다.

제53조 【시정명령 등 의결】 ① 각 회의는 심의절차를 거쳐 시정명령, 시정요청(약관법 위반의 경우에 한한다), 과징금 납부명령 또는 과태료 납부명령의 의결을 할 수 있다.

② 각 회의는 법위반상태가 이미 소멸된 경우에도 법위반 행위의 재발방지

에 필요하다고 인정하는 경우에는 시정에 필요한 조치 등을 의결할 수 있다.

제54조 【고발 등 결정】 ① 각 회의는 심의절차를 거쳐 고발, 입찰참가자 격제한요청 또는 영업정지요청의 결정을 할 수 있다.

② 제11조(심사절차를 개시하지 아니할 수 있는 경우), 제22조(조정사항) 제3항 단서, 제46조(심의절차 종료), 제48조(종결처리) 및 제49조(조사 등 중지)의 규정은 시정조치불이행에 대한 고발사건에 대하여 이를 준용한다.

제55조 【의결서 및 결정서의 작성 등】 ① 각 회의가 제53조(시정명령 등 의결) 및 제54조(고발 등 결정)의 규정에 의한 의결 또는 결정(이하 "의결 등"이라 한다)을 한 경우에는 그 의결서 또는 결정서(이하 "의결서 등"이라 한다)를 작성하여야 한다.

② 제1항의 의결서 등에는 다음 사항을 기재하고 참여한 위원이 서명·날인하여야 한다.

1. 의결 등 일자 및 의결 등 번호
2. 사건번호 및 사건명
3. 피심인
4. 주문
5. 이유

③ 제1항의 의결서 등에는 소수 의견을 부기할 수 있다.

제56조 【의결서 등의 경정】 ① 각 회의는 의결서 등에 위산(違算), 오기(誤記) 기타 이에 유사한 오류가 있는 것이 명백한 때에는 신청 또는 직권으로 경정결정을 할 수 있다.

② 경정결정은 의결서 등의 원본과 정본에 부기하여야 한다. 다만, 정본에 부기할 수 없는 때에는 결정의 정본을 작성하여 피심인 또는 의결서 등의 내용에 관하여 권한있는 기관의 장(이하 "권한있는 기관의 장"이라 한다)에게 송부하여야 한다.

제57조 【의결 등의 조치 및 통지】 ① 각 회의의 의결 등에 따른 조치는

당해 사건 담당심사관이 행한다. 다만, 다른 규정이 있는 경우에는 그러하지 아니하다.

② 심사관은 제53조(시정명령 등 의결) 및 제54(고발 등 결정)의 규정에 의한 의결 등이 있는 경우 그 의결 등이 있는 날로부터 15일 이내에 피심인 또는 권한있는 기관의 장에게 의결서 등의 정본을 송부하고 신고인 등에게는 그 요지를 통지하여야 한다. 또한 심사관이 필요하다고 인정하는 경우에는 이해관계인 등에게도 의결서 등의 요지를 통지할 수 있다.

제58조 【과징금 납부기한의 연장 및 분할납부 신청】과징금 납부명령을 받은 자가 공정거래법 제55조의 4 및 동법시행령 제62조 및 제63조의 규정에 의거하여 과징금 납부기한의 연장 및 분할납부 신청을 하고자 할 때에는 다음 각 호의 사항이 기재된 신청서를 제출하여야 한다.

1. 당초 과징금 납부명령의 내용
2. 납부기한 연장신청의 경우에는 연장받고자 하는 기간 또는 분할납부신청의 경우에는 분할횟수 · 분할납부시기 · 분할납부방법
3. 신청이유
4. 제공가능한 담보에 관한 사항

제 4 절 약식절차

제59조 【적용대상】 피조사인이 심사보고서상의 행위사실 및 심사관의 조치의견을 수락하고 의장이 약식으로 처리함이 적당하다고 인정하는 의안(이하 "약식의안" 이라 한다)에 대하여는 이 절의 절차에 따른다.

제60조 【심의부의 및 심의방식】 각 회의의 의장은 심사관의 심사보고서가 제출된 날부터 30일 이내에 당해 사건을 심의에 부의하여야 하고, 각 회의는 서면으로 심의한다.

제61조 【의결서 등 갈음】 ① 심사관은 약식의안에 대해서는 각 회의에

심사보고서를 제출할 때에 다음 각 호의 사항을 기재한 서면을 함께 제출하여야 한다.

  1. 사건번호, 사건명

  2. 피심인명

  3. 시정명령, 과징금 등 조치사항

  4. 법위반내용

  5. 적용법조

  ② 제1항의 규정에 의한 서면은 제55조(의결서 및 결정서의 작성 등)의 규정에 의한 의결서 등에 갈음한다.

   제62조 【준용규정】 제31조(심의부의의 연기·철회), 제32조(회의개최통지) 제1항 중 위원에 대한 부분 및 제2항, 제33조(심사관 및 피심인의 회의출석) 제1항 중 심사관에 대한 부분, 제37조(모두절차) 제1항, 제38조(석명권, 질문권) 제1항, 제39조(진술의 제한) 중 심사관에 대한 부분, 제42조(심사관등의 의견진술) 제1항, 제43조(심의조서), 제44조(심의의 분리·병합 및 재개)의 규정은 이 절에 준용한다.

   제63조 【약식절차의 배제】 각 회의가 심사관의 조치의견과 다른 내용의 의결을 하는 등 약식절차에 따르는 것이 부적당하다고 인정하는 경우에는 이 절의 규정을 적용하지 아니하다.

제5절 불복절차 등

   제64조 【준용규정】 각 회의의 의결 등에 대하여 이의신청이 제기된 이후의 절차에 대하여는 제65조(이의신청의 처리) 내지 제71조(소송수행)의 규정에 의하는 외에는 제3장 제1절 및 제3절의 관련규정을 준용하고 이 경우에 "피심인 등"은 "이의신청인 등"으로 본다. 다만, 제28조(심사보고서의 제출) 제7항 및 제8항의 규정은 준용하지 아니한다.

제65조 【이의신청의 처리】 ① 이의신청사건의 처리에 있어서 심사관은 심판관리관이 된다.

② 심판관리관은 이의신청이 공정거래법 제53조(이의신청) 제1항, 하도급법 제27조(독점규제및공정거래에관한법률의 준용) 제1항 또는 약관법 제30조의2(독점규제및공정거래에관한법률의 준용)의 규정에 의한 기간을 경과하여 제기된 경우에는 그 이의신청을 각하할 수 있다.

③ 사무처장은 필요하다고 인정할 경우 제1항의 규정에 불구하고 이의신청의 심사관을 다르게 지정할 수 있고, 지정받은 심사관에 대하여는 제2항의 규정을 준용한다.

제66조 【이의신청 심사보고서】 ① 이의신청 또는 집행정지신청에 대한 심사보고서에는 신청경위, 신청취지 및 이유, 신청에 대한 심사관의 의견을 기재하여야 한다.

② 이의신청인에게 회의개최통지를 할 경우에는 심사관의 조치의견이 포함된 심사보고서도 함께 송부한다.

제67조 【이의신청의 취하】 이의신청인은 이의신청에 대한 재결이 있을 때까지 서면으로 이의신청을 취하할 수 있다.

제68조 【심의방식】 이의신청에 대한 심의 중 재결기간연장결정, 집행정지결정, 각하재결은 서면심의로 한다. 다만, 당사자가 구술심의를 신청한 때에는 서면심의만으로 결정할 수 있다고 인정되는 경우 외에는 구술심의를 하여야 한다.

제69조 【재결의 구분】 ① 전원회의는 이의신청이 공정거래법 제53조(이의신청) 제1항의 규정에 위반하여 제기된 경우에는 그 이의신청을 각하한다.

② 전원회의는 이의신청이 이유 없다고 인정할 때에는 그 이의신청을 기각한다.

③ 전원회의는 이의신청이 이유 있다고 인정할 때에는 처분 등을 취소 또는 변경한다.

제70조 【이의신청 이후의 조치】 ① 이의신청에 대한 재결 이후 당해 사건에 대한 이행점검 등 시정조치의 이행 또는 불이행과 관련된 절차의 수행은 당초 당해 사건을 심사한 심사관이 행한다.

② 이의신청에 대한 재결이 있는 경우 심판관리관은 원처분 담당심사관에게 재결결과를 지체없이 통지하고 이의신청인에게는 재결서 정본을 지체없이 송부하여야 한다.

제71조 【소송수행】 ① 위원회의 처분에 대하여 불복의 소가 제기된 경우 송무관련 보고서 작성, 증거자료수집, 소송자료의 작성, 증언 등 모든 송무관련 업무는 해당국의 협조를 받아 심판관리관이 수행한다.

② 위원회는 필요하다고 인정하는 경우에는 제1항의 소송수행자를 위원회 소속의 다른 공무원으로 변경하거나 변호사를 당해 소송의 대리인으로 선임할 수 있다.

제72조 【세부사항 시행】 위원장은 이 규칙의 세부사항을 시행하기 위하여 필요한 경우 각종 지침이나 서식 등을 정할 수 있다.

부   칙 〈1997. 12. 1.〉

제1조(시행일) 이 고시는 고시한 날로부터 시행한다.

제2조(폐지) 이 고시 시행과 동시에 공정거래사건절차규정(공정거래위원회 고시 1997-13호, 1997. 4. 7.), 공정거래위원회운영규칙(공정거래위원회규칙 제1997-7호, 1997. 3. 31.) 및 약관심사절차규정(공정거래위원회 고시 제1993-1호, 1997. 2. 25.)은 이를 폐지한다.

제3조(경과규정) 이 고시 시행 이전에 이루어진 종전 규정에 의한 행위나 조치 등은 이 고시가 시행된 날부터 이 규정에 의하여 행하여진 것으로 본다.

부   칙〈1998. 4. 23.〉

제1조(시행일) 이 고시는 고시한 날로부터 시행한다.

제2조(경과규정) 이 고시 시행 이전에 이루어진 종전 규정에 의한 행위나 조치 등은 이 고시가 시행된 날부터 이 규정에 의하여 행하여진 것으로 본다.

부   칙〈1998. 8. 1.〉

제1조(시행일) 이 고시는 고시한 날로부터 시행한다.

제2조(경과규정) 이 고시 시행 이전에 이루어진 종전 규정에 의한 행위나 조치 등은 이 고시가 시행된 날부터 이 규정에 의하여 행하여진 것으로 본다.

부   칙〈1998. 10. 1.〉

제1조(시행일) 이 고시는 고시한 날로부터 시행한다.

제2조(경과규정) 이 고시 시행 이전에 이루어진 종전 규정에 의한 행위나 조치 등은 이 고시가 시행된 날부터 이 규정에 의하여 행하여진 것으로 본다.

부   칙〈1998. 12. 31.〉

제1조(시행일) 이 고시는 고시한 날로부터 시행한다.

제2조(경과규정) 이 고시 시행 이전에 이루어진 종전 규정에 의한 행위나 조치 등은 이 고시가 시행된 날부터 이 규정에 의하여 행하여진 것으로 본다.

생활법률 기본지식 시리즈

01 부동산 생활법률의 기본지식

부동산관련 기초지식과 분쟁해결을 위한 노하우와 테크닉! 부동산의 매도·매수, 임대차, 주택임대차, 이웃과의 분쟁, 양도소득세문제 등을 최신의 생생한 사례별 문답풀이를 통해 응용할 수 있는 해결방법을 제시하였다.

먼저 부동산에 관련된 전반적인 내용들을 분야별로 나누어 핵심적인 사항을 요약하여 정리한 후 그와 관련된 사례문답을 다룸으로써 누구나 쉽게 이해할 수 있도록 하였다.

실생활에 빈번히 사용되는 다양한 서식과 양식들도 함께 모아 필요할 때마다 쉽게 찾아 볼 수 있도록 했다.

변호사 김원중 지음 / 480쪽

권두 특집에는 주택건설종합계획과 부동산 관련 정부주요시책을 소개하였다.

02 고소장·내용증명 생활법률의 기본지식

우리 생활주변에서 자주 겪게 되는 고소·고발사건과 내용증명의 모든 것을 통틀어 다루었다. 즉 고소·고발의 법적 의미를 정확히 이해하도록 하여 독자 스스로 고소·고발장을 작성할 수 있도록 하였다. 고소를 할 수 있는 자, 친고죄와 고소, 고소의 방식, 고소의 효과, 고소와 피의자 구속문제, 고소와 무고죄, 고소의 취소와 그 효과, 고소장의 작성방법, 형사고소·고발의 처리절차, 범죄유형별로 고소·고발장 작성 예문을 소개하였다.

내용증명의 법적 의미해설과 유형별로 내용증명 작성예문을 제시함과 동시에 내용증명을 받았을 때 대응

변호사 하태웅 지음 / 480쪽

방법, 내용증명발송과 시효중단문제까지 상세하게 설명하였다.

변호사 남동희 지음 / 530쪽

인터넷 노무상담실을 운영하며 40,000여 건의 무료상담을 계속하고 있는 저자의 상담사례를 통해 근로자들의 애환과 절규가 담긴 상담내용을 가감없이 문답형식으로 속시원하게 풀어감으로써 노동현장의 상황을 있는 그대로 반영하여 실직자들과 직장내 에서 어려운 상황에 처해 있는 근로자들이 스스로 대처할 수 있도록 한 실무지침서이기도 하다.

새로 개정된 노동법에 따른 노동환경의 급격한 변화 속에서 기업 · 노동조합 및 근로자들이 부딪치는 문제점들을 해결하기 위한 친절한 해설을 하였다. 취업규칙 · 단체협약 · 고용보험관련 서류 및 직장 내 성희롱예방지도지침 등과 같은 노동관련 양식도 함께 수록하였다.

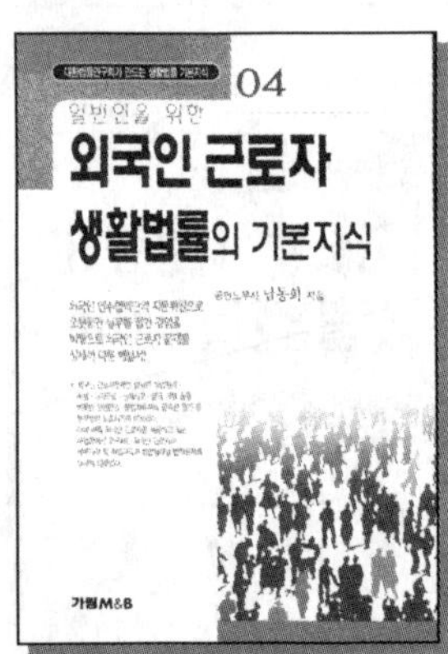

변호사 남동희지음 / 402쪽

저자가 외국인 연수협력단의 자문위원으로 오랫동안 실무를 접한 경험을 바탕으로 외국인 근로자문제를 상세히 다룬 해설서!

외국인 근로자의 법률적 지위를 규명하고, 이들의 보호 및 관리에 관한 문제점 해결과 입법적 대안을 제시하였다.

외국인 근로자문제는 열악한 작업환경, 폭행, 강제근로, 산재사고, 임금체불 등을 비롯한 인권탄압, 불법체류자의 급속한 증가 등 부작용이 노출되기에 이르렀다.

이에 따라 외국인 근로자를 채용하고 있는 사업장에서 요구되는 외국인 근로자의 체류자격 및 취업자격과 취업형태별 법적 문제를 상세하게 다루었다.

05   계약작성 생활법률의 기본지식

계약으로 비롯되는 모든 법률문제를 통틀어 체계적이고 간명한 해설과 더불어 이와 연관되는 서식작성 예문을 제시하였다. "신분으로부터 계약으로"라는 말이 있듯이 누구나 계약을 떠나서 살아갈 수 없다고 하여도 과언이 아니다.

따라서 현대생활과 밀접한 관계에 놓여 있는 계약과 관련하여 일어나는 법률문제를 간단명료하게 해설하여 누구나 쉽게 풀어갈 수 있도록 하였다. 즉 계약이란 무엇인가, 계약의 당사자, 계약의 변경, 계약위반과 구제방법, 계약서 작성방법, 유형별 계약의 특성을 소개한

변호사 이상도 지음 / 561쪽

후 계약분쟁사례 100선을 통하여 어떠한 계약분쟁이라 하더라도 응용해결할 수 있는 능력을 기르도록 하였다.

06   지적재산 생활법률의 기본지식

현대 산업사회에서 중요시되고 있는 지적재산의 모든 것을 체계화하여 한 권으로 요약하였다. 즉 특허, 실용신안, 의장, 상표, 저작권, 컴퓨터프로그램저작권 등의 요점을 간명하게 해설하였다.

내용의 구성은 지적재산의 취득방법 및 효력, 침해행위에 대한 구제방법 및 대응방법, 지적재산의 소멸, 지적재산권에 관한 쟁송, 지적재산의 국제적 보호, 케이스별 상담사례 및 분쟁사례순으로 다루었다.

이제는 지적재산으로 무장하지 않은 기업은 살아남지 못하는 시대가 되었다. 이 책에서는 이러한 지적재산 전체를 통틀어 다루되 상호연관적으로 해설하여 보다 쉽게 이해할 수 있도록 하였다.

변호사 이상도
변리사 조의제 공저 / 490쪽

노사관계 이슈 중에서 주요 핵심사항인 부당노동행위와 정리해고 · 징계해고를 중심으로 간단 명료한 해설과 더불어 사용자측의 부당해고와 부당노동행위에 대한 근로자측의 구제방법을 중심으로 부당노동행위, 불이익취급, 단체교섭 거부 · 지배개입 · 경비원조 · 황견계약 · 노동위원회에 의한 구제절차 · 소송에 의한 구제절차, 경영상 해고의 요건과 절차 · 부당해고에 대한 구제방법 및 해고무효확인소송, 해고관련 노동부업무처리지침, 징계해고 및 징계사유 유형별 판결례 등을 소개하였다.

공인노무사 박영수 지음 / 436쪽

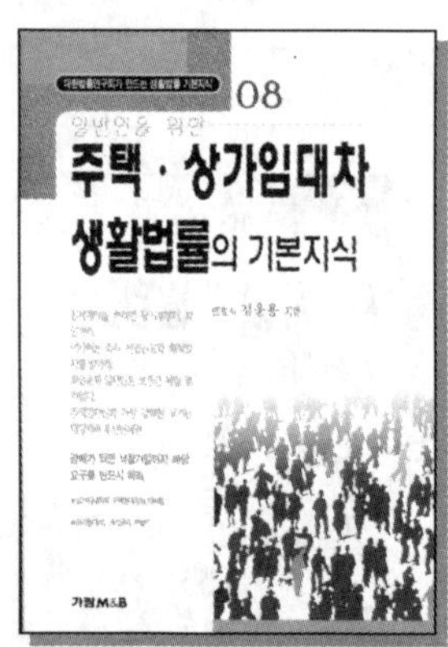

주택임대차보호법은 전세입자를 위한 방패요 요람이다. 특히 선순위로 대항력을 갖춘 임차인은 천하무적, 그러나 중간에 주소를 옮기면 모든 권리가 한순간에 사라진다.

● 만약 보증금을 받지 못한 채 이사가려거든 임차권등기명령신청을 해서 등기를 마친 후 하라.
● 전세계약을 하기 전에 등기부를 반드시 확인하라.
● 이사하는 즉시 전입신고와 동시에 확정일자를 받아라.
● 경매가 되면 낙찰기일까지 배당요구를 반드시 하라.
● 상가 · 점포임차인은 권리금과 시설비를 어떻게 받을 수 있는가?

변호사 김운용 지음 / 460쪽

대한법률연구회가 만드는 생활법률의 기본지식 09

일 · 반 · 인 · 을 · 위 · 한

하도급거래 생활법률의 기본지식

지은이/김진홍
펴낸이/강선희
펴낸곳/가림M&B

기획 · 편집/장연수 · 이선희 · 김진호 · 홍경숙 · 손일호 · 이정아
마케팅/강명희 · 이상혁

등록/1999. 1. 18. 제5-89호
주소/서울 광진구 구의동 57-71 부원빌딩 4층
대표전화/458-6451   팩스/458-6450
인터넷 http://www.galim.co.kr
e-mail galim@galim.co.kr
천리안 ID galimmb

© GALIM M&B, 2001

저자와의 협의에 의하여 검인을 생략함.

ISBN 89-89107-11-3 13360

애독자카드

보내는 사람　　□□□－□□□

우 표
지금 바로
보내 주십시오

좋은 책은 좋은 사람, 좋은 세상을 만듭니다.

가림출판사 · 가림M&B

143-200

서울특별시 광진구 구의동　57-71 부원빌딩 4층

☎ (02) 458-6451　　Ｆ (02) 458-6450

당신을 귀하신 독자회원으로 모십니다.

이 엽서는 도착되는 즉시 보다 충실한 내용과 세련된 편집을 위하여 편집자의 꼼꼼한 검토를 거쳐 좋은 사람, 좋은 세상을 만드는 데 소중한 자료가 됩니다. 구입해 주셔서 감사합니다.

이름	성별
생년월일	직업
학교(전공)	전화번호
주소	
구입하신 책	구입하신 서점
구독신문	구독잡지

■이 책을 구입하게 된 동기는?
1. 광고 매체(광고 매체명 :   )
2. 신간안내 서평(구독 매체명 :   )
3. 서점에서 우연히 눈에 띄어서(서점명 :   )
4. 주위의 권유   5. 기타

■이 책에 대한 소감은? (내용 · 제목 · 표지 · 본문편집 · 가격 등)

■책을 선택하는 경향은?

■좋아하는 작가와 작품 (국내외 포함)

■가림 · 가림M&B에 바라는 말씀

* 생활법률의 기본지식에 관련된 개정사항과 법령 등에 관해 자세히 알고 싶은 경우 독자카드를 우송해 주시면 관련 자료를 보내 드립니다.
* 관련 자료들을 인터넷을 통해서 직접 다운로드 받아 보실 수도 있으며 전자우편을 통해 상담을 하실 수도 있습니다.
  Web Site http://www. galim. co. kr.